KB096105

영혼의 도시

라싸로 가는 길

영혼의 도시
라싸로 가는 길

알렉산드라 다비드 넬 지음
김은주 옮김

르네상스

추천사

티베트는 쉽게 갈 수 있는 곳이 아니다. 사방으로 둘러싸인 높은 산맥들, 인구 밀도가 희박한 광막한 황야 지대, 그리고 높은 고도 등과 같은 지형적 요인은 이 나라를 더욱 접근하기 힘든 곳으로 만들었다. 그런데다가 너무 나도 오랫동안 티베트인들은 자신들만의 고독을 즐기며, 자국으로 들어오고자 하는 외국인들을 철저히 배척했다. 또한, 물질적·정신적 자기 충족 감에 빠져 있던 일부 보수적인 정책 입안자들은 다른 나라들과 우호 관계를 맺는 것이 중요하다는 사실을 간과했다. 그 결과, 우리는 훗날 그 무관심의 대가를 톡톡히 치러야 했다.

20세기 초반, 그토록 삼엄한 경계망을 뚫고 가까스로 티베트로 들어가는 데 성공한 여행자는 극히 소수에 불과하다. 그 중에서도 알렉산드라 다비드 넬이란 프랑스 여성은 매우 독보적인 존재이다. 그녀처럼 독립심이 뛰어나고, 유럽인임에도 불구하고 산스크리트와 불교 철학에 정통하며, 여행지에서 만난 티베트인들과 아무 불편 없이 대화를 나눌 정도로 능숙하게 티베트어까지 구사한 여행자는 드물 것이다. 그러나 무엇보다도 그녀를 돋보이게 하는 것은 그녀가 라싸로 들어가는 데 성공했다는 사실이다.

　내가 태어난 고장 근처인 암도 지방을 시작으로 캄 지방에서 보낸 몇 년, 라싸에서 맞이한 대기도회로 이어지는 다양한 경험을 그리고 있는 이 책이 처음으로 출판된 지도 벌써 60년이란 세월이 흘렀다. 이 책의 가장 큰 장점은 그녀가 발견할 당시, 즉 20세기 초반의 티베트 실상을 담고 있다는 것이다. 오늘날의 학자들과 역사가들 중에는 저자의 견해에 이의를 제기하는 사람이 있을지도 모르겠다. 그러나 그러한 사실이 이 작품의 본질적인 가치에 영향을 미치는 일은 없다. 유감스럽게도 최근 몇 년 동안 '눈의 나라'와 그 국민에게 강요된 변화로 말미암아 다비드 넬이 묘사한 것들 가운데 많은 부분이 영원히 사라져버리고 말았는데, 그렇기 때문에 이 책의 기록은 더욱 소중하다.

티베트 모험담이 생생하게 그려져 있는 『영혼의 도시 라싸로 가는 길』은 새로운 세대의 모든 독자들에게 많은 즐거움을 선사할 것임에 분명하다.

1992년 12월 7일
텐진 걈초, 제14대 달라이 라마

차례

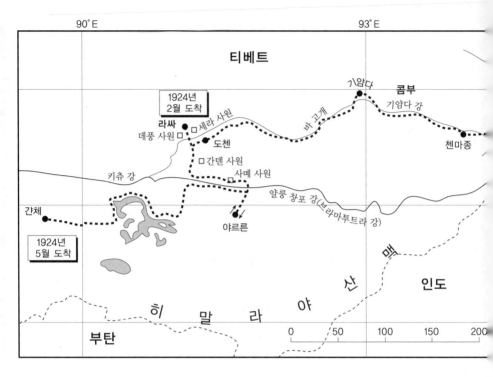

알렉산드라 다비드 넬의 라싸 여행 경로

운남─라싸 : 1923년 10월~1924년 2월

라싸─갼체 : 1924년 4월~1924년 5월

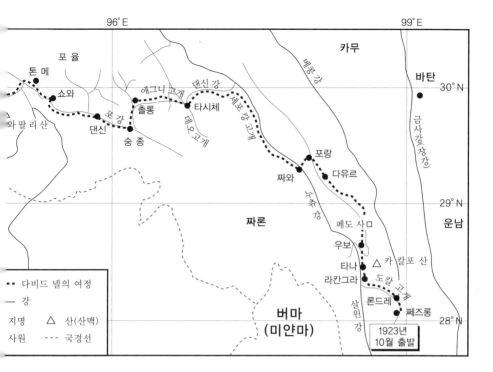

영원한 구도자 알렉산드라 다비드 넬의 생애

알렉산드라 다비드 넬은 1868년 10월 24일, 파리 근교에서 태어났다. 프랑스 남부의 개신교도 집안에서 교사의 아들로 성장한 아버지 루이 다비드 (1815~1904)는 저널리스트로서 공화당을 지지하여 1848년 2월 혁명에 참가했다가 1851년 루이 나폴레옹의 쿠데타가 일어나자 빅토르 위고와 함께 벨기에로 망명했다. 그는 브뤼셀에서 부르주아 출신의 독실한 가톨릭 신자 알렉산드린느 볼크만(1832~1916)을 만나 결혼했다. 이후 1858년에 사면을 받아 파리로 돌아온 그들은 결혼 15년째인 1868년에 외동딸인 알렉산드라를 얻었다. 때는 프랑스 제1제정 말기였다.

알렉산드라 다비드 넬은 전 생애를 오로지 탐험과 연구에 쏟았다. 이 두 가지 주체할 수 없는 열정이 그녀의 어린 시절을 다루기 힘든 아이로, 사춘기를 반항적으로, 청춘을 아나키스트로, 그리고 나머지 인생을 20세기의 가장 현명하고 자유로운 사상가로 만들었다.

그녀는 아주 일찍부터 엄격한 부모 밑에서 금욕적인 중산 계급의 환경과 첨예하게 대립하는 성격을 드러냈다. 그녀는 자유를 갈망하는 자부심과 개성이 강했으며, 음울하고 애정이 없는 가정에서 여러 번 도망쳤다. 그것은 미지의 땅에 대한 매혹을 뿌리치지 못하고 일상에서 탈출하기 위한 시도였다. 그러한 열망은 그녀를 평생 따라다녔다.

두 살 때 그녀는 조부모의 집 앞을 지나는 길을 따라 어디까지 갈 수 있는지 보려고 열린 문을 빠져나가 세상 밖으로 탈출했다. 물론 깜짝 놀란 그녀의 부모가 아장아장 걸어가는 아이를 뒤쫓아가 집으로 데려왔다.

세 살이 되던 해 알렉산드라는 역사적인 사건과 만나게 된다. 1871년 3월 파리 코뮌이 수립되어 정부를 상대로 폭동이 발생한 것이다. 이로 인해 정부군과 시민들 사이에 격렬한 시가전이 일어났고, 최후까지 저항하던 시민들은 페르라셰즈 묘지 벽에서 전부 총살당했다. 먼 훗날 그녀는, "그 참사의 현장에서 아버지와 함께 목격한 그 영상이 아직까지도 기억 속에 어렴풋이 남아 있다"고 회상했다.

다섯 살이 되자 알렉산드라는 다시 시도했다. 이번에는 파리 근교에 있는 숲을 탐험하기 위해서였다. 그러나 불운하게도 그녀의 가족으로부터 연락을 받은 관리인이 그녀를 붙잡아 경찰서에 보냈다. 그렇다고 낙담할 알렉산드라가 아니었다. 그녀는 자신을 집으로 끌고 가는 경찰관의 손을 작은 손톱으로 할퀴며, 언젠가는 아이들의 소망을 무시하는 어른들에게 복수하리라 다짐했다. 그녀는 언제고 떠날 것이고, 아무도 그것을 막지 못하리라.

어려서부터 독서를 좋아했던 알렉산드라는 특히 쥘 베른의 모험 소설과 다른 작가의 여행기를 즐겨 읽으면서 여행에 대한 꿈을 키우기 시작했다.

여섯 살이 되었을 때 그녀의 가족은 브뤼셀 근교로 이사했고, 그녀는 그 곳에서 어린 시절의 대부분을 살았다.

휴일이면 가족들은 놀기에 바빴고, 그녀는 그런 '허송세월'을 한심스럽게 바라보았다.

나는 흥미도 즐거움도 없이 텅 빈 삶이 흘러가고 내 젊음이 지나간다는 게 너무나 비통해 울고 또 울었다. 돌아올 수 없는 시간이 흘러가고 아름다울 수 있는 세월이 허비되고 있었다. 내 부모는 그것을 조금도 이해할 수 없었고, 다른 부모들보다 더 나쁘진 않았지만 내게는 적보다 더 끔찍했다.

메마른 일상에서도 알렉산드라는 여행을 잊어본 적이 없었다. 어른이 될 때까지 도저히 기다릴 수 없었기에 그녀는 기회만 되면 집에서 도망치려 했다. 그녀의 인생은 항상 '떠났다'로 시작해서 '다시 떠날 것이다'로 끝났다.

한편 알렉산드라의 부모는 당시 중산층 가정의 관례에 따라 그녀를 칼뱅파 기독교 기숙 학교에 입학시켰다. 거기서 알렉산드라는 구약 성서를 비롯하여 철학 및 종교 서적을 탐독하면서 지적 탐색의 시기를 보냈다. 그러면서 다양한 분야로 정신의 영역을 넓혀나가는 한편, 스토아 학파의 금욕주의를 실천해 보기도 하고, 중세 성인들의 생애를 본받아 고행과 단식을 하는 등 심신을 단련하기도 했다.

열다섯 살이 되던 해의 여름 방학 때, 알렉산드라는 부모와 함께 머물고 있던 북해 근처의 휴양지를 떠나 혼자 여행에 나섰다. 며칠 동안 도보로 벨기에 쪽을 여행하며 네덜란드를 통해 영국으로 들어간 그녀는 가진 것을 다 쓰고 난 뒤에야 프랑스로 돌아왔다. 그리고 2년 뒤, 열일곱 살 때 그녀는 여행다운 여행을 경험했다. 이번에는 반대쪽인 스위스로 방향을 돌려, 걸어서 알프스 고개를 넘은 뒤 이탈리아로 가서 오랫동안 혼자 여행을 했다. 도보 여행을 즐기는 그녀의 여행 방식은 이때부터 싹트기 시작한 것이다.

1886년, 이제 열여덟 살이 된 알렉산드라는 자전거에 소지품을 싣고 부모에게는 한마디 말도 없이 집을 떠나 스페인으로 향했다. 스페인으로 가는 길에 프랑스 리비에라를 방문했고, 돌아오는 길에는 몽생미셸에 들렀다. 알렉산드라는 자전거로 프랑스를 일주한 최초의 여성이었다. 그녀는 어디를 가든 항상 가장 먼 길과 가장 느린 교통 수단을 이용했다.

스무 살이 되자 영국으로 건너간 알렉산드라는 거기서 신지학(神智學)협회에 들어가 영어를 습득하는 한편, 협회의 도서관에서 인도와 중국의 문학 및 철학 관련 번역서를 탐독했다. 그 과정에서 원서를 직접 읽어야겠다는 갈망이 싹트게 되었다.

그리하여 산스크리트를 배우기로 하고 자신이 태어난 곳 파리로 돌아온 알렉산드라는 소르본 대학과 콜레주 드 프랑스에서 산스크리트와 티베트어를 본격적으로 배우기 시작한다. 그러면서 자신의 천직이 동양학에 있음을 깨달았다. 그녀는 파리의 구석구석을 돌아다녔고, 특히 기메 박물관의 도서관에서 "넘기는 책장에서 들려오는 침묵의 소리와 함께 하며 많은 시간을 보냈다. 그리고 그곳에서 일생의 임무를 깨달았다."

그 시기에 그녀는 페미니스트 그룹, 아나키스트 단체, 프리메이슨 등 다양한 비밀 결사에 참여했다.

1899년 그녀는 프랑스의 아나키스트 지리학자 엘리제 르클뤼가 서문을 쓴 아나키즘 책을 썼다. 그러나 겁에 질린 출판사들은 국가, 군대, 종교, 자본에 의한 어떤 착취도 용납할 수 없는 자부심에 찬 여성이 쓴 이 책을 출판하길 꺼렸다. 결국 1896년 이래 그녀의 친구인 장 오스통이 출판하기로 결심했다. 그 책은 일반인들에게는 알려지지 않았지만 아나키스트들 사이에서는 상당한 주목을 받아 러시아어를 포함한 5개국어로 번역되었다.

한편, 열여덟 살 때인 1886년 오페라 가수를 지망하여 브뤼셀 음악학교에 입학한 알렉산드라는 그로부터 3년 후 구노의 「파우스트」, 마스네의 「마농」, 비제의 「카르멘」에서 주연 등을 맡으며 오페라 가수로서도 상당한 성공을 거두었다. 그러나 아테네 오페라하우스와의 계약이 끝나자 미련 없이 그 직업을 버렸다. 도시와 도시를 전전하는 생활이 별로 재미없었기 때문이었다. 그녀가 원했던 것은 세상의 오지였고, 관객의 갈채를 받는 동안에도 저 멀리 티베트에서 들려오는 성스런 메아리를 듣고 있었을 것이다.

성년이 되어 대모에게서 물려받은 유산 덕분에 알렉산드라는 1890년부터 그 이듬해까지 인도의 여러 지방을 여행할 수 있었다. 마르세유를 출발하여 스리랑카의 수도 콜롬보에 이른 그녀는 거기서부터 힌두교의 오랜 성도(聖都)인 마두라이와 마두라스를 거쳐 바라나 시로 갔다. 그곳에서 스승인 스와미 바슈카란다와 운명적인 만남을 갖고, 그에게서 버리고 사는 삶의 자유와 그것의 고귀함에 대한 가르침을 받았다. 바라나 시에서 몇 달 동안 체류하면서 처음으로 인도 사상의 깊은 예지를 체험한 알렉산드라는 계속해서 캘커타를 거쳐 다르질링으로 향했다. 그리고 거기서 처음으로 히말라야를 조망하며 자유롭고 즐거운 한때를 보내다가 경비가 바닥나는 바람에 여행을 중단하고 돌아왔다.

그때 인도 북부에서 처음으로 접한 '마음을 파고드는 티베트 음악'을 그녀는 결코 잊을 수 없었다. 그녀는 인도의 매력에 빠졌고, 티베트 음악에 도취했으며, 장엄한 히말라야에 경외감을 느꼈다. 그리고 다시 오겠다고 맹세했다.

많은 정보와 자료를 수집하고 유럽으로 돌아온 그녀는 경제적인 이유로 잠시 동양학 공부를 접고 여러 오페라단을 전전하며 오페라 가수로 활동했다. 한때는 인도차이나의 오페라단에서 2년 정도 활동하면서 그곳 비평가들의 호평을 받기도 했다.

1900년, 당시 프랑스의 보호령이던 튀니지의 한 오페라단과 계약을 맺고 튀니스로 떠난 알렉산드라는 거기서 프랑스 귀족 가문 출신의 토목 기사 필립 넬(1862~1941)을 만났다.

　필립은 그녀가 독신 생활을 끝내도록 설득했다. 알렉산드라가 36세가 되던 1904년이었다. 그녀는 페미니스트였지만 결혼에 동의했다.

　두 사람은 튀니스의 아름다운 저택에 보금자리를 마련했다. 하지만 그녀가 그곳에 머문 시간은 불과 몇 년밖에 되지 않았다. 그녀는 평범한 가정주부가 될 수 없었다. 자유로운 삶을 포기할 수 없었던 다비드 넬은 결혼한 지 일주일 뒤부터 여행을 시작했다.

　필립은 이 유별난 아내의 방랑벽을 이해했다. 그는 아내에게 파격적인 여행 제안을 했고, 그녀는 쌍수를 들어 환영했다. 그때부터 필립은 자신이 파산할 정도로 성심 성의껏 그녀의 여행 경비를 지원했다. 남편 필립이 죽기 전까지 37년 동안 이어지는 서신 왕래도 이때부터 시작되는데, 인도, 중국, 일본, 히말라야 등 여러 곳을 여행하는 동안 자신의 근황을 알려주던 그 편지들은 훗날 그녀에 관한 귀중한 자료가 되었다.

　1911년 8월, 튀니스의 부두에서 다비드 넬은 18개월 안에 돌아오겠다고 '어리석을 정도로 이해심이 많은 남편'에게 약속했다. 그러나 결혼과 흔들리지 않는 깊은 우정으로 맺어진 이 부부는 14년 뒤인 1925년에 재회했다. 그것도 단 며칠 동안……

　이 무렵 다비드 넬은 「인도의 만트라」, 「신화의 물질적 기원과 그것이 사회 제도에 미치는 영향」, 「티베트의 종교적 권력과 그 기원」 등 동양의 정신 세계와 관련한 수많은 논문을 잡지에 발표하고 책을 쓰는 등 활발한 저술 활동을 했다. 또한 강연도 하고, 사람들과 교류하며 인도와 중국의 문학 및 철학에 관련된 연구를 계속하는 한편 사하라 사막 이북이나 서유럽 국가들을 수시로 여행했다. 이때 잠깐이지만 브뤼셀에 있는 한 대학에서 동양 철학을 강의하기도 했다.

1911년에는 프랑스 정부의 지원 아래 아시아 지역을 연구하러 인도를 방문했다. 그리고 이후 스리랑카, 인도, 시킴, 미얀마, 중국을 거쳐 조선과 일본 등지를 여행하며 13년이라는 오랜 세월을 동양에서 머물렀다.

1912년 4월, 다비드 넬은 당시 인도의 칼림퐁에 망명중이던 달라이 라마 13세를 알현할 기회를 얻었다. 그때 티베트 불교를 바라보는 그녀의 정확한 시각에 놀란 달라이 라마는 평소 그녀가 품고 있던 교리상의 의문에 대해 성실히 대답해 주는 한편, 그녀에게 티베트어를 배우라고 권유했다. 그 권유를 받아들인 다비드 넬은 많은 사원을 돌아다니며 티베트 문헌을 읽고, 고승들을 스승으로 모셨다. 시킴의 한 사원에서 티베트의 소년승 용덴을 만난 것도 이 무렵이었다. 명망 높은 주술사의 손자로 태어나 여덟 살 때 숙부가 있는 사원으로 들어간 용덴은 당시 열다섯 살이었다. 다비드 넬의 제자가 된 용덴은 이후 평생 동안 그녀를 수행하며 아시아와 유럽 각지를 여행하였고, 1929년에는 정식으로 그녀의 양자가 되어 1955년에 프랑스 남부의 한 도시에서 세상을 뜰 때까지 그녀의 연구를 도왔다.

1914년 10월부터 1916년 7월까지 다비드 넬은 시킴에 있는 한 사원에서 곰첸(고행자)의 제자가 되었다. 용덴과 함께 해발 3천9백 미터 높이의 급사면에 있는 동굴에서 엄격한 밀교 수행을 하며 티베트어와 티베트 불교의 교리, 주술, 명상법 등을 배운 그녀는 이때의 경험을 "완전한 고독이 내 영혼을 쉬게 한 시기"라고 회고했다. 한편, 이 시기에 그녀는 '츠모'라 불리는 신비술을 훈련하기 위해 한밤중에 꽁꽁 얼어붙은 강물 속으로 옷을 벗고 들어가 명상에 몰입하기도 했다.

1916년, 시가체에 있는 타시룬포 사원을 방문한 다비드 넬에게 타시 라마는 학문 연구에 필요한 갖가지 편의를 제공하기로 약속했다. 그러나 영국 공관측과 뜻하지 않은 충돌을 일으켜 티베트로 다시 들어갈 수 없게 되면서 이 아까운 기회는 무산되고 말았다. 이 일은 그녀가 라싸행을 결심하게 되는 중요한 계기가 되었다.

히말라야의 혹독한 겨울을 세 번이나 견딘 후 알렉산드라는 용덴과 함께 동굴을 떠났다. 제1차 세계대전으로 인해 유럽으로 돌아가는 것이 불가능해지자 인도에서 몇 달을 지낸 뒤 그들은 일본으로 출발했다.

일본은 재미있었지만 실망스러웠다. 1917년 3월 12일 도쿄를 떠나는 열차 안에서 그녀는 남편에게 편지를 썼다.

한마디로 일본은 실망스러워요. 하지만 지금 나에게는 모든 게 실망스러울 수밖에 없을 거예요. 아타미 씨는 흥미로운 곳들을 보여주었고, 기차로 아름다운 산악 지대를 여행했지만 그런 것들은 피레네나 알프스에도 얼마든지 있어요. 더구나 히말라야와는 비교도 안 돼요!

정말로 나는 이방의 땅을 향한 향수병에 걸렸어요. 대초원, 고독, 끝없이 펼쳐지는 설원, 그 위에 펼쳐진 한없이 푸른 하늘이 너무나 그립습니다. 힘겨운 시간들, 굶주림과 추위, 얼굴을 할퀴는 바람과 퉁퉁 붓고 얼어터진 입술, 눈과 얼어붙은 진창에서 청하는 새우잠……. 이런 셀 수 없는 고통이 지나면 우리는 끝없는 고요 속으로 빠져듭니다. 식물조차 거의 없는 그곳에는 거대한 바위들과 현기증 나는 봉우리들, 시야를 분간할 수 없을 만큼 강렬한 지평선의 햇살 속에 바람의 노래만이 있습니다. 다른 세상인 듯한 그 땅은 누구의 것일까요? 나는 마법에 걸렸습니다.

나는 거의 인간의 시선을 받아본 적이 없는 히말라야의 빙하 근처까지 올라갔습니다. 그것은 위험천만했고, 내가 엿본 신비에 압도당했습니다. 나는 추방당했습니다. 고대 신화에서처럼 신들이 복수한 거지요. 하지만 왜 내가 벌을 받아야 하죠? 그들의 세계에 침입했기 때문에? 아니면 그들과 어깨를 겨루려 했기 때문에? 모르겠어요. 그저 모든 것이 그리울 뿐입니다.

가마쿠라와 교토에서 6개월 정도 체류한 뒤 다비드 넬은 투덜거리는 용덴을 달래며 다시 짐을 꾸려 조선으로 향했다. 티베트의 산들이 눈앞에 펼쳐지는 듯했다. 남편에게 쓴 편지에서 그녀는 "조선어를 못하지만 무사히 여행할 것을 자신한다"고 말했다.

그녀는 조선에 많은 흥미를 느꼈지만, 티베트를 향한 그리움이 앞섰기에 걸음을 재촉할 수밖에 없었다. 합천 해인사와 금강산을 돌아보며 유점사 등을 방문한 뒤 다비드 넬과 용덴은 중국으로 가는 열차에 몸을 실었다. 북경의 라마 사원에는 티베트 학자들이 있었고, 다비드 넬은 티베트어를 구사했기 때문에 그들과 교분을 가질 수 있었다. 모든 일이 잘 풀릴 것 같았다. 그러나 그들은 그녀의 속셈대로 움직여주지 않았고, 몇 달 후 두 사람은 다시 짐을 싸야만 했다.

그들은 한 별난 라마승과 함께 숱한 어려움을 겪으며 중국 대륙을 동서로 횡단했다. 그리고 1918년 암도의 쿰붐사(寺)로 가서 3년 동안 머물며 반야심경을 연구했다. 그런 다음 고비 사막과 몽골을 여행하고, 1923

년 가을 중국 운남성의 한 마을에 도착했다. 바로 이 책에서 묘사하는 여행의 출발지인 곳이다.

어느 날, 노새와 야크와 짐을 버리고 안내인조차 따돌리고 걸인으로 분장한 채 다비드 넬과 용덴은 길을 떠났다. 이전까지 알려지지 않은 길을 따라 다섯 달에 걸친 기나긴 행군 끝에 1924년 2월 마침내 신비에 싸인 티베트의 경계선을 넘어 라싸로 들어가는 데 성공했다.

두 달 동안 그들은 성스런 도시 라싸와 인근에 있는 많은 사원들을 방문했다. 다비드 넬은 언제나 '옴 마니 팟메 훔'을 입에 달고 다니는 겸손한 노모 역할을 했고, 식사와 잠자리를 비롯한 모든 일상적인 문제들은 용덴이 도맡아 처리했다. 이 작전은 기막히게 맞아떨어졌다!

그러나 라싸에 머무는 동안 다비드 넬은 경솔하게도 매일 새벽이면 강에서 목욕을 하는 실수를 저질렀다. 더구나 때는 겨울이었다. 그런 행동은 이웃들의 눈길을 끌었고, 한 아낙네가 라싸의 행정관에게 그 사실을 보고했다. 다른 중요한 일들 때문에 즉각 신경을 쓰진 못했지만 다비드 넬과 용덴이 티베트에 잠입했다는 소문을 나중에 들은 행정관은 매일 새벽 목욕을 하는 여인이 다비드 넬임에 틀림없다고 직감했다. 결국 두 사람은 영국인 무역상 데이비드 맥도널드와 그의 조카 캡틴 페리의 주선으로 시킴을 거쳐 인도로 돌아와야만 했다.

1925년, 프랑스로 돌아온 다비드 넬은 '쇄국 중인 나라를 정복한 국민적 영웅'으로 열렬한 환영을 받으며 파리에서 세 차례에 걸친 기념 강연회를 가졌다. 그리고 1927년 이 책 『영혼의 도시 라싸로 가는 길』을 프랑스어와 영어로 출판하여 커다란 반향을 일으키며 유럽 문단에 화려하게 등장했다. 한편, 당시 가스통 대통령을 비롯한 많은 독자들은 이 책의 속편을 요청했다. 그들의 호응에 힘입어 그녀는 1912년에서 1922년까지의 여행을 다룬 『티베트 마법의 서』(1929년), 1921년에서 1923년까지의 중국 북부 여행을 다룬 『강도와 신사들의 나라』(1933년)를 발표했다.

하지만 오랜 세월 동안 인도와 티베트를 떠돌며 세계에서 가장 높은 봉우리들의 장엄함과 중앙아시아의 광대한 고독에 젖었던 사람이 14년 전에 탈출했던 예전의 생활을 찾아 마치 아무 일도 없었던 것처럼 사는 게 가능하겠는가?

필립과 결별하고 프로방스를 여행하다가 1928년 프랑스 남부의 디뉴에 안식처를 마련한 다비드 넬은 '삼텐 존(명상의 집)'이라 명명한 그곳에 정착했다. 그리고 산으로 둘러싸인 고풍스런 전원 도시인 그곳에서 명상과 집필에 몰두하여 『라마교 입문』과 최초의 소설인 『다섯 지혜를 가진 라마승』 등 수많은 저술을 발표했다.

그녀는 다양한 집필을 하면서도 틈나는 대로 용덴과 함께 프랑스와 유럽을 돌며 강연을 했다. 그녀의 모든 여행과 모험의 충실한 동반자였던 용덴은 이제 그녀의 양아들이 되어 있었다.

그렇게 10년이 흘러갔다. 1937년 예순아홉 살이 된 다비드 넬은 저 잊을 수 없는 땅으로 다시 돌아갈 결심을 했다. 그곳에 대한 그녀의 그리움은 너무도 컸다. 첫번째 여행을 물심양면으로 지원했고, 당시 그녀와 화해한 필립 넬이 다시 그녀를 도왔다. 그는 죽을 때까지 다비드 넬을 지원하고 염려했다.

1937년의 외부적인 상황은 순탄하지 않았다. 이번에는 중일전쟁과 중국의 국공내전이 문제였다. 그럼에도 불구하고 다비드 넬과 용덴은 육로로 중국을 향해 떠났다. 그들은 좁은 시골길만 따라 브뤼셀로 가서 유럽 각국의 수도에 들른 뒤 북유럽 철도를 따라 모스크바에 도착했다. 그리고 시베리아 횡단 철도를 이용해 중국 북경으로 갔다. 그곳을 거점으로 몇 년간 중국에 체류하며 도교에 대한 연구와 만주 여행을 할 계획이었다. 그러나 그녀가 오대산(五臺山)에 있는 티베트 사원에 머물며 문수보살의 전설을 수집하는 동안 중일전쟁이 발발했다. 그녀는 최악의 상황들을 경험했다. 유럽으로부터의 송금은 중단된 가운데 가혹한 추위와 기근, 전염병의 창궐 등 온갖 참상이 그녀의 눈앞에 펼쳐졌다. 그녀는 폭격을 피해 해발 2천7백 미터에 위치한 타치엔루에 도착했다. 옛날에는 티베트의 교역 도시였으나 당시에는 이미 중국령에 편입돼 있던 그곳은 병사들과 난민들로 북새통을 이루고 있었다. 그녀는 결국 전쟁으로 길이 막히는 바람에 1944년까지 타치엔루에 머물게 되었다. 그리고 이 기간 동안 자신이 목격한 전쟁의 참상을 기록하여 나중에 『광대한 중국의 미개한 서부 지방』이라는 책으로 발표했다.

1941년, 남편 필립 넬의 사망 소식을 접한 그녀는 이렇게 말했다. "나는 세상에서 가장 훌륭한 남편이자 내 유일한 친구를 잃었다……." 하지만 그 와중에서도 자신의 연구를 게을리 하지 않고 사원들을 방문하며, 티베트 은자들의 신비적 수행과 그 교의 등에 관한 자료를 수집했다.

1946년, 다비드 넬은 마침내 다르질링, 캘커타를 거쳐 디뉴로 돌아왔다. 이제 일흔여덟 살이 된 그녀는 저술과 명상으로 이어지는 조용한 생활을 되찾은 가운데 그 동안의 여행에서 수집한 자료를 연구한 뒤 그 결과를 『티베트 불교도의 비전』, 『티베트 미공개 문헌』 등의 저작물로 속속 발표했다.

여든두 살이 되던 해 초겨울, 그녀는 알프스 산맥의 해발 2천2백40미터에 위치한 알로스에서 캠핑을 즐겼다. 이것이 다비드 넬의 마지막 기행이었다. 그녀의 류머티즘은 계속 악화되어 갔다.

1955년 11월에는 40년 동안이나 함께 지내온 양아들 용덴이 먼저 세상을 떠났다. 그는 다비드 넬의 여행과 인생의 동반자였고, 생명의 은인이었다. 그의 죽음 앞에서 그녀는 이렇게 말했다. "못된 것 나보다 먼저 가다니……." 용덴은 그녀보다 30년 연하였다. 1년 뒤 다비드 넬은 파리에서 그를 기리는 추모 강연회를 열었다.

이후 그녀는 독서와 사색, 저술 활동을 계속하다가 1969년 9월 8일 말년의 안식처인 '삼텐 존'에서 100년 10개월을 일기로 생을 마감했다. '그곳'으로 돌아가고픈 욕망을 떨치지 못하고 언젠가 다시 한 번 여행하겠다는 희망을 갖고서 여권을 갱신해 놓은 채.

1982년 10월 15일, 그리고 1986년 5월 21일부터 26일까지 두 차례에 걸쳐 달라이 라마가 '삼텐 존'을 방문하려고 디뉴에 왔고, 만년설에 덮인 고원의 나라를 서양에 알린 알렉산드라 다비드 넬의 업적과 용기에 경의를 표했다. 금단의 도시 라싸로 들어간 최초의 서양인과 그녀의 동반자였던 양아들의 뼈는 1973년 2월 28일 바라나 시에서 갠지스 강에 뿌려졌다.

현재 '삼텐 존'은 '알렉산드라 다비드 넬 기념관'이 되어, 다비드 넬 생전의 모습 그대로 보존된 서재와 동양의 불상, 탱화 등으로 장식된 기도실, 그리고 라싸 여행 당시의 소지품 등을 전시하고 있다. 디뉴 시는 1987년 '알렉산드라 다비드 넬·라마 용덴 문학상'을 제정하여 해마다 중국, 인도, 티베트에 관한 뛰어난 출판물을 발굴하고 있다.

한편, 그녀가 동양에서 수집해 온 자료는 파리 국립도서관, 인류학박물관, 기메 박물관에 소장되어 있다. 그리고 탐험과 연구에 일생을 바친 그녀

의 많은 저작들은 아직까지도 전 세계 독자들의 사랑을 받으면서 인간의
예지에 관한 깊은 메시지를 전하고 있다.

들어가기에 앞서

『영혼의 도시 라싸로 가는 길(*Voyage d'une Parisienne à Lhassa*)』은 알렉산드라 다비드 넬이 1927년에 발표한 티베트 여행기이다.

서양 여성으로서는 최초로 티베트의 수도 라싸로 들어가는 데 성공한 다비드 넬은 중국 운남성에서 출발하여 라싸에 이르는 여정과 라싸에서 두 달 동안 체류한 뒤 영국 통상부가 있던 강체로 향하는 여덟 달 동안의 모험담을 생생하게 담아내고 있다. 그때까지 티베트는 외부 세계와의 교류가 전혀 없었을 뿐만 아니라 지배국인 영국이 철저한 쇄국 정책을 펼치고 있던 터라, 10여 년에 걸친 다섯 번의 시도 끝에 마침내 그녀가 티베트를 여행하는 데 성공했다는 사실이 세상에 알려지자 사람들은 놀라움을 금치 못했다.

철저한 경계를 뚫고 이 여행에 성공하기 위해 다비드 넬은 탁발 순례 중인 티베트의 무식한 시골 노파 행세를 하며 3천 킬로미터나 되는 멀고먼 길을 걸어서 여행했다. 시킴 지방의 한 사원에서 알게 된 이래 양아들로 삼고서 줄곧 동행을 했던 라마승 아플 용텐과 단둘이서 변변한 장비도 갖추지 않은 채 떠난 여행이었지만, 오히려 이러한 설정 덕분에 다비드 넬은 티베트 여러 지방의 생활상과 풍습, 신앙 등을 구체적으로 관찰할 수 있는 기회를 갖게 되었다. 티베트 문화 속에 깊숙이 배어 있는 신비적이고 미신적인 풍토를 서양인의 비판적인 시각으로 해석하고자 했던 다비드 넬과, 주술사의 손자로 태어나 티베트 사원에서 교육을 받고 성장한 용덴의 시각 차를 짚어보는 것도 자못 흥미롭다.

애초에 다비드 넬은 티베트의 문물에 관한 연구 자료와 지리적인 발견만을 발표할 생각이었다고 한다. 그러나 귀국 후 자신의 여행담에 흥미를 느낀 많은 사람들의 기대를 저버리기 힘들어 이 책을 저술하게 되었는데, 이 책은 출간되자마자 서구 사회에 커다란 반향을 일으키며 세계 각국의 언어로 번역되었을 뿐만 아니라 지금까지도 새로운 판을 거듭하고 있다.

서문

지금부터 소개하고자 하는 이 여행기는 아주 이례적인 상황 속에서 다섯 번의 시도 끝에 비로소 성공할 수 있었던 나의 티베트 탐험 기록이다. 가난한 티베트인 도보 순례자로 분장하고서 여덟 달 동안 여러 지방을 돌아다니며 보고 듣고 느낀 수많은 경험들에 대한 간단한 이 소개서는 많은 점에서 독자들의 흥미를 유발시킬 것이라 생각한다.

어려서부터 조숙한 편이었는지, 불과 다섯 살밖에 안 된 아이일 때부터 나는 또래의 아이들에게 주어지는 한정된 공간에서 벗어나고 싶은 욕구에 시달렸다. 미지의 세계를 찾아서 담을 기어 넘어가 길을 따라 내려가곤 했는데, 이상하게도 내가 꿈꾸던 '미지의 세계'는 항상 주위에 아무도 없이 혼자 앉아 있을 수 있는 외딴 곳이었다. 집 마당에 있을 때건 유모를 따라간 낯선 장소에서건, 나는 주변에서 발견할 수 있는 모래 더미나 덤불 뒤쪽에 혼자 앉아 있기 일쑤였다.

좀 자라서 학교에 다닐 때에도 나는 여행에 관련된 책이나 지도, 혹은 방학 동안의 해외 여행말고는 부모님께 어떤 선물도 요구하지 않았다. 또, 반짝이는 선로에 동경을 느끼며 몇 시간씩이고 기찻길 옆에 앉아서, 그 길을 따라가면 도달할 수 있는 곳에 대해 상상하곤 했다. 그러나 이때도 내 상상 속에 마을이나 높은 건물들, 사람들로 시끌벅적한 장소, 화려한 거리 풍경이 나타난 적은 한 번도 없었다. 나는 오직 야생의 숲 속이거나 광막한 사막의 초원 지대, 또는 인간으로서는 도저히 근접할 수 없는 빙하 지대를 꿈꾸었다.

어른이 되어서는 비록 전문적인 학자는 아니었지만, 동양 철학과 비교 종교학에 대한 애정의 결실로 벨기에 대학의 강사이자 작가라는 위치에 서게 되었다.

1911년에는 일찍이 아시아 지역을 여행한 적이 있던 나에게 다시 인도를 방문할 기회가 주어졌다. 프랑스 교육청의 지원 아래 인도, 미얀마, 중국 등지를 돌며 동양 문물을 연구할 기회를 얻게 된 것이다. 그리고 그 이듬해에 티베트의 통치자인 달라이 라마(티베트의 최고 지도자. 티베트의 수호신인 관세음보살의 화신을 상징함―옮긴이)가 인도에 피신 중이라는 이야기를 듣게 되었다. 당시 중국과의 정치적 마찰을 견디지 못한 달라이 라마는 고국인 티베트를 떠나 히말라야 산중의 칼림퐁 마을에 머무르고 있었다.

애초에 티베트란 나라는 내게 전혀 낯선 곳이 아니었다. 이전에 콜레주드 프랑스에서 산스크리트와 티베트어 학자인 에두아르 푸코 교수님의 가르침을 받은 적이 있어 티베트 문학에 대해 약간의 지식을 가지고 있었기 때문이다. 그런 만큼 라마교의 최고 지도자인 달라이 라마를 알현하고, 그의 궁정도 둘러보고 싶다는 갈망이 싹튼 건 당연한 일이었다.

하지만 그를 친견하는 일이 쉽지 않으리라는 건 나 자신도 잘 알고 있었다. 그때까지 그 고귀한 신분의 달라이 라마가 외국인 여성을 만나준 전례는 없었기 때문이다. 이런 때를 위해 불교계의 고승들로부터 몇 통의 소개장을 받아놓았던 나는 그것들을 달라이 라마 앞으로 보냈으며, 소개장을 읽어본 뒤 나에게 흥미를 갖게 된 그는 나의 알현을 허락했다.

달라이 라마의 궁정에는 지체 높은 여러 명의 라마승들이 달라이 라마를 보좌하며 궁정 일을 맡아보고 있었다. 광택이 도는 노란색 새틴 천과 검붉은 천에 금실로 수를 놓은 비단옷을 입은 라마승들은 내게 그들의 고국에 대한 기상 천외하고도 환상적인 이야기를 들려주었다. 그들의 이야기가 다소 과장되어 있다는 생각을 하면서도 나는 눈앞에 펼쳐진 울창한 산맥과 저 멀리 뾰족이 보이는 눈 덮인 봉우리 너머에는 내가 알고 있는 것과는 전혀 다른 세상이 펼쳐져 있을 것이라는 사실을 직감했다. 그리고 바로 그 순간부터 내 마음은 그곳에 대한 동경으로 부풀어오르기 시작했다.

내가 티베트란 나라를 잠깐이나마 내 눈으로 직접 보게 된 것은 1912년 6월 어느 날이었다. 그날 나는 열대 식물과 야생란이 자라고, 개똥벌레들이 살아 있는 불꽃놀이를 연출하는 시킴 지방의 저지대에서 시작되는 길을 따라 위로 올라가고 있었다. 고지대로 올라갈수록 자연의 모습도 변해갔다. 새소리는 줄어들고, 벌레들의 울음소리도 점점 사라져 갔다. 한편, 아래쪽에서는 그토록 당당하게 뻗어 있던 나무들도 정상의 희박한 공기 속에서는 어찌해 볼 도리가 없는 듯했다. 고도가 조금씩 높아질 때마다 나무들은 발육이 저지되어 관목으로 변했으며, 그 관목은 다시 바닥에 달라붙은 것처럼 난쟁이가 되었고, 조금 더 올라가자 그나마도 살아남아 있지 못했다. 그 자리에 남은 것이라고는 엷은 색의 이끼로 뒤덮인 바위산과 차가운 물, 반쯤 얼어붙은 호수, 그리고 거대한 빙하뿐이었다. 마침내 세포 고개(히말라야 산맥이 끝나는 지점. 티베트 동부의 세포 캉 고개와 구별됨—지은이)에 서자 히말라야 저편에 펼쳐진 광대한 티베트 고원이 눈에 들어왔다. 멀리 수평선 끝에서는 마치 모자를 쓴 것처럼 꼭대기만 눈에 덮인 오렌지 빛깔의 봉우리들이 신기루인 양 가물가물 보였다.

그때의 감동이란! 그 독특한 자연 경관은 내 기억 속에 영원히 각인되어 결코 잊혀지지 않을 것 같았다. 마치 어렸을 때부터 꿈꾸어 왔던 조용한 황야 지대를 그제야 비로소 찾아낸 것 같았으며, 험난한 순례를 마치고 오랜만에 그리던 고향으로 돌아온 듯한 심정이었다.

그러나 티베트에 대한 나의 동경을 부채질한 것은 비단 그곳의 자연 경관뿐만은 아니었다. 많은 동양학 연구자들과 마찬가지로, 나는 수많은 대승 불교의 산스크리트 원전이 소실되어 가는 현실이 매우 안타까웠다. 중국어로 번역된 대승 불교 경전은 비교적 입수하기 쉬운 편이었다. 그러나 대승 불교의 사상에 관한, 그 내용에 찬성하는 입장이건 반대하는 입장이건, 티베트어 번역본이나 티베트인들이 직접 저술한 문헌들은 티베트란 나라 자체보다도 훨씬 미지의 영역이었다. 그래서 티베트로 들어간 나는 티베트인들이 직접 쓴 문헌들만을 수집하기 시작했다. 뿐만 아니라 학식 있는 라마승이나 수행자, 밀교의 비의(秘義)를 터득하여 깊은 경지에 도달한 이름 높은 고승들과 이야기를 나누면서 가능하면 그들 곁에 머물고자 했다.

이처럼 향학열에 사로잡힌 채 나는 티베트의 적막한 고지대보다도 몇천 배는 더 경이적인 신비의 세계로 발을 내딛고 있었는데, 그 세계는 바로 눈 덮인 봉우리들 사이의 습곡에서 은둔 생활을 하고 있는 고행자들의 세계였다.

티베트는 현재 쇄국 정책을 펴면서 자국의 영토 안으로 들어오는 것을 엄중히 통제하고 있지만, 옛날에는 그렇지 않았다. 믿기 어려운 일일지 모르겠지만, 입국 금지 구역은 점점 광범위해지고 있다. 15년 전만 해도 자유롭게 지나다닐 수 있었던 히말라야 너머의 몇몇 도로에 지금은 검문소가 설치되어 있다. 이는 티베트 국경에만 국한된 것이 아니어서, 국경에서 50킬로미터 이상 떨어져 있는 몇몇 지역으로 들어가는 관문 역시 폐쇄되고 말았다. 그로 인해 시킴 지방으로 가려는 관광객은 허가증을 취득해야 했는데, 그 허가증에는 "이 사람은 네팔, 부탄, 티베트에 이르는 모든 곳을 여행할 수 없다. 따라서 이 허가증에 기재된 곳 이외의 지역을 방문하는 것과, 기재된 곳 이외의 길을 지나는 여행이나 그 계획은 금지한다"라는 문구가 적혀 있었다. 그리고 이 조건에 따르겠다는 서약서에도 별도로 서명을 해야만 했다.

중국과 티베트 간의 국경은 중국 쪽에서의 통행은 완전히 자유롭다. 하지만 최근 들어 지배권이 중국에서 티베트로 넘어간 일부 지역은 출입이 금지되었다. 그 결과, 불과 얼마 전까지만 해도 여행자들이 자유롭게 통행했으며, 이전에는 선교사들이 살기까지 한 지역인데도 지금은 들어갈 수 없는 곳이 많아졌다.

처음에 나는 남티베트 고원을 여행했고, 몇 년 뒤 시가체의 타시 라마(판첸 라마. 달라이 라마 다음으로 영적·세속적 지위를 갖는다—옮긴이)를 방문했다. 그때 그는 나를 열렬하게 환영하면서 무슨 일이 있어도 티베트학에 대한 연구를 중단하지 말라고 격려해 주었다. 나아가 내가 공부를 할 수 있도록 자신의 궁전 근처에 숙소까지 마련해 주었다.

나로서는 그의 도서관도 마음대로 이용하고, 학식 있는 라마승들의 도움도 받아가며 연구에 몰두할 수 있는 좋은 기회였다. 하지만 전혀 생각지도 않은 문제가 발생하는 바람에 나는 두 번 다시 올 수 없는 그 아까운 기회를 놓쳐버리고 말았다. 그 문제란 내가 타시 라마를 방문하면서 생긴 일로, 영국 공관이 내가 살고 있던 초막에서 20킬로미터쯤 떨어진 장소에 사는 마을 주민들에게 나의 부재를 신고하지 않았다는 이유로 2백 루피의 벌금형을 내린 것이다. 나는 그 마을에서 도보로 3, 4일은 족히 걸리는 티베트 영내에 있는 절에서 시가체로 곧장 출발했었다. 그러니 마을 사람들로서는 내가 부재중이라는 사실을 전혀 알 수가 없었건만 영국 관리들은 그러한 사정을 조금도 감안하지 않은 채 그들에게 유죄 선고를 내렸다. 그러자 마을 사람들은 내 집을 마구 때려부수는, 무지하고도 야만적인 방법으로 분풀이를 했다. 영국 공관에 항의를 해보았지만 소용없는 일이었다. 정당성을 인정받기는커녕 오히려 보름 이내로 그곳을 떠나라는 통보를 받았을 뿐이었다. 도저히 문명인의 처사라고는 볼 수 없는 이런 부당한 조치를 이대로 묵과해서는 안 되겠다고 생각한 나는 고향인 파리의 시민 정신을 이어받아 정신적인 방법으로 보복해 주리라 다짐했다. 그러나 그러기 위해서는 때를 기다릴 필요가 있었다.

몇 년 뒤 티베트 동부의 캄 지방을 여행하던 중에 갑자기 병에 걸린 나는 외국인 의사들의 치료를 받을 수 있는 바탕의 선교회 병원으로 가고자 했다. 바탕은 내가 그 당시 머무르고 있던 칸체와 마찬가지로 중국의 지배하에 있던 티베트인 지역 중 한 곳이었는데, 바로 얼마 전 라싸의 군대가 이 두 마을 사이의 변방 지역을 점령한 이후로 외국인의 출입이 금지된 곳이었다. 국경 검문소를 책임지고 있던 티베트인 장교는 내게 타치엔루(티베트의 주요 상업 도시. 캄 지방의 동쪽 끝에 위치하며, 중국의 사천성에 속함—지은이)의 영국 영사로부터 받은 허가증이 있느냐고 물었다. 그는 영국 영사를 '타치엔루의 위대하신 분'이라 칭송하고 나서, 나에게 영국 영사가 발

급한 허가증이 있다면 티베트 국내를 마음대로 활보할 수 있지만, 그렇지 않다면 국경을 통과할 수 없다고 잘라 말했다. 그러나 그 장교가 서둘러 상관에게 심부름꾼을 보내 명령을 기다리고 있는 동안에도 나는 발길을 멈추지 않고 계속 나아갔다. 하지만 며칠 뒤 다른 장교에게 다시 제지를 받게 되었고, 거기서도 다시 한 번 '눈의 나라' 티베트로 들어가는 대문 열쇠를 갖고 있다는 그 '위대하신 분'에 대한 칭송을 들어야 했다. 그러는 동안 내 병은 점점 악화되어 갔다. 나는 내 건강 상태를 티베트 관리들에게 열심히 설명했지만 아무 소용이 없었다. '위대하신 분'에 대한 두려움이 그들의 천성적인 선량함을 압도해 버렸던 것이다. 결국 나는 바탕으로 가는 것을 포기해야만 했다. 하지만 발길을 되돌려 왔던 곳으로 돌아가라는 그들의 요구만은 받아들일 수 없다고 강력히 주장했다. 그리고 어차피 바탕으로 갈 수 없다면 제쿤도로 가겠다고 우겼다. 제쿤도는 라싸로 가는 길목에 있는 상업 지대로, 아직은 중국 관할하에 있는 지역이었다. 그곳은 동남쪽 끝에 있는 초원 지대에 위치하고 있었기 때문에 만약 그때까지 내가 살아서 거기까지만 간다면 건강을 되찾는 데 도움을 줄 신선한 우유와 커드를 구할 수 있을 것 같았다. 또, 새롭게 라싸 정부의 관할이 된 지역을 여행한다는 건 여러 면에서 흥미진진할 것이라고 생각했다.

나의 고집스런 주장을 논의하기 위한 몇 날 며칠이 한편으로는 우습고, 한편으로는 슬프게 흘러갔다. 장교들은 진홍색 천에 사자 무늬의 자수가 새겨진 티베트 국기가 정면에서 나부끼고 있는 천막 안에 진을 치고 있었고, 호위병들은 천막을 에워싸고 야영을 하고 있었는데, 그 중에는 트럼펫 같은 티베트의 관악기로 '무장한' 두 명의 악사도 포함되어 있었다. 나와 나의 인부들은 국기도 트럼펫도 없이 그들 근처에 쳐놓은 천막 안에서 결론이 나기를 기다렸다. 우연히 이 장소에 머무르고 있던 불쌍한 독파(양 치는 유목민—지은이)들은 양과 버터, 양젖, 치즈 등을 관리들의 식사로 제공해야만 했다. 자신들의 눈앞에서 연출되고 있는 희극을 본의 아니게 구경한 대가치고는 터무니없이 비싼 관람료라 하지 않을 수 없었지만, 그것이 바로 티베트의 풍습이었던 것이다. 그렇게 며칠을 보낸 뒤, 나를 죽이지 않고서는 도저히 내가 제쿤도로 가는 것을 막을 수 없다는 사실을 깨달은 관리들은 내 요구를 수용하기로 결정했다. 희망을 관철시킬 수 있게 된 나는 자못 들뜬 마음으로 그 지방을 답사할 수 있었다. 훗날 나는 생각지도 않게 나를 제쿤도로 가게 만들어준 이 사건에 대해 감사했다. 제쿤도에 머무는 동안 원래의 계획 속에는 없던 아주 멋진 여행을 할 수 있는 계기가 마련되었기 때문이다.

제쿤도에 머물고 있는 동안 나는 한 덴마크인과 만나게 되었다. 그는 몽고와 라싸 간의 무역로에 있는 국경 검문소 창 나슈카란 곳에서 다른 많은 사람들과 마찬가지로 길목이 가로막히는 바람에 되돌아온 여행자였다. 라싸 여행이 좌절되자 그는 자신의 일이 기다리고 있는 상해로 하루라도 빨리 돌아가고자 했다. 그런데 제쿤도에서 최단 거리를 택해 상해로 가려면 작년 여름에 내가 길에서 입씨름을 벌였던 바로 그 길을 지나야 했다. 하지만 그 근처에 이르기도 전에 그는 길목에 배치되어 있던 병사들의 눈에 띄어 강제로 되돌아와야 했다. 그는, 자신에게는 티베트로 들어갈 마음이 없으며, 다만 중국으로 가기 위해 그곳을 통과하려 했을 뿐이라고 설명했지만 아무 소용이 없었다. 병사들이 도통 그의 말은 들은 척도 하지 않았기 때문이다. 결국 그는 북쪽으로 방향을 바꿔, 무장 강도가 빈번하게 출몰한다는 사막을 횡단해야만 했다. 물론 식량과 짐을 날라다 줄 대상도 편성해야만 했다. 그렇게 해서 여행은 한 달이나 걸렸다. 그런 우여곡절 끝에 그가 도착한 곳은 중국의 최북단에 있는 국경 지대였는데, 그 후 목적지인 상해에 도착하는 데 다시 두 달이나 걸렸다고 한다. 최단 거리로 가는 길을 택했다면 그 무의미한 여행 기간은 절반 이상이나 단축되었을 것이다. 또 사막을 횡단하느라 고생하지도 않고 편하게 돌아갈 수도 있었을 것이다.

여행자들에 대한 도발이나 다를 바가 없는 그 이야기를 전해 듣고 나는 끓어오르는 분노를 억누를 수가 없었다. 그 덴마크인과 마찬가지로 제쿤도에 갇혀버린 채 어느 쪽으로도 자유롭게 갈 수 없었던 나는 절대로 그 덴마크인처럼 북쪽으로는 가지 않겠다고 결심했다. 오히려 과감하게 출입이 금지된 지역으로 나아가 살윈 강 연안까지 가서 차롱 지방이나 차와롱 지방의 서늘한 골짜기를 여행해야겠다고 생각했다. 그러나 거기까지 간다고 해서 라싸까지 가는 데 성공할 수 있을지는 확신할 수 없었다. 하지만 안 된다고 단언할 수만도 없었다. 거기서부터의 일은 아무것도 확실치 않았다.

겨울이 끝나갈 무렵 나는 짐꾼 한 사람만을 데리고 걸어서 제쿤도를 출발했다. 그때까지도 대부분의 고개가 눈 속에 파묻혀 있어 어려움이 많았지만, 다행히도 우리는 그 혹독한 자연적 조건을 이겨낼 수 있었다. 그리고 국경 검문소의 책임자가 있는 창문 바로 밑을 통과한 뒤 국경을 넘어 살윈 강 부근까지 갔다. 하지만 거기까지가 끝이었다. 거기서 체포되고 말았기 때문이다. 나 자신은 아무 문제가 없었다. 그러나 식물 채집을 위한 여러 가지 물품이 담겨 있던 내 짐이 나를 배신했다. 그 짐은 나의 믿을 만한 여행 동반자이자 양아들인 용덴이 소지하고 있었는데, 장사꾼으로 변장한 채 일곱 마리의 당나귀와 시중꾼 한 명을 이끌고, 걸어서 3, 4일 정도는 걸릴 만큼의 간격을 유지한 채 내 뒤를 따라오던 용덴이 검문소에서 수색을 받는 동안 그 짐이 관리의 눈에 띈 것이었다. 내가 제쿤도에 체류하고 있다는 사실을 알고 있던 그 관리는 용덴과 나의 관계를 알아채고 그들 일행을 거기에 잡아둔 채 병사들을 사방으로 풀어 나를 수색하기 시작했다. 결국 그 병사 중 한 명에게 발각되는 바람에 우리의 모험은 거기서 막을 내리고 말았다.

비록 그 여행은 거기서 중단되고 말았지만 나는 나 자신이 좌절했다고는 전혀 생각지 않았다. 그 경위야 어찌 되었든 간에, 또 그 상대가 누구이든지 간에 절대 나 자신이 패배했다고는 생각하지 않는 게 나의 신조였기 때문이다. 그때까지는 라싸 여행에 대해 다소 주저하는 마음이 있었지만, 그 순간 나는 무슨 일이 있어도 라싸로 들어가는 데 꼭 성공하고야 말겠다고 굳게 결심했다. 그 이상의 보복은 없을 테니까 말이다. 내 앞길을 가로막고서 가던 길을 되돌아오게 만든 국경 검문소 앞에서 나는 그렇게 결심했다. 하지만 단지 나의 실패를 만회해 보겠다는 단순한 생각만으로 라싸로 들어갈 결심을 한 것은 아니었다. 나는 그곳을 '출입 금지 지역'으로 만든 제국주의자들의 어처구니없고 기막힌 작태를 세상 사람들에게 폭로하고 싶었다. 그런 곳은 비단 라싸뿐만이 아니었다. 아시아의 교류를 가로막는 거대한 벽은 동경 78도에서부터 99도, 북위 27도에서부터 30도에 이르는 광대한 지역에 걸쳐 퍼져 있었다.

어쨌거나 나는 일단은 라싸에 들어갔다 나오는 데 성공을 해야만 한다. 단, 라싸를 다녀옴으로써 나에게 털끝만큼의 이익이라도 생기면 안 된다. 그렇지 않다면 자기가 몇 번이나 실패했기 때문에 그것이 억울해서 저렇게 억지 주장을 한다고 생각하는 사람도 있을 수 있기 때문이다. 이런 마음으로 나는 라싸 여행을 계획하고 실행에 옮겼다.

끝으로 나의 영국인 친구들에게 분명히 밝혀두고 싶은 것은, 내가 티베트에 대한 영국 정부의 시책을 비판한다고 해서 그것이 영국이라는 국가 자체에 대한 반감에서 비롯된 것은 아니라는 사실이다. 나는 어렸을 때부터 영국인들에게 호감을 갖고 있었으며, 동양에서 오랜 기간을 체류하는 동안 그런 호감은 점점 더 깊어만 갔다. 친절한 영국인 가족들에게 극진한 환대를 받을 때마다 매력적인 영국 여성들이 내게 기울여주던 지극 정성은 마치 고향에 돌아온 듯한 편안함을 느끼게 했다. 그분들에게는 지금도 마음속 깊이 감사하고 있다.

영국의 정치가들 역시 나의 조국인 프랑스나 다른 여러 나라의 정치가들과 마찬가지로 국민들의 선량한 마음을 정치에 제대로 반영하지 못하고 있는 게 아닌가 싶다. 또 그들이 식민지나 그 밖의 보호령에 대해 상식을 넘어선 정책을 펼치고 있는 것을 보면, 대영제국이나 영국 자치령의 국민들 역시 다른 열강의 국민들과 마찬가지로 이 외딴 지역에 대한 자국 정부의 사악한 시책에 대해 전혀 알지 못하고 있는 게 아닌가 싶다.

따라서 내가 그런 현실을 폭로하면 많은 사람들, 특히 기독교의 선교사들은 까무러칠 정도로 놀랄 것이다. 그들은 기독교를 국교로 삼는 청교도의 나라 영국이 그 나라에 제멋대로 군대를 파견하고 무기를 팔아넘기는 한편, 기독교와 그 이념을 전파하고자 하는 사람들의 입국을 금지하고 있다는 사실을 도저히 믿지 못할 것이다.

마지막으로 이 책에 실린 티베트어의 철자에 대해 한마디 덧붙이고 싶다. 나는 그들의 발음을 소리나는 그대로 표기했다. 왜냐하면 티베트어의 철자는 지나치게 복잡해서 그들의 문자에 익숙하지 못한 사람들을 당혹스럽게 만들기에 충분하기 때문이다. 한 예를 구체적으로 들어보면, 날졸 (naljor)이라고 발음되는 단어는 티베트어로 rnal byor로 표기되며, 될마 (deulma)라고 발음되는 명사는 sgrolma로 표기된다.

한 가지 홍미 있는 일은 티베트인들 자신은 자국이 '티베트'라는 이름으로 불린다는 사실을 모른다는 점이다. 이 말의 기원은 분명치 않다. 티베트인들은 자국을 '푸유'라고 부르며, 문학 속에서는 시적으로 '간유(눈의 나라)'라고 표현된다. 그들 스스로는 '푸파'라고 부른다.

제1장

티베트 국경을 넘다

안녕히! 이제 우리는 떠납니다!

길이 꺾어지는 곳에서 나는 마지막으로 한 번 더 뒤를 돌아보았다. 선교사는 여전히 문 앞에 서서 우리를 배웅하고 있었다. 며칠 전, 생전 처음 보는 용덴과 나를 자신의 집으로 기꺼이 맞아들여 환대를 베풀어준 사람. 그의 친절한 웃음과 진지한 눈빛에는 우리를 염려하는 따뜻한 마음이 담겨 있었다. 그 착한 남자를 속이는 데 우리가 얼마나 성공했는지는 알 길이 없다. 그러나 적어도 그가 우리의 여행 목적지를 짐작하지 못했을 거라는 사실에는 의심의 여지가 없다. 다만, 그에게 털어놓은 우리의 일정이 지나치게 모호했던 탓에 그는 우리가 뭔가 위험 천만한 탐험 계획을 숨기고 있다는 사실만큼은 직감했을 것이다. 그리하여 우리가 짐이나 수행원은 물론 운송 수단도 없이 가려는 곳이 도대체 어디일까 궁금해 했을 테지만 그곳이 바로 티베트이리라고는 상상도 하지 못했을 것이다. 그럼에도 그 착한 선교사가 자신의 집에서 며칠 동안 묵어간 수상한 나그네들의 여정에 하나님의 은총이 함께 하기를 기원해 주었을 거라는 사실에는 의심의 여지가 없다. 부디 그의 소원이 이루어지기를! 금단의 땅 '눈의 나라'를 향해 길 떠나는 나의 다섯번째 여정이 영광의 빛으로 충만하도록 기도해 준 그의 따뜻한 마음에도 축복이 함께 하기를!

안녕!

우리는 길모퉁이를 돌았다. 그러자 선교사의 집은 우리의 눈앞에서 사라졌다. 바야흐로 모험이 시작된 것이다.

이번 여행은 폐쇄적인 '눈의 나라' 티베트로의 입국을 시도하는 나의 다섯번째의 출발이었다. 지난 십여 년 동안 여러 차례에 걸쳐 티베트 땅에 발을 들여놓기 위해 시도를 했지만, 그때마다 출발 상황은 매번 같지 않았다. 어떤 때는 좀 거칠긴 하지만 활기에 가득 찬, 중앙 아시아인들 특유의 밝은 성품을 지닌 인부들의 수다스런 웃음소리와 노새들의 목에서 딸랑거리며 울려퍼지는 방울 소리를 들으며 즐거운 마음으로 출발을 했다. 그런가 하면 짙은 자주색 천에 금실로 수를 놓은 라마승의 복장 차림으로 성장한 채, 이국에서 온 칸도마(사람의 모습, 특히 나이 먹은 여성의 모습을 한 요정—지은이)에게 마지막으로 경의를 표하기 위해 찾아온 마을 사람들과 독파('황야에 사는 사람들'이란 뜻으로, 경작을 하지 않는 유목민 즉 양치기들—지은이)들에게 엄숙하고 진지한 표정으로 축복을 내려주고 나서 길을 떠나던 감동적인 출발도 있었다. 혹은 벌판을 걷고 있는 사이 갑작스레 밀어닥친 눈보라에 휘말린 불운한 출발 경험도 있었다. 그러나 이번엔 짙푸른 중국 가을 하늘을 배경으로, 화사한 태양빛을 받으며 맑은 날씨 속에 길을 떠나고 있다. 앞에 보이는 산봉우리들과 울창한 침엽수림은 즐겁고 행복한 여정을 약속할 테니 어서 오라 손짓하는 것만 같았다. 작은 텐트와 충분한 식량을 짊어진 두 사람의 짐꾼과 함께 길을 나서는 우리의 모습은 마치 1, 2주간의 가벼운 여행을 떠나는 여행자처럼 보였다. 실제로 방금 떠나온 곳의 마을 사람들에게 우리는 옆에 있는 산으로 식물 채집을 하러 떠나는 거라고 말했었다.

지금 내가 시도하려는 것은 어떤 결말을 맺게 될까? 내 마음은 희망으로 부풀어올랐다.

당분간은 마을 사람들이 우리의 계획을 눈치채지 못하도록 우리는 일부러 짐을 마을에 남겨두고 왔다. 하지만 가까운 장소를 돌아보러 간다고 해서 짐을 짊어지고 용덴과 단둘이서만 떠나는 일은 불가능했다. 출발부터 다른 외국인 여행자들과는 다르다는 게 눈에 띄면 마을 사람들이 이상하게 생각하고 우리를 눈여겨볼 게 뻔했기 때문이다. 따라서 마을 사람들 사이에서 어떤 유럽인 여자가 짐을 직접 짊어지고 떠나는 것을 보았다는 소문이 퍼져 나가는 것을 방지하기 위해 우리는 마지못해 두 사람의 짐꾼을 고용했다.

물론 그 두 사람을 떨쳐버릴 수 있는 방안도 이미 생각해 두었다. 하지만 그 계획은 어떤 돌발적인 상황도 생겨나지 않아야만 실현 가능한 것이었다. 그런 이유로 다소 불안한 마음이 없진 않았지만, 달리 마땅한 방법이 떠오르지 않았기에 모든 것을 운에 맡기기로 했다.

우리는 다소 늦게 출발했고, 첫날의 일정은 비교적 짧은 편이었다. 우리는 카 칼포 산(중국 운남성 서북부에 위치하며, 봉우리들이 만년설로 뒤덮여 있다—지은이)에서 가장 높은 봉우리의 웅장한 자태를 볼 수 있도록 '대머리수리들의 무덤'으로 알려진 작고 안전한 고원에 텐트를 쳤다. 해마다 중국의 장사꾼들은 깃털을 얻기 위해 여기서 수백 마리의 독수리를 도살한다. 그들은 우선, 도살한 말이나 노새의 살점을 미끼로 새들을 유혹하여 그물로 끌어들인 뒤 올가미에 가둔 채 그 불쌍한 짐승들을 때려죽인다. 그런 다음 털이 뽑힌 새들의 시체는 다시 동료들과 운명을 함께 하려고 몰려든 다른 대머리수리들을 유인하는 미끼로 이용된다. 이로 인해 부패와 역병이 창궐하지만, 그럼에도 아랑곳없이 이 '독수리 털 뽑기'는 거의 한 달간이나 지속된다. 다행히도 내가 그곳에 도착했을 때에는 대머리수리 학살의 시기가 아니어서, 그곳을 뒤덮고 있는 가시 돋친 관목 식물 주변에 이리저리 뒹굴고 있는 탈색된 뼈 무더기만 눈에 띄었다.

황야에서 오랫동안 자연과 함께 호흡한 사람들은 자연의 속삭임을 들을 수 있다. 아니, 어쩌면 그건 자연의 속삭임이 아니라 무의식의 내면에서 들려오는 신비스런 예지의 목소리인지도 모르겠다. 그날 밤, 보름달이 떠오른 맑은 하늘 아래 높이 솟아 있는 장대한 카 칼포 산은 국경으로 가는 나의 발걸음을 가로막는 위협적인 감시자처럼 보이지 않았다. 그보다는 오히려 신비의 땅으로 들어가는 관문에 버티고 서서, 티베트를 사랑하는 대담한 모험가를 환영하고 지켜주려고 준비하고 있는 상냥하고도 존경할 만한 신처럼 보였다.

다음날 해뜰 무렵, 나는 떠오르는 태양의 빛을 받으며 거대하게 솟아 있는 카 칼포 산의 정상을 다시 한번 바라보았다. 눈에 덮인 채 하얀 빛을 찬란하게 반사하고 있는 봉우리는 마치 나에게 격려의 웃음을 보내고 있는 것처럼 보였다. 나는 그것이 나의 성공적인 탐험을 예견하는 징조라 여기고 그 봉우리를 향해 머리 숙여 경의를 표했다.

그날 밤은 황량한 골짜기 입구에 있는, 검붉은 바위로 에워싸인 환상적인 공간에서 잠을 잤다. 넓게 펼쳐진 계곡에선 물살이 센 급류가 요란스러운 소리를 내며 메콩 강을 향해 흘러가고 있었다. 다음날은 매우 중요한 날이었다. 자칭 '독립 국가 티베트'의 관문인 도칼 고개를 향해 첫발을 내딛는 날이었기 때문이다. 짐꾼들을 따돌리고자 하는 내 계획을 실행에 옮겨야 하는 곳도 바로 거기였다. 모든 일이 내 희망대로 잘 되어줄까? 짐꾼들에게 아무런 의심도 사지 않고 그들을 떼어놓을 수 있을까? 설사 그들을 떼어놓는 데 성공한다손 치더라도, 우리가 밤 사이에 지나가야 할 론드레 마을의 상황은 우리에게 호의적일까? 우리는 그곳에 대한 정보도 별로 없는데, 과연 날이 새기 전까지 그 마을의 높은 언덕 위에 있는 좁은 산길을 지나, 도칼 고개를 가로지르는 카 칼포 주변의 순례로에 이를 수 있을까?

수많은 질문들이 머릿속에 떠올랐고, 그 각각의 물음들이 내 머릿속을 어지럽혔다. 그러나 롤로스 지방에서 살 때 용덴이 직접 만든 작은 텐트 안에서 울퉁불퉁한 바닥에 등을 대고 눕자, 고요한 황야에서 살던 때 항상 내 마음속에 깃들이던 묘한 감정, 즉 평안함과 해방감 같은 행복감이 밀려와 나를 괴롭히던 불안감을 거둬가 주었다. 덕분에 나는 요정 이야기를 듣고 있는 어린아이처럼 편안한 잠 속으로 빠져들었다.

다음날 아침, 나는 오랜 친구인 메콩 강에 작별을 고한 뒤 론드레 마을로 가기 위해 바위투성이 계곡을 따라 서쪽으로 나아갔다. 협곡으로 접어들자 길이 좁아지고 나무가 울창해졌다. 날씨는 청명했고, 발걸음은 가벼웠다. 도중에 말을 탄 두 명의 티베트 상인과 마주쳤지만, 그들은 우리에게 눈길도 주지 않았다. 아마도 그들은 중국인 복장을 하고 있는 용덴과 나를 중국인으로 생각한 것 같았다. 그럼에도 불구하고 여행을 시작한 뒤 처음으로 마주친 그들과의 만남은 나를 다소 긴장하게 만들었다. 비록 우리가 있는 이

곳이 아직은 중국 치하의 티베트 땅이라 외국인들도 비교적 자유롭게 다닐 수 있다지만, 국경 근처에서 외국인이 얼쩡거린다는 소문이 돌아서 좋을 것은 하나도 없었다. 그런 정보가 들어가면 가뜩이나 빈틈없는 티베트 군인들은 경계를 더욱 강화할 것이며, 그렇게 되면 금단의 땅에 들어가고자 하는 우리의 시도 역시 그만큼 어려워질 것이기 때문이다.

정오 무렵에 우리는 론드레 마을이 보이는 곳에 도착했다. 우리 일행이 만일 용덴과 나 둘뿐이었다면, 우리는 마을을 통과하느라 쓸데없는 고생을 하는 대신 숲 속으로 들어가 어두워질 때까지 몸을 숨기고 있어도 좋았을 것이다. 왜냐하면 우리가 올라야 할 카 칼포 산의 가파른 능선들은 우리가 있는 좁은 골짜기에서 커다란 급류만 건너면 바로 갈 수 있는 가까운 거리에 있었기 때문이다. 그러나 짐꾼들에게 우리는 식물 채집을 하기 위해 루체키앙으로 갈 거라고 여러 번이나 말해 두었기 때문에 여기서 우리가 가려던 곳과는 정반대에 있는 국경 쪽 길을 택한다면 그들은 그 이유에 대해 의심을 할지도 몰랐다.

나는 내키지 않는 마음으로 마지못해 짐꾼들을 따라 무거운 발걸음을 옮겼다. 그들은 거기서 20킬로미터 정도만 가면 야영지로 적합한, 숲이 무성한 고원이 있다며 앞장서서 걸었다. 짐꾼들이 우리를 볼 수 없을 정도로 거리가 벌어지지 않는 한 용덴과 나는 우리의 목적지인 도칼 고개 쪽으로 고개를 돌릴 수가 없었다. 그렇지만 내일 밤 그 고개를 넘으려면 미리 지형을 머릿속에 익혀두어야 했으므로 우리는 틈만 나면 그쪽을 돌아보았다.

우리는 바라던 대로 누구의 의심도 사지 않고 론드레 마을을 통과하는 데 성공했다. 우리가 만난 마을 사람들 중 우리를 이상하게 보는 사람은 아무도 없었다. 더 이상 바랄 바가 없는 이 행운은 아마도 이 근처에서 많은 현지 사람들을 고용해 작업을 하고 있는 미국인 박물학자 때문인 듯했다. 마을 사람들은 우리를 그와 같이 일하는 조수쯤으로 생각하고 있는 것임에 틀림없었다.

우리의 목적지와는 정반대쪽인 루체키앙 방면으로 몇 킬로미터 정도 더 나아갔을 때, 카 칼포 산에서 더 이상 멀어지는 것은 위험하다는 생각이 들었다. 앞으로 해가 떨어지면 다시 론드레 마을을 지나 반대편으로 멀고먼 행군을 해야 하는데, 그러자면 시간을 절약해 둘 필요가 있었다. 내일 새벽까지는 순례로에 도착해야 했다. 만일 거기까지 가는 게 도저히 무리라면 적어도 마을에서는 최대한 멀리 벗어날 필요가 있었다. 그래야만 길에서 사람들과 만나게 되더라도 티베트의 북부 지방에 있는 아무 지명이나 둘러대며, 거기서부터 성스러운 산을 순례하러 온 여행자인 척할 수 있을 테니까 말이다.

티베트로 들어가는 데 어떤 길을 택할지에 대해 나는 오랫동안 고심했다. 내가 선호하는 길, 혹은 내가 안심해도 좋을 만한 길은 해마다 가을이 되면 순례자들의 행렬이 끊이지 않는 곳이었다. 그 길을 택하면 사람들과의 빈번한 접촉에서 오는 위험을 피할 수 있을 거라고 생각했기 때문이다. 그 길을 지나다니는 사람들은 대개가 먼 지역의 여러 지방에서 온 사람들이어서 옷차림이나 머리 모양은 물론 사용하는 말조차 제각각일 터였다. 따라서 그런 상황이라면 이 지방 사람들과는 다른 내 생김새나 옷차림, 말의 억양 따위가 별로 두드러져 보이지 않을 것이다. 또한, 설령 누군가가 이상한 점을 발견하더라도 그처럼 다양한 사람들이 모여드는 곳에서라면 그것이 그다지 유별나게 받아들여지지 않을 것이다. 그럼에도 불구하고 나는 조금이라도 나에게 관심을 가지는 사람이 생기지 않기를, 또 우리가 멀고도 힘든 여행을 하는 몇 주 동안 될 수 있으면 사람들과 길에서 마주치지 않게 되기를 간절히 기원했다.

우리는 멀리 계곡이 내려다보이는 한 지점에 도착했다. 론드레 마을은 바로 그 계곡이 시작되는 입구에 자리잡고 있었다. 그 황량한 계곡은 빽빽한 덤불 숲을 이룬 키 작은 가시나무들로 뒤덮여 있었으며, 수풀 틈새로 맑은 시냇물이 흐르고 있었다. 우리가 서 있는 곳에는 한 줄기 좁은 길이 거기까지 이어지고 있었다. 이곳이야말로 이 성가신 짐꾼들을 떼어놓을 장소라는 생각이 들었다. 나는 이제부터 해야 할 행동을 다시 한번 머릿속으로 그려본 뒤 곧장 실행에 옮기기로 했다.

"다리가 붓고 아파서 도저히 더는 못 가겠어요. 우리 저 시냇가 근처로 내려가 차를 마시고, 야영을 하기로 해요."

나의 제안에 짐꾼들은 전혀 놀라는 기색을 보이지 않았다. 실제로 새끼를 꼬아 만든 중국산 샌들에 쓸린 탓에 나는 발이 무척 아팠다. 그리고 그들 역시 내가 시냇가에서 발을 씻는 동안 발에서 피가 나는 걸 보았기 때문에 그 사실을 알고 있었다.

우리는 아래로 내려가 울창한 잡목 숲으로 둘러싸인 작은 개척지를 골라서 거기에다 텐트를 쳤다. 가까이에 물이 있고 주변의 잡목 숲이 바람을 막아주고 있었기 때문에 그 어둠침침한 그늘을 야영지로 택한 나의 결정은 그 순진한 짐꾼들은 물론이고 누가 봐도 이상할 게 없었다.

불이 지펴지자, 나는 짐꾼들에게 푸짐한 식사를 대접했다. 하지만 본격적인 출발을 앞두고 일이 잘못되어 계획에 차질이 생기면 어쩌나 하는 마음에 갑자기 불안해진 용덴과 나는 약간의 짬파(티베트인들의 주식으로, 호밀 가루를 볶은 것─지은이)만을 억지로 삼키고 있었다. 식사가 끝나자 나는 짐꾼 중

한 명에게, 주변에 있는 자잘한 관목 가지만으로는 밤을 나기가 힘들 것 같으니 산에 가서 마른 통나무를 잘라다 달라고 부탁했다.

그가 떠나자마자 나는 나머지 짐꾼에게, 발 때문에 한동안은 먼길을 갈수가 없을 것 같아 루체키앙으로 가기 전에 1주일 정도 론드레 마을 주변의 산에서 식물 채집을 할 생각이므로 짐꾼은 한 명만 있어도 될 것 같다고 설명했다. 혹시 사람이 다시 필요하게 되면 론드레 마을에 사는 사람을 고용할 생각이라는 말을 덧붙이며. 쉽게 내 말을 이해한 그는 후한 임금에 고마움을 표시하며 자신의 집을 향해 곧장 출발했다. 물론 나무를 베러 간 동료는 나와 함께 남을 거라고 굳게 믿으며.

나무를 베어 가지고 돌아온 나머지 짐꾼에게도 나는 똑같은 설명을 했다. 그러면서 나는 그들이 한동안은 서로 만나지 않기를 바랐다. 그들이 만나서 이야기를 하다 보면 짐꾼을 모두 따돌린 우리의 이상한 계획이 금세 탄로나고 말 것이기 때문이었다. 그런 사태가 벌어지기 전에 좀더 시간을 벌기 위해 나는 그에게, 지금 바로 루체키앙으로 가지 못하게 된 내 대신 편지와 작은 꾸러미를 전해달라고 부탁했다. 거기서부터는 론드레로 돌아올 것 없이 마을로 곧장 돌아가면 된다고 덧붙이며.

그 꾸러미 안에는 우리가 들고 다니던 짐에서 추려낸, 가난한 사람들에게 보낼 옷가지와 선물이 들어 있었다. 용덴과 나는 이미 텐트 안에서 우리가 가진 짐을 새롭게 점검했었다. 이제부터 짐꾼 없이 둘이서만 짐을 나눠 들어야 하는 만큼 짐을 줄여야 했기 때문이다. 우리는 축축하거나 언 땅에서 자게 될 때 몸이 바닥에 직접 닿는 것을 피하기 위해 가져온 방수 깔개를 포기하기로 결정했다. 그리고 여분으로 가져온 옷들도 가져가지 않기로 했다. 이제 우리에게는 입고 있는 옷과 변장에 필요한 옷만 남았다. 앞으로 해발 5

천 미터 이상의 눈 덮인 겨울 산을 수없이 넘어야 한다는 사실을 잘 알았지만 우리는 담요 한 장 남기지 않았다. 그보다는 짊어지고 갈 수 있는 만큼 최대한 많은 식량을 가지고 가야 했기 때문이다. 우리는 앞으로 적어도 2주일 동안은 어느 마을도 들르지 않을 생각이었다. 그러니 인가 없는 초원 지대를 횡단하려면 그 동안에 필요한 식량을 잔뜩 챙겨두어야만 했다. 바로 거기에 우리의 성공은 물론 더 나아가 목숨까지 달려 있었기 때문이다.

작은 꾸러미는 한 번도 만난 적 없고, 그 역시 우리를 전혀 알지 못하는 선교사 앞으로 보내졌다. 두번째 짐꾼 역시 자신의 동료가 그랬던 것처럼 3일치에 해당하는 후한 보수에 만족하며 그 돈을 주머니에 집어넣고 길을 떠났다. 가까운 곳으로 심부름을 간 동료는 아마도 저녁 전에 돌아올 거라고 생각하며.

며칠 뒤에 같은 산맥을 한 명은 북쪽에서, 한 명은 남쪽에서 각각 넘어 돌아온 그 두 사람이 만나 서로 무슨 이야기를 나누었을지는 자못 흥밋거리였지만 나로서는 전혀 알 길이 없었다.

필요한 준비는 모두 끝났다. 울창한 숲 속에 단둘이 남은 용덴과 나는 마주 보고 서서 말없이 서로의 얼굴을 바라보았다. 앞으로 겪게 될 상황들을 생각하니 가슴이 떨려왔다. 고비 사막을 출발하여 운남성(雲南省)으로 이르는 몇 달간의 기나긴 여정 기간 내내 우리는 앞으로 어떻게 '증발' 할지, 즉 우리의 신분을 어떻게 위장하는 게 좋을지에 대해 머리를 맞대고 고민했다. 이제 우리가 '증발' 을 해야 할 운명의 시간이 눈앞에 다가와 있다. 바로 오늘 밤 우리는 티베트로 들어가는 관문인 도칼 고개(해발 5천 미터—지은이)를 향해 떠나는 것이다.

"일단 차를 한 잔씩 마시자꾸나."

내가 용덴에게 제안했다.

"그런 다음 이 주변을 살펴보고 오너라. 무슨 일이 있어도 새벽이 되기 전에 마을을 빠져나가 사람들의 눈에 띄지 않고 카 칼포가 시작되는 지점에 도착해야 할 것 같으니."

나는 바쁜 손길로 꺼져가는 불씨를 살리기 시작했고, 용덴은 물을 뜨러 갔다. 냄비에 차를 넣어 끓인 다음 버터와 소금을 넣고 휘저어 티베트풍의 차를 준비했다. 부유한 사람들처럼 차를 섞는 기구를 따로 가지고 다닐 여유가 없는 가난한 여행자들에겐 이렇게 휘저어 마시는 게 일반적인 방식이었다.

여기서 잠깐 우리가 가진 조리 기구를 간단히 설명하자면, 우선 우리에게는 차를 끓일 때도 사용하고 죽을 끓일 때도 쓰는 다용도 알루미늄 냄비가 하나 있었다. 거기에다 용덴이 사용하는 나무 바리때와 내 알루미늄 바리때, 숟가락 두 개, 그리고 젓가락 한 벌과 칼이 들어 있는 중국제 여행 도구, 그것이 전부였다. 애초에 우리에게는 제대로 된 식사를 즐길 마음 따위는 전혀 없었다. 우리는 다른 티베트 여행자들과 마찬가지로 간소한 식사를 했다. 이를테면 짬파를 버터차에 개어 먹거나 가루 상태 그대로 버터에 버무려 먹는 것이었다. 상황이 허락되면 가끔 죽을 끓여 먹기는 했다. 그런 이유로 포크는 전혀 필요하지 않았으며, 심지어 싸구려 숟가락조차도 사용할 일이 별로 없었다. 그런 것은 서양식 식사법을 받아들인 부유한 티베트 사람들에게나 필요할 법한 물건이었으며, 우리가 신분을 가장하기로 한 알조파(가끔은 음식을 구걸하기도 하는 도보 순례 여행자—지은이)들 중에 이런 걸 소유한 사람은 거의 없었다. 그리고 결국 이 두 개의 숟가락으로 인해 나중에 나는 한 남자를 거의 죽일 뻔하게 되는 웃지 못할 상황에 직면하게 된다. 그 이야기는 나중에 자세히 하겠다.

차를 마시고 용덴은 지형을 살피기 위해 떠났다. 몇 시간이 흐르고, 밤이 찾아왔다. 나는 불 가에 앉아 있었지만, 멀리서 우리를 발견하는 사람이 생길까 두려운 마음에 불꽃을 낮추었다. 타다 남은 깜부기불 위에서는 길을 떠나기 전에 마시고 가려고 남겨둔 차가 부글거리며 끓고 있었다. 달이 뜨자 황량한 계곡은 푸른색과 적갈색으로 물들어갔고, 내 마음속엔 고독과 적막감이 밀려왔다.

내가 허황된 꿈을 꾸고 있는 걸까? 나는 지금 얼마나 무모한 모험에 내 몸을 던지려고 하는 건가?

나는 이제까지의 여행들을 떠올려보았다. 그러자 그 동안 티베트를 여행하면서 겪어야 했던 수많은 고난과 역경들이 파노라마처럼 머릿속을 스치고 지나갔다. 그 모든 기억이 아직도 내 머릿속에 선명하건만 나는 다시금 그와 같은 상황 속으로, 아니 그보다도 훨씬 힘들지도 모르는 상황 속으로 뛰어들려 하고 있다. 이 여행의 끝에서 나를 기다리고 있는 것은 무엇일까? 과연 나는 라싸로 들어가는 데 성공해, 티베트로 가는 길을 막아버린 관리들을 비웃으며 그들에게 승리자의 미소를 보낼 수 있을까? 가는 도중에 발각되어 발걸음을 되돌리게 되거나, 절벽에서 발을 헛디뎌 그대로 죽음을 맞이하게 되거나, 길에서 강도를 만나 총을 맞게 되거나, 열병에 걸린 채 나무 밑이나 동굴 속에서 야생 동물처럼 불행한 최후를 맞게 되거나 하여 이번 여행에서 영영 돌아오지 못하게 되는 것은 아닐까? 여러 가지 비관적인 생각들이 머릿속을 헤집고 지나갔지만, 나는 그런 암울한 생각이 더 이상은 내 머릿속을 지배하지 못하도록 했다. 앞으로 어떤 일이 일어나든 나는 결코 좌절하지 않을 것이기 때문이다.

중국 정부의 입장을 대변한 서양의 소수 정치가들이 아무 근거도 없이 자국의 관리들을 제외한 세상의 모든 탐험가들이나 과학자, 선교사, 그리고 인문학자들의 티베트 입국을 막고 있는 게 오늘날의 현실이다. 그들은 도대체 무슨 권리로 그들의 법적 관할 구역도 아닌 티베트를 제멋대로 '금단의 땅'으로 만들어놓았단 말인가? 이제까지 라싸로 들어가려던 많은 여행자들은 도중에 제재를 받고서 자신들의 실패를 인정한 채 발길을 돌리고 말았다. 하지만 나는 절대로 그렇게 쉽게 포기할 수 없다. 나는 반드시 라싸로 들어가는 데 성공하고야 말 것이다.

그런 생각에 잠겨 있을 때 덤불 속에서 갑자기 용덴이 나타났다. 달빛을 받고 선 그의 모습이 마치 산신령 같았다.

그는 자신의 정찰 결과를 다음과 같이 간략하게 보고했다. 우선, 론드레 마을을 거치지 않고 우회해서 가려면 계곡 위로 거슬러 올라가 징검다리를 건너 맞은편으로 간 뒤 거기서부터 시내를 따라 내려가면 된다는 것이었다. 강둑 위에 서 있는 농가들을 지나 걸어서 강을 건너는 방법도 있긴 한데, 그러면 계곡 위로 우회해서 가는 것보다는 거리가 훨씬 더 단축되겠지만 근처에 사람들이 있어서 강이 얼마나 깊은지 미처 알아보지 못했다고 한다.

어느 길을 택하든 간에 카 칼포 산의 순례로로 통하는 오솔길로 가려면 우리는 메콩 강 지류에 걸린 큰 다리를 건너야 했다. 그러므로 우리가 캠프를 설치한 이 계곡을 빠져나가 시냇가에 걸린 작은 다리를 건넌 다음 그 큰 다리까지 가는 동안 강가에 띄엄띄엄 서 있는 몇 채의 농가 앞을 지나는 것은 불가피한 듯했다.

메콩 강변에 걸린 그 다리를 건너올 때 우리는 순례로로 통하는 우회로를 볼 수 있었다. 용덴 역시 구불구불 이어지는 그 가파른 오르막길을 분명히 보았지만, 그 길이 강둑의 어느 지점에서 시작되고 있는지 정확한 위치는 찾지 못했다고 했다.

이처럼 막연한 정보만 가지고 우리는 서둘러 출발을 했다. 이미 시간이 많이 지체되어 있었다. 앞으로, 이 정도면 안전하겠다고 여길 만한 지점에 도착하려면 몇 킬로미터나 더 가야 할지 전혀 짐작할 수 없었다.

어깨를 짓누르는 가방의 무게가 만만치 않았지만 무겁다는 생각은커녕 가죽 끈에 살갗이 긁히는 것도 느끼지 못하고 있다가 나중에서야 그 사실을 깨달았다. 그 순간에는 긴장감 때문에 아무것도 느끼지 못했던 것이다. 한번은 뾰족이 튀어나온 바위에 부딪혀서 손바닥에 상처가 나고 얼굴이 가시덤불에 스쳤지만, 이 여행을 성공적으로 마쳐야 한다는 강박감이 모든 감각을 얼어붙게 만들었는지 아프다는 생각도 들지 않았다.

우리는 몇 시간 동안 계곡을 따라 내려갔다. 걸어서 강을 건너는 것은 위험하다는 판단이 섰다. 강은 지나치게 깊었으며, 물살도 너무 빨랐다. 우리는 잠시 낙담했지만 이내 다리를 찾아 발걸음을 옮겼다. 그 후 여러 차례 길을 잃었다. 용덴이 낮에 봐두었다는 길은 희미한 달빛 아래에서는 찾기가 힘들었고, 게다가 안개마저 자욱했다. 한참을 헤맨 끝에 반대쪽 강둑으로 건너는 데 성공한 우리는 그곳에서 강 옆으로 좁게 나 있는 산길을 발견했다. 그러나 구불구불하게 이어진 그 길을 따라 내려가는 데에는 시간이 많이 걸렸으며, 우리는 더욱 조바심이 났다. 마침내 론드레 마을이 희미하게 보이는 곳에 도착했다. 우리는 거기서 짐을 내려놓고 바닥이 투명하게 들여다보일 정도로 맑은 시냇물로 목을 축였다. 그런 다음 녹초가 된 우리의 몸에 활력을 불어넣기 위해 스트리클닌(중추 신경 흥분제—옮긴이)을 한 알씩

삼키고 그 공포의 고개를 향해 서둘러 출발했다.

다리 하나를 건너고, 몇 채의 농가 앞을 통과한 뒤 두번째 큰 다리까지 무사히 건넜다. 이제 우리는 사람들이 살지 않는 성산(聖山)의 원시림을 향해 구불구불하게 나 있는 좁은 오솔길 입구에 서 있다. 바로 이 길을 따라가면 금단의 땅, 티베트의 심장부로 연결되는 순례로에 이르게 될 것이다.

우리가 강가에 있을 때 어디선가 개 한 마리가 나타나 우리를 향해 낮고 갈라진 소리로 으르렁거렸다. 마을 주변에서 밤새도록 이리저리 배회하는 이 사나운 떠돌이 개들의 수는 족히 십여 마리는 되는 듯했다. 하지만 우리를 향해 짖어댄 것은 단지 한 마리뿐이었다. 그 녀석을 보며 나는 머릿속으로 사냐신(출가 수행자─옮긴이)이 되어 '해탈의 최고 경지'를 체험하고자 가족을 버리고 야반 도주를 했다는 귀족 집안의 아들들과 관계된 인도의 옛날 이야기 하나를 떠올렸다. 그들의 가출을 돕기 위해 "신은 사람들을 잠에 빠뜨리고, 개들을 조용히 만들었다"는 내용을 책에서 읽은 적이 있는데, 지금의 상황이 그때와 비슷하지 않을까? 우리의 출발도 지금 신들의 보호를 받고 있는 거라는 생각에 웃음 지으며, 나는 보이지 않는 곳에서 나를 지켜주고 있는 친구들에게 마음속으로 깊은 감사의 마음을 전했다.

우리가 올라가야 할 오솔길의 입구에서는 작은 산사태가 일어나고 있었지만 희미한 달빛 아래에서 급히 서두르고 있던 터라 그 길을 미처 발견하지 못한 우리는 길을 찾기 위해 골짜기를 올라가기 시작했다. 그러나 골짜기는 위로 갈수록 점점 좁아지더니 마침내 우리를 거대한 절벽 사이의 좁은 틈 속에 몰아넣었다. 양쪽에 버티고 서 있는 암벽 위로 기어 올라갈 수도 없는 일, 결국 우리는 발길을 되돌려야 했다. 30분 정도의 시간이 그런 식으로 흘러갔다. 우리는 마을에서 훤히 보이는 곳에 서 있었기 때문에 우리의 모습이 사람들의 눈에 띄지나 않을까 하는 불안한 마음을 떨칠 수가 없었다. 설상가상으로 우리가 간신히 발견한 새로운 길은 경사가 매우 심한데다가 모래 언덕이었다. 우리는 등에 무거운 짐을 지고 있었기에 빨리 걸을 수가 없었다. 젖 먹던 힘까지 짜내 조금이라도 빨리 나아가고자 애를 썼지만 숨이 턱까지 차오르는 바람에 멈춰 서서 쉬는 일이 빈번했다. 정말로 끔찍한 순간이었다. 마치 살인자의 추격을 뿌리치고 열심히 발버둥을 치지만 한 발자국도 움직일 수 없어 괴로워하는 끔찍한 악몽에 시달리고 있는 심정이었다.

날이 새기 시작할 무렵, 커다란 나무에서 뻗어나온 무성한 가지들이 터널 같은 모양을 형성하고 있는, 쉼터로 적합한 그늘을 발견했다. 나뭇가지 위에 앉아 있던 새들이 우리의 발소리에 놀라 요란스레 날아갔다. 가까운 곳에는 작은 개울도 있었다. 어제 아침부터 지금까지 한숨도 자지 못한 용덴은 여기서 차를 마시며 쉬어가고 싶어했다.

나 역시 그와 마찬가지로 갈증으로 인해 입술이 타들어가는 듯했지만 거기서 쉬는 게 꺼림칙했다. 물을 얻을 수 있다는 단 하나의 장점말고는 그 어둠침침한 장소가 왠지 안전해 보이지 않았기 때문이었다. 이 고갯길에는 표범이나 흑표범 같은 야생 동물이 많이 살고 있어서 자칫하다가는 그들의 공격을 받을 위험이 있었다. 그것도 그렇지만, 솔직히 말해 나는 론드레 마을에서 조금이라도 더 멀리 벗어나고 싶었다. 만약 내가 혼자였다면 나는 아무리 몸이 괴롭더라도 그 고통을 감수하며 앞으로 나아갔을 것이다. 두 발로 서 있을 기력조차 없다면 무릎으로 기어서 가는 한이 있더라도 그곳에서는 일분 일초도 더 이상 지체하고 싶지 않았다. 하지만 피곤에 지친 라마승에게는 조심성이 조금도 남아 있지 않았다. 탈진한 그는 젖은 땅바닥에 거의 쓰러지듯 주저앉아 버렸다. 할 수 없이 나는 땔감을 찾으러 가야 했다.

따뜻한 차는 우리에게 무엇과도 바꿀 수 없는 위안을 주었지만, 불행하게 도 용덴에게는 이완제로 작용했다. 그가 잠들어버리고 만 것이다. 정말 울고 싶은 심정이었다. 길에서 그런 식으로 허비하는 시간이 많아지면 많아질수 록 우리의 성공 가능성은 점점 더 줄어들고 만다. 하지만 이것은 불가항력 적인 상황이었다. 그 누구도 쏟아지는 잠에 대항할 수는 없기 때문이다. 그 렇다고 용덴을 하염없이 자도록 내버려둘 수는 없었다. 나는 한 시간도 채 되기 전에 그를 깨워 다시 길을 나섰다.

외딴 곳을 걷고 있자니 마음을 쫓기게 하던 긴장감이 풀어져 우리는 태양 이 떠오른 뒤에도 한참 동안이나 산을 오르고 있었다. 그때, 갑자기 위쪽에 서 사람들의 목소리가 들려왔다. 순간, 극도의 공포감에 사로잡힌 우리는 혀가 굳어버린 듯 서로에게 아무 말도 하지 못한 채 길에서 벗어나 주변의 숲 속으로 정신 없이 뛰어들었다. 그 자리를 벗어나야 한다는 생각말고는 머릿속에 아무것도 떠오르지 않았다.

정신이 들었을 때 나는 오래 전에 일어난 산사태로 인해 돌덩어리가 수 북이 쌓이고, 가시덤불로 둘러싸인 곳에 서 있는 자신을 발견했다. 용덴은 어디로 갔는지 흔적도 찾아볼 수 없었다. 다행히 멀리 가지는 않았던 듯, 얼 마 지나지 않아 나는 그를 찾을 수 있었다. 벌건 대낮에 길을 재촉하는 건 무 모하다는 게 밝혀졌다. 이대로 계속 가다간 론드레 마을 쪽으로 내려가는 나무꾼이나 가축 상인 외에도 많은 사람들과 마주치게 될 것이고, 그러면 론드레 마을로 내려간 그들이 우리를 보았다고 이야기할 건 불을 보듯 뻔한 일이었다. 뿐만 아니라 운이 나쁘면 우리처럼 도칼 고개 쪽으로 가는 순례 자들을 만나게 될지도 모르는데, 그들이 우리를 수상히 여겨 사람들에게 이야기하다 보면 그 소문이 국경 건너편까지 퍼질 수도 있었다. 그렇게 되면 더 이상 최악의 상황은 없는 셈이다. 그런 위험에서 벗어나기 위해 우리는 나무 밑에 몸을 숨기고 앉은 채 여행의 첫날을 보냈다. 위쪽에서, 우리 눈에는 보이지 않는 사람이 역시 보이지 않는 가축 떼를 몰고 지나가는 소리가 들려왔다. 건너편 경사면에는 나무꾼이 나타났다. 우리는 잠시 그를 지켜보았다. 그는 통나무를 쌓으며 노래를 멋지게 불러젖히고 있었는데, 주변에서 자신의 등장을 불안한 마음으로 지켜보는 외국 여인의 존재에 대해선 전혀 눈치를 채지 못한 게 틀림없었다. 아마도 가을 산의 무성한 나뭇잎들이 그의 시야에서 우리를 가려주고 있기 때문에 그의 눈엔 우리가 보이지 않는 듯했다. 그럼에도 불구하고 누군가에게 들킬지도 모른다는 불안감으로 인해 내 머릿속은 비관적인 생각으로 가득 찼다. 이제 우리에게 남은 것은 실패뿐이며, 멀리 투르키스탄(중앙 아시아의 건조 지대. 파미르 고원을 경계로 동·서로 구분되는데, 동투르키스탄은 중국령임―옮긴이)에서부터 중국 대륙을 횡단하여 여기까지 온 모든 노력이 물거품이 되고 말 거라는 불길한 생각이 머릿속을 채웠다.

달이 떠오르는 것을 기다려 우리는 야간 행군을 시작했다.

얼마 뒤 우리는 우리가 걸어온 길과 순례로가 교차하는 지점임을 표시하는 작은 쵸르텐(성스러운 종교적 유물이나 위대한 라마승의 유품을 안치한 불탑―지은이) 옆에 도착했다. 순례자들이 지나다니는 길은 노새들도 지나갈 수 있을 정도로 넓어서 걷기가 훨씬 수월했다. 우리는 가벼운 발걸음으로 그 길을 따라 걸어갔다. 여기까지 오는 동안 아무도 만나지 않았다는 건 정말로 큰 행운이었다. 이러한 행운이 계속 이어진다면 우리는 도칼 고개를 무사히 넘어 멘콩 지역까지 이를 수 있을 것이며, 그렇게만 되면 이 여행의 성공은 거의 보장된 거나 마찬가지였다.

꼬박 하루 동안 물을 마시지 못해 지난밤과는 비교도 할 수 없을 정도로 극심한 갈증에 시달리고 있을 때, 우리는 위협적인 소리를 내지르며 무서운 기세로 흘러 내려가고 있는 급류 근처에 도착했다. 하얀 포말을 일으키면서 주변에 난립한 바위들과 부딪쳐가며 기세 좋게 흘러 내려가고 있는 물줄기 위쪽으로는 작은 다리가 걸려 있었다. 바로 우리가 건너야 할 다리였다. 하지만 갈증으로 인해 자제력을 잃어버린 용덴은 물을 마시겠다는 일념에 사로잡혀 다리 쪽이 아닌 길 아래쪽의 시냇물을 향해 곧장 내려가려 했다. 칠흑 같은 어둠 속에서 그건 그야말로 목숨을 내거는 무모한 행동이었다. 내려가다가 발부리가 돌에 걸려 고꾸라지기라도 한다면 그대로 급류에 휘말려 떠내려갈 수도 있었기 때문이다. 나는 고집 센 젊은 친구를 만류했다. 하지만 그는, 어제 저녁 이후로 한 번도 물을 발견하지 못한 것을 보면 이 주변은 물이 귀한 게 틀림없으므로 여기서 물을 먹어두어야 하며, 앞으로 얼마나 더 가야 물을 발견하게 될지 알 수 없다고 주장했다. 나는 그 말에 아무런 반박도 할 수 없었다. 그렇긴 해도 물에 빠져 죽는 것보다는 갈증을 견디는 편이 낫다고 생각했기 때문에 어서 다리 위로 올라가라고 거의 명령조로 재촉했다. 건너편 강둑은 덜 가파르고 길도 훤해서 내려가는 길이 훨씬 수월했다. 시간이 아깝기도 하고, 길에서 가까운 장소에서 불을 피우는 게 불안하기도 해서 망설여지기는 했지만 그럼에도 잠시 쉬면서 차를 마시고 가야겠다고 생각하고 있는데, 놀랍게도 어디선가 우리를 부르는 목소리가 들려왔다. 불을 붙이는 데 쓸 빨간 숯 덩어리와 갓 끓여낸 따뜻한 차를 가져다 주려고 온 사람이었다. 티베트에서는, 이처럼 자신이 야영을 하고 있는 곳을 지나가는 여행자에게 호의를 베푸는 것이 일종의 관례였다.

하지만 갑작스런 그의 출현에 우리는 벙어리가 된 채 그 자리에 우뚝 서 버렸다. 불과 몇 분 전까지만 해도 우리는 영어로 이야기하고 있었던 것이다. 그 남자가 우리의 이야기를 듣지나 않았을까?

"어디서들 오시는 길입니까?"

이번에는 다른 목소리가 그렇게 물어왔다.

"왜 이렇게 늦은 밤에도 길을 걷고 있는 거죠?"

그때까지도 우리 눈에는 아무것도 보이지 않았다. 목소리는 커다란 나무 아래서 들려오는 듯했다. 그 순간 나는 그곳이 우묵한 분지이며, 그들은 그곳에 자리를 잡고 하룻밤을 묵어가려는 여행자들일 거라고 추측했다.

"우리는 순례자입니다. 암도에서 온 독파들이지요. 그런데 이 지역은 정말 덥군요. 햇빛 속에서 걷다간 열병이라도 걸릴 것 같아요. 그래서 우리는 이 성스러운 고개를 밤에만 넘는답니다."

용덴의 대답은 정말로 그럴싸했다. 우리에게 질문을 했던 사람은 더 이상 아무것도 묻지 않았다. 그러자 이번에는 용덴이 그들에게 물었다.

"그런데 댁들은 누구십니까?"

"우리 역시 순례자입니다."

그 정도에서 나는 그들의 대화에 제동을 걸었다.

"이만 가봐야겠어요. 우린 좀더 가다가 물이 있는 곳에서 야영을 할 생각이라서……."

그 말은 거짓이 아니었다. 갑작스런 일에 너무 놀란 나머지 나는 목이 마르다 못해 타들어가듯 아프다는 사실도 잊고 있었다. 내 머릿속에는 오로지 어서 이 사람들에게서 멀어져야겠다는 일념밖에는 없었다.

라싸로 가는 길목에서 처음으로 부딪친 사람들과의 만남은 그런 식으로 아무 일 없이 넘어갔다. 결국 론드레 마을에서 벗어나 고개 쪽으로 오르는 동안 아무 불미스러운 일도 생기지 않은 데 대해 용덴과 나는 서로 자축했다. 그런 한편으로, 야간 행군이 절대적으로 안전한 것만은 아니라는 사실을 깨달은 이상, 앞으로는 언제 어디서 누구를 만나더라도 그때그때의 상황에 알맞게 우리의 행동을 설명할 수 있도록 항상 마음의 준비를 해두어야겠다고 다짐했다.

몇 시간 이상을 쉬지 않고 걷고 또 걸었지만 우리는 어디에서도 물을 발견하지 못했다. 온몸이 물에 젖은 솜처럼 축 늘어진 채로 나는 반쯤 잠에 취해 기계적으로 걸음을 옮겼다. 멀리 길가에 서 있는 오두막 같은 건물이 보였다. 나는 거기서 티베트인을 만나게 되면 뭐라고 말해야 하나 곰곰이 생각했다. 하지만 그것은 오두막이 아니라 두 개의 커다란 바위 사이로 난 통행로에 불과했다. 마침내 극도의 피로감이 엄습해 와서 더 이상은 도저히 걸을 수가 없을 것 같았다. 우리가 있는 곳은 야영을 하기에 적합한 지형이 아니었다. 길은 갑자기 좁아졌으며, 심지어 한쪽 끝은 깎아지른 듯한 절벽이었다. 그러나 우리는 울퉁불퉁 튀어나온 바위 위에 그대로 고단한 몸을 뉘었다. 옷 밑으로 느껴지는 딱딱한 감촉이 그다지 쾌적하지는 않았지만, 잠을 자면서도 우리는 깊이를 알 수 없는 낭떠러지 끝에 웅크리고 있다는 사실을 잊지 않으려고 애썼다.

즐거운 탐험 여행의 두번째 밤을 그렇게 보내고 나서, 우리는 동이 터오르기 직전에 일어나 다시 숲 속을 행군하기 시작했다. 마지막으로 음식을 먹은 지 벌써 24시간 이상이나 흘렀다. 이렇게 오랫동안 굶는 것에 아직은 적응이 되어 있지 않았기 때문에 허기를 참는 것이 우리에게는 적지 않은 고통이었다.

낮 동안에 숨어 있을 장소를 찾기에 앞서 일단은 물을 구해야 했기 때문에 우리는 전속력으로 걸었다. 그것은 흡사 빠른 속도로 떠오르고 있는 태양과 벌이는 경주 같았다. 짙은 녹음으로 가려진 정상 위 어느 한 지점에서 나타난 태양은 열기를 내뿜어 덤불 숲을 따뜻하게 데우기 시작했다. 이제 은신처를 찾아 숲 속으로 들어가야 할 시간이 다가온 것이다. 어물거리다가는 어젯밤에 만난 남자들을 다시 만나게 될지도 몰랐다. 그렇게 되면 그들과 오랫동안 이야기를 나누며 많은 설명을 해야 한다. 그뿐만 아니라 이렇게 환한 햇빛 아래서 그들에게 내 모습을 보여주어야 한다.

우리는 몇 개의 도츄(신에게 바치는 돌무더기 기념비—지은이) 뒤쪽에 덤불 숲으로 둘러싸인 공간이 이어져 있는 것을 발견하고, 길에서 우리의 모습이 보이지 않도록 그 속으로 숨어 들어갔다. 멀리 아래쪽 나무숲 사이에선 푸른 연기가 뭉게뭉게 피어오르고 있었다. 어디선가 물 흐르는 소리도 들려왔다. 지금쯤 다른 여행자들이나 나무꾼들은 아침 식사를 즐기고 있겠구나 생각하니 허기가 더욱 심해지는 것 같았다. 더 이상은 견디지 못하겠는지 용덴은 위험을 무릅쓰고 물을 뜨러 나섰다.

혼자 남은 나는 짐을 나뭇가지들 밑에 숨기고 마른 나뭇잎 위에 드러누웠다. 그런 다음 몸 위에다 낙엽을 잔뜩 덮었다. 이렇게 하고 있으면 누가 이곳을 지나가더라도 나를 발견하지 못할 것이다. 이런 생각은 얼마 안 가 곧바로 증명되었다. 냄비에 가득 물을 떠가지고 돌아온 용덴이 나를 찾아내지 못하고 헤맸던 것이다. 그가 돌아온 줄도 모르고 잠에 빠져 있던 나를 찾기 위해 용덴은 나를 두고 떠났던 곳 주변을 한참 동안이나 맴돌며 헤매 다녔다고 한다. 큰 소리로 나를 부를 수도 없는 상황이었기 때문에 그가 마른 잎 밟는 소리에 내가 잠에서 깨어나지 않았다면 그는 훨씬 더 오랫동안 그 주변을 배회하고 다녔을 것이다.

전날 밤, 우리는 앞으로 어떻게 변장을 하면 좋을지 상의했다. 그때까지 우리는 중국을 횡단할 때 입었던 중국식 복장을 그대로 하고 있었다. 그것이 사람들의 시선을 끌지 않았기 때문이다. 게다가 이전부터 나를 알고 있는 사람을 만나거나 어쩌다 외국인이라는 사실이 밝혀지더라도, 그와 같은 차림을 하고 있으면 아무도 내가 여행을 계획하고 있다고는 생각지 않을 것이다. 중국 변방에 사는 외국인들은 대부분 그 고장 특유의 복장을 착용하기 때문이다. 그러나 우리가 앞으로 여행하게 될 이 지방의 여행자들은 지금까지 만난 적이 없는 티베트인 순례자들뿐일 것이다. 그러므로 한시라도 빨리 그들처럼 평범한 알조파가 되어 그들 속에 섞일 필요가 있었다.

알조파란 탁발 순례자를 의미하는데, 티베트 전역에는 일 년 내내 수천 명이나 되는 알조파들이 성지를 순례하기 위해 유랑을 한다. 대부분의 알조파들은 승려이며, 그들 중에는 정말로 가난한 사람도 있고, 보시를 많이 얻기 위해 일부러 순례자 차림으로 떠돌며 걸식하는 사람도 있다. 그러나 대부분의 알조파는 고향에 가정이 있으며, 생계를 꾸려나갈 일을 갖고 있다. 비록 경건한 여행 기간 내내 말을 타고 다닐 수 있을 만큼 넉넉진 않더라도.

대체로 알조파는 세 부류로 나뉘는데, 그 중 첫번째 부류는 동전 한푼 없이 길을 떠나 순례 기간 내내 사람들의 자선에 의존하는 사람들이다. 두번째 부류는 탁발에 의존하며 순례를 하는 것은 마찬가지이지만, 탁발에 성공하지 못하는 불운한 날에 대한 대비책으로 약간의 비상금을 가지고 다니는 사람들이다. 그리고 마지막은, 먹고 자는 데 곤란을 받지 않을 정도로 충분한 여비를 준비해 가지고 다니는 부유한 순례자들이다. 그러나 여행 기간 내내 어느 한 부류를 고수하는 경우는 별로 없다. 경전에 대한 지식이 많고, 다양한 불교 의식에 능통한 라마승, 특히 앞날을 예언하거나 귀신을 쫓아내는 능력이 탁월한 라마승의 경우에는 음식이나 옷은 물론 돈까지 풍족하게 보시받기 때문에 때로는 몇 달씩 탁발을 하지 않고 편하게 순례를 즐기기도 한다. 반면, 애초에는 두둑한 돈뭉치를 들고 여행에 나섰다가 길에서 강도를 만나 하루아침에 빈털터리 순례자로 전락하는 경우도 적지 않다.

나는 알조파로 변장하기로 결정했다. 그것이 사람들의 시선을 끌지 않고 여행을 할 수 있는 최선의 방법이라고 생각했기 때문이다. 실제로도 학식이 높은 라마승인 용덴은 내 아들 역을 충실히 수행해 낼 것이다. 그리고 그와 함께 멀고먼 순례 길에 나선 늙은 어머니인 나의 깊은 신앙심은 누구에게나 감동과 호감을 줄 수 있을 것이다. 그러나 솔직히 말해 알조파로 변장하기로 마음먹은 이유는 그것뿐만이 아니었다. 평소 내게는 디오게네스와 같이 절대 자유를 누리고 사는 그들의 삶이 부러웠다. 짐꾼이나 말이나 짐 따위로 신경을 쓰지 않고 마음 편히 돌아다니다가, 마음 내키면 아무 데서나 잠을 잘 수 있는 알조파들의 사는 모습이. 이전에 캄 지방을 여행하는 동안 잠깐이나마 그런 생활을 맛본 적이 있던 나는 그 경험을 다시 한번 제대로 겪고 싶었다. 그리고 결국은 10개월이라는 긴 시간 동안 알조파로서의 고통과 기쁨을 철저히 경험했다. 인간이 꿈꿀 수 있는 삶 중에서 가장 축복받은 삶이라 여겨지는 알조파들의 생활을 경험하던 그 시간은 내 생에 있어서 가장 행복한 순간이었다. 나는 최소한의 필수품만 등에 짊어진 가난한 순례자로서 무수히 많은 산을 넘고 골짜기를 지나며 '눈의 나라' 티베트를 방랑했던 것이다.

짬파와 말린 고기, 버터차로 든든하게 배를 채우고 나서 우리는 변장을 하기 시작했다. 하긴 새삼스레 변장이랄 것도 없었다. 용덴은 수도원에 살 때부터 입어온 대로 다시 라마승의 법복 차림이 되면 그만이었고, 나 역시 몇 년 동안 티베트 의상을 입는 데 익숙했기 때문에 그것을 딱히 변장이라 말하기에 적합치 않았다. 단지 새로운 점이 있다면 이번 여행을 위해 투박해 보이는 싸구려 옷을 특별히 준비했다는 것이다.

머리에는 쓸 만한 게 마땅치 않아 신경이 쓰였다. 아툰제를 지나는 길에 적당한 게 눈에 띄면 하나 사서 써야지 하는 생각에 암도를 떠나올 때 모자를 하나도 챙겨 오지 않았던 것이다. 그런데 공교롭게도 아툰제가 아닌 다른 길로 오게 되는 바람에 마땅히 모자를 살 만한 곳을 발견하지 못했다. 할 수 없이 루체키앙 마을의 여인네를 본떠서 다 낡아빠진 빨간색 허리띠를 머리띠 삼아 두르고 다녔다. 하지만 나를 이 지방 여인네처럼 보이게 만들어 준 것은 이러한 머리 모양이 아니었다. 나를 이 지방에 사는 전형적인 티베트 여인으로 변신시켜 준 것은 바로 내가 입고 있는 독특한 소재의 옷과 캄에서 가져온 부츠였다.

2년 전에 지금과 똑같은 시도를 하던 무렵 나는 치렁치렁하던 머리를 싹 둑 잘라버렸다. 때문에 현지 주민으로 보이기에는 아직 머리가 짧은 편이었다. 그래서 나는 아직 충분히 자라지 않은 머리를 길어 보이게 하려고 머리 끝에 새까만 야크 털을 붙였다. 그리고 그것이 자연스럽게 보이도록 중국제 먹을 갈아 그 먹물을 내 갈색 머리카락에 발랐다. 귀에는 커다란 귀고리를 달았는데, 그러자 분위기가 아주 달라 보였다. 마지막으로 얼굴에는 잘게 부순 숯가루에 코코아 가루 섞은 것을 발라 피부가 거무죽죽하게 보이도록 했다. 다소 이상한 '화장술'이긴 했지만, 이보다 나은 화장품은 어디에서도 구할 수 없었다. 이 티베트의 오지까지 지점을 개설하러 오는 화장품 회사는 없을 테니 말이다.

해질 무렵, 전형적인 티베트 순례자로 변신한 우리는 짐을 챙겨 들고 밀림에서 벗어났다.

다음날 아침, 우리는 길고긴 행군 끝에 야영지를 발견했다. 그곳은 시냇가 바로 옆이었는데, 여름에 물이 불어나면 거기까지 물이 들어올 게 분명해 보이는 낮은 습지였다. 두껍게 층이 쌓인 푸른색 이끼에 가려져 바닥이 제대로 보이진 않았지만, 산불에 그슬린 채 엉망으로 뒤엉켜버린 갈대들이 지면을 뒤덮고 있었다. 그곳이 길가에 인접해 있던 탓에 감히 불을 피울 생각은 하지도 못했다. 우리는 간단히 요기를 하고, 얼음장처럼 차디찬 물로 목을 축였다. 얼음물이 목구멍을 타고 넘어갈 때의 기분은 별로 상쾌하지 않았다.

얼마나 오랫동안 잠을 잔 걸까? 전혀 알 수가 없었다. 눈을 떴을 때, 티베트인처럼 보이는 한 남자의 모습이 눈에 들어왔다. 티베트 병사들이 쓰는, 이국풍의 부드러운 펠트 모자를 쓰고 있는 남자……

그 순간, 아직 잠이 덜 깬 상태로 꿈과 현실을 오가던 내 머릿속에선 수많은 생각들이 교차했다. 티베트 병사? 그가 여기서 뭘 하고 있는 거지? 우리는 아직 중국 영토 안에 있는데……. 국경에서 우리를 감시하라고 보낸 걸까? 티베트 병사들 귀에 우리가 도칼 고개 쪽으로 가고 있다는 소문이라도 들어간 걸까? 경위야 어찌 되었든 내가 해야 할 일은 그에게 내가 티베트 사람임을 납득시키는 것이었고, 그러기 위한 가장 좋은 방법은 손으로 코 푸는 시늉을 하는 것이었다.

낯선 남자 앞에서 연극을 하기 위해 애를 쓰는 동안 잠이 완전히 달아났다. 그리고 잠에서 깨어나자 나는 이 모든 것이 착각에 불과했음을 알게 되었다. 이제까지 군인이라고 생각했던 그 남자는 눈앞에 있는 바위와 나뭇가지들이 빚어낸 가공 인물에 불과했던 것이다.

그야말로 희극적인 상황이었지만, 방금 전 나를 사로잡았던 극도의 두려움 때문에 웃음도 나오지 않았다. 그런데다 온몸이 사시나무 떨리듯 떨려오기 시작했다. 습지대에서 너무 오래 머무른 것이 화근이었다. 급기야 몸에선 열이 나기 시작했다.

시계를 보았다. 일 년 중에서 낮이 짧은 계절이라, 아직 오후 3시밖에 되지 않았건만 주위가 어두웠다. 한밤중이 되기 전까지는 그나마 다 이지러져 가는 달도 떠오르지 않을 것이다. 그렇다고 이대로 앉아 달이 뜨기만을 마냥 기다리고 있을 수도 없다. 앞으로 달이 떠 있는 시간이 다시 길어질 때까지 2주일 정도는 하늘에 운을 맡기고, 낮에도 조금씩 행군을 해나가야 할 것이다. 국경 지대에서 지나치게 오랫동안 지체하는 것은 너무나도 위험하기 때문이다.

저녁 늦게 우리는 눈에 띄게 아름다운 장소에 도착했다. 성벽을 연상시키는 덤불들에 에워싸인, 개척지처럼 드넓게 펼쳐진 자연 공간이었다. 거대한 나무들이 만들어낸 그림자로 인해 어둠이 짙게 깔려 있는 그곳은 마치 엄숙한 신비 의식을 거행하기 위한 사원처럼 보였는데, 그 때문인지 내 머릿속에는 드루이드교(고대 켈트족의 종교—옮긴이)의 사제들이 떠올랐다.

순례자들이 야영지로 애용하는 장소인 듯, 여기저기 널려 있는 미도싸(휴식처. 불 위에 냄비를 올려놓을 수 있도록 쌓아놓은 돌무더기로, 여행자들이 지나다니는 길목이나 야영지로 적합한 장소에서 흔히 발견됨—지은이)가 쉽게 눈에 띄었다. 신앙심 깊은 순례자들 중에는 호사를 즐기는 사람도 있었던 듯, 이 소박한 아궁이 주변의 한쪽 바닥에는 전나무 가지들이 타원형을 이루며 깔려 있었다. 아마도 깔개로 사용한 모양이었다. 나는 갈색을 띤 황금빛 가을 낙엽 위에 깔려 있는 그 전나무 깔개를 보며, 그곳이 신비 의식이 거행되는 성스러운 장소인 것 같다는 처음의 인상을 지울 수가 없었다.

커다란 통나무들이 여기저기에 흩어져 있어서 우리는 별로 힘들이지 않고 불을 피울 수 있었다. 정글 속에서는 보이지 않는 짐승들이 우리를 엿보고 있는 듯, 녀석들이 덤불 속을 어슬렁거리며 내는 나뭇가지 부러지는 소리가 심심찮게 들려왔다. 가끔은 그 소리가 우리와 아주 가까운 곳에서 들려오기도 했는데, 아마도 서너 발자국도 채 떨어져 있지 않은 거리에서 어느 한 놈이 우리를 노리고 있는 듯했다. 하지만 우리 눈에는 녀석의 모습이 보이지 않았다. 그럼에도 불구하고 나는 어떤 녀석도 감히 우리를 덮치지는 못할 거라고 확신했다. 벌겋게 타오른 숯불에서 이따금씩 커다란 불꽃이 일어나곤 했기 때문이다.

불타는 나뭇가지를 손에 들고 용덴은 강에 가서 두 번이나 물을 떠왔다. 나는 그에게 주변을 어슬렁거리는 표범이나 흑표범들이 그의 염불 소리와 손에 들고 있는 밝은 불빛에 놀라 도망가도록 걷는 동안 불경을 암송하라고 말했다. 경을 외는 그의 낮은 목소리는 깊은 숲 속의 그윽한 분위기와 완벽한 조화를 이루어 그 장소만이 연출할 수 있는 독특한 분위기를 자아냈다.

짧은 휴식을 취한 뒤, 우리는 날이 새기 전에 서둘러 출발을 했다. 그러나 사그라져 가는 달빛은 나뭇가지 위에 빽빽하게 매달린 잎사귀들 틈새를 뚫고 들어와 길을 밝혀주기에는 역부족이었다. 결국 우리는 길을 찾는 데 실패했고, 야영지로 되돌아와 좀더 날이 밝기를 기다려야 했다.

성산(聖山) 위로 올라갈수록 숲의 양상은 변해갔다. 그곳은 론드레 마을 주변의 숲 속보다 더 어둡고 황량했다. 우리의 야간 행군은 환상적이었다. 마치 다른 세상에 와 있는 것 같았다. 구름과 나뭇가지 사이로 은은한 빛을 발하고 있는 달 때문인지, 아니면 피곤한 나머지 고열에 들떠 있기 때문인지, 그도 저도 아니면 다른 신비스런 원인 때문인지는 알 수 없었지만, 눈앞에 이상한 전경이 나타났다. 이따금씩 우리는 산 속의 후미진 곳에서 나타났다 사라졌다 하는 불꽃을 볼 수 있었다. 움직이는 그림자들은 어슴푸레한 빛줄기 속에서 형체를 구별하기 힘들었으며, 정체를 알 수 없는 이상한 소리도 들려왔다.

한번은 내가 앞장서서 길을 걷고 있는데 정면에서 두 사람의 커다란 형체가 다가오는 게 보였다. 나는 그들에게 들킬까 봐 몸을 최대한 낮춰 거의 기다시피 하며 용덴에게로 되돌아갔다. 그리고 그와 함께 그 자리를 빠져나와 돌 더미와 낙엽들로 뒤덮여 있는 높은 강둑 위에서 잠시 시간이 가기를 기다렸다. 멀리 깎아지른 거대한 바위 아래쪽에서 간헐적으로 나타났다 사라졌다 하는 불빛을 바라보면서.

동이 트기 전에 길을 떠나는 티베트 여행자들의 관습에 따라 아침 일찍 떠날 채비를 마친 우리는 조심스레 귀를 기울여 인기척이나 짐승들의 소리가 들리지는 않는지 주변의 동정을 살폈다. 그러나 숲 속은 정적 그 자체였다. 그 어느 때보다 강렬한 호기심을 누를 길 없던 나는 용덴과 함께 바위가 있는 곳으로 가 주변을 살펴보았다. 바위는 가시덤불과 말라죽은 나무들로 뒤덮여 있었으며, 근처에 야영지로 적당해 보이는 장소는 보이지 않았다. 티베트에서는 흔히 그렇듯, 바위는 오래 전에 새겨넣은 듯한 파드마 삼바바 (티베트어로 '구루 린포체'. 인도에서 건너가 불교가 티베트에 뿌리를 내리는 데 결정적인 기여를 한 인물—옮긴이)의 그림이나 신비스런 문구들로 장식되어 있었는데, 그 위에 이끼가 뒤덮인 탓에 자세한 내용은 보이지 않았으며, 그 주변에서 불을 피운 흔적 역시 찾아볼 수 없었다.

문득 땅바닥과 바위 사이에 생긴 길고 좁다란 틈새가 내 시야에 들어왔다. 바위는 그 부분만 거무죽죽했는데, 언뜻 봐선 불에 그슬린 것도 같고 어떻게 보면 원래부터 그런 색깔인 듯싶기도 했다. 그 진위를 확인해 보기로 하고 용덴과 나는 바위 밑에 있는 동굴로 들어가는 통로를 찾기 위해 한 시간 이상이나 주변을 수색했다. 하지만 결국 아무것도 발견하지 못했다.

우리가 그렇게 바삐 돌아다니는 동안 몇 마리의 검은 새들이 나뭇가지 위에 앉아 우리의 일거수 일투족을 관찰하고 있었는데, 녀석들은 마치 우리를 비웃기라도 하듯 작은 고개를 흔들어가며 열심히 재잘거리고 있었다. 귀가 따가울 정도로 떠들어대는 그 소리에 신경이 거슬렸는지 용덴이 마침내 버럭 화를 냈다.

"이 녀석들은 진짜 새가 아니에요. 우리의 갈 길을 방해하려고 지난밤에 이상한 소리와 불꽃으로 장난을 친 미 마 인(직역하면 '인간이 아닌 존재'. 티베트에서는 존재 양태를 여섯 단계로 보는데 그 중 한 존재—지은이)이 틀림없어요. 그것이 새로 변신해 우리 앞에 나타난 거예요."

그의 상상에 나는 웃음이 났다. 하지만 그의 표정은 무척이나 진지했다. 아마도 용덴에게는 명망 있는 주술사였던 증조부의 피가 흐르고 있는 것 같았다. 그는 중(주문)을 암송하며, 거기에 합당한 의식을 행했다. 그러자 놀랍게도 새들은 날카로운 소리로 빽빽 울어대며 날아가 버렸다.

"보셨죠?"

용덴은 의기 양양한 목소리로 내게 말했다.

"역시 제가 생각한 대로예요. 어서 여기를 떠나지요. 더 이상 지체하는 건 현명한 행동이 아닌 것 같아요."

다시 웃음이 나왔다. 하지만 그곳을 떠나느냐 마느냐에 대해 논쟁을 벌일 필요는 없었다. 바로 그날 밤 우리는 '금단의 땅'으로 들어가는 국경을 넘어야 했기 때문이다.

도칼 고개로 가는 길목은 주변 경치가 더할 나위 없이 아름다웠다. 이른 아침, 서리로 뒤덮인 웅장한 계곡을 발견했다. 멀리 왼편으로는, 꼭대기에 작은 탑이 왕관처럼 씌워져 있는 듯한 기묘한 모양의 바위 언덕이 펼쳐져 있었다. 처음에 나는 그것이 은둔 생활을 하는 수도자들을 위해 세워진 수도원인 줄 알았다. 티베트에는 그런 곳이 흔했기 때문이다. 하지만 얼마 안 가 그 장엄하고도 아름다운 건축물이 바로 자연의 작품임을 알게 되었다.

그곳이 국경 근처라는 사실, 그리하여 다른 사람에게 발각되지 않도록 최대한 조심해야만 하는 처지에 있다는 사실이 내게는 너무나도 유감스러웠다. 그렇지 않으면 그 우아한 주거지로 들어가는 입구를 찾아내어 며칠간 그 안에서 야영 생활을 즐길 수 있었을 텐데.

고개의 정상이라 생각되는 산등성이를 넘는 동안 우리는 물이 넘쳐흐르는 시냇가를 몇 번인가 지나쳤다. 곳곳에 암벽들이 만들어놓은 자연 단구(段丘)를 따라 시냇물은 마치 폭포수처럼 떨어져 내리고 있었다. 여름에는 독파들이 가축 떼를 몰고 여기까지 올라오는 듯 계곡 여기저기에 그들이 남긴 흔적이 보였지만, 이 계절에는 만물이 고요하기만 했다.

우리가 올라야 할 정상이 바로 코앞에 서 있다는 사실은 새로운 활력을 불어넣어 주었다. 우리는 힘차게 걸어서 도칼 고개라고 여겼던 꼭대기에 도착했다. 하지만 거기서 우리가 발견한 것은, 우리가 도착한 곳이 도칼 고개

에서는 멀리 떨어진 곳에 있는 또 하나의 넓은 골짜기에 불과하다는 사실이
었다. 골짜기 주변으로 펼쳐져 있는 비탈길이 도칼 고개로 연결되는 길임에
는 분명했지만, 그 고개 자체는 거기서 보이지도 않았다. 이 예기치도 못한
상황은 우리를 맥빠지게 했다. 지난밤에 일어난 일로 인해 제대로 쉬지도
못했던 터라 우리는 매우 지쳐 있었다. 더구나 이처럼 환한 대낮에 사방이
탁 트인 길을 지나는 것도 별로 현명한 행동은 아닌 것 같았다. 이런 길에서
는 어디서든 보려고만 하면 쉽게 우리를 발견할 수 있었다. 우리는 어수선
하게 여기저기 널려 있는 바위들 틈에서 쉬어가기로 했다. 수백 년 전에 일
어난 산사태로 인해 생긴 지형인 듯싶은 그곳은 우리의 피난처로서는 손색
이 없었다. 게다가 고산 지대였음에도 불구하고 주변에는 성장을 멈춘 전나
무들이 무성해 우리를 보호해 주었다.

거기에 앉자, 계곡 아래에서 경의의 시선으로 우러러보던 그 환상적인 궁
전의 꼭대기가 내려다보였다. 그리고 이제는 그것들보다 높은 위치에 있었
기 때문에 우리가 밑에서 보던 한쪽 면보다는 덜 가파른 언덕의 다른 면도
내려다보였다.

과거에 나는 몇 년 동안, 만년설로 뒤덮인 산자락과 초원이 넓게 펼쳐진
사막의 동굴이나 오두막에서 생활하며 티베트 은자들의 이색적이고도 멋진
삶을 경험해 본 적이 있었다. 그런 삶이 주는 특이한 매력을 체험해 보았기
때문에 그와 관련된 것이라면 그것이 아무리 사소한 것이라도 즉시 나의 관
심을 끌었다. 그런 이유로 나는 바위 궁전에서 눈을 뗄 수가 없었다. 서서히
나의 직감은 '저 안에는 누군가가 살고 있다'는 확신을 가져다주었다. 그 건
물을 응시하고 있는 동안 내 마음속에 신비의 말씀이 전달되어 왔다. 나는
눈에 보이지 않는 상대와 침묵의 대화를 나누었다. 그 언덕 위에 나와 같은

인간이 정말 살고 있는가 하는 것은 더 이상 문제가 되지 않았다. 내가 들은 메아리 소리는 천 년 동안 동양에서 축적된, 오늘날에는 티베트의 장대한 봉우리들을 근거지 삼아 전해 내려오는 지혜의 말씀이었던 것이다.

오후 늦게 우리는 길을 나섰다. 그때쯤이면 길에 아무도 없을 거라고 확신할 수 있었다. 티베트인들은 높은 고개를 넘을 때 대체로 정오 무렵에 넘는다. 그래야 고개를 넘은 뒤 목적지로 내려갈 때까지 충분한 시간을 벌 수 있기 때문이다. 밤이 되면 찾아올 매서운 추위 속에서 연료 부족에 시달리지 않으려면 그것이 가장 현명한 선택이었다.

그러나 그들처럼 평범한 여행자가 아닌 우리로서는 그들과 반대로 행동해야 할 때가 많았다. 그 당시 우리에게 가장 중요한 원칙은 '사람들의 눈을 피하기'였기 때문이다. 나머지는 강인한 체력과 의지력에 맡기기로 했다.

마지막으로 남은 오르막길을 오르기에 앞서 잠시 쉬고 있을 때였다. 말을 탄 남자가 위쪽에 있는 골짜기에 도착하는 게 보였다. 우리가 몇 시간 동안이나 앉아서 바위 궁전을 바라보던 바로 그 부근이었다. 그는 우리가 움직이기 시작할 때만 해도 거기 앉아 있더니 한순간에 시야에서 사라졌다. 우리가 걷고 있는 순례로말고는 험준한 봉우리들 사이를 통과할 수 있는 다른 길이 없었기 때문에 나는 그 여행자가 오늘 밤, 아니 늦어도 내일까지는 우리를 따라잡을 거라고 생각했다. 그러나 어떤 사정이 있어 그렇게 오랫동안 지체하고 있는지, 그 남자는 다시는 모습을 나타내지 않았다. 우리는 길에서 만난 순례자들에게 그에 대해 물어보았다. 그러나 어느 누구도 그를 본 사람은 없었다. 이 사실은 그 부근에 은둔하는 수도승이 있을 거라는 나의 짐작을 뒷받침해 주었다. 말 탄 남자는 필시 그 수행자에게 음식을 공급해 주는 진다(승려의 신변을 돌보는 후원자—지은이)임이 분명했다. 그 길목의 어딘가에 남은 그는 아마도 며칠 동안은 수도승과 함께 지낼 것이다. '눈의 나라' 티베트와 그들의 종교적 국민성을 아는 사람들에게 있어, 이 외딴 지역에 이곳의 장엄함과 고독을 감상할 줄 아는 수도자가 살고 있다는 사실은 전혀 놀라운 일이 아니다.

잿빛 저녁 하늘을 배경으로 도칼 고개가 위풍도 당당하게 우리 앞에 버티고 서 있었다. 거인처럼 웅대한 벌거숭이 산맥을 양쪽에 끼고서 그 고개는 기죽은 듯 움푹 꺼져 있었는데, 산들의 거대한 경사면은 마치 강을 건너기 위해 양쪽 강둑 사이에 걸쳐놓은 늘어진 밧줄처럼 완만하게 뻗어 있었다. 그곳이 격리된 땅으로 들어가는 입구라는 사실은 그 자태에 한결 더 위엄을 부여하는 것 같았다.

고개 주변은 전적으로 신에게 바쳐진 곳인 듯, 그곳을 지나치는 도보 순례자들이 쌓아놓은 무수히 많은 제단이 눈에 띄었다. 제단은 세 개의 돌로 기둥을 세우고 네 개째의 돌로 지붕을 얹은 모양이었는데, 사람들은 그 제단 안에 정령들을 위한 제물을 바친다.

고개 위와 이웃한 산등성이들 위에는 티베트의 모든 산꼭대기에서 볼 수 있는 신비스런 깃발들이 유난히 많이 나부끼고 있었는데, 저물어가는 저녁해를 배경으로 그것들은 살아 있기라도 한 듯 도전적이고 위협적으로 보였다. 마치 투구를 벗어든 수많은 병사들이 감히 성지를 탐험하겠다고 나선 무례한 여행자들을 맞아 싸울 태세를 갖추고 있는 것 같았다.

정상을 알리는 표지가 있는 곳에 도착했을 때, 어디선가 일진 광풍이 몰아닥치며 우리를 맞이했다. 얼음장처럼 차가운 인사로 우리를 맞이하는 엄숙한 나라, 이 거친 매력에 사로잡혀 나는 다시 이곳을 찾고 있는 것이다. 나는 동서남북 사방과 하늘과 대지를 차례로 바라보며 '세상의 모든 존재들에게 행복이 깃들이기'를 부처님께 기원하고 정상에서 내려오기 시작했다.

산꼭대기에서부터 심한 눈보라가 몰아치더니 이리저리 몰려다니던 검은 구름은 마침내 진눈깨비로 바뀌었다. 우리는 해가 지기 전에 야영지를 찾기 위해 서둘러 가파르고 험난한 비탈길을 내려오기 시작했다.

어둠은 순식간에 찾아왔다. 우리는 산사태로 인해 구불구불 꺾어진 길을 따라 내려오다 마침내 길을 잃고 말았으며, 급기야는 발 밑에서 무너져내리는 돌덩이들과 함께 속수 무책으로 미끄러져내리기 시작했다. 우리는 도저히 감당할 수 없을 정도의 빠른 속도로 미끄러져내리다가 가까스로 여행용 지팡이를 바닥에 꽂는 데 성공했다. 몸을 지탱하기 위해 각자의 지팡이에 매달린 채 짐을 짊어지고 웅크리고 앉아, 우리는 저녁 8시부터 새벽 2시까지 아무런 대책도 없이 떨어지는 눈이나 맞고 있어야 했다. 이윽고 구름 사이로 우수에 찬 하현달이 비집고 나타나 희미한 빛을 비춰주었다. 그때에야 비로소 삼림 지대를 향해 다시 산을 내려올 수 있었다.

산불로 인해 타버린 나무들 대신 키 작은 관목들과 풀만 무성한 너른 벌판 끝에서 쉬고 있을 때, 나는 인광처럼 번뜩이는 눈을 가진 두 마리의 커다란 짐승을 발견했다. 그놈들은 우리가 있는 곳에서 제법 떨어진 아래쪽 길가를 여러 차례 왔다갔다하다가 강으로 사라졌다. 나는 달빛 아래에서 녀석들의 형체를 분명히 볼 수 있었다. 용덴에게 그놈들이 있는 쪽을 손짓으로 알려주었다. 그러자 녀석들을 제대로 보았음에도 불구하고 용덴은 그놈들이 사슴이라고 단호하게 주장했다. 하지만 녀석들의 형체나 번뜩이는 눈빛으로 판단컨대 육식 동물임이 분명했다. 그 달갑지 않은 맹수들을 피하기 위해 나는 거기서 좀더 지체한 뒤에 다시 길을 떠났다.

녹초가 된 상태로 수량이 풍부한 강가에 도착했다. 강은 계곡으로 흘러가고 있었지만, 우리는 산길로 접어들어야 했기 때문에 가는 길에 다시 강을 발견할 수 있을지 예측하기 힘들었다. 할 수 없이 우리는 아까 본 그 짐승들이 주변을 아직 배회하고 있을지도 모른다는 생각을 하면서도 불을 피우고 차를 끓였다.

우리가 가볍게 식사를 하고 있을 때 덤불 속에서 작은 소리가 들렸다. 야생 동물이 모닥불 주위를 배회하는 일에는 이미 익숙해져 있던 터라 용덴은 신경도 쓰지 않고 잠이 들어버렸다. 나는 잠을 자지 않기 위해 무진 애를 썼지만 결국 밀려오는 졸음을 참지 못하고 눈이 감기고 말았다. 낮게 으르렁 거리는 소리가 얼핏 들려온 것은 내가 깜빡 졸고 있을 때였다. 번쩍 눈을 뜨니, 우리가 누워 있는 곳에서 불과 몇 발자국 떨어지지 않은 곳에서 야생 동물 한 마리가 번뜩이는 눈빛으로 우리를 쏘아보고 있었다. 나는 녀석의 가죽에 점박이 무늬가 박혀 있는 것을 발견했다.

하지만 용덴을 깨우지는 않았다. 그런 짐승들과 마주친 건 이번이 처음이 아니었다. 녀석들은 인간이 해치거나 자극하지 않는 한 절대로 먼저 공격하지 않는다. 그리고 평소 나에게는 확신이 있었다. 그들이 내 일행이나 나를 습격하는 일은 절대 없다는…….

그 녀석을 보자 내 머릿속엔 몇 년 전 밝은 대낮에 마주친 적이 있는, 기품 있어 보이던 호랑이가 떠올랐다.

"얘야."

나는 그 얌전한 짐승을 바라보며 낮은 목소리로 속삭였다.

"나는 전에 너보다 훨씬 큰 밀림의 왕자를 바로 옆에서 만난 적도 있단다. 그러니 어서 가서 쉬렴. 부디 잘 살아야 한다."

녀석이 내 말뜻을 알아들었는지는 모르겠다. 하지만 적어도 호기심은 충족이 됐는지, 얼마 뒤 우리의 주변에서 유유히 사라져 갔다.

우리에게 더 이상의 휴식은 허락되지 않았다. 동이 터오고 있다는 건 이제 길가에서 벗어나 우리의 몸을 숨겨줄 은신처를 찾아 떠나야 한다는 사실을 의미했다. 나는 용덴을 깨워 길을 나섰다. 얼마 뒤에 용덴이 지팡이로 나무 밑의 한 지점을 가리켰다.

"녀석들이 저기 있네요."

그쪽으로 눈길을 돌리자 한 쌍의 점박이 짐승이 보였다. 녀석들 역시 고개를 돌려 우리를 힐끗 바라보더니 우리가 길을 따라 올라가는 동안 강가의 수풀 속으로 사라졌다.

위로 올라갈수록 숲의 전경은 또 한 차례 달라졌다. 빽빽한 나무숲은 어느덧 사라지고 솟아오른 태양이 잡초들 위에까지 빛을 비춰주고 있어, 나뭇잎 틈새를 통해 건너편 강기슭까지 내려다보였다. 건너편 기슭에는 놀랍게도 개간된 들판이 펼쳐져 있었는데, 개간된 모양이 너무나 독특해서 그냥 평범한 밭이 아니라 멋지게 꾸며놓은 정원이나 공원 같다는 인상을 주었다.

참으로 상쾌한 아침이었다. 우리의 발걸음은 마냥 가볍고 상쾌했으며, 아무리 걸어도 피곤한 줄을 몰랐다. 다른 때 같으면 쉴 곳을 찾아 두리번거릴 시간이 지났음에도 불구하고 우리는 행군을 계속해 나아갔다. 그 흐름을 따라 계속 걸어나가자 강이 갑자기 굽이지는가 싶더니 어느새 우리는 산중턱에 세워진 마을 정면으로 나아가고 있었다. 또한 길을 따라 드문드문 늘어선 집들은 아주 가까운 곳에 서 있었다.

이런 곳에 웬 마을이지? 지도상에 표시되어 있지 않은 것은 물론이거니와 우리가 여행에 앞서 상당히 치밀한 조사를 할 때에도 이 마을의 존재에 대해서 이야기해 준 사람은 아무도 없었다. 그곳의 집들은 건축 양식이 참으로 특이했다. 우리가 보고 있는 것은 오두막이나 일반 농가가 아니었다. 그것은 작지만 웅장한 공원 같은 것에 둘러싸인, 마치 궁전의 축소판처럼 보이는 별장들이었다.

그 이상한 마을은 엷은 금빛 광선에 둘러싸여 있었으며, 인간의 목소리나 짐승들의 소리 따위는 전혀 들리지 않았다. 단지 딸랑거리며, 은방울이 굴러가는 듯한 맑은 소리가 이따금씩 희미하게 우리의 귓전을 때릴 뿐이었다. 우리는 서로의 눈을 의심했다. 우리는 티베트가 아니라 환상의 세계 속으로 들어온 것일까?

그렇다고 언제까지나 길 위에 서서 그 마을을 바라보고만 있을 수는 없었다. 국경 근처인 그곳에서 사람들의 눈에 띄는 건 결코 현명한 처신이 아니었기 때문이다. 안전을 생각해 이 이색적인 장소를 탐험하는 일은 저녁때까지 미루는 게 좋을 듯싶었다. 다시 발길을 되돌려 길에서 보이지 않는 덤불과 바위들 틈에서 쉴 곳을 찾았다. 그리고 적당한 장소를 발견하자마자 바위 사이의 이끼 위에 쓰러져 곯아떨어졌다. 고열에 들떠 헛소리까지 해가며.

그 환상적인 마을을 다시 한번 보고 싶다는 강렬한 바람과 웬만하면 인가를 피해서 지나갈 수 있는 길을 찾아봐야겠다는 생각에 우리는 해가 지기 전에 아침에 우리가 서 있던 장소로 되돌아왔다.

그런데 이게 어떻게 된 일인가! 우아한 별장들, 작지만 장엄한 궁전, 햇살 아래 빛나던 정원은 다 어디로 가버린 걸까?

숲은 텅 비어 있었다. 우리의 눈앞에는 울창한 숲만이 펼쳐져 있을 뿐이었다. 그리고 아름다운 은방울 소리 대신 이번엔 차가운 삭풍이 나뭇가지를 스치는 소리만 들릴 뿐이었다.

"모든 게 꿈이었구나."

나는 용덴에게 말했다.

"오늘 아침에 우리가 본 것은 아무것도 없어. 모든 것은 우리가 꿈에서 본 환상일 뿐이었어."

그러자 용덴이 소리쳤다.

"꿈이라고요? 정말 그렇게 생각하세요? 그럼, 우리가 어떻게 꿈을 꾸게 된 것인지 제가 설명해 드리지요. 오늘 아침 어머니께서 그 이상한 마을을 보고 계신 동안 제가 지팡이 끝으로 이 바위 위에다 승포(마술 표지)를 그렸지요. 우리가 라싸까지 가는 동안 그 어떤 신이나 악마들도 우리를 방해하지 못하도록 말이죠. 거기가 여기 어디쯤이었던 것 같은데……."

그러면서 그는 전나무 밑동에 있는 납작한 돌을 들여다보았다.

"보세요, 바로 저기예요!"

그가 의기 양양하게 외쳤다. 실제로 돌 위에는 승포가 쇠붙이로 투박하게 그려져 있었다. 그것을 본 순간 나는 잠시 침묵했다.

다시 발걸음을 떼면서 나는 말했다.

"애야, 이 세상은 그 자체가 바로 꿈 아니더냐. 그리고……."

"그건 물론 저도 알아요."

내 말을 가로막으며 용덴이 말했다.

"하지만 승포를 그리고, 그걸 그리면서 각(주문)을 외었기 때문에 환영이 사라진 겁니다. 그 환영은 우리가 여행에서 성공하는 것을 원치 않는 존재들이 꾸며낸 짓이 틀림없어요."

"그래. 그 검은 새들처럼 말이지? 그리고 새벽에 본 표범들도 그랬을 테고."

그 말을 하는데 피식 웃음이 나왔다.

"그 새들은 정말 그랬어요!"

용덴은 화가 난 듯 볼멘 소리로 말했다.

"하지만 표범에 대해선 저도 잘 모르겠네요. 순한 짐승들처럼 보였지만……. 어쨌거나 이제 곧 카 칼포 숲 밖으로 나가게 됩니다. 거기에서는 환상 속의 궁전이 아니라 현실 속의 마을이 우리를 기다리고 있을 거고, 미 마 인(인간이 아닌 존재)이 아닌 병사들이나 관리들, 그 밖에 살아 있는 많은 사람들과 만나게 될 겁니다. 그때도 제가 악령을 보기 좋게 물리친 것처럼 모든 일이 순조롭게 진행되었으면 좋겠군요."

"그 일이라면 걱정할 것 없어. 그때는 내가 해보일 테니까."

내가 진지하게 말했다.

"어떻게 하실 생각인데요?"

그가 물었다.

"사람들에게 꿈을 꾸게 하여 환영을 보게 하지 뭐. 미 마 인이 우리에게 한 것처럼 말이야."

그리고 며칠 뒤 이 말은 그대로 실현되었다.

수많은 순례자들이 지나다니는 길에서 1주일 내내 누구와도 마주치지 않고 행군을 계속할 수 있었던 건 정말 기적과도 같은 일이었다. 하지만 그런 행운은 오래 지속되지 않았다. 카 칼포 산 위의 작은 고개에 도착하여 살윈 강을 향해 아래쪽으로 내려가고 있을 때였다. 뒤쪽 어딘가에서 갑자기 딸랑거리며 방울 소리가 들려왔다. 그 소리의 주인공은 여러 명의 남자들과 여자들로 구성된 순례단이었는데, 그들은 짐을 실은 두 마리의 말과 함께 우리를 뒤따르고 있었다. 몇 마디 간단한 이야기를 나눈 뒤 우리는 각자 주문과 신비스런 문구가 새겨진 깃발들이 수없이 꽂혀 있는 라체(대지의 신을 찬양하기 위해 돌을 쌓아놓은 기념탑—지은이) 주변을 경건한 마음으로 돌았다. 우리와는 달리 아무런 짐도 짊어지지 않은 그들은 우리보다 훨씬 빠른 걸음으로 길을 내려가기 시작했다. 우리가 몇 갈래의 맑은 시냇물이 만나는 아담하고 운치 있는 계곡에 도착하자, 이미 자리를 잡고 앉아 차를 마시고 있는 그들의 모습이 눈에 띄었다.

우리는 그곳에서 가던 길을 멈추고 기꺼이 즉석 연기를 펼쳐야 했다. 왜냐하면 차폭(한낮의 휴식 시간)에 식사를 하기 위해 쉬지 않고 그냥 지나가는 것은 일반적인 상식에 어긋나는 행동이었기 때문이다.

내가 땔감으로 쓸 나뭇가지를 주워오기 위해 사방을 둘러보는데, 라마승을 발견한 그 친절한 순례자들이 우리를 초대했다. 덕분에 혼자 조용히 앉아 있을 수 있는 자유를 얻게 된 나는 광활하게 펼쳐진 주변의 경치를 감상했다.

앞서거니 뒤서거니 하며 사이좋게 서 있는 울창한 숲으로 뒤덮인 산들을 배경으로, 눈부실 정도로 새하얀 눈을 정수리에 얹은 카 칼포 산의 정상은 검푸른 하늘을 찌르기라도 할 것처럼 위풍 당당하게 솟아 있었다. 그 거대한 자연 앞에서 우리 인간은 마치 땅 위를 기어다니는 작은 곤충 같았다. 카 칼포 산의 웅장한 자태에 압도당한 나는 우리가 얼마나 보잘것없는 존재인가를 새삼 실감했다. 그러나 신들에게 경의를 표시하기 위해 먼길을 마다 않고 여기까지 찾아온 그 순박한 순례자들은 정작 신들의 주거지에는 아랑곳없이 온통 먹고 잡담하는 데에만 정신이 팔려 있었다. 나는 내 태도가 그 티베트인들에게 이상하게 보일 거라는 사실을 망각한 채 무아지경에 빠져 있었다. 실제로 그들은 내 태도를 의아해하며, 내가 왜 먹지 않는지 물었다.

"어머님은 신과 함께 하십니다."

용덴이 그들에게 대답했다. 그리고 나서 내 앞에 뜨거운 차가 담긴 바리때를 가져다 놓아, 나를 다시 인간 세상으로 돌아오게 했다.

그의 말을 이해하지 못한 한 여성이 다시 물었다.

"스님의 어머님은 파모(여자 영매. 남자 영매는 파오─지은이)이신가요?"

순간, 나는 용덴이 그녀의 어처구니없는 질문에 웃음을 터뜨리면 어쩌나 걱정이 되었다. 하지만 그는 진지하게 대답했다.

"저의 아버님은 낙파(마법에 정통한 아주 두려운 주술사. 티베트인들은 그가 악마에게도 명령을 내릴 수 있으며, 멀리서도 마음먹은 대상을 죽일 수 있는 능력을 가졌다고 믿었다─지은이)이셨습니다. 어머님은 그분의 상 윰(직역하자면 '비밀 어머니' 라는 뜻으로, 탄트라에 능한 라마승의 처에게 붙여지는 존칭어─지은이) 자격을 갖고 계시지요."

모든 사람들이 존경 어린 시선으로 나를 쳐다보았다. 그리고 그들의 대표자인 듯한 사람이 내게 말린 고기 한 쪽을 보내주었다. 그때까지 그는 우리에게 단지 짬파만 대접했을 뿐이었다. 하지만 용덴을 통해 새로운 사실을 알게 되자 그 순진한 사람들에게는 존경심이 발동한 것 같았다.

낙파는 그들이 지녔을 거라고 여겨지는 신비스런 능력으로 인해 사람들에게는 두려움의 대상이었다. 낙파나 그들의 혈족을 불쾌하게 만드는 행위는 그것이 비록 무의식중에 행한 작은 실수일지라도 커다란 재앙을 불러들인다고 생각되었기 때문이다.

갑자기 태도가 공손해진 그들은 우리에게 약간의 버터와 짬파를 나누어주었다. 그리고 나서 존경할 만은 하지만 위험 천만하기 짝이 없는 이 길동무들을 한시라도 빨리 떨쳐버려야겠다는 일념으로 서둘러 길을 떠났다. 그것이야말로 우리가 바라던 바였다.

다음날, 우리는 카 칼포 산을 뒤덮고 있는 광대한 숲이 끝나는 지점에 도착했다. 언덕 꼭대기에서는 라캉라 강 연안에 위치한 아벤 마을이 내려다보였다. 일찍이 중국이 이 마을에 소수의 병사들을 배치해 둔 적도 있었지만 현재는 티베트 병사들의 거점이 된 곳으로, 우리가 들은 바로는 여기에 티베트의 국경 초소가 있다고 했다. 이제 우리에게 남은 문제는 더 이상 무인지대의 숲 속을 통과하는 것이 아니라, 주변에 경작지나 집들이 몇 킬로미터에 걸쳐 흩어져 있는 이 마을을 지나가야 한다는 것이었다.

주로 밤 시간을 이용해 이동을 하던 우리의 낡은 전술은 더 이상 통하지 않았다. 지나는 길목에서 적잖은 개들과 마주치게 될 게 분명한데, 그럴 경우 밤은 너무 위험했다. 게다가 녀석들은 시끄럽게 짖어대기도 할 것이다. 항상 기적이 일어나주기만을 기대할 수는 없는 노릇이었다. 여기까지 오는 동안 여러 번이나 행운을 누렸으니, 이제까지 우리에게 한량없는 은혜를 베풀어준 수호신에게 더 이상 많은 것을 요구하지 않는 게 현명하다는 생각이 들었다. 밤에 길을 걷다가 누군가의 눈에 띄기라도 하면 우리는 곤경에서 빠져나오기 힘들 것이다. 그들이 이것저것 많은 질문을 퍼부어댈 텐데, 우리에게 있어 그보다 두려운 일은 없었다. 심사 숙고 끝에 우리는 동 트기 전에 아벤을 가로지르는 것이 가장 좋은 방법이라는 결론을 내렸다. 그렇게 하면 어둠을 이용할 수 있다는 이점이 있다. 게다가 대부분의 티베트 여행자들은 대개 동 트기 전부터 하루의 행군을 시작하기 때문에 도중에 길에서 누군가와 마주친다 해도 결코 이상하게 여겨지는 일은 없을 터였다.

우리는 어둠 속에서도 길을 잃지 않고 나아갈 수 있도록 나무들이 무성한 언덕 꼭대기에 서서 계곡의 형태를 세심히 관찰했다. 그뿐 아니라 계곡 근처에 도착하는 시간이 너무 이르지 않을까 염려하여 오랫동안 언덕에 앉아 시간을 보냈다. 그러나 실제로는 내려가는 길이 예상보다 훨씬 길어 우리가 계곡의 기슭에 미처 도달하기도 전에 날이 저물고 말았다.

우리가 론드레를 떠나온 이후 처음으로 날이 매우 궂었다. 칼날 같은 바람이 옷 속까지 파고들었으며, 하늘에 낮게 떠 있는 구름은 눈이 오리라는 것을 암시해 주었다. 그런 와중에 우리는 마을의 정확한 위치를 잃어버리고 말았다. 어둠이 덤불 숲과 합세하여 우리의 길 찾기를 방해했다. 우리는 졸음을 참지 못하고 짐을 그대로 짊어진 채 몇 번이나 바닥에 주저앉았다. 하지만 우리에게는 단 몇 분간의 잠도 지나친 호사였다. 오늘 하루를 마감하기 전에 라캉라 마을로 가는 길을 미리 찾아놓을 필요가 있었다. 몇 시간 뒤 다시 출발할 때에는 우리 앞에 곧장 나 있는 그 길을 따라 아벤 마을을 서둘러 빠져나갈 수 있도록 말이다. 그러나 불행히도 우리는 길 찾기에 성공하지 못했다. 몇 갈래로 나 있는 갈림길에서 우왕좌왕하다가 몇 채의 집들이 모여 있는 곳에 이르게 되었을 뿐이다. 어쩔 수 없이 발길을 멈춰야 했다. 바로 그때였다. 하늘에서 눈발이 떨어지기 시작했다. 하지만 눈을 피하기 위해 담요처럼 얇은 작은 텐트를 펼쳐야겠다는 생각은 꿈에도 할 수 없었다. 그것을 펼치려면 짐을 풀어야 하는데, 그러면 나중에 어둠 속에서 짐을 싸다가 사람들에게 의심을 살 만한 소지품을 흘릴 염려가 있었다. 결국 우리는 흔적을 남기지 않기 위해 아무것도 덮지 않은 채 배낭을 베개 삼아 잠시 눈을 붙이기로 했다.

우리는 동 트기 훨씬 전에 일어나 다시 길을 나섰으며, 다행스럽게도 첫번째 시도에서 마을 중앙에 도착하는 데 성공할 수 있었다. 한 농가 앞을 지나고 있을 때 갑자기 창문에서 사람들의 말소리가 들렸다. 순간, 머리털이 곤두설 정도의 공포감에 사로잡힌 우리는 서둘러 모퉁이를 돌아 정신 없이 앞으로 나아갔다. 정신을 가다듬고 주변을 둘러보니 우리는 다시 들판에 서 있었다. 급히 서두르는 바람에 다른 방향으로 와버린 것이다. 날이 밝아오면서 강변의 전경이 드러났다. 그와 동시에 우리가 시내를 따라 내려가는 대신 거슬러 올라가고 있었음을 알게 되었다. 나름대로 고심하며 세워둔 계획이 모두 수포로 돌아가고 말았다. 이제 우리는 환한 햇빛 아래서 아벤 마을을 통과해야 했다. 일터로 나가는 마을 사람들이 하나 둘 모습을 나타내기 시작했다. 숨을 곳이라곤 어디에도 없는 이곳에서 머뭇거리는 시간이 길어지면 길어질수록 상황은 우리에게 더욱 불리해질 것이다.

심장이 약하거나 담대하지 못한 사람이라면 이런 여행은 피하는 게 현명하다. 그런 사람들이 이런 시도를 하다간 심장 발작을 일으키거나 미쳐버리기 십상일 테니까 말이다.

우리는 발걸음을 되돌려 아까 창문으로 새어나오는 사람들의 말소리를 듣고 엉겁결에 정신 없이 도망쳐 왔던 그 집 앞을 다시 지나쳤다. 사람들은 아직도 대화를 나누고 있었으며, 활짝 젖혀진 블라인드를 통해서 활활 타는 불꽃이 들여다보였다. 축복받은 그 사람들은 뜨거운 차를 마시고 있었다. 그에 비하면 우리는 어제 새벽에 이른 아침 식사를 한 뒤로는 아무것도 먹질 못했다. 그뿐인가? 오늘도 이렇게 날이 밝고 있으니 식사를 하기 위해 쉴 만한 곳을 찾을 수 있을지 기약할 수가 없었다.

만사는 순조롭게 진행되었다. 우리는 쉽게 길을 찾아냈으며, 그 마을을 재빨리 빠져나왔다. 하지만 아직 위기가 끝난 것은 아니었다. 계곡으로 가는 언덕 위에는 다시 몇 채의 집들이 늘어서 있었던 것이다. 그 언덕에서부터 길은 마치 협곡처럼 좁아졌으며, 협곡 바닥에는 강물이 흘렀다. 그리고 그 좁은 길의 오른편은 모래 절벽으로 이어지고 있었는데, 그 길이 바로 우리가 가야 할 길이었다. 위쪽을 올려다보던 나는 모래 절벽 아래쪽에서 파수병들의 초소처럼 보이는 주랑(柱廊)을 발견했다. 협곡 너머 멀리 라캉라 마을의 전경까지 조망할 수 있는 그 주랑을 보며 나는 그곳에 여행자들을 감시하는 보초병들이 있을 거라는 결론을 내렸다.

그것은 오래 된 중국식 건물인 듯했다. 필시 중국인들이 망루로 사용하던 건물일 테지만 지금은 다른 용도로 사용되고 있음에 틀림없었다. 그렇다고 내게 그 건물의 역사를 확인할 마음의 여유는 없었다. 내 추측이 맞건 말건 상관없었다. 갈증으로 인해 목이 타는 듯했지만 그 건물 아래를 흐르고 있는 여울에 멈춰 서서 물을 마실 엄두는 내지도 못했다. 나는 마치 날듯이 바삐 걸었다. 평소에 길을 걸을 때 나는 용덴을 앞장세웠다. 그래야만 혹시 길에서 사람들과 마주치더라도 그들이 용덴의 얼굴을 쳐다보는 동안 등 뒤에 숨을 수 있기 때문이다. 하지만 지금은 뒤쪽이 더 위험했기에 나는 용덴에게 뒤에서 따라오라고 일렀다. 그렇게 내가 앞장선 채 우리가 바짝 붙어서 걷고 있으면 아벤 쪽에서 주변을 감시하고 있는 파수꾼은 빨간 모자를 쓴 평범한 라마승밖에는 보지 못할 것이기 때문이다. 다 낡은 샴탑(라마승의 승복—지은이) 차림에 등에는 짐을 짊어진 남루한 라마승의 모습만을.

그럼에도 불구하고 우리는 지루하게 끝없이 이어지는 그 골짜기를 서둘러서 벗어나고자 했다. 구불구불한 절벽 길 위로는 그 밑에 있는 아벤 성과 사원 꼭대기의 뾰족한 부분에 의해 가려진 곳이 있어, 우리가 그곳으로 들어갈 때마다 아래에서는 우리의 모습이 보이지 않았다. 그래서 휴식이 필요할 때마다 우리는 그 지형을 이용하여 몇 분씩 쉬곤 했다. 마치 숨바꼭질이라도 하고 있는 것 같았다. 아주 피곤하고, 신경이 곤두서는 무의미한 숨바꼭질이긴 했지만.

불안과 긴장감으로 머릿속이 어지럽지만 않았다면 걸어다니기에 더없이 좋을 듯한 화창한 날씨였다. 이 나라의 가을은 봄날처럼 상큼하고 신선하다. 태양은 깊은 골짜기에서 흘러내린 젖빛 어린 푸른 강물 표면에서부터 몇 그루의 전나무가 하늘을 찌를 듯 당당히 버티고 서 있는 절벽 꼭대기까지 장밋빛 햇살을 아낌없이 내려주고 있어 세상 만물이 온통 환희로 가득 차 있는 것 같았다. 발 밑의 조약돌들은 따뜻한 날씨를 즐기며 즐겁게 담소를 하는 듯했다. 그리고 길 가장자리에 피어난 난쟁이 덤불은 짙은 향기를 공중으로 내뿜고 있었다.

마치 자연이 마술 지팡이를 휘둘러 우리를 황홀경 속으로 인도하기라도 한 듯, 살아 있다는 사실에 대한 감사가 절로 나오는 아침이었다.

라캉라는 아벤에서 그리 멀지 않은 곳에 위치하고 있었다. 라캉라에서도 사람들의 눈에 띄는 걸 피해야 하는 건 마찬가지였기에 우리는 여기서도 밤에 마을을 빠져나가기로 했다. 그렇게 계획을 세우고 나니 밤까지는 시간이 충분했다. 골짜기를 꺾어 돌자 횡곡(橫谷)에서부터 흘러내리고 있는 넓은 계곡 물이 나타났다. 우리는 거기서 쉬면서 끼니를 때우기로 하고 커다란 바위 뒤쪽 그늘에 자리를 잡았다. 무리를 이루며 지나가는 많은 순례자들과 혼자서 외롭게 길을 가고 있는 몇몇 여행자들이 바로 옆으로 지나쳐 갔지만 우리를 이상하게 여기는 사람은 아무도 없는 듯했다. 특이한 점은 우리가 이 여행을 시작하던 지난주만 해도 별로 보이지 않던 순례자들의 물결이 도칼 고개를 넘어 티베트로 들어온 지금은 이 계절의 여느 때처럼 눈에 띄게 불어났다는 것이다. 우리는 바위 뒤에 숨어서 티베트 동부나 북부의 다양한 지방에서 몰려든 많은 남녀들이 열을 지어 걷고 있는 독특한 광경을 지켜보았다. 그들은 한결같이 어서 빨리 라캉라에 도착해 허름한 여관방이나마 구해서 쉬어야겠다는 일념으로 분주히 길을 재촉하고 있었다. 그 중에는 우리처럼 가던 길을 멈추고 빵을 굽기 시작하는 사람들도 있었다. 밀가루가 바닥난 우리는 그들에게서 약간의 식량이나마 구입할 수 있기를 기대했다. 그러나 용덴이 물어보자 자기들도 조금밖에 가지고 있지 않아 우리에게 나눠 줄 수가 없다고 했다. 용덴은 화제를 바꿔, 나라 사정에 대한 정보를 최대한 알아보려 했다. 대개 순례는 몇 년 간격으로 세 차례에 걸쳐 이루어지는 게 일반적인데, 우리가 만난 그 순례자들 중에도 여러 번 순례에 참가하는 사람이 있어 우리는 꽤나 유용한 정보를 얻을 수 있었다.

내 길동무가 돌아왔고, 우리는 한 사발의 차를 마셨다. 내가 시냇가에서 손수건을 빨고 있을 때였다. 여행자 중 한 사람이 고향에 있을 때 치르고 온 소송 결과를 예견해 달라며 라마승인 용덴을 찾아왔다. 우리가 여행을 시작한 이후 처음으로 용덴은 모(점술—지은이)에 능통한 홍모파(티베트의 가장 오래 된 종파로, 샤머니즘적 경향이 강한 닝마파를 말함. 파드마 삼바바에 의해 시작되었으며, 붉은 옷에 붉은 모자를 씀—옮긴이) 라마승으로서의 역할을 수행했다.

몇 년 전 우리가 북쪽 지방을 여행할 때, 나는 매우 아름다운 라마승 법복을 입고 있었는데, 그 당시 사람들을 축복해 주고, 병자를 치료하고, 수많은 일들을 예언해 달라는 요청을 받은 건 바로 나였다. 하지만 이제 그런 영광스런 날들은 모두 사라져버렸다. 이제는 신세가 바뀌어, 수백 킬로미터나 떨어진 지역에서 일어난 논쟁의 결과를 알려달라며 심각하게 앉아 있는 사람들에게 용덴이 엄숙한 표정으로 신탁을 내려주는 동안, 나는 시냇가에서 초라한 모습으로 냄비나 닦고 있는 것이다.

라캉라 강의 왼편 기슭으로 건너가니 주변 경관은 급작스레 달라졌다. 골짜기가 갑자기 좁아지고 가팔라졌다. 양쪽으로는 2백 미터도 넘어 보이는 높고 어둠침침한 절벽이 우뚝 버티고 서 있어, 고개를 들어 보니 하늘은 그 절벽들 틈새로 리본처럼 좁은 모양을 하고 있었다. 그렇지만 그런 풍경이 암울하고 황량한 느낌을 주지는 않았다. 그것은 아마도 칙칙한 바위 위에 새겨져 있는 그림이나 조각 등이 자아내는 기묘한 분위기 때문인 듯했다. 바위 위에는 수백 명의 부처와 보살과 여러 신들 외에 예로부터 이름 높은 라마승들의 모습이 잔뜩 새겨져 있었는데, 모두가 한결같이 선정(禪定)에 잠긴 자세로 눈을 반쯤 뜨고 앉아 내면을 응시하고 있었다. 움직임이 없는 그 조용하고 성스러운 군상들은 좁은 협곡 안에서 말로는 설명하기 힘든 뭔가 독특한 정신적 분위기를 자아내고 있었다. 사이사이에는 부처의 지혜를 찬양하는 문구나 신비스런 내용이 담긴 짧은 문구뿐만 아니라 철학적 논문의 일부가 새겨져 있기도 했다. 나는 오랫동안 거기에 남아 그 글귀들을 자세히 들여다보면서 유서 깊은 성전(聖典)들이 가져다주는 평온함에 마음껏 젖어들었다.

해질 무렵, 우리는 하룻밤을 쉬어 가기에 무난해 보이는 지붕 덮인 멘동(돌로 만든 비. 성전이나 신비한 문구가 새겨져 있다—지은이)을 발견했다. 하지만 라캉라까지 가려면 아직 길이 멀다고 생각했기 때문에 우리는 쉬지 않고 길을 재촉하기로 했다. 다리를 하나 더 건너고 났을 때였다. 갑자기 계곡이 구부러지는가 싶더니 광대하게 펼쳐진 살윈 강의 푸른 물결이 눈앞에 나타났다. 아직도 한참은 가야 한다고 생각했던 라캉라 마을은 그렇게 가까이에 있었던 것이다.

이미 어둠이 내리고 있었지만 우리는 멘둥이 있는 곳으로 되돌아가지 않기로 결정했다. 이미 누군가가 우리를 보았을지도 모르는데 발길을 되돌린다면 마을을 피하려는 이상한 순례자들로 비쳐질 수도 있었기 때문이다. 가장 좋은 방법은 애초의 계획을 수정하여 다른 여행자들처럼 마을 한 귀퉁이 어딘가에서 과감히 하룻밤을 보내는 것이었다.

불 가에서 야영을 하는 몇몇 사람들과 얼굴이 마주쳐 간단히 인사말을 주고받고 나서 우리는 다음날 떠나게 될 길 쪽으로 나 있는 작은 동굴을 발견하고 그 안에서 하룻밤을 머물기로 결정했다. 거기라면 밤 사이에 눈이 내려도 아무 염려가 없을 듯했다. 나는 길 위에서 약간의 마른 쇠똥과 잔가지를 주웠다. 그리고 근처 밭 주변에 둘러쳐진 울타리에서 나뭇가지 몇 개를 슬쩍 빼냈다. 그러나 이것은 알조파들이 특히 조심해야 하는 행동이었다. 숲속에서 쉬고 있는 게 아닌 한, 큰 나뭇가지로 불을 피우고 있다가는 도둑으로 의심받기 십상이었다. 티베트의 농부들은 막심한 피해를 끼치는 가축들의 침입으로부터 경작지를 보호하기 위해 쳐놓은 울타리에서 나뭇가지를 몰래 빼가는 사람들을 절대 좋아하지 않았다.

마을 안에 들어와 있고, 또 밤이라 사람들이 내 모습을 알아볼 염려도 없는 지금이야말로 식량을 구하기에는 가장 좋은 기회였다. 용덴은 필요한 것을 사러 가기로 했다. 그 동안 우리는 선교사의 집을 떠나올 때 가져온 식량으로 근근이 버텨왔다. 하지만 열흘이나 지난 지금 우리의 가방 속은 거의 바닥이 나 있었다. 용덴이 식량을 구하러 간 사이 행여 우연히라도 누군가가 말을 걸어오지 못하도록 나는 가난한 티베트 사람을 흉내내어 두꺼운 옷으로 몸을 감싸고 자는 척하기로 했다.

용덴이 처음 들어간 곳은 공교롭게도 라캉라 사원의 관리인인 라마승의 집이었다. 같은 승려일 뿐만 아니라 물건을 구입하러 온 손님이기도 한 용덴을 그는 열렬히 환영했다. 왜냐하면 그 라마승은 관리인 노릇을 하면서 신비한 문양이나 문구가 새겨진 작은 깃발이나 향처럼 신에게 바치는 다양한 물품과 식료품 따위를 팔아 수입을 올리고 있었기 때문이다. 게다가 우연히도 그들은 같은 종단에 속해 있었다. 그뿐인가. 그 라마승은 그 고장 사람이 아니었는데, 멀리 캄 북부에 있는 그의 고향은 용덴이 오랫동안 나와 함께 지내던 곳이어서 용덴은 그 고장의 방언을 자연스럽게 구사했다. 서로의 공통점이 많다는 것을 알게 되자 그들은 즉석에서 친구가 되었다. 하지만 일은 거기서 끝나지 않았다.

방 안을 둘러보던 용덴은 선반 위에서 낯익은 책을 발견했고, 그 책을 봐도 좋은지 양해를 구했다. 주인의 허락을 받은 용덴이 책장을 펼쳐들고 큰소리로 몇 줄을 낭독했을 때였다.

"정말 잘 읽으십니다그려!"

그 라마승이 감탄 어린 목소리로 말했다.

"어떤 책이든 다 읽으실 수 있습니까?"

"그렇습니다."

그러자 갑자기 그 라마승은 며칠 동안 자기네 집에서 머물다 가라고 용덴을 초대했다. 짐은 자기가 직접 옮겨다 주겠다면서. 용덴은, 실은 노모를 모시고 여행 중이라 곤란하다며 그의 제안을 거절했다. 하지만 그 친절한 라마승에게 그러한 구실은 문제가 되지 않았다. 그는 어머님이 묵으실 방도 마련해 드리겠다고 말했다. 용덴은 곤히 주무시고 계시는 어머님께 불편을 끼쳐드리고 싶지 않다며 그의 집요한 초대를 사양했다.

그러자 마음속에 품고 있는 자신의 의도를 밝히지 않고서는 용덴을 설득하기 힘들겠다고 생각했는지, 그 쿠그넬(사당지기)은 자신의 초대가 단순한 호의에서 우러난 것만은 아니라는 사실을 털어놓았다.

"사실은 말입니다 스님, 어제 걀모 누 츄(살윈 강) 건너편에 사는 어떤 사람이 찾아와서는 얼마 전에 죽은 친척을 위해 장례식을 맡아달라고 부탁하더군요. 그들은 그 지역의 유지로, 원래는 그 지역을 관장하는 사원의 라마승에게 부탁을 해야 할 터이지만, 공교롭게도 마침 그곳의 스님이 라싸를 방문 중이라 안 계신 모양입니다. 그래서 저를 그곳으로 청하게 된 것인데, 저로서는 놓치기 아까운 기회지요. 그런데 저는 학문이 그리 깊지 못합니다. 그래서 제물을 바치거나 기도문을 읽는 동안 무슨 실수라도 하지 않을까 불안한 마음이 떠나질 않아요. 그런데 보아하니 스님은 많이 배우신 분 같아 이 의식에 대해서도 잘 아실 것 같아서요."

"그야 물론 잘 압니다."

"그러니 부탁합니다. 여기서 한 사나흘 머무시면서 저를 좀 도와주시면 안 되겠습니까? 내 두 분이 여기 계시는 동안 음식을 마련해 드리고, 떠나실 때는 필요하신 물품을 드립지요. 그 동안 스님의 어머니께서는 사원의 문 앞에서 마니(옴 마니 팟메 훔)를 암송하고 계시면 되지 않겠습니까? 그러면 마을 사람들 중에서 짬파를 갖다 바치는 사람도 있을 겁니다."

하지만 용덴은, 우리보다 먼저 출발한 일행이 있어서 더 이상 지체할 수 없으며, 오히려 그들을 따라잡으려면 한시라도 서둘러야 할 형편이라고 둘러대며 그 멋진 제안을 정중하게 거절했다.

몇 가지 필수품을 사가지고 돌아온 용덴으로부터 라마승과 나눈 이야기를 들었을 때, 나는 국경 지대에 있는 탓에 길을 서둘러야 하는 우리의 처지가 유감스러웠다. 그렇지 않으면 사원 입구에서 즐거운 마음으로 마니를 암송할 수 있었을 텐데 말이다. 그러나 다가올 미래는 그러한 기회를 내가 꿈꿔왔던 것보다 훨씬 더 많이 예비해 놓고 있었다. 여행을 계속하는 동안, 실내에서건 실외에서건 마니를 암송할 기회는 일일이 헤아릴 수도 없을 정도로 많이 찾아왔던 것이다. 그 결과 나는 그 분야에 거의 전문가가 되다시피 했을 뿐만 아니라, 어떻게 하면 좀더 잘 읊을 수 있는지 비법까지 터득한 덕분에 사람들로부터 여러 차례나 칭찬을 들었다. 어쩌면 티베트는 나로 하여금 '연꽃' 속에 숨겨진 '보석'을 발견할 수 있도록 도와준 것이 아닌가 싶다.

다음날, 그 집요한 라마승은 용덴을 다시 한번 설득해 보려고 이른 아침부터 우리를 찾아왔다. 그와 마주치는 것을 피하기 위해 나는 아래쪽으로 내려가 한 시간 정도 사원 주변을 걸어야 했다.

오늘 하루 동안 다시 멀고먼 길을 행군해야 하는 나로선 때아닌 아침 산책이 참으로 어처구니없는 일이었지만, 그 라마승과 이야기하는 것을 피하려면 어쩔 수 없었다. 그럼에도 불구하고 돌아가는 길에 나를 발견한 라마승은 멈춰 서서 몇 마디의 인사말을 던지고 갔다.

제2장

카 칼 포 산 을 떠 나 순 례 단 과 만 나 다

길고 장대한 걀모 누 츄(살윈 강)를 거슬러오르는 길은 깊은 협곡과 넓고 확 트인 골짜기가 교대로 이어지고 있었으며, 지형이 바뀔 때마다 주변의 경치 역시 다양한 분위기를 연출하며 우리의 넋을 빼앗았다.

여행 초반에는 외국인이라는 사실이 알려질지도 모른다는 두려움에 마음을 졸였지만 불안감은 차츰 가셨다. 그러나 공포심은 마음 한구석 어딘가에 몰래 숨어 있다가 아무리 사소한 위험에도 즉각 모습을 드러냈다. 나는 라캉라에서 너무 오랫동안 지체한 게 경솔한 행동은 아니었을까 하고 후회했다. 그 조그만 사원의 관리인은 우리를 외국인이라 의심하지나 않았을까? 몇 번이나 뒤를 돌아보며 가끔씩 우리와 엇갈려 지나치는 여행자들을 유심히 관찰했다. 저기 말을 타고 오는 사람은 우리를 국경으로 끌고 가려고 따라온 추격자는 아닐까? 가벼운 나들이 차림으로 길을 걷고 있는 저 사람이 사실은 우리를 감시하고 있지나 않을까?

그러나 그런 불안감이 이 상쾌한 여행의 기쁨을 오랫동안 방해하지는 않았다. 불안감으로 인한 마음의 동요가 어느 정도 잠잠해지면 나는 다시 주변 경치에 매료되어 평온함을 되찾았다.

라캉라를 통과하고 난 지 며칠 후, 우리는 비참한 광경을 목격하고 우울함에 사로잡혔다. 푸른빛이 돌 정도로 맑은 물살이 흘러가는 살윈 강변에서 가죽 주머니를 베개 삼아 누워 있는 한 노인을 발견한 것이다. 햇살이 찬란하게 쏟아지는 화창한 날에 열병에 걸려 눈동자마저 뿌옇게 흐려진 그 노인은 우리를 보자 팔꿈치를 세우며 몸을 일으키려 했다. 불행하게도 그 노인은 이미 죽음의 문턱에 이른 것 같았다. 용덴은 어쩌다가 이곳에 혼자 남게 되었느냐고 물었다.

사정은 간단했다. 그 늙은 농부는 카 칼포 산을 순례하기 위해 뜻을 같이하는 사람들과 함께 마을을 출발했다. 하지만 길에서 원인을 알 수 없는 병에 걸린 노인은 기운이 쇠한 탓에 기어서 갈 만한 힘도 남아 있지 않았다. 일행들은 며칠 동안은 걸음의 속도를 줄여보기도 하고, 어떤 날은 가던 길을 멈추고 하루 종일 그가 쉴 수 있도록 배려하기도 했지만 아무 소용이 없자 결국 그를 홀로 남겨둔 채 떠나버리고 말았다. 티베트 사회에서 그것은 일종의 관습이었다. 그곳이 심지어 사막일지라도, 만일 병자에게 어딘가에 있을 독파들의 야영지에 도착할 수 있을 만큼의 기력조차 남아 있지 않다면 그는 그 자리에 버려진 채 가지고 있는 식량이 바닥날 때까지만 살다가 굶어죽고 마는 것이다. 어쩌면 그때까지 기다릴 것도 없이, 그 안에라도 주변을 배회하는 늑대 떼나 곰들의 먹이가 되어버릴지도 모를 일이었다.

"제가 이대로 죽겠습니까? 아무쪼록 제 운명을 좀 알려주십시오, 스님."

노인이 겁먹은 얼굴로 용덴에게 물었다.

노인의 운명을 점치기 위해 그에 합당한 의식을 서둘러 행한 용덴은 그 가엾은 노인을 안심시키기 위해 다음과 같이 대답했다.

"아닙니다. 절대 돌아가시지 않을 겁니다."

노인을 위로하고자 하는 용덴의 의도는 전혀 잘못된 것이 아니었다. 하지만 그 위안의 말이 당장은 이 죽어가는 노인에게 희망을 안겨줄지는 몰라도 내일 아침이 되면, 아니 어쩌면 오늘 밤에라도 자신의 몸이 점점 쇠약해져 가는 걸 느끼게 되면 그는 자신에게 드리워진 죽음의 그림자를 어렵지 않게 직감할 것이다. 그렇게 되면 그 즉시 용덴의 말 한마디가 가져다준 희망도 물거품처럼 사라지고 말 건 불을 보듯 뻔했다.

이런 상황에서 신중하게 행동해야 한다는 건 잘 알고 있었지만, 결국 나는 그때까지 가장하고 있던 순박한 걸식 노파 역에 만족하지 못하고 노인에게 몇 마디의 이야기를 들려주었다. 나는 그 노인에게 어렸을 때부터 믿어온 신앙을 떠올려보라고 말했다. 또 이번 생에서의 남은 삶에 연연해하기보다는 순례 길에서 죽은 사람들이 갈 수 있는 첸레지의 땅(눕 데와 첸, 즉 인간 세계에서 서쪽으로 10만억 국토를 지난 곳에 있다는 극락—지은이)에서 누리게 될 행복한 재생을 생각해 보라고 조언했다. 거기서는 몇천 년 동안이나 평안하고 행복한 윤회를 거듭할 것이며, 정신이 깨달음의 최고 경지에 도달하면 더 이상은 삶도 죽음도 없는 자유를 얻게 될 것이라고.

노인은 공손히 내 말에 귀를 기울였다. 그리고 내가 이야기를 마치자, 라마승의 축복을 받은 티베트인들이 하는 것처럼 머리를 숙여 이마를 내 옷자락에 갖다 댔다. 자신의 고통을 알게 된 칸도마(사람의 모습을 한 요정. 일반적으로 노파의 모습으로 변신해 나타난다고 여겨짐—지은이)나 자비심 많은 여신이 자신을 위로하기 위해 순례하는 노파로 변신하여 거기까지 자기를 찾아와준 것이라 생각한 듯……. 그것이 단지 환상에 불과한 것일지라도 그노인이 자신의 최후를 기쁜 마음으로 맞이할 수만 있다면 그가 어떻게 생각하든 상관없는 것 아닐까.

"우리가 도와드릴 만한 일은 없겠습니까?"

내가 노인에게 물었다.

"없습니다. 주머니 안에는 먹을 것도 있고, 돈도 있습니다. 전 여기서 신과 함께 있겠습니다. 칼레 페(안녕히 가십시오)."

"칼레 슈우(안녕히 계십시오)."

마지막 인사를 나누고 우리는 그 자리를 떠났다.

그 노인의 눈에는 세상 만물이 흐릿하게 보이는 대신 눕 데와 첸, 즉 서방정토의 밝은 빛이 보이고 있는 것 같았다. 우리를 처음 보았을 때만 해도 자신이 죽음의 문턱에 도달해 있다는 사실을 그토록 두려워하며 라마승에게생사의 여부를 묻던 그 노인은 내가 상기시켜 준 자신의 운명에 감동하여모든 두려움을 초월한 것 같았다.

그 후 며칠 동안은 비교적 평온한 날들이 이어졌다. 우리는 살윈 강을 따라 나 있는 아름다운 골짜기를 한가롭게 걸으며 자연의 경치를 마음껏 감상했다. 우리가 지나치고 있는 그 지방의 풍경은 더 이상 카 칼포 산의 적막한숲 속처럼 조용하고 한적하지 않았으며, 마을은 상당히 조밀하게 이어져 있었다. 늘 그래왔던 것처럼 여기서도 우리는 사람들의 눈에 띄지 않기 위해 해가 뜨자마자, 혹은 해가 뜨기 직전에 마을을 통과해야 했다. 물론 위험을 무릅쓰고서라도 좀더 멀리 가보려고 호시탐탐 기회를 노리기도 했다. 그러나 실제로는 사람들의 눈을 피해 길가에서 멀리 떨어진 곳에서 오랜 시간 휴식을 취해야만 하는 경우가 대부분이었다. 화창하게 맑은 날에 유유자적 걸으며 아름다운 경치를 구경하는 일에야 불만은 없었지만, 한 가지 애로 사항이라면 여정에 별 진척이 없다는 것이었다.

어느 날 아침, 길가에 있는 작은 동굴에서 별다른 주의 없이 아침을 먹고 있을 때였다. 마침 그 앞을 지나가던 한 여성이 잠들어 있던 우리의 경각심을 일깨웠다. 화려한 옷차림에 번쩍거리는 보석으로 치장한 상류 계층의 여성이었다. 세 명의 몸종과 함께 지나가다가 우리를 발견한 그녀는 걸음을 멈추고 서서 우리에게 어디에서 오는 길이냐고 물었다.

당시 우리는 북부 지방인 코코놀(몽골어로 '푸른 호수'라는 뜻. 티베트어로는 쵸 넘포. 암도 지방 근처의 초원에 있는 광대한 호수—지은이)에서 온 몽고인 독파(양치기) 행세를 하고 있었다. 그래서 용덴은 다음과 같이 대답했다.

"우리는 푸른 호수 너머에서 온 사람들입니다(쵸 넘포 포 팔초 라)."

그러자 그 여인은 즉시 되물었다.

"그럼 당신들은 필링(외국인. 여기서는 영국인을 의미함—지은이)인가요?"

우리를 외국인으로 보다니, 정말 우습지도 않다는 표정을 지으며 우리는 다소 과장된 웃음을 터뜨렸다. 용덴은 서양인과는 근본적으로 다른 자신의 용모를 자세히 보여줌으로써, 자신이 전형적인 몽고인이라는 사실을 납득시키려는 듯 자리에서 벌떡 일어났다. 그러고는 나를 가리키며 자신의 어머니라고 분명하게 밝혔다. 그러자 여인은 몇 가지 질문을 덧붙인 뒤 제 갈 길로 사라졌다.

얼마 뒤 호화로운 마구를 걸친 멋진 말 위에 올라탄, 여인의 남편이 지나갔다. 10여 명의 수행자들이 그의 뒤를 따르고 있었는데, 그 중에는 먼저 간 부인과 몸종들의 말을 끌고 가는 사람도 눈에 띄었다.

그 부유한 여행자는 우리에게 눈길 한번 주지 않았다. 용덴은 등에 짐을 잔뜩 실은 노새를 끌고서 조금 뒤처져 따라가고 있는 시중꾼으로부터, 그들이 멘콩 너머에서 온 사람들임을 알아냈다. 이에 우리는 차롱 지방의 수도이자 총독의 거점이기도 한 그 소도시를 피해가야겠다는 결심을 굳히게 되었다.

나는 아까 만난 여성에게서 들은 말이 계속 마음에 걸렸다. 잘게 부순 숯가루와 코코아 가루를 얼굴에 칠하고, 머리끝에는 야크 털까지 붙이는 등 정성을 다해 변장을 했음에도 불구하고 아직 나는 티베트인으로 보이지 않는 모양이었다. 여기다 더 이상 뭘 덧붙여야 한단 말이지? 그런데, 어쩌면 그 질문은 내 용모와는 전혀 관계가 없는 건 아니었을까? 국경을 넘어오는 동안 나에 대한 소문이 퍼졌고, 그 소문이 라캉라에까지 전해진 것인지도 모른다. 그 마을에 지나치게 오래 머무른 탓에 사원 관리인이 우리의 신분을 의심하게 된 것일지도 모르고……. 용덴과 나의 상상은 끝이 없었다.

우리가 걷고 있는 골짜기 주변의 경치 따위는 눈에 들어오지도 않았다. 다시금 모든 것에 대한 의심이 밀려오기 시작했다. 무성한 나무숲만 발견해도 그 뒤에 혹시 염탐꾼이 숨어 있지나 않을까 해서 긴장이 되었고, 요란한 소리를 내며 흐르는 살윈 강의 물소리는 우리를 위협하고 비웃는 듯한 외침 소리로 들렸다.

그러다가 문득, 그녀가 우리 소문을 들은 적이 있어서 그렇게 물었던 건지도 모른다는 데 생각이 미쳤다. 용텐은 우리가 '푸른 호수 너머'에서 왔다고 했다. 그런데 그녀는 쵸(호수)를 가쵸(바다)로 잘못 알아듣고 우리가 '푸른 바다 너머'에서 왔다고 생각했는지도 모른다. 그렇다면 그녀가 말한 외국인이란 아시아인이 아니라는 뜻에 지나지 않는다. 그렇게 생각하자 안심이 되었다. 우리는 앞으로는 사람들에게 절대로 쵸 팔초 라(호수 저쪽)에서 왔다고는 말하지 않기로 했다. 또 우리의 고향도 여태까지 말하던 코코놀 지방 대신 위도를 남으로 3도쯤 내려 암도 지방이라고 말하기로 했다.

우리는 국경 검문소가 있다고 들은 적이 있는 타나 근방까지 도달해 있었다. 그 동안 읽었던 몇 권의 여행기와 지도를 토대로 나는 카 칼포 산을 둘러싼 순례로가 타나를 기점으로 동쪽으로 꺾인 뒤 메콩 강 유역의 중국 영토로 이어지는 츄 라라는 쌍둥이 고개로 향한다고 생각해 왔다. 하지만 실제로 차롱의 중심지인 멘콩에서 이어지는 한줄기의 길은 거기서 살윈 강을 따라 이어지는 길과 북쪽으로 와보까지 이어지는 순례로로 갈라져 있었다. 하지만 당시에는 그처럼 구체적인 상황을 알지 못했던 우리는 오로지 앞으로 사람들이 물어보면 뭐라고 여행 목적을 설명할 것인가에 대해서만 노심초사하고 있었다. 왜냐하면 그때까지 우리에게 성스러운 산을 순례한다는 제법 그럴듯하고 자못 거창하기까지 한 명분을 제공해 주었던 성산을 떠나고 있었는데, 타나에 있는 검문소의 책임자는 성산의 순례로에서 벗어나 티베트 내부로 들어가려는 사람들을 감시하고 심문하는 특별한 임무를 띠고 있을 게 분명했기 때문이다.

사람들의 눈을 피하기 위해서 우리는 밤중에 타나에 도착할 수 있도록 치밀한 계획을 짰다. 그러나 오히려 곤란한 일이 생겼다. 깜깜한 어둠 속에 우리의 모습을 숨긴 것까지는 좋았는데, 그 대신 사방을 전혀 분간할 수 없게 된 것이다. 그 결과 어디로 나아가야 할지 전혀 갈피를 잡을 수가 없었다. 가까스로 한 사원 근방에 이르기는 했지만, 그쪽으로 가까이 다가가자 사원 안에서 개들이 사납게 짖어대기 시작했다. 다행히 담벼락 안쪽에 갇혀 있어 우리에게 달려들 염려는 없었지만, 개 짖는 소리에 안에서 사람이라도 나올 라치면 큰 낭패였다. 그런 위험을 사전에 방지하기 위해 용덴이 큰 소리로 사원 관리인을 불러대기 시작했다. 그는, 발이 아파 거의 걸을 수 없게 된 알조파인데 사원 안에서 하룻밤 묵어갈 수 없겠느냐며 능청을 떨었다. 처량하기 짝이 없는 그의 커다란 목소리가 담을 타고 들어가 사원 안으로 울려 퍼졌다. 용덴이 연극을 하고 있는 동안 나는 뒤쪽에 숨어 있었다. 잠을 자고 있던 사원 관리인이 하잘것없는 걸인 한 명을 도와주기 위해 이처럼 야심한 시각에 문을 열어주러 나올 리 없다는 것은 확실했다. 기다릴 만큼 기다린 뒤 용덴은 그곳을 떠나면서 고래고래 소리를 질렀다.

"불쌍한 병자를 이처럼 추운 날 밖에서 자도록 내버려두다니, 자비심이라곤 눈곱만치도 없는 처사가 아닌가! 동정심도 없는 사람들 같으니! 아, 어찌 이리 냉정할 수가 있단 말인가!"

용덴은 한술 더 떠 울먹이는 목소리까지 섞어가며 쉬지 않고 떠들어댔다. 그러다가 이내 그의 한숨 소리는 마치 오페라에서 행인 역을 맡은 출연자들이 무대 뒤로 사라져가듯 서서히 사그라들었다. 훌륭한 연기였다. 박수라도 치고 싶은 심정이었다.

우리는 성공적으로 그곳을 지나쳐 왔다. 사원 안에는 라마승도 있고 일반인들도 있었을 테지만, 그들 중에서 내일 아침에 일어나 지난밤에 큰 소리로 떠들어대던 걸인을 떠올릴 사람은 아무도 없을 것이다. 그건 그렇고, 마을은 도대체 어느 쪽에 있었던 걸까? 사방이 시커먼 암흑 속에 잠겨 있어서 도저히 알 수가 없었다. 그러나 마을을 발견했더라도 감히 그곳으로 갈 생각은 하지 못했을 것이다. 사원에서처럼 마을에도 개들이 있을지 모르는데다, 그 개들이 사원의 경비견들처럼 묶여 있을지 장담할 수도 없었기 때문이다.

용덴은 길에서 몇 시간만 자고 가자고 애원했다. 그러나 나는 사원에서 조금 더 벗어나서 쾌적하게 잘 만한 장소를 찾아보고 싶었다. 우리는 작은 강가에 도착했다. 나는 건너편을 살펴보기 위해 징검다리가 놓여 있는 얕은 물살 위를 건넜다. 그리고 거기서 두 개의 동굴을 발견했다. 날이 밝을 때까지 숨어 있기엔 부족함이 없었다. 그 동굴에서라면 집에서와 같은 편안한 안식을 느낄 수 있을 것 같았다. 마치 티베트의 신들이 우리에게 내려준 선물인 듯싶었다. 나는 이 행운을 서둘러 용덴에게 알렸다. 얼마 뒤 우리는 두 개의 동굴 중 넓은 쪽에 여장을 풀고, 얼음장같이 찬 게 흠이긴 했지만 한없이 맑고 신선한 강물을 음료수 삼아 짬파로 저녁을 때웠다. 그런 다음, 몸은 피곤해도 마음은 마냥 행복한 티베트의 네스콜파(순례자)로서 깊고 편안한 잠을 잤다.

아침에 일어나 담요 삼아 덮고 잤던 겉옷을 입는 동안 나는 작은 나침반을 어딘가에서 잃어버렸다는 사실을 깨달았다. 참으로 난처한 일이었다. 비록 또 다른 나침반이 있기는 했지만, 이제껏 유용하게 사용해 오던 것이었기에 쉽게 단념하기가 어려웠다. 게다가 외국인이 사용했다는 걸 누가 봐도 대번에 알 수 있는 물건을 그대로 흘리고 가는 것은 위험 천만한 일이었다. 만약 누군가가 그것을 발견한다면 외국인이 그 지역을 지나갔다는 소문이 순식간에 퍼져나가 관리들의 귀에도 들어갈 게 분명했기 때문이다. 나는 무거운 마음으로 어둠 속에서 그 작은 분실물을 찾느라 헤맸고, 다행히 별로 오래지 않아 그것을 찾아낼 수 있었다.

나침반을 찾느라 우리는 귀중한 시간을 허비했다. 동틀 무렵, 사원의 일꾼이 시냇가로 물을 뜨러 왔을 때 우리는 서둘러 길을 나섰다. 알고 보니 우리가 잠을 잔 동굴에서 꽤 가까운 곳에 마을이 있었다. 일찌감치 일어난 마을 사람들은 바쁘게 오가며 각자의 일에 전념하고 있었는데, 모두들 한결같이 염불을 외고 있었다. 다른 나라에서는 기도를 하는 것이 보통이지만 라마교의 나라인 이 티베트에서는 염불을 외었는데, 그 소리가 마치 수백 개의 벌집에서 벌떼들이 윙윙거리는 것처럼 마을 전체에 울려 퍼졌다.

몇몇 사람들이 지붕 꼭대기에서, 혹은 창가에서 우리를 내려다보았다. 우리는 고개를 숙인 채 다른 사람들처럼 염불을 외면서 그 곳을 지나쳤다. 개울가 근처에서 만난 사내에게 용덴이 길을 물었고, 몇 분 뒤 마을을 벗어나자 들판이 펼쳐졌다.

쟁기를 손에 들고 일을 시작하려는 사람들과 몇 군데 관개 수로에 열심히 물을 대고 있는 사람들이 눈에 띄었다. 이미 11월에 접어들어 있었건만 날씨는 포근했다. 한가롭고 아름다운 이 지방은 혹한의 땅 히말라야 북단에 넓게 펼쳐진 티베트의 다른 지방들과는 생판 다른 느낌이었다. 그곳처럼 자연 조건이 황량하거나 거칠지 않은 이 지역에 사는 사람들은 밝고 쾌적한 생활을 마음껏 누리고 있었다.

숲으로 가는 동안에 주변 밭에서 일을 하고 있던 마을 사람들과 마주쳐 간단히 몇 마디 주고받았다. 그리고 숲 속을 몇 시간 정도 걸은 뒤 해발 3천 3백60미터쯤 되는 톤도 고개를 넘었다. 고개를 넘어 내려오는 길에서는 좀처럼 물을 찾아보기가 힘들었다. 마침내 협곡에서 작은 개울을 발견했을 때 우리는 거기에서 가던 길을 멈추기로 하고, 운남 지방을 떠나온 이후 처음으로 텐트를 쳤다. 바닥이 너무 축축해서 아무런 보호책도 없이 그냥 맨바닥에서 자다가는 눈병에라도 걸릴 것 같았고, 텐트를 쳐놓으면 밤새 식량을 약탈해 가는 야생 짐승들을 막을 수도 있을 거라 생각했기 때문이다. 그러나 우리가 텐트를 친 시간은 얼마 되지 않았다. 늦은 밤에 쳤다가 동이 트기도 전에 바로 걷어버렸기 때문이다.

다음날 아침, 우리는 걀모 누 츄(살윈 강)에 합류하기 위해 깊은 협곡을 빠른 속도로 흘러내리고 있는 누 강에 도착하였고, 제법 견고하게 만들어진 다리를 이용해 그 강을 건넜다. 바로 그때, 뒤에서 따라오던 여러 명의 순례자들이 용덴을 에워싸고 서서 자기들의 이런저런 걱정거리에 대해 점을 봐 달라고 부탁했다. 일반적으로 사람들은 모든 라마승은 점을 칠 수 있다고 여겼으며, 그가 사람들의 부탁을 거절하는 건 용서받지 못할 죄악이라고 생각했다. 특히 미지의 세계에 대한 지식이 심오하다고 여겨지는 '홍모파'의 라마승은 예언이나 점성술, 귀신 쫓기와 같은 부탁을 거절하기가 수월찮았다. 용덴은 그러한 관습에 따라 점을 치기 위한 의례적인 절차를 행하는 한편, 듣고 있는 사람들의 마음속에 깊숙이 배어 있는 미신을 조금이라도 떨쳐내고자 불교의 참 가르침에 대한 간단한 설교도 했다. 또, 병자들에 관한 이야기를 할 때에는 청결과 위생에 대해서도 적절한 조언을 했다.

그 동안 나는 햇볕이 쨍쨍 내리쬐는 누르스름한 절벽에 기대고 앉은 채 30분 이상이나 기다려야 했다. 용덴은 초조한 마음으로 열심히 그의 대답을 기다리는 사람들을 뿌리치지 못했다. 그들은 자기들이 집을 비운 사이에 가축들이 새끼를 많이 낳게 하려면 어떻게 해야 하는지, 그리고 순례를 기념하기 위해 마을 입구에 멘동(돌로 만든 비)을 몇 개 더 세우려 하는데 그 멘동이 최대의 이익과 번영을 가져오게 하려면 거기다 뭐라고 적어야 좋을지 등을 물었다. 늘 그렇듯 뚱딴지 같은 질문들이었다.

마지막으로, 오랜 여행으로 인해 몸이 허약해진 소녀가 앞으로 나왔다. 양쪽 발이 부어오른 탓에 일행들처럼 걸음이 자유롭지 못한 그 소녀는 사람들이 자기를 버리고 가지나 않을까 해서 몹시 걱정하고 있었다. 소녀는 건강을 회복해 다시 정상적으로 걸을 수 있게 되려면 어떻게 해야 하는지 알고 싶다고 했다. 그런가 하면 소녀의 어머니는 딸의 다리를 마비시키고 발을 부어오르게 만든 악마의 이름을 가르쳐달라고 사정했다. 그 험난한 산길을 몇 주일 동안이나 걸었으니 어찌 보면 당연한 결과였지만, 두 모녀는 물론 그들과 함께 여행을 하고 있는 일행들 모두 그러한 사실을 인정하려 들지 않았다.

용덴은 먼저 관례적인 의식을 엄숙히 거행했다. 이윽고 의식을 끝낸 용덴이 입을 열었다.

"원인이 뭔지 알았습니다. 지금 따님을 괴롭히고 있는 악마는 지독한 악질입니다. 하지만 쫓아버릴 방법이 전혀 없는 건 아닙니다. 지금부터 그 방법을 말씀드릴 테니 모두들 잘 들어주십시오."

말이 떨어지기가 무섭게 순례자들은 순식간에 주술사를 에워쌌다. 책상다리를 하고 앉은 사람, 벼랑에 등을 기대고 서 있는 사람 등등 모습은 제각각이었지만, 모두들 뇐셰(미리 알고 있는 자, 즉 예언자를 말함―지은이)의 말을 한마디도 놓치지 않으려고 햇볕에 그을린 얼굴 가득 주름살을 모으고서 초롱초롱한 눈으로 그를 바라보았다.

"조금 가다 보면 쵸르텐(불탑)이 나올 겁니다."

용덴은 그렇게 말했는데, 사실 누구라도 할 수 있는 말이었다. 왜냐하면 티베트에는 곳곳에 쵸르텐이 널려 있어 어디에서나 쉽게 찾을 수 있기 때문이다.

"쵸르텐이 있는 장소에 도착하면, 거기서 더 나아가지 말고 소녀를 쵸르텐 옆에 3일간 앉아 있게 하십시오. 이때, 태양이 소녀의 얼굴 위로 직접 내리쬐지 않도록 조심하십시오. 그리고 하루에 세 번씩, 즉 동이 틀 때와 한낮에, 해가 질 때에 모두가 함께 모여 될마(만물의 어머니인 여신 될마에게 바치는 찬미가―지은이)를 암송하십시오. 될마를 모르는 사람은 마니(옴 마니 팟메 훔)를 암송하면 됩니다. 모두가 암송하고 있는 동안 병자는 쵸르텐 주위를 세 번씩 돌아야 하는데, 3일 동안 그렇게 조금씩 걷는 것 이외에는 절대로 움직이지 못하게 해야 합니다. 그러고 나서 병자에게 영양분이 있는 음식을 먹이십시오. 그리고 더없이 성스러운 사메 사원의 모래를 나누어드릴 테니 이 모래 한줌을 넣은 더운물에 병자의 발을 담그게 한 뒤 발과 정강이를 부드럽게 풀어주십시오. 이때 물이 넘쳐 주변의 흙을 적시거든 그 젖은 흙을 조심스럽게 퍼서 멀리 있는 깊은 구덩이 안에 쏟아버리고, 그 위를 다른 흙과 돌로 덮습니다. 그렇게 하면 악마의 힘을 빼앗은 성수와 함께 쵸르텐 주변의 지면에 깃들여 있던 악마의 힘이 그 속으로 사라져버리는 것입니다. 그래도 악마가 사라지지 않고 병자를 계속 괴롭힌다면 그건 의식을 집행하는 데 뭔가 잘못이 있었던 것이므로, 다음에 발견하는 쵸르텐 옆에서 다시 한번 같은 의식을 행하십시오. 단, 누구도 독자적으로 행동해서는 안 되며, 반드시 모두 함께 고향으로 돌아가야 합니다. 만약 누군가가 일행을 버리고 먼저 떠난다면, 이 소녀를 제멋대로 하려는 자신의 의도가 방해받아 약이 올라 있는 악마는 그 분풀이로 그 사람을 덮칠 것입니다. 그리고 소녀의 어머니에겐 중(주문)을 알려드리죠. 어머님이 이 주문을 쉬지 않고 암송하기만 한다면 따님은 물론 모든 사람을 지킬 수 있을 겁니다. 물론 단 한 사람의 이탈자도 없이 모두가 함께 여행을 한다면 말입니다."

용덴의 말을 들은 그 순진한 순례자들은 마치 하늘 위를 나는 것처럼 마음이 홀가분해진 것 같았다. 하지만 용덴의 설교가 너무 긴 탓에 그들은 자기들이 들은 말을 이해하기는커녕 전부 다 기억하지도 못했다. 다만 용덴이 학식 많은 라마승이라는 사실만은 분명히 깨달은 것 같았다.

용덴은 사람들을 물러가게 한 뒤, 소녀의 어머니에게만 마법의 주문을 가르쳐주었다.

'바아!'

용덴은 여인의 귀에다 대고 갑자기 벼락 같은 소리를 내지르며 눈을 무섭게 부릅떴다.

순간적으로 겁이 나긴 했지만, 이제 더 이상은 악령의 공포에 떨지 않아도 된다고 생각하니 기분이 좋아진 여인은 용덴에게 엎드려 절함으로써 고마운 마음을 표시하고 나서 먼저 간 동료들 뒤를 열심히 쫓아갔다. 정신 없이 오르막길을 오르면서도 여인은 용덴이 가르쳐준 주문을 흉내내느라 열심이었다. 그러나 처음엔 '바아! 바아!'라고 제법 그럴듯하게 발음되던 그 주문은 이내 '아' 발음이 '에'로 바뀌었고, 얼마 뒤에는 다시 '이'로 바뀌었다. 그러다가 마침내 그 소리는 고통스런 어조로 쥐어짜는 듯한 산양의 울음소리로 돌변하고 말았다.

'베에! 베에!'

그 희극적인 모습에 터져나오는 웃음을 감추느라 나는 풀어진 신발 끈을 고쳐 매는 척하며 가던 길을 멈춰 선 채 넓은 소매로 얼굴을 가리고 정신 없이 웃었다.

"그만 좀 웃으세요."

자기도 역시 웃으며 용덴이 내게 말했다.

"이제 저 불쌍한 소녀는 3일 동안 쉬면서 마사지도 받고, 영양도 충분히 섭취할 수 있을 겁니다. 그렇게만 되면 반드시 건강을 회복하겠지요. 절대로 딸을 버리고 떠날 리 없는 어머니가 귀한 중(주문)을 외고 있는 이상, 일행 중 어느 누구도 소녀를 버리고 떠나진 못할 겁니다. 제가 좀 장난을 치긴 했지만, 이런 걸 선의의 거짓말이라고 하는 것 아니겠어요? 게다가 제게 이런 꾀를 가르쳐준 건 어머니가 아니신가요?"

그의 말에 나는 아무런 반박도 하지 않았다. 내가 그였더라도 고통 속에서 떨고 있는 그 가엾은 소녀를 위해 마찬가지 행동을 취했을 게 분명했으므로.

절벽에 가까운 급경사 길을 힘겹게 올라 꼭대기에 이르자, 사방으로 툭 트인 넓은 들녘과 촌락이 우리를 기다리고 있었다. 그 마을의 이름이 '케'라는 사실을 우리는 나중에야 알았다. 아까 만났던 순례자들은 대부분 먼저 도착해 있었으며, 그 중 몇 사람이 우리를 맞이하러 달려왔다.

"오, 스님! 스님은 정말 모르시는 게 없는 뉜셰 첸(예언자)이십니다. 얼마 안 가 곧바로 쵸르텐을 발견할 거라고 하신 스님의 말씀이 꼭 맞았습니다. 여기가 바로 거깁니다. 말씀대로 병든 아이는 그 옆에 앉혀놓았죠. 이리 오셔서 저희랑 같이 차라도 한잔 하십시오."

내 기억이 맞는다면, 아까 용덴은 '곧바로' 쵸르텐을 찾아낼 거라고는 말하지 않았다. 신탁을 내려줄 때 용덴은 항상 애매한 표현을 쓰기 때문이다. 그러나 그 소박한 티베트인들은 그 기적이 대단하다는 사실을 강조하기 위해 제멋대로 없는 말을 만들어냈다.

그곳에는 정말로 작긴 했지만 쵸르텐이 있었으며, 그 지역의 라마 사원도 있었다. 그 사원에 사는 몇 명의 수도승들은 그들의 훌륭한 동지가 행한 기적을 일찌감치 전해 듣고 있었다. 탁발 순례자들이 아니라 유복한 농민들인 그들은 어디서 구해왔는지 벌써 몇 병의 술항아리까지 가져다 놓고 마시면서 나의 천진 난만한 동행인이 방금 전에 일으킨 신비스런 기적에 대해 이야기하고 있었다. 그들은 서로 자기가 남들보다 더 놀라운 사건을 알고 있다고 믿고 싶어했다. 그래서 각자의 공상 속에서 마음껏 부풀린 그 기적적인 사건에 대해 과장하여 떠벌리기 시작했다. 심지어 어떤 사람은 그 라마승이 다리 위를 걷지 않고, 다리 옆의 허공을 걸어서 건너는 걸 두 눈으로 똑똑히 보았다는 허풍까지 떨었다.

용덴은 발효된 음료를 마시면 안 되는 불교도로서의 본분을 철저히 지키는 평소의 그답게 술은 한 방울도 입에 대지 않았지만, 흥분된 분위기에 서서히 젖어 들어갔다. 자기가 이야기할 순서가 돌아오자, 멀리 여러 나라를 돌아다녀본 적이 있는 그는 그 동안 돌아다닌 곳에서 들은 이야기들을 했다. 그는, 다섯 개의 봉우리에 지식과 웅변의 신이자 문예의 수호신인 잠팔양(문수 보살)의 주거지가 있는 리오 체 가에 대해 이야기했다. 그리고 쿤투장포(보현 보살)의 성산에 대해서도 이야기하면서, 마음이 맑은 사람은 거기서 무지개빛 후광이 있는 상가(불타)의 모습을 볼 수 있다고 말했다.

이쯤 되자 나는 슬슬 이 흥겨운 자리를 떠날 시간이 되었다고 생각했다. 시간이 갈수록 마을 사람들과 이 지방의 트라파(종교계의 요직에 있지 않은 라마교 승려의 정식 명칭—지은이)들이 점점 더 많이 이 젊은 라마승에게로 몰려들었다. 용덴은 그들에게 과시적인 어투로 예언을 하고, 많은 일에 대해 자신의 의견을 피력했으며, 분실물이 어디에 있는지 알아맞히곤 하였다.

그리고 사람들이 가져온 물건들을 기쁘게 받아 챙겼다. 나는 이처럼 평판이 높아지는 것에 불안한 마음이 들었다. 그러나 그런 불안감은 어쩌면 내가 상황을 제대로 파악하지 못해서 생겨난 것에 불과했는지도 모른다. 도대체 누가 감히 이 영험한 주술사의 어머니를 외국인이라고 생각하겠는가.

한편으론 그런 생각이 들기도 했지만, 그럼에도 불구하고 나는 용덴에게 눈짓을 하며 다소 신경질 섞인 어투로 "카르마 파 키에 노!"라고 반복해서 말했다. 이 말은 카규카르마파의 신도들이 정신적 아버지로서 숭배하는 그들 종파의 수장을 부르는 경건한 표현으로 별다른 의미는 없는 감탄사 정도의 문구였는데, 우리 둘 사이에서는 '이제 그만 떠나자'는 뜻의 암호로 사용되고 있었다.

한창 흥을 돋우어가고 있는 마당에 떠나자는 재촉을 받자 용덴은 기분이 상한 듯했지만, 이내 자신을 둘러싼 사람들에게 이제 그만 떠나야겠다며 작별을 고했다. 사람들은 이구 동성으로, 다음 마을은 너무 멀어서 해 떨어지기 전에는 절대로 도착할 수 없으며, 거기까지 가기 전에는 물을 구할 수 없어 야영도 불가능하다며 우리를 만류했다. 그 중에는 편히 쉴 만한 방을 제공할 테니 마을에서 자고 가라고 제안하는 친절한 사람도 있었다. 용덴은 그들의 제안에 귀가 솔깃한 듯했다. 하지만 나는 애원하는 표정으로 나를 쳐다보는 용덴의 시선을 무시한 채, 한층 더 강경한 어조로 "카르마 파 키에 노!"라고 말했다. 그러자 옆에 있던 사람들 중 몇몇이 그 말에 감명을 받기라도 한 듯 열심히 그 말을 따라 하기 시작했다.

"카르마 파 키에 노…… 카르마 파 키에 노……."

우리는 다시 길을 떠났고, 주위에 사람이 없는 한적하고 고요한 곳에 이르러서야 나는 비로소 마음을 놓을 수 있었다. 어떻게 하면 사람들의 눈에 띄지 않고 조용히 지나칠 수 있을까만 궁리해도 모자란 판에, 오히려 자신을 과시하려 한 용덴을 나는 호되게 꾸짖었다. 그러자 자존심이 상한 그는 몇 시간 동안이나 입을 꾹 다물었다.

저녁 무렵 해발 2천2백 미터 정도의 고개를 넘었다. 우리는 먼지가 휘날리는 넓은 길을 내려와 희뿌연 산맥을 옆으로 가로질렀다. 그곳은 중국 북부 지역의 감숙성(甘肅省)을 떠올리게 했다. 마을 사람들에게 들은 대로 어디에도 물은 없었다. 오늘 밤은 물론이거니와 내일 아침에도 물을 마실 수 있을지 확신할 수 없었다. 게다가 용덴은 여전히 꿍해 있었다. 상현달이 떠올라 길을 훤히 비춰주었다. 체력만 따라준다면 행군을 계속하기엔 뭐 하나 부족할 게 없는 밤이었다. 그러나 지칠 대로 지친 상태에서 쏟아져오는 졸음과 싸우고 있던 터라 길 위쪽에 있는 작은 동굴을 발견했을 때 우리는 더 이상 아무 생각도 하지 않기로 했다. 그렇게나 불안에 떨었던 타나를 떠나온 뒤로 이미 산맥을 둘이나 넘었고, 강도 하나 건넜다. 그런데다 다음 마을에서는 별로 두려워할 만한 일이 없을 거라고 생각했기 때문에 우리는 쉽사리 수마(睡魔)에 굴복하고 말았다. 하지만 이런 생각은 너무나도 안일한 것이었다.

다음날에는 몇 건의 작은 사건들이 연속해서 일어났다. 아마 내 심장이 조금만 더 약했더라면 나는 아직까지도 그 충격에서 헤어나오지 못했을 것이다.

오전 중에 와보 마을에 도착했을 때 우리는 공복에 심한 갈증까지 겹쳐 몹시 고통스러운 상태였다. 케 마을의 쵸르텐 옆에서 순례자들과 함께 점심을 먹은 이후로는 아무것도 먹지 못했기 때문이다. 우리가 전날 악마를 너무 골려먹어서 그 중 한 녀석이 앙갚음으로 못된 장난이라도 친 것이었는지, 그날따라 우리는 평소에 하지 않던 행동으로 곤란한 상황을 자초하고 말았다. 마을 사람들의 식수원인 마을 중앙의 물가에서 잠시 쉬며 차를 마시기로 한 것이다.

밤새 내린 눈으로 길에는 약간의 눈이 쌓여 있었다. 용덴이 불을 지피는 동안 나는 쌓인 눈 사이에서 간간이 눈에 띄는 잔 나뭇가지와 마른 쇠똥을 주웠다. 한참이 지나 물이 끓자, 용덴은 천천히 먹고 마시기 시작했다. 좀 있으니 사람들이 하나 둘 몰려들기 시작했다. 처음에는 두세 명이던 사람들이 얼마 뒤에는 열 명이 넘게 늘어났다. 그러더니 마침내 그보다 갑절은 되는 많은 사람들이 우리를 구경하기 위해 몰려들었다. 내가 길에서 주워온 나뭇가지가 너무 적다고 생각했는지, 한 마음씨 좋은 여인은 자기 집에 가서 땔감을 한 묶음 가져다 주기도 했다.

이 순간, 용덴이 지혜로운 오디세우스 역을 맡아 케 마을 사람들을 즐겁게 만들고 그들을 매혹시켰던 자신의 입담을 십분의 일이라도 발휘했다면, 이 휴식 시간은 어떤 사건도 일으키지 않고 넘어갔을 것이다. 그러나 전날의 웅변가는 마치 동상처럼 입을 꾹 다물고 앉아 한마디도 하지 않았고, 사람들에게 아무런 반응도 보이지 않았다. 그저 묵묵히 먹고 마시고, 먹고 마시고 할 뿐이었다. 그러자 사람들이 놀란 얼굴로 우리를 빤히 쳐다보았다. 대체로 티베트 인들은 너나없이 모두 수다스러웠기 때문에 입을 꾹 다물고 있는 알조파(순례자)가 그들 눈에는 너무나도 생소하게 비쳤던 것이다.

"저 사람들은 뭐 하는 사람들이지?"

우리가 반드시 대답을 할 거라 기대하며 한 여인이 중얼거렸다. 그러나 믿을 수 없게도 용덴은 전혀 말문을 열지 않았다.

더욱 난감했던 것은, 예상할 수 있는 모든 사태에 대비하기 위해 곰곰이 머리를 짜낸 끝에 만들어낸 우리의 비밀 암호 속에는 '말을 하라'는 명령어가 포함되어 있지 않다는 사실이었다. 내가 할 수 있는 일이란 그저 낡은 가방을 깔고 앉은 용덴의 뒤쪽에서 그의 어머니로서의 역할에 어울리도록 조신하게 차나 마시고 있는 것이었다. 내 신분을 의심받지 않으려면 용덴에게 최대한의 존경을 표하고, 그를 위해 봉사하는 모습을 보여주는 것이 좋겠다고 생각했다. 그러나 이 일은 나를 더욱 곤경에 빠뜨렸을 뿐이었다.

나는 방금 전에 차를 끓인 냄비를 씻으러 갔다. 그것을 물에 씻는 동안 내 손도 함께 씻겨 손에 발랐던 검은 가루들이 깨끗이 벗겨져 나갔다. 그로 인해 내 흰 손이 그대로 드러났지만, 나는 용덴의 불안한 태도 때문에 걱정을 하느라 거기까지는 미처 생각지 못했다. 그 순간, 나를 보고 있던 한 여인이 옆에 있는 다른 여인에게 속삭이는 소리가 들렸다.

"저 아주머니 손은 꼭 외국 사람 손 같지 않아?"

그 여인은 외국인을 만나본 경험이 있는 걸까? 만약 바탕이나 그 밖의 중국령 티베트 어딘가에서, 혹은 최남단에 있는 걈체에서 산 적이 있다면 외국인을 보았을 가능성도 있다. 그러나 대체로 티베트인들은 서양 사람들의 용모나 특징에 대해 터무니없는 고정 관념을 갖고 있었다. 외국인은 모두 큰 키에 금발, 흰 피부, 장밋빛 뺨, 그리고 검은색도 진한 갈색도 아닌 파란색 눈동자를 가지고 있는 것으로만 생각했다. 일반적으로 그들은 외국인을 미 칼(흰 눈)이라 불렀는데, 이는 경멸하는 어투였다. 티베트인들의 미의식으로는 파란색이나 회색 눈, 혹은 그들이 '회색 머리'라고 부르는 금발은 그 이상 더 추악할 수가 없기 때문이다.

결국 피부색 때문에 나는 하마터면 외국인이라는 게 탄로날 뻔했다. 나는 마을 여인들의 이야기를 전혀 못 들은 척하며, 냄비를 씻는 동안 그 바닥에 묻어 있던 기름기 낀 그을음을 슬쩍 양손에 발라댔다.

우리를 반원형으로 둘러싼 채 흘끔흘끔 바라보고 있는 사람들 속에서 나는 세 명의 병사를 발견했다. 오, 이런! 이 마을에는 경비 초소가 배치되어 있는 게 아닌가! 그렇다면 우리가 살얼음판을 걷는 심정으로 그렇게나 조심조심 지나온 타나 마을에는 초소가 없었단 말인가? 일이 지독히도 꼬여가고 있었다.

"저 사람들 외국인 아니야?"

수군거리는 농민들의 목소리가 들려왔다. 용덴은 돌부처가 된 듯 묵묵히 앉아 쨈파만 씹고 있을 뿐이었다. 내 목소리가 이 부자연스러운 침묵을 깨뜨리고 울려 퍼지면 사람들의 시선이 더욱더 내게로 집중될까 두려운 마음에 나는 '어서 이곳을 떠나자' 라는 뜻의 암호인 '카르마 파 키에 노'를 감히 입 밖에 내지 못했다.

마침내 용덴이 몸을 일으켰다. 그러자 한 남자가 기다렸다는 듯이 어디로 가느냐고 물었다. 나는 두려움에 다리가 후들거렸다. 섣불리 대답했다간 우리의 계획이 수포로 돌아가기 때문이다. 이제부터 우리는 여기 모여 있는 사람들의 의혹 어린 시선을 받으며 우리가 지나온 순례로에서 벗어나야 한다. 여기서부터는 누 츄(강) 계곡으로 들어가는 갈림길을 따라서 가야 하기 때문이다. 우리의 눈앞에는 두 갈래의 길이 나누어져 있었는데, 한 길은 카 칼포 산의 북측을 돌아 중국으로 향하는 길이었고, 다른 한 길은 누 츄 계곡 안쪽으로 통하는 길이었다. 따라서 우리가 가고자 하는 방향으로 계속 나아간다는 것은 우리가 티베트 중앙으로 가고 있다는 사실을 공표하는 거나 마찬가지였다.

용덴은, 우리는 카 칼포 산의 순례를 마치고 돌아오는 길이며, 이제 어머니를 모시고 고향으로 가려 한다고 태연하게 대답했다. 그리고 더 이상의 언급은 피한 채, 짐을 짊어지며 내게 눈짓을 했다. 우리는 라싸로 향하는 길을 택해 걸음을 옮기기 시작했다.

그런데 바로 그때 생각지도 않은 일이 일어났다. 여태까지 우리를 골탕먹이던 악마가 마음을 바꿔 이젠 우리 편에 서기로 한 모양이었다. 모여 있던 사람들의 마음을 지배하던 긴장감이 해소되었는지 그 중 한 사람이 "외국인이 순례를 한다네!" 하며 농담을 던졌다. 그러자 모든 사람들이 폭소를 터뜨렸다. 그들에게는 외국인이 순례를 한다는 건 있을 수도 없는 해괴 망측한 일이었기 때문이다.

"저 사람들은 속포(몽고인)야."

다른 한 사람이 아는 체하며 진지한 어투로 그렇게 덧붙였다. 그러자 몇몇 사람이 수긍한다는 듯 머리를 끄덕였고, 곧 이어 마을 사람들은 우리의 국적에 대해 의견의 일치를 보았다. 우리는 마을 사람들이 지켜보는 가운데 마치 꿈이라도 꾸고 있는 듯한 심정으로 카 칼포 산의 순례로를 벗어나 라싸로 향하는 길로 접어들었다.

우리는 통 라라고 불리는 고개를 향해 산길을 올라갔다. 티베트 여행은 근육과 폐를 강화시키는 데 커다란 도움이 된다. 하루에도 몇 번씩 봉우리와 골짜기를 번갈아가며 오르락내리락하기 때문이다. 그러나 이처럼 고도 차이가 큰 길이 비록 건강에는 좋을지 몰라도 우리처럼 오래 걸어다니는 사람들, 특히 무거운 짐까지 짊어진 사람들에게는 피로를 가중시킨다. 그러나 조금 고생스럽긴 해도 다양하게 변하는 경치를 넋놓고 바라볼 수 있다는 이점은 있다. 그런 이유로 나는 걷기는 편하지만 단조로운 대초원보다는 이런 산길을 더 좋아한다.

통 라 고개를 넘자 길은 경치가 아주 빼어난 숲 속으로 평탄하게 이어졌고, 숲길은 다시 작은 골짜기로 이어졌다. 골짜기에는 폭이 제법 넓은 강이 흐르고 있었는데, 그 강이 중국 쪽으로 흘러간다는 사실은 나를 무척 놀라게 했다. 지금은 티베트의 영역인 이 지방이 중국의 지배하에 놓여 있던 당시 이 길을 탐험한 몇 명의 탐험가들이 남긴 기록을 그때에는 미처 읽어보지 못했기 때문이다.

그들은 메콩 강으로 흘러 들어가는 것처럼 보이는 이 수수께끼의 강을 의아하게 생각했다. 그때까지 알려진 바에 의하면 이 방향에는 눈 덮인 거대한 산맥들이 둘러싸고 있어 메콩 강 유역과 살윈 강 유역을 가로막고 있다고 보는 게 통설이었기 때문이다. 그러나 내가 수집한 정보에 의하면 강은 앞으로 우리가 거슬러 올라가야 할 누 강 한 줄기밖에는 없었다. 그래서 나는 누 강은 우리가 지금 막 넘어온 산맥 주변을 흐르고 있으며, 우리가 케 마을 아래쪽에서 건넜던 강은 바로 우리가 보고 있는 이 강이라는 결론을 내렸다. 그리고 얼마 뒤 골짜기에서 만난 한 남자를 통해 내 짐작이 틀리지 않았음을 확인했다. 그는 우리가 이틀 전에 건넌, 살윈 강을 따라 흘러가던 그 강은 바로 지금 내 앞을 흘러가는 이 강이라고 말했다. 또한 그는, 앞으로 조금 더 가다 보면 다리 하나가 있는데, 우리가 식료품을 살 수 있는 폐도 사원에 가려면 그 다리를 건너가야 한다는 것도 알려주었다. 그리고 강 건너편에 보이는 외길을 따라 몇 고개를 넘으면 아툰제(중국 영토)로 이어진다는 설명도 해주었다.

그 고장은 매우 운치가 있었다. 낮은 뒷산은 밭으로 이용되고 있었는데, 겨울임에도 불구하고 구릉지 위의 많은 나무들은 저마다 푸른 잎을 자랑하고 있었다.

다리를 건너고 나자 해가 저물었다. 밤에 사원 앞을 통과한 뒤에 적당한 장소에 숨을 곳이 마련되면 나는 용덴에게 식료품을 조달해 오도록 할 작정이었다.

강둑을 지나는 길에 우리는 맑은 강물을 자양분 삼아 생겨난 천연 그대로의 작고 아름다운 숲을 발견했는데, 기분 같아선 그곳에서 야영을 하고 싶었다. 하지만 사원까지는 아직 길이 멀었으며, 가장 알맞은 시간에 사원을 통과하려면 사원이 보이는 곳까지 가서 휴식을 취할 필요가 있었다.

여기서 우리는 처음으로 그 동안 들고만 다니던 고무 보온병을 사용하기로 했다. 그것은 추위에 약한 사람이 몸을 따뜻하게 하기 위해 침대 안에 넣어두는 평범한 물건이었다. 덮고 잘 만한 담요 하나 없이 짐을 간단히 추렸던 터라 밤에 산에서 잠을 자게 될 경우 추위를 막는 데 조금이나마 도움이 될까 해서, 또 건조한 지역을 여행할 때에는 물통으로도 사용할 수 있으리라는 생각에 챙겨왔던 것이다. 하지만 외국 제품인지라 티베트인들이 사용하는 것과는 모양이 좀 달라서 그들이 보는 앞에서는 마음놓고 사용할 수가 없었다. 그런 까닭에 차를 끓일 만한 물이 있어도 차마 그걸 사용하지 못하고, 타는 목마름에 고통스러워한 적이 한두 번이 아니었다.

다리를 건넌 지 한참이 지났건만 페도 곰파(사원)의 모습은 좀처럼 눈앞에 나타나지 않았다. 우리는 숲을 가로질러 완만한 경사면을 올랐다. 모퉁이를 몇 번인가 돌았을 때, 위쪽에서 활활 타오르고 있는 여러 개의 모닥불이 보였다. 여행자들이 야영을 하고 있는 모양이었다. 그대로 전진했다가는 그들과 마주칠 게 뻔했다. 그렇다고 아침까지 기다릴 수도 없는 노릇이었다. 오전 중에 곰파 앞을 통과하려면 길을 서둘러야 했기 때문이다. 들리는 소문에 의하면 곰파에는 라싸에서 파견된 관리가 살고 있다고 했다. 그러니 이 지역의 승려들에게는 절대로 모습을 들키지 않는 게 상책이었다.

라마승은 마을 사람들보다 훨씬 두려운 존재였다. 대체로 마을 사람들은 평생 자기가 태어난 마을 밖으로 나가는 일이 별로 없기 때문에 지평선을 둘러싸고 있는 산 너머의 바깥 세상에 대해서는 거의 무지했다. 하지만 라마승들은 지위 고하를 막론하고 위험 따위는 전혀 개의치 않은 채 여기저기 세상을 떠돌아다닌다. 그렇게 순례를 하는 동안 그들은 많은 것을 보고 들으며, 외국인을 포함한 여러 사람들과 만나 다양한 지식을 습득하는데, 그 중에는 우리에게 불리한 지식들도 많이 포함되어 있다. 따라서 우리의 안전을 위해선 그들의 예리한 눈초리에 걸려들지 않는 게 현명했다.

쉬지 않고 걸음을 재촉한 우리는 숲이 끝나는 지점에 도착했다. 거기서부터 길은 아주 좁아졌다. 오른쪽으로는 촘촘히 짠 울타리로 둘러쳐진 밭이 있었고, 왼쪽으로는 수직으로 깎아지른 벼랑이 이어져 있었는데, 벼랑 아래쪽으로는 강이 흐르고 있는 듯했다. 그러나 강의 모습은 어둠 속에 가려져 잘 보이지 않았다.

타오르던 모닥불은 어느새 사그라졌는지, 불그스름한 빛만 어렴풋하게 비치는 걸 보니 그곳은 길에서 상당히 멀리 떨어져 있는 듯했다. 그럼에도 우리는 한마디도 하지 않고 발소리를 죽여가며 조용히 그곳을 지나쳤다.

사원의 담이라고 생각되는 형체가 멀리서 아득하게 보였다. 우리는 사원까지 가는 동안 혹시 길을 잃을지도 모르며, 그리하여 근처를 오랫동안 배회하게 되면 개들이 짖어댈지도 모른다는 생각에 날이 샐 때까지 휴식을 취하기로 했다.

우리가 머물던 좁고 급한 경사면에 살을 에는 듯한 매서운 바람이 몰아쳤지만 마땅히 바람을 피할 만한 곳이 없었다. 그러다가 간신히 찾아낸 곳이 뾰족이 솟아 있는 바위 옆이었는데, 그나마 한쪽에서 불어오는 바람만, 그것도 아주 일부만 막아줄 뿐이었다. 우리는 고무 물통 안에 들어 있던 몇 모금의 물과 한줌의 짬파로 대충 요기를 하고 나서 잠을 청했다. 꽁꽁 얼어붙은 땅바닥 여기저기에 삐죽삐죽 튀어나온 바위들에 등이 배겨서 여간 고통스러운 게 아니었다. 하지만 나는 곧 잠이 들었다. 아침에 일어나면 마시려고 조금 남겨둔 물이 얼지 않도록 어린아이처럼 보온병을 가슴에 꼭 품은 채로.

날이 새자 바로 코앞에 있는 사원의 모습이 눈에 들어왔다. 그것은 어젯밤에 어렴풋이 보인다고 생각했던 곳과는 전혀 다른 방향에 있었다. 우리는 사람들의 시야에서 벗어나고자 사원의 담을 따라 서둘러 걸었다. 바탕으로 향하는 길의 입구에서, 화려한 차림새의 그 고장 호족이 역시 화려한 안장을 걸친 말에 올라탄 채 우리와 엇갈려 지나갔다. 하지만 그는 무관심한 표정으로 우리를 흘깃 바라만 보았을 뿐 말을 걸어오거나 하지는 않았다.

용덴이 식량을 구하러 간 동안 내가 숨어서 기다릴 만한 장소가 사원 주변에는 없다는 사실을 우리는 그제야 비로소 깨달았다. 길은 누 강의 작은 지류가 흘러내리는 협곡을 따라 이어지고 있었으며, 강둑에는 몇 채의 농가와 물방앗간이 서 있었다. 그리고 때마침 라싸에서 온 상인들이 우리와 동시에 도착한 탓에 물건 상자를 가득 실은 노새들과 사람들이 길을 가득 메우고 있었다. 우리는 그대로 지나칠 수밖에 없었다. 여행에 필요한 식량이 거의 바닥났으므로 빨리 식량을 마련해야 했건만 이런 식으로 사원에서 자꾸만 멀어져간다는 게 너무나도 안타까웠다.

골짜기를 통과하자 아직 개간이 안 된 광대한 벌판이 나왔다. 군데군데 관목 숲이 펼쳐져 있었다. 용덴이 식량을 구하러 간 사이 나는 숲 한 곳에 몸을 숨기고 앉아 티베트의 철학책을 보며 용덴을 기다렸다. 그렇게 시간을 보내고 있는 동안 용덴이 노새처럼 등에 짐을 잔뜩 짊어지고 돌아왔다. 우리는 무를 넣어 끓인 걸쭉한 밀가루죽을 배불리 먹은 다음 윗옷 주머니 속에서 말린 살구를 꺼내어 후식으로 먹으면서 발걸음도 가볍게 다시 길을 나섰다. 그날 오후 우리는 다시 숲길로 접어들었고, 거기서 한가롭게 길을 걷고 있는 몇 명의 순례자들과 만났다. 그들은 순례단의 일행이었는데, 모두 합하면 50명은 족히 되는 것 같았다. 거기서 얼마 떨어지지 않은 곳에서는 먼저 도착한 그들의 일행이 목욕통만한 가마솥에 차를 끓이고 있었다.

용덴이 그들에게 붙들리는 바람에 우리는 오래 지체할 수밖에 없었다. 어떤 사람은 자신의 운명을 알고 싶어했으며, 어떤 사람은 자기 자신이나 가족을 위해 어떻게 해야 하는지 조언을 구하고자 했다. 또한 많은 사람들이 그의 축복을 받고 싶어했다.

나는 땅바닥에 앉은 채, 아이들처럼 순진한 그들의 행동거지를 흥미 있게 바라보았다. 그들은 처음에는 태도가 매우 진지했지만 누군가가 즉흥적인 기지를 발휘해 그 자리에서 방금 떠오른 생각을 큰 소리로 이야기하자, 모두들 시골 사람 특유의 명랑함을 드러내며 함박웃음을 터뜨렸다. 이와 같은 천성적인 쾌활함이야말로 티베트인들의 생활을 즐겁게 만들어주는 활력소가 아닌가 싶다.

저녁 무렵 우리는 어둠이 내리고 있는 거대한 나무숲 사이를 거닐고 있었다. 한동안은 걷기에 편한 길이 이어졌다. 순례자들에게 적잖은 시간을 빼앗긴 탓에 우리는 최대한 멀리 나아가고 싶었다.

바닥에 작은 시내가 흐르고 있는 좁은 골짜기를 향해 내려가고 있을 때였다. 길 한가운데 작은 물체가 떨어져 있는 게 눈에 띄었다. 가까이 다가가서 자세히 살펴보니 캄 지방 여성들이 머리에 쓰는 낡은 모피 모자였다.

용덴은 지팡이 끝에 달린 쇠꼬챙이로 그것을 살짝 들어올렸다가 길가로 확 던져버렸다. 하지만 모자는 그리 멀리 날아가지도, 길바닥 위에 떨어지지도 않았다. 이런 표현이 적합할지는 모르겠지만, 모자는 마치 새처럼 펄쩍 날아올랐다가 근처에 쓰러져 있는 굵은 나뭇가지 위로 사뿐히 내려앉았다.

바로 그 순간, 그 지저분하고 낡아빠진 모자가 앞으로 꼭 필요하게 될 거라는 이상한 영감이 머릿속을 스치고 지나갔다. 나는 그 신비한 예감을 믿어보기로 하고 모자를 주우러 갔다.

용덴은 다 낡아빠져 악취마저 풍기는 그 모자를 집으러 가는 나를 못마땅하게 생각했다. 일반적으로 티베트인들은 여행 도중 자기가 쓰고 있던 모자가 땅에 떨어져도 절대로 줍지 않는다. 그런 그들에게 남의 모자를 줍는다는 건 상상도 못할 일이었다. 그러한 행위가 불행을 불러들인다고 굳게 믿고 있었기 때문이다. 반면에, 낡은 신발을 발견하는 건 길조로 여겼다. 그래서 길가에 나뒹굴고 있는 낡은 신발을 발견할라치면 여행자들은 반드시 그 더러운 신발을 주워서 신어보았으며, 심지어는 잠깐 동안 머리에 얹어놓기도 했다. 평소 용덴은 그러한 미신을 믿지 않았지만, 이 불결한 모피 모자만은 질색을 했다. 또, 우연히 발견한 이 모자가 대단한 역할을 할 거라고 생각하지도 않았다.

"순례자들 중 누군가가 등짐 위에 묶어놓았다가 떨어뜨린 걸 모른 채 가버렸거나, 떨어진 걸 알면서도 재수가 없다고 여겨 그냥 갔거나 둘 중의 하나겠죠."

용덴은 시큰둥한 표정으로 그렇게 말했다.

그 말은 사실일 것이다. 나 역시 극락 세상의 연꽃 위에 앉아 계신 여신이 나를 위해 이처럼 조악한 부인용 모자를 만들어주었을 거라고는 생각하지 않는다. 물론 지나가던 여행자가 흘린 물건에 지나지 않을 것이다. 그러나 하필이면 왜 우리가 지나가는 이 장소에 떨어져 있었던 것일까? 왜 나는 이 모자를 보자마자 이것이 앞으로의 남은 여행 중에 반드시 필요할 것이라는 확신을 갖게 된 걸까? 동양은 신비의 나라이면서, 각종 불가사의한 일들이 심심찮게 일어나는 땅이다. 티베트란 나라는 특히 그렇다. 정신을 집중하고 차분히 앉아서 보고 듣고 관찰하는 행위가 조금이라도 가능한 사람이라면, 우리가 유일한 현실이라고 습관적으로 생각하는 이 세상의 반대편에 존재하는 또 다른 세계의 모습을 발견할 수 있을 것이다. 우리는 밀접한 상관 관계를 맺으며 일어나는 모든 현상을 충분하고도 정확하게 분석하지도 않고, 또 모든 현상을 규정하는 인과 관계를 충분히 따져보지도 않기 때문에 그 세계를 인식하지 못할 뿐이다.

용덴은 유럽식 교육을 받기 전에 라마교도로서 사원에서 교육을 받은 적이 있는데, 거기서는 대다수 사람들의 눈에는 보이지 않지만 사람들과 더불어 살아가고 있는 지적인 존재를 의심하는 일이 절대 용납되지 않는다. 하지만 이날 용덴은 유난히도 눈에 보이지 않는 세상을 인정하지 않으려 했다.

내가 개인적인 생각을 설명하자, 묵묵히 듣고 있던 용덴이 말했다.

"아, 그렇습니까? 어머니와 절친하신 여신께서 특별히 어머니를 위해 준비해 놓으신 모자라 이 말씀이죠? 그런데 제게는 그렇게 보이지 않는데요. 하지만 뭐, 좋습니다. 보이지 않는 어머니 친구분께서 지나가는 여행자들의 등짐에서 이 모자를 살짝 집어 올려 우리가 지나가는 길목에 떨어뜨려 놨다고 생각하지요. 이거, 굉장한 선물인데요!'

용덴이 비아냥거리는 말투로 농담을 했지만, 나는 한마디도 반박하지 않았다. 하지만 모자에 대한 나의 생각에는 전혀 변함이 없었다. 이 모자는 반드시 가지고 가리라. 나는 그것을 가방 안에 잘 간수하고 나서 걸음을 옮겼다.

우리가 도착하기 며칠 전 숲 속에 눈이 내렸나 보다. 커다란 눈덩어리가 나무 그늘 여기저기에 남아 있었다. 우리는 고단한 몸을 달래느라 횡곡(橫谷) 입구에서 잠시 쉬었다. 골짜기 쪽에서는 거대한 급류가 소리도 요란하게 누 강을 향해 흘러내리고 있었다. 용덴이 길가에서는 보이지 않는 야영지를 찾아냈다. 그러나 그 주변에는 매섭게 몰아치는 강풍을 막아줄 만한 나뭇잎 한 장 없었다. 우리는 조금 더 걸어 내려와 길 옆의 바위 밑에 자리를 잡았다. 밤에는 지나가는 사람이 아무도 없을 거라고 생각했기 때문이다.

이때까지 우리가 들고 다니던 텐트는 주로 이불로 사용되어 왔다. 길을 떠나온 이후로 딱 한 번 텐트를 쳤을 뿐이다. 다른 티베트 여행자들과 마찬가지로 우리는 잠을 잘 때 두 사람 사이에 소지품을 꼭 끼고 잤다. 그렇게 하면 만에 하나 누군가가 우리 짐에 손을 대더라도 알아챌 수 있을 테니까 말이다. 그리고 둘 다 손만 뻗으면 잡을 수 있는 곳에 총을 숨겨놓았다. 옷 속에 품고 다니는, 귀중품이 담긴 벨트는 가까운 곳에 숨겨두거나 땅 속에 묻기도 했지만, 안전하다 여겨지는 장소에서는 그냥 머리 밑에 베고 잤다. 그러고 나서 마지막으로 텐트를 덮었다. 우리가 가지고 다니던 텐트는 흰색이어서, 어쩌다 눈밭에서 야영을 하게 될 경우에는 땅 위에 쌓인 눈과 텐트의 흰색이 제대로 식별되지 않을 때도 있었다. 아주 가까이에서 봐도 말이다.

그래서 그날도 우리는 텐트가 눈으로 뒤덮인 주변의 색깔에 파묻혀 잘 보이지 않을 거라고 과신하고 있었다. 그런데 날이 새기 직전, 우리가 자고 있던 곳을 지나가던 상인들 중 한 명이 우리를 발견하고는 수상쩍게 생각했다.

"저기 좀 보게. 저게 눈인가 사람인가?"

그가 동료들에게 말하는 소리가 들려왔다.

"눈이로군."

필시 우리 쪽은 보지도 않았을 듯싶은 그의 동료 한 명이 주변에 펼쳐진 은세계를 감상하며 건성으로 대답했다.

그러자 처음에 의문을 품은 남자가 뭔가 중얼거렸다. 아무래도 수상해서 못 견디겠는 모양이었다. 우리는 이불 삼아 덮고 있는 텐트 밑에서 소리를 죽인 채 쿡쿡거리며 웃었다. 그러나 그 티베트인이 자신의 궁금증을 풀기 위해 당장이라도 뭔가를 던질지도 모른다는 사실을 우리는 잘 알고 있었다. 그 여행자들이 '눈덩어리'처럼 보이는 물체가 살아 있는 것인지 아닌지를 확인하기 위해 돌이라도 던진다면 큰일이라고 생각한 용덴은 마치 무덤에서 들려오는 듯한 음산한 목소리로 그들을 향해 말했다.

"눈이오!"

그러자 반쯤 졸면서 앞으로 나아가고 있던 노새들이 갑자기 들려오는 이상한 소리에 놀라 속력을 내기 시작했고, 상인들은 용덴의 엉뚱한 소리에 자지러지듯 웃음을 터뜨렸다. 용덴이 밖으로 나가 상인들과 이야기를 하는 동안 나는 텐트 속에 그대로 몸을 숨기고 있었다. 그들은 중국 치하의 티베트 땅 아툰제로 가는 도중이라 했다.

"혼자십니까?"

그들이 용덴에게 물었다.

"그렇습니다."

간단하게 몇 마디 주고받은 뒤 그들은 가던 길을 따라 사라졌다.

그날 오전 중에 우리는 마을 하나를 지나쳤고, 거기서 얼마 떨어져 있지 않은 작은 고원에 도착했다. 정면에 펼쳐진 산은 멀리 있어서인지 깎아지른 듯 날카로워 보였는데, 그 산 위에 나 있는 가느다란 길이 바로 우리가 넘어야 할 '토 라(고개)'로 이어지는 길이었다.

이 높은 산맥과 그 뒤에 있는 '쿠 라'를 넘고 싶은 생각이 없는 여행자들은 강둑을 따라 나 있는 좁은 길을 이용할 수도 있다. 하지만 그 길은 매우 험해서 때로는 바위를 타야 할 때도 있다고 했다. 무거운 짐까지 짊어진 채 곡예를 부리고 싶은 생각은 없었다. 그래서 우리는 체력 소모가 좀 되더라도 산을 넘어 안전하게 가기로 했다.

이처럼 길을 택함에 있어 우리는 신변의 안전을 최우선에 두었다. 특히 안전을 위해 무엇보다도 신경을 썼던 것은 내가 외국인이라는 사실을 숨기는 일이었다. 그런데 안전을 고려해 택한 이 길이 나를 몇 번이나 곤경에 빠뜨리게 되리라는 것을 사전에 알았더라면 나는 목뼈가 부러지는 위험을 감수하고서라도 그 좁은 길을 선택했을 것이다. 그러나 그때는 앞일을 미리 알지 못했으므로 산길을 택했는데, 모험이 무사히 끝난 지금에 와서 생각하니 그런 경험을 할 수 있었던 게 오히려 다행이었다는 생각이 든다.

고원 지대에서 골짜기로 내려가는 길은 매우 상쾌했다.

숲 속을 기분 좋게 산책한 뒤, 길가에서 조금 아래쪽에 있는 작은 강변에서 비바람을 막아줄 야영 장소를 발견했다. 화창한 날씨 탓에 나태해진 우리는 거기서 쉬어가기로 하고 해진 옷을 손보며 느긋한 오후 한때를 보냈다. 강을 건너기만 하면 바로 마을이 있다는 사실을 알고는 있었지만, 밤이 되자 텐트까지 치고 편안한 잠자리를 탐낼 정도로 우리는 신중함을 잃고 있었다.

다음날 아침에도 여느 때와는 달리 일찍 출발하기 위해 서두르지 않았다. 티베트식으로 죽을 끓여 여유 있게 아침 식사를 즐기고 있을 때 한 남자가 찾아와 용덴과 이야기를 나누었다. 티베트에서는 식사 중에 손님이 찾아오거나, 야영 중인 장소에서 쉬어가는 사람을 만났을 때 음식물을 대접하는 풍습이 있던 터라 용덴은 그 남자에게 죽 한 사발을 권했다. 잠시 세상 돌아가는 이야기가 오갔고, 그의 이야기를 듣는 와중에야 비로소 우리가 라싸에서 온 폼포(고관)의 관사 바로 앞에서 야영 중이라는 사실을 알게 되었다.

우리가 저지른 어처구니없는 행동에 어이가 없었지만, 이미 돌이킬 수 없는 일이었다. 모닥불을 앞에 두고 우리와 함께 앉아 있는 이 남자는 그 관리를 따라온 수행 병사였다. 만에 하나 그가 우리를 수상히 여겨 상관에게 보고라도 하는 날이면, 그 즉시 우리의 운명은 결정이 나는 것이다. 그렇게 되면 발길을 되돌려 도망가는 것도, 산 속에 숨어 있는 것도 모두 소용없는 짓이었다. 길에서 우리를 찾지 못하면 폼포가 수색대를 파견할 게 분명했기 때문이다. 따라서 그처럼 심상치 않은 행동은 그들의 의혹에 확신을 심어줄 뿐이었다. '이 병사는 우리를 그저 가난하고 평범한 순례자들로 여겨 우리와 만난 것을 다른 사람에게는 이야기하지 않을지도 모른다'는 생각도 해보았다. 그러나 우리 편할 대로 열심히 상상을 해봤자 소용없는 일이다. 어차피 30분 정도만 지나면 결과는 분명해질 테니까 말이다.

마을을 빠져나가기 위해 길을 나서는 우리의 모습을 누군가가 보았다면, 그는 아마도 우리를 형장으로 끌려가는 사형수라고 생각하지 않았을까?

우리는 쉬지 않고 걸었다. 고개로 이어지는 길은 마을에서 꽤 멀리 떨어져 있었기 때문에 길가에서는 아무도 만나지 않았다. 가다 보니 쵸르텐(불탑)이 나왔다. 간절한 염원을 담고 둘레를 세 번 돌고 나서 이마를 공손히 쵸르텐에 갖다 댔다.

다시 더 높이 올라가기 시작했다. 이제 뒤에 있는 폼포의 관사는 저 멀리 아득했으며, 그 누구도 우리의 갈 길을 막지 않았다. 조금만 더 가면 숲으로 들어가는 경계 지점에 이르게 된다.

"라 걀로!(신은 승리했다!)"

이 마을 너머에 있는 다음 산봉우리 위에서 이렇게 환희의 함성을 지를 수 있겠구나! 이번에도 위기를 모면한 것이다.

그런데 바로 그때였다.

"여보시오! 여보시오!"

한 농부가 우리를 부르며 들판을 달려오고 있었다. 도망칠 생각은 하지도 못했다. 그저 그를 기다리고 있을 수밖에 없었다. 이윽고 다가온 농부는 이렇게 말했다.

"당신들은 이 마을의 폼포를 만나러 가야 하오!"

순간, 등골이 오싹했다. 18개월 전, 눈을 헤치고 '철교'를 건너 고생 끝에 캄 지방에 도착한 뒤 더 이상의 여행을 포기해야만 했을 때에도 이와 똑같은 말을 들었던 것이다.

용덴은 침착한 태도로 잠시 이 상황을 냉정하게 판단했다. 그러더니 짊어지고 있던 짐을 땅바닥 위에 풀어놓았다. 폼포나 그의 부하들이 짐을 보게 되면 호기심에 내용물을 조사할 게 분명했기 때문이다. 그런 다음, 나처럼 별 볼 일 없는 노파가 감히 쿠닥(상류 계급의 남자)을 만난다는 건 상상도 할 수 없는 일이라는 듯한 태도로 나에게는 눈길 한번 주지 않고 농부의 얼굴을 보며 담담하게 말했다.

"갑시다."

두 사람은 서로 이야기를 나누며 멀어져갔다.

나는 짐을 곁에 두고 길 위에 쭈그리고 앉아, 목에 두르고 있던 염주를 풀러 손가락으로 하나하나 세면서 마니를 암송하는 척했다.

"폼포를 만나러 가야 하오!"

농부의 목소리가 아직도 내 귓전을 떠나지 않았다. 캄 지방에서 이와 똑같은 말을 들은 다음에 벌어졌던 일들이 머릿속에 생생하게 떠올랐다. 파란만장했던 그 여행은 그렇게 비참한 결말을 맞았지. 이번에도 똑같은 운명에 처하게 될 게 분명해. 몇 개월 동안이나 참고 견뎌온 피로와 정신적 고통이 결국 이런 식으로 허무하게 물거품이 되어버리고 말다니……

농민들의 호기심 어린 시선을 받으며 마을들을 지나, 여기서 가장 가까운 국경까지 호송되는 광경이 눈앞을 스쳐갔다. 하지만 이 계획을 단념하겠다는 생각은 눈곱만큼도 하지 않았다. 만일 이번의 시도가 불행하게도 실패로 끝난다 할지라도 나는 반드시 다시 시도할 것이다. 그렇지만 오늘 실패하면 언제 어떤 식으로 성공하게 될까?

30분 정도 지났을까? 멀리서 단조로운 콧노래 같은 게 들려왔다. 서서히, 분명하게 들려오기 시작하는 그 소리는 틀림없는 용덴의 목소리였다. 그가 라마교의 기도문을 암송하며 돌아오고 있는 것이었다. 용덴이 염불을 외면서 혼자서 돌아오고 있다? 그렇다면 그것은?

갑자기 내 마음속에 희망이, 아니 확신이 솟아나기 시작했다. 여행을 계속할 수 있게 된 것이다.

용덴은 빙긋이 웃으며 내 앞에 섰다. 그리고 한 손을 펼쳐 그 안에 든 은화 하나를 보여주었다.

"그 사람이 제게 보시한 1루피예요. 자, 이제 서둘러 길을 떠나볼까요?"

용덴은 폼포를 만나러 가서, 그 폼포가 여행자를 감시하는 특별 임무를 수행하기 위해 그곳에 파견되었으며, 그의 심문이나 조사를 받지 않고서는 어느 누구도 고개를 넘을 수 없다는 사실을 알아왔다. 운 좋게도 무사히 위기를 넘길 수 있게 된 일에 대해 우리는 서로를 축하했다. 그러나 아직까지는 이와 같은 사건에서 그다지 자유롭지 못했다. 잠시 뒤 더욱 가혹한 시련이 찾아와서 우리의 신경을 갉아댔기 때문이다.

그날 오전 중 다시 산을 오르고 있을 때였다. 언덕을 급히 내려오고 있는 병사를 만나, 라싸에서 온 폼포가 토 라 건너편에서 이쪽으로 넘어오고 있다는 이야기를 들었다. 이 소식은 우리를 다시 공포의 도가니로 몰아넣었다. 도저히 피할 재간이 없었다. 가파른 경사면을 따라 이어진 길에는 어디를 둘러봐도 숨을 만한 곳이 없었다. 폼포는 우리를 발견할 것이고, 우리는 그의 심문을 받게 될 것이다.

우리는 끔찍한 정신적 고통 속에서, 두려움의 대상인 그 폼포가 가까이 오고 있지는 않은가 귀를 곤두세우고, 눈으로는 주위를 쉴 새 없이 두리번거리며 몇 시간을 보냈다. 절망적인 기분에 사로잡힌 채, 옛날 이야기에서처럼 바위나 나무가 벌어져 위험이 사라질 때까지 우리에게 숨을 곳을 마련해 주었으면 하고 바라기도 했다. 그러나 유감스럽게도 기적 따위는 일어나지 않았다. 이 지역의 신들은 우리의 불행에 대해서는 무관심한 것 같았다.

오후에 접어든 지 한참이 지났을 때, 어디선가 갑자기 방울 소리가 들려왔다. 이어서 바로 위쪽으로 나 있는 구불구불한 길에서, 잘 차려 입은 풍채 좋은 사내가 여러 명의 병사들과, 말을 끄는 하인들을 거느리고 나타났다. 그는 용덴과 나를 보고 놀란 표정을 지으며 멈춰 섰다. 우리는 티베트의 예법에 따라 서둘러 길 옆으로 물러나며 그에게 경의를 표했다. 그가 몇 걸음 다가오더니 우리 앞에 다시금 멈춰 섰다. 그러자 그의 수행원들이 그의 옆에 둘러섰다.

다시금 의례적인 질문들, 즉 우리의 고향과 여행 경로 등에 관한 잡다한 질문이 시작되었다. 그러나 모든 질문을 끝낸 뒤에도 폼포는 갈 생각을 하지 않고 묵묵히 우리를 바라보았다. 그의 뒤에 있던 수행원들도 그와 똑같은 행동을 했다.

공포로 인해 신경이 극도로 곤두선 탓에, 마치 몇 개의 바늘이 뇌수를 찔러대고 있는 것 같았다. 이 사람들은 우리를 의심하고 있는 걸까? 어떻게든 이 기분 나쁜 침묵을 깨뜨려야 할 텐데. 그렇지 않으면 뭔가 불길한 일이 생길 것 같아. 그런데 어떻게 한담? 그래, 바로 그거야.

나는 티베트의 걸인들을 흉내내어 울음 섞인 소리로, 그리고 존경을 표시하기 위해 목소리까지 작게 하며 구걸했다.

"쿠쇼 린포체, 가 초 라 쉘라 낭 록 낭.(고귀하신 분이시여, 모쪼록 자비를 베푸소서.)"

진지하게 생각에 잠겨 있던 사람들이 나의 이 한마디에 정신을 차렸다. 온몸의 긴장이 확 풀리는 느낌이었다. 그들은 이제 의혹 어린 시선을 거두었다. 개중에는 웃음을 터뜨리는 사람도 있었다. 선량한 폼포는 지갑에서 동전 하나를 꺼내 용덴에게 적선했다.

"보세요, 어머니! 폼포께서 이것을 주셨습니다!"

용덴이 기뻐서 어쩔 줄 모르겠다는 시늉을 하며 소리를 질렀다.

나는 내가 맡은 역할에 어울리는 태도로 감사의 뜻을 표하면서, 우리에게 은혜를 베풀어준 그의 번영과 무병 장수를 진심으로 기원했다. 폼포는 나에게 웃음을 지어 보였다. 공포감에서 해방된 나는 이 연극을 티베트풍으로 완벽하게 마무리하기 위해 그에게 혓바닥을 내밀었다. 혓바닥을 최대한 내밀어 보이는 것, 이것이 티베트에서는 가장 공경스러운 예법이었다.

그들이 가버리자, 몇 분 뒤 용덴이 나에게 말했다.

"제츤마(여자 승려), 카 칼포 숲에서 '사람들에게 꿈을 꾸게 하여 환영을 보게 하겠다' 고 제게 약속하신 대로 하셨군요. 저들은 분명히 마법에 걸려 버린 것 같았습니다."

고개 정상에 서서 우리는 목이 터져라 실컷 소리질렀다.

"라 갈로! 데 탐체 팜!(신은 이겼다! 악마는 패배했다!)"

여기서 말하는 악마는 우리가 만난 두 사람의 관대한 폼포(고관)를 지칭하는 건 물론 아니었다. 오히려 그 반대로, 나는 이 세상을 떠나는 최후의 날까지, 그리고 내세에서도 그들의 운명이 행복과 번영으로 충만하길 진심으로 기원했다.

제3장

아름다운 누 계곡을 여행하다

연거푸 이어진 두 번의 성공이 우리에게 기쁨을 가져다 준 것은 사실이었지만, 그렇다고 해서 두려움이 완전히 사라진 것은 아니었다. 우리는 여전히 긴장을 늦추지 않았으며, 모퉁이를 돌 때마다 폼포와 마주칠 각오를 했다. 고개를 내려가는 도중 짤랑거리는 방울 소리가 가까이 들려오자 우리의 심장 박동은 다시금 빨라지기 시작했다. 그러나 그 소리의 임자는 식량 자루를 등에 싣고서, 카 칼포 산으로 순례를 떠나는 노부부를 따르고 있는 염소 한 마리였다.

오늘 하루 동안 일어난 사건들로 인해 심신이 지쳐 있던 터라 우리는 밤새도록 걷는 것도, 길가의 농가에서 하룻밤 묵어가기를 청하고 그곳에서 수다스러운 농부들의 호기심을 충족시켜 주며 밤을 지새우는 것도 모두 내키지 않았다. 우리가 걷고 있는 길은 경사진 산길로 이어져 있었는데, 햇빛이 거의 비치지 않는 음지라서 강 표면이 부챗살처럼 울퉁불퉁하게 얼어 있었고, 땅도 예외는 아니어서 여기서 쾌적한 야영지를 발견할 수 있을 것 같지는 않았다. 그럼에도 불구하고 우리는 이 음습한 골짜기에서 하룻밤을 쉬기로 했다. 그나마 다행인 것은 바닥에 땔감으로 쓸 만한 나무들이 여기저기 뒹굴고 있다는 점이었다. 그러나 모닥불을 활활 지핀 후에도 얼어붙은 몸은 좀처럼 풀릴 기미가 없었다. 게다가 우리를 둘러싸고 있는 음산한 골짜기의 풍경은 뼛속까지 얼어붙은 몸을 더욱더 싸늘하게 만들었다.

다음날, 우리는 오후가 되어서야 쿠 고개의 기슭에 있는 마을에 당도했다. 용뗀은 식량을 구하기 위해 몇 군데의 집을 방문했다. 선량한 마을 사람들은 용뗀에게, 고개를 넘기에는 너무 늦은 시간이니 자기네 집에서 하룻밤 묵고 내일 떠나라고 권했다. 하지만 지난 한 주 동안의 여정이 너무나 지지부진하여 진전이 없었던 터라 좀더 서두르고 싶었던 나는 용뗀이 식량을 구하러 간 동안에도 쉬지 않고 길을 재촉하고 있었다. 운남 지방을 출발한 이후로 아직까지는 티베트인들의 집에서 묵은 적이 없었다. 마을 사람들과 느긋하게 앉아 이야기를 나누거나 가까운 곳에서 그들의 삶을 찬찬히 들여다볼 수 있는 기회를 갖고 싶다는 마음이 없지는 않았지만, 아직은 좀 이르다는 생각이 들었기 때문이다. 그런 기회는 국경에서 좀더 깊숙이 들어간 다음에 갖는 게 현명할 듯했다. 이런저런 이유로 나는 용뗀만 마을로 보내놓고 먼저 길을 떠났는데, 그것은 용뗀으로 하여금 마을 사람들의 초대를 거절할 좋은 구실을 제공해 주었다. 용뗀은 초대에 기쁜 마음으로 응하고는 싶지만 앞서 가고 계신 연로하신 어머니를 여기까지 도로 모셔오기는 곤란하다며 그들의 초대를 정중히 사양했다.

우리는 길가에서 수프를 끓여 저녁 식사를 해결하고 한밤중에 고개 정상에 도착했다. 만약 우리가 낮에 고개를 넘었다면 발 아래 펼쳐진 주변 경치를 감상할 수 있었을 것이다. 그러나 당연한 일이겠지만, 밤이라 아무것도 보이지 않았다.

오르막길을 걸어 올라온 탓에 몸은 따뜻해졌지만 몹시 피곤했다. 나는 키 작은 풀들이 군데군데 뒤덮여 있고, 전나무 거목들이 군생하고 있는 고개 정상에서 텐트를 치고 싶었다. 배가 고프거나 목이 마르지도 않았기 때문에 내일 아래쪽으로 내려가 물을 찾을 때까지는 견딜 수 있을 거라고 생각했기 때문이다. 그러나 내 생각을 말하자 용덴은 목청을 높이며 결사 반대했다. 나그네는 고개 정상에서는 절대로 야영하지 않는 법이며, 이런 곳에서 잠을 잔다는 건 얼어죽기를 자초하는 거나 다를 바가 없는 경솔한 행동이라며. 실제로 티베트인들은 고개 근처에서는 절대로 야영을 하지 않는다. 이 나라에 있는 산들의 높이와 기온을 생각해 보면 그러한 관습은 대체로 합당하다. 하지만 지금과 같은 경우 용덴의 반대는 도무지 이해가 되지 않았다. 바람을 막아줄 나무들이 있는 이 숲 속에서는 결코 얼어죽을 염려가 없었기 때문이다.

그래도 용덴이 그토록 싫어하는데 내 의사를 고집할 생각은 없었다. 우리는 고개를 내려오기 시작했다. 짙은 어둠으로 인해 경사면 여기저기에 튀어나와 있는 거목들의 그루터기를 분간하기가 쉽지 않아 걷는 데 상당히 애를 먹었다. 한 시간 정도 지나, 우리는 커다란 나무들로 둘러싸이고, 가시덤불이 전혀 없는 널찍한 공터를 발견했다. 가까이서 거대한 물줄기가 흰 암벽을 향해 벼락 같은 소리를 내지르며 흘러내리고 있는 모습이 참으로 인상적인 장소였다. 야영지로는 이상적인 이곳의 진가를 알아본 사람이 우리뿐만은 아니었는지, 주변을 돌아보니 여행자들이 돌을 쌓아 만들어놓은 간이 화덕이 여기저기 눈에 띄었다. 이곳을 거쳐간 여행자들이 우리처럼 발길을 멈추고 차를 끓여 마시곤 했던 것 같다. 텐트는 치지 않고 맨바닥에 몸을 뉘었다. 용덴은 쿠 고개의 기슭에서 식량을 구하러 갔을 때 이 부근에 도적 떼가 출몰한다는 소문을 들었다고 했다. 도적 떼의 눈에 띌 만한 행동은 애초부터 자제하는 게 좋겠다는 생각에 우리는 차를 마실 물만 끓이고 모닥불을 바로 꺼버렸다.

다음날 아침은 야간 행군에 대비해 늦잠을 잤다. 높은 산꼭대기 위에서 신선한 공기를 맡아가며 날마다 오랫동안 걸어다녔더니 그렇지 않아도 만만찮은 내 식욕은 더욱더 왕성해져 밀가루죽의 맛이 그야말로 꿀맛이었다. 그렇게 아침 식사를 하고 있는데 한 남자가 우리 앞에 나타났다. 나는 금방 그를 기억해 냈다. 그는 어제 만난 폼포의 짐을 운반하던 마을 사람 중 하나로, 그 관대한 폼포가 우리에게 적선하던 장면을 지켜본 사람이었다. 따라서 그에게서 의심받을 위험은 전혀 없었다. 죽 냄새가 향긋하게 풍기고 있는 모닥불 옆에 그가 앉자, 나는 안심하고 그들이 나누는 이런저런 이야기에 끼여들었다. 용덴은 그에게도 식사를 권했다. 이런 경우 티베트의 서민들은 절대로 거절을 하지 않는다. 그들은 먹을 기회만 생기면 언제든지, 얼마든지 사양 않고 먹을 수 있는 편리한 위장의 소유자들이었다.

우리가 예상했던 대로 그는 용덴에게 점을 봐달라고 했다. 용덴의 신탁을 들은 뒤, 그는 앞으로 우리가 지나갈 예정인 갸퉁이란 마을에 자기 집이 있다며 꼭 들러달라고 우리를 초대한 뒤 사라졌다.

그날 오전 중에 우리는 작은 고개를 넘었고, 걷기에 편한 완만한 내리막길을 걸어 개간지에 도착했다. 거기서 우리는 총 인원이 백 명도 넘어 보이는 대규모의 순례단과 마주쳤다. 그들 중 몇 사람이 용덴을 붙들고 서서, 짐을 싣기 위해 데려온 노새를 카 칼포 산까지 데려가도 좋은지 점을 쳐달라고 했다. 만약 점괘가 나쁘게 나오면 사원에 맡겨두었다가 돌아가는 길에 찾아가겠다는 것이었다.

자비심 많은 점술사는 조금도 주저하지 않고 그 불쌍한 노새를 가혹한 의무로부터 해방시켜 주었다.

"이 노새를 카 칼포 산에 데려가면 그 즉시 죽어버릴 겁니다. 그런데 성스러운 순례 도중에 그런 불상사가 생긴다면 경건한 여행을 통해 순례자들 모두가 받게 될 이익과 축복이 줄어들지 않겠습니까?"

용덴의 탁월한 식견에 순례자들은 깊이 감사하며 그 마음을 금품으로 표시했다. 덕분에 우리의 식량 자루는 매우 두둑해졌다. 뿐만 아니라 귀가 긴 그 짐승은, 이맘때면 눈으로 수북이 덮여 있을 기복이 심한 산길이나 고개를 넘어야 하는 고생스런 여행 대신 한 달 동안 페도 계곡에서 풀이나 뜯으며 쉴 수 있게 되었다.

용덴이 가련한 노새에게 이처럼 커다란 자비를 베풀어주고 있을 때, 황금색 비단옷을 화려하게 차려 입은 라마승 한 명이 수행원 여럿을 거느리고 나타났다. 라마승은 물론 수행원들까지 모두가 훌륭한 말을 타고 있었다. 나는 라마승이 우리 옆을 지나칠 때 그의 시선이 용덴에게 향하는 것을 눈여겨보았다. 아마도 그 라마승 역시 가슴속에 말 못할 고민이 있어, 운명의 비밀을 풀어줄 '빨간 모자의 예언자'에게 자문을 구하고 싶은 모양이었다. 하지만 그의 신분은, 먼지투성이인 땅바닥으로 내려와 호화로운 여행복에 흙을 묻히는 따위의 체면 구기는 일을 용납하지 않았다. 그는 두 번이나 뒤를 돌아다보았지만 내가 자기를 바라보고 있다는 사실을 깨달은 순간, 별 볼일 없는 알조파(순례자)에게 관심을 보인 자신의 행동을 들킨 게 수치스럽게 생각됐는지 얼른 고개를 돌려버렸다. 그러자 금빛 찬란한 그의 등과, 그가 주지로 있는 사원의 지붕 모양과 닮았을 커다란 나무 모자만이 눈에 들어왔다.

하루의 여정을 마감하기에는 아직 이른 시간이라 좀 전에 받은 초대가 그다지 달갑지 않았다. 그런 까닭에 우리는 그 남자의 집에 들르지 않고, 그대로 마을을 빠져나가야겠다고 생각했다. 마을을 거의 빠져나가 한 농가의 담을 따라 걷고 있을 때였다. 갑자기 문이 열리더니 우리를 초대한 그 남자가 도깨비처럼 불쑥 나타났다. 거기서 우리를 기다리고 있었던 게 분명했다. 그가 우리를 티베트인으로 여기고 있다는 것은 확실했지만, 그럼에도 불구하고 그와 자세한 이야기를 나눌 생각을 하니 마음이 불안해졌다. 용덴이 설득해 보았지만 아무 소용 없었다. 그 소박한 농부는 자기 나름대로 합당한 이유를 대며 우리의 이야기에 전혀 귀를 기울이지 않았다. 어차피 밤이 되기 전까지 다음 마을에 도착할 수도 없을 텐데 왜 그렇게 길을 서두르느냐는 것이었다. 그러면서 자기 집에서 따뜻하게 자고 가라고 계속 보챘다. 그래도 우리가 머뭇거리자 그는 의외라는 듯 놀란 표정을 지었다. 사실 티베트에서는 알조파가 다른 사람의 초대를 거절하는 경우는 결코 없었기 때문이다. 농부의 집요함이 우리를 매우 난처하게 했지만, 끝까지 거절하면 우리를 수상하게 여길지도 모른다는 생각에 결국 한 걸음 물러나 그의 초대를 받아들였다. 가난한 사람들의 관습대로, 초대에 감사하고 그 집의 번영을 기원하는 문구를 중얼거리며 문 안으로 들어간 우리는 가축 우리로 사용되는 1층을 지나 가족들의 주거가 있는 2층으로 인도되었다.

가난한 순례자로 변장한 뒤로 티베트인의 집에 머물게 된 것은 이때가 처음이었다. 티베트인의 집에 들어가보는 게 처음은 아니었지만, 이때는 변장을 하고 있던 터라 이전과는 상황이 크게 달랐다.

이제까지는 먼발치에서 관찰하는 게 고작이었던 서민들의 삶을 가까운 곳에서 직접 경험할 수 있게 되었다는 생각이 들었다. 나는 기름기 많은 죽이나 버터차, 집안 식구들의 침 등이 여기저기 아무렇게나 묻어 있는 부엌의 울퉁불퉁한 마룻바닥에 앉게 되겠지. 그러면 선량한 안주인이 몇 년 동안이나 행주 겸 손수건으로 사용해 온 자신의 때묻은 소매 위에 고기 한 점을 얹어 내게 건네줄 거고, 나는 가난한 사람들의 예법에 맞춰 그것을 먹는 것은 물론, 죽이나 차 속에 씻지도 않은 더러운 손가락을 집어넣어 짬파를 휘저어 먹어야겠지. 그런 상황들은 생각만 해도 구역질이 날 것 같았다.

하지만 고행과도 같은 그 행위에는 그에 합당한 대가가 있을 것이다. 나는 어디에서나 볼 수 있는 가난한 순례자의 차림을 하고 있기 때문에 서양인 여행자들은 물론 티베트 상류층 사람들조차 경험할 수 없는 다양한 사실들을 관찰할 수 있을 것이다. 티베트의 지식인들과 생활하면서 이미 습득한 지식에, 서민들과 뒤섞여 수집한 흥미로운 지식을 더할 수 있게 되는 것이다. 그렇게 생각하니 어떤 혐오스러운 일에 부닥치더라도 그 가치는 충분히 있을 것 같았다.

우리를 초대한 집은 살림이 넉넉하긴 했지만, 우리가 가지고 있던 식량으로 저녁 준비를 해야 한다는 사실에는 변함이 없었다. 수프가 다 끓자 이 집의 주인은 조금도 머뭇거리는 기색 없이 우리의 식사에 끼여들었다. 아마도 자기가 무 서너 개를 씻지도 않은 채 대충대충 썰어 냄비에 넣어주었으니 당연히 먹을 자격이 있다고 생각한 모양이었다.

밤이 되자 마을 사람들 몇 명이 찾아왔다. 주인 남자는 그들에게 두 사람의 폼포가 우리에게 보시한 내용을 잊지 않고 떠벌렸다. 그의 말을 받아 용덴은 대담하게도 우나 창 지방의 영주들은 학식이 깊고 신앙심이 깊어서 승려들을 공경하는 데 소홀함이 없으며, 자기는 항상 그들에게서 보시를 받고 있다고 말했다.

나는 이런 자리야말로 라싸의 폼포들과 다시 마주칠 가능성이 있는 장소가 어디인지 알아볼 수 있는 좋은 기회라고 생각했다. 나는 오랜 순례 여행으로 인해 여비를 모두 써버렸기 때문에 앞으로 고향에 돌아가려면 신앙심 깊은 고관들의 자비심에 의존해야만 한다고 그들에게 설명했다. 라싸에서 파견된 고관들이 거주하는 장소를 한치의 의심도 받지 않고서 가능한 한 정확하게 알아내기 위해 생각해 낸 말이었다. 종(관사)의 정확한 위치나 거기로 가는 길 등, 종에 관해 아주 사소한 것까지 물어보는 나를 사람들은 이상하게 여기지 않았다. 그들은 그저 가난한 알조파인 내가 보시를 받겠다는 일념으로 그곳의 위치를 확인하고 있을 뿐이라고만 생각했다. 평소 관리들과 가까워지고자 하는 간절한 소망을 안고 있는 그들이 보기에, 관리들과의 만남을 전혀 두려워하지 않는 우리는 성실하고 존경할 만한 순례자로서 전혀 의심할 데가 없는 사람들이었다. 설령 잠시나마 나를 외국인으로 의심한 사람이 있었다 할지라도, 여태까지 지나쳐온 모든 곳에서 폼포들이 보시를 해준 사실을 지금도 너무 감사하게 생각하고 있다는 내 말에는 더 이상 아무런 의심도 할 수 없었을 것이다.

그날 저녁, 나는 누 계곡에 있는 이 마을에서도 캄의 북부 지방에서 시행되고 있는 것과 거의 마찬가지 형태로 징병제가 시행되고 있다는 이야기를 마을 사람들에게서 들었다. 그 내용은, 일정한 수의 마을 사람들이 군에 등록된 채 평소에는 자기 집에서 일상 생활을 하다가 당국의 호출이 있을 때마다 티베트 병사로서 전쟁이나 그 밖의 노역을 위해 즉각 동원되는데, 그들에게는 세금의 전액이나 일부 혹은 잡역이 면제되고, 경우에 따라서는 적으나마 급료나 현물이 지급된다는 것이었다.

다음날 새벽녘에 우리는, 이 위험 천만한 여행길에서 처음으로 우리를 재워준 선량한 티베트인의 집을 떠나 골짜기를 따라 나아갔다.

누 계곡만큼 우아함과 장엄함이 완벽히 조화를 이룬 곳이 세상에 또 있을까 싶다. 우리는 구불구불하게 이어진 아름다운 숲길을 따라 하염없이 걸어나갔다. 때때로 다채로운 모양의 크고 작은 바위들이 눈에 띄는, 인공적으로 가꾼 정원 같지만 자연의 산물 그 자체인 잔디밭을 지나쳤다. 그 중에는 초원 위에 비석처럼 서 있는 바위며, 한 면이 풀로 뒤덮인 바위들이 있었다. 또, 푸른 나무들 사이로 살그머니 얼굴을 내밀고 있는 진기한 모양의 바위도 있었다. 골짜기의 모든 것이 수수께끼 같은 아름다움을 감추고 있었다. 마치 오래 된 전설을 다룬 동화책에 그려져 있는 삽화 속을 거니는 느낌이었다. 그 순간만큼은 귓전에서 빛의 요정들이 속삭인다 해도, 잠자는 숲 속의 미녀가 사는 궁전이 눈앞에 펼쳐진다 해도 전혀 놀라지 않았을 것이다.

꿈을 꾸는 듯한 시간이 계속되었다. 연못과 시내가 꽁꽁 얼어붙어 있었음에도 불구하고, 그날 밤에 조금도 춥지 않았다는 사실은 정말로 불가사의였다.

카 칼포 산의 숲 속에서 우리를 어리둥절하게 만들었던, 정체를 알 수 없는 희미한 불빛을 이 천연 정원 한쪽의 어두운 구석에서도 발견했다. 그러나 그것들은 이미 우리가 접하는 밤 풍경의 일부로서 자연스럽게 자리잡고 있었기 때문에 그 불빛의 정체에 대해 우리는 더 이상 신경 쓰지 않았다.

그즈음에는 매일같이 카 칼포 산으로 가는 순례 행렬과 길에서 마주쳤다. 또 촌락들이 상당히 가깝게 붙어 있어 농가에 머물고 싶을 땐 언제든지 가능했다. 그러나 나는 나무들 밑에서 자연이 주는 고요함을 느끼며 마음 편히 자는 게 더 좋았다.

이 골짜기에는 들짐승이 별로 많지 않은 듯했다. 하루는 한밤중에 눈을 뜨니 늑대 한 마리가 우리 옆을 지나쳐 가고 있는 게 보였다. 늑대는 밝은 달빛을 받으며 풀밭에 쓰러져 있는 우리의 모습을 잠시 바라보는 듯하다가는 별다른 관심이 생기지 않는 듯 그대로 지나가버렸다. 전에도 밤늦게 행군을 끝내고 폭이 제법 넓은 급류 위에 걸린 다리 근처의 바위 주변에서 쉬고 있을 때, 회색빛의 커다란 늑대 한 마리가 우리를 향해 곧장 내려온 적이 있었다. 그때도 늑대는 멈춰 서서 잠시 탐색하듯 우리를 관찰하고는 이내 흥미를 잃은 듯 제 갈 길로 사라져버렸었다. 티베트 북부의 벌판을 여행할 때에는 우리의 야영지 바로 앞까지 무리를 이룬 늑대 떼가 심심찮게 출몰하곤 했는데, 이 지방에서는 이 두 마리의 늑대를 만난 게 고작이었다.

내가 티베트인으로 변장하기 위해 중국산 먹물을 발라 머리카락을 검게 물들이고 다녔다는 사실은 앞에서 이미 설명한 바 있다. 그런데 머리카락에 칠한 먹물은 물에 조금만 닿아도 금방 씻겨나갔다. 그러면 머리카락을 다시 손질해 주어야 하는데, 이 작업을 하다 보면 손가락이 새까매지기 일쑤였지만 나는 그것을 별로 개의치 않았다. 내가 맡은 가난한 노파 역은 될 수 있는 한 피부가 꾀죄죄한 게 자연스러웠으며, 그런 이유로 나는 가끔씩 냄비 바닥에 묻은 까만 그을음을 일부러 손에 발라 티베트 여성과 같은 피부색을 연출했다. 그래서 손에 묻은 먹물은 별로 눈에 띄지 않았다.

그런데 누 계곡에 있는 한 마을에서 구걸을 하는 동안 나는 이 일로 인해 그다지 유쾌하지 않은 사건을 경험하게 된다.

그날 나는 가난한 순례자의 관습에 따라 기도문을 외면서 걸식을 하러 마을을 돌고 있었다. 그때 한 선량한 부인이 용덴과 나를 집 안으로 맞아들여, 우리의 바리에 커드와 짬파를 부어주었다. 티베트인들은 으레 이 두 가지의 음식물을 섞을 때 손가락을 이용한다. 그랬기 때문에 나는 불과 몇 시간 전에 공들여 끝낸 작업을 까맣게 잊은 채 그들의 관습을 좇아 바리 안에 무심코 손가락을 집어넣었다. 그리고 그것들을 뒤섞어가며 주물러대기 시작했다.

그 결과는 정말 가관이었다. 호밀 가루가 녹으면서 몇 줄기 검은 선이 생겨났다. 손가락에 묻은 먹물이 씻겨나간 것이었다. 그렇다고 음식을 버릴 수는 없었다. 걸식을 하는 처지에 보시받은 음식물을 버린다는 건 말도 안 되는 일이었기 때문이다. 이 일을 어떻게 한담?

흘낏 나를 돌아보던 용덴이 이 난감한 사태를 눈치챘다. 남들이 보기엔 우스꽝스런 상황이었지만, 그 순간 우리는 매우 심각했다. 주인이 이 상황을 알게 되면 이유를 캐려 들 것이고, 그렇게 되면 내가 외국인이라는 사실이 밝혀지는 건 시간 문제였다. 용덴은 이 궁지에서 벗어날 방법을 재빨리 생각해 냈다. 그것은 매우 간단한 것이었다.

"눈 딱 감고 마셔버리세요."

그가 나지막이 속삭였다. 그걸 마셔야 한다고 생각하니 눈앞이 아찔했다. 맛은 또 얼마나 끔찍할까?

"어서요!"

용덴이 다급하게 소리쳤다.

"저기 네모(안주인)가 이쪽으로 오고 있어요!"

어쩔 수 없이 나는 두 눈을 딱 감고 단숨에 마셔버렸다.

우리는 다율 사원을 향해 멋진 경치를 감상하며 숲과 마을을 지나쳤다. 일전에 있었던 두 폼포와의 만남이 다행히 좋은 결말을 맺기는 했지만, 그런 상황을 되풀이하고 싶은 생각은 털끝만큼도 없었다. 그래서 다율에 폼포가 머무르고 있다는 소식을 들었을 때 우리는 그 지역을 밤에 통과하기로 결정했다.

처음에는 수월할 거라 짐작했다. 하지만 이 지역의 지리를 전혀 모르는 상태에서 거리를 어림짐작할 만한 이정표 하나 찾아볼 수 없는 밀림 속을 지나고 있었기 때문에, 예정된 시간에 사원에 도착할 수 있도록 속도를 조절하는 일은 쉽지 않았다. 아침에 농민들은 오늘 중으로는 다율에 도착할 거라고 막연히 가르쳐주었다. 그것이 우리가 가지고 있는 유일한 정보였지만 애매하기 짝이 없었다. 도대체 빨리 걸어야 오늘 안에 도착한다는 건지, 천천히 걸어도 상관없다는 건지……. 애초에 티베트인들에게 정확한 거리 개념을 기대한 것 자체가 무리였다.

날이 어두워지기도 전에 숲길을 벗어나 곰파 앞에 모습을 드러내게 되면 곤란했으므로, 우리는 시간을 때우기 위해 강가에 있는 나무숲 속에 숨어서 느긋하게 먹고 마시며 한가로운 한때를 보냈다. 그런데 그렇게 마음놓고 여유를 부린 게 우리를 뜻하지 않은 곤경으로 몰아넣었다. 다율 곰파로 가는 길이 예상보다 멀었던 것이다. 밤이 되고 난 뒤에도 상당히 오랫동안 걸었지만 사원은 그림자도 보이지 않았다.

어둠이 내리자 더욱더 낭만적인 느낌을 자아내는 골짜기를 따라 우리는 적막한 숲 속을 끝없이 걸었다. 사원이 있을 거라 생각되는 강 건너편에서 혹시 건물의 흔적이라도 찾아낼 수 있을까 싶어 눈에서 긴장을 늦추지 않았더니 나중에는 눈도 아팠다. 낮에 너무 오래 쉰 탓에 이 계획이 실패하고 마는 건 아닐까? 날이 밝은 뒤에나 다율에 도착하게 되는 건 아닐까? 거의 자포 자기에 가까운 심정이 되었다.

시간이 갈수록 나의 불안감은 점점 커져만 갔다. 애가 타는 마음에 앞장서서 걷고 있을 때였다. 갑자기 넓어진 길 중앙에서 벽처럼 보이는 하얀 형체가 나타났다. 몇 걸음 다가가서야 그것이 몇 개의 쵸르텐을 사이에 두고 서 있는 두 개의 멘동(석비)이라는 것을 알았다. 그 둘레를 에워싸고, 높다란 장대에 꽂힌 채 펄럭이고 있는 깃발들이 어둠 속에서 매우 인상적이었다.

반대편 강둑 쪽으로도 역시 한 채의 건물도 보이지 않았다. 하지만 티베트의 관습으로 미루어 짐작컨대, 쵸르텐이나 멘동이 있다는 것은 지금 우리가 있는 곳이 사원의 정면이란 사실을 의미한다. 몇 분 뒤 우리는 소문으로만 듣던, 곰파 앞에 걸려 있다는 다리를 발견했다. 더 이상 의심의 여지는 없었다. 마침내 다율에 도착한 것이다. 다리를 건널 필요는 없었다. 다리 건너편에도 누 강의 오른쪽 강둑을 따라 도와로 이어지는 한줄기 길과, 다른 마을로 이어지는 몇 갈래 우회로가 있다고 듣기는 했지만, 우리는 사원을 피해 안전하게 가기 위해 왼쪽으로 나 있는 길을 택하기로 했다.

밤공기는 무척 상쾌했다. 구름 한 점 없는 하늘에는 달은 없고 대신 별만 반짝이고 있어서, 그 희미한 빛을 통해 먼 곳까지 볼 수는 없었다. 우리가 며칠 동안 걸어온 길은 두번째 다리 앞에서 끊어졌다. 이 다리에 대해서는 전혀 들은 바가 없었지만, 다리를 건너는 것 외에는 다른 길이 없었기 때문에 우리는 다리를 건넜다.

다리를 건넌 뒤, 강을 따라 자갈길을 걸었다. 그렇게 한동안 걷다가 우리는 길을 잘못 들었다는 사실을 깨달았다. 어디서부터 잘못되었는지는 알 수 없었지만 일단은 발길을 되돌려야 했다. 우리는 가던 길을 되돌아 다시 다리를 건너기 시작했다. 그런데 다리를 거의 다 건넜을 무렵이었다. 갑자기 어디선가 희미한 소리가 들리기 시작했다. 아무 생각도 할 겨를이 없었다. 우리는 강 옆에 있는 벽 뒤로 뛰어들어 어둠 속 한 귀퉁이에 납작 엎드렸다. 사방이 다시 정적에 잠기자 용기를 내어 주위를 둘러보았다. 맙소사! 이게 웬일이란 말인가! 우리가 뛰어든 곳은 작은 농가의 마당이었다. 몇 발짝 떨어지지 않은 곳에 문이 보였다. 안에서는 사람들이 자고 있는 게 틀림없었다. 우리는 사람들이 깨지 않도록 살금살금 걸어 그곳을 빠져나왔다. 그리고 멘동이 있던 자리로 되돌아가 다른 길은 없는지 주변을 둘러보았다. 하지만 두 개의 다리말고 다른 길은 없었다.

어떻게 생각해야 좋을지 판단이 서지 않았다. 우리가 수집한 정보가 틀린 것일까? 그보다는 우리가 그것을 잘못 해석했다는 편이 더 옳을 것 같았다. 진위야 어찌 되었든 인가 옆에서, 그것도 사원에서 훤히 보이는 이곳에서 이처럼 우왕좌왕하고 있을 수는 없는 노릇이었다. 날이 새면 사람들이 우리를 발견할 것이다. 만약 방향을 잘못 잡은 거라면 내일 제대로 된 길을 찾기로 하고, 일단은 여기서 벗어나는 것이 상책일 듯싶었다.

결국 용덴이 혼자서 정찰을 나가 곰파 앞에 있던 다리 위쪽을 살펴보기로 했다. 용덴이 다리를 지나는 동안 울려 퍼지던 요란스런 소리가 잠잠해지자 한동안 물 흐르는 소리만이 들려왔다. 이윽고 상판을 쿵쿵거리며 다리를 건너는 소리가 어둠 속에서 다시 울려 퍼지기 시작했다. 용덴이 돌아오면서 내는 소리였다. 이 소리가 다른 사람들의 귀에 들리지 않을 리 없었다. 이제 곧 사람들이 잠에서 깨어나고, 관리들이나 병사들이 몰려올 것이다. 그리고 나는 밤에 어슬렁거리는 수상한 여행자라는 이유로 심문을 당하고, 밤늦게 그곳을 배회한 이유를 추궁당할지도 모른다. 그러나 그보다 더 두려운 것은, 어둠 속에서 발사된 한 발의 총알이 용덴에게 명중하면 어쩌나 하는 것이었다.

다행히도 모든 것은 기우에 지나지 않았다. 밤은 정적을 그대로 유지했고, 정찰을 나섰던 용덴은 무사히 돌아왔다. 하지만 그의 보고는 한마디로 말해 실망스러웠다. 그는 강에서 사원을 향해 곧장 이어진 한줄기 오르막길을 발견했을 뿐이었다. 필시 사원 뒤쪽에서부터 몇 줄기의 길이 시작되고 있는 게 분명했다. 하지만 그 길을 확인해야겠다는 생각은 전혀 없었다.

용덴의 요란스런 발소리에도 아직까지는 아무 일이 일어나지 않았지만, 최대한 서둘러 이곳을 빠져나가야 한다는 사실에는 변함이 없었다.

우리는 방금 전에 건넌 두번째 다리로 되돌아갔다. 그리고 다시 한번 다리를 건너 자갈길을 따라 나아갔다. 얼마 뒤 우리는 한 그루의 나무 아래에 세워져 있는 작은 사당 앞에 도착했다. 길은 거기서부터 갈라져 있었다. 급한 김에 아무 생각 없이 왼쪽 길을 선택한 다음 사다리처럼 수직으로 급경사를 이루고 있는 언덕길을 오르자 마을이 나타났다. 마을을 지나쳐 계속 높이 올라갔다. 그러자 이번에는 관개용 수로와 계단식 밭이 나타났고, 거기서 우리는 다시 길을 잃고 말았다. 이젠 또 어디로 가야 하지?

용덴은 짐을 내려놓고 다시 정찰에 나섰다. 혼자 남은 나는 부서진 돌 위에 앉아 오랜 시간을 기다렸다. 얼마 뒤, 산 위쪽에서 개 한 마리가 집요하게 짖어대기 시작했다. 용덴은 저기 있는 것일까? 길은 찾기나 한 것일까? 그는 좀처럼 돌아오지 않았다. 그가 떠난 이후 몇 시간이 흘렀다. 나는 손목시계의 야광 바늘이 돌아가는 것을 보며 숨막히는 고통을 느꼈다. 어떻게 된 거지?

어디선가 멀리서 바윗돌 굴러 떨어지는 소리가 들려왔다. 저 바위는 저절로 떨어진 것일까, 아니면 사고일까? 어둠 속에서는 발 밑을 제대로 볼 수가 없기 때문에 사고를 당하기가 쉽다. 간혹 순례자들 중에는 한 걸음의 실수로 말미암아 비탈길에서 바닥까지 굴러 떨어지거나 바위에 부딪혀 머리통이 깨지는 사람이 있는가 하면, 그대로 강물에 빠져 익사체로 떠오르는 사람마저 있었다. 용덴을 찾으러 나서기 위해 나는 벌떡 일어섰다. 이렇게 늦게까지 돌아오지 않는 게 아무래도 불안했다. 불길한 예감이 가슴을 짓눌렀다.

몇 발짝 떼고 나니, 사방은 칠흑같이 어두웠다. 도대체 이 어둠 속에서 어떻게 용덴을 찾아낸단 말인가. 또, 기적적으로 그와 만나게 된다 하더라도 과연 우리는 짐을 놔둔 장소를 제대로 찾을 수 있을까? 행여 내가 그를 찾으러 간 사이에 그가 돌아와서 내가 짐만 놔두고 사라진 것을 발견한다면 그는 또 얼마나 걱정을 하겠는가!

아무래도 꼼짝 않고 자리를 지키고 있는 게 낫겠다 싶었다. 그 편이 현명하다는 생각이 들었다. 하지만 그러고 있자니 복잡해진 머릿속에선 불안감만 점점 커져갔다.

결국 용덴은 돌아왔다. 그리고 사정을 들어보니 내가 상상했던 그대로였다. 그는 발을 헛디뎠고, 그로 인해 무너져 내리는 돌덩이와 함께 추락했다. 다행히도 평평한 바위의 돌출부를 덮고 있던 덤불 위에 몸이 걸렸지만, 바로 그 순간 자신의 어깨 옆을 아슬아슬하게 스치고 떨어지는 깨진 바윗돌을 지켜봐야 했다. 그는 낮은 목소리로 보고를 했지만, 위험한 상황에서 구사일생으로 빠져나온 것에 대한 흥분은 감추지 못하는 듯했다. 어쨌거나 그는 길을 찾으러 정찰에 나섰던 것인데 정작 길은 한줄기도 찾아내지 못했다. 상황은 절망적이었다. 그러나 어둠 속에서 다시 정찰에 나설 수는 없었다.

조금 전과 같은 사고가 다시 일어나지 말란 법이 없었기 때문이다. 그렇다고 해서 나무 한 그루 없는 이 허허벌판의 비탈길에 계속 앉아 있을 수만도 없는 노릇이었다. 날이 새면 마을 사람들이 밖으로 나올 텐데, 여기에 앉아 있는 이유를 그들에게 뭐라고 설명한단 말인가! 이곳은 야영하기에는 적당한 장소가 아니었다.

생각 끝에 나는 용덴에게 말했다.

"우리가 올라왔던 길로 다시 내려가야겠다. 어쩌면 곰파 앞의 멘동이 있던 데까지 가야 할지도 모르겠고. 그렇게 하면 날이 샌 뒤 누군가를 만나더라도 아무도 우리를 이상하게 생각하지 않을 거야. 사원이나 그 근처에서 자고 나오는 척하면 될 테니까. 그게 최선의 방법인 것 같다."

우리는 다시 마을을 가로질렀다. 우리가 그렇게 배회하고 있는 사이 긴 겨울밤은 서서히 물러가고 있었으며, 우리가 마을의 맨 끝에 있는 농가 근처를 지날 때 마침내 지평선 위로 한줄기 여명이 밝아오기 시작했다.

더 이상 내려갈 필요는 없을 것 같았다. 여기서부터는 사람들을 만나도 사원에서 오는 길이라고 둘러대면 그만이었다. 이제 가야 할 방향을 정하고, 길을 서두르는 일만 남았다.

용덴은 들판에 둘러쳐져 있는 울타리 옆에 나를 앉혀두고 다시 농가를 향해 올라갔다. 그가 한 농가의 문을 두드리자 아직 잠이 덜 깬 남자가 2층 창문을 열고서 길을 알려주었다. 그의 말에 따르자면, 우리는 어젯밤 내가 몇 시간이나 앉아 있던 그 장소로 다시 올라간 뒤 거기서부터 다른 마을로 가야 했다.

용덴이 돌아오자 나는 얼른 짐을 짊어졌다. 그리고 내게는 세번째이며 용덴에게는 다섯번째로 지나게 되는 이 지긋지긋한 마을을 떠나기 위해 길을 나섰다. 역시 마을 사람들에게 들켜봤자 좋을 게 없다는 생각에 우리는 최대한 빨리, 그리고 최대한 조용히 그 마을을 빠져나갔다. 길에는 아직 지나다니는 사람이 없었다. 용덴에게 길을 알려준 그 남자는 내 모습은 보지 못했기 때문에 오직 순례 중인 고독한 라마승의 모습만 기억할 것이다. 평소 나는 행적을 남길 만한 일은 되도록 피하고자 했는데, 이번에는 그것이 성공한 듯했다.

언덕 꼭대기에 도착하자 아래쪽 멀리 강 옆에 서 있는 다율 곰파의 모습을 내려다볼 수 있었다. 어두운 숲 속에 자리잡은 커다란 백색 건물은 아침 해를 받아 분홍빛으로 아름답게 물들어갔다. 그러나 한가롭게 경치나 감상하고 있을 때가 아니었다.

사람들이 물을 긷기 위해 하나 둘씩 밖으로 나오기 시작했다. 아낙네 한 명이 나를 유심히 쳐다보는 듯해, 두 갈래 길로 접어드는 교차점에 세워진 쵸르텐 주변을 돌기 시작했다. 하루를 시작하는 순례자처럼 보이기에는 그것이 자연스러울 것 같았기 때문이다. 그러나 뒤에서 따라오던 용덴은 길이 두 갈래로 갈라져 있다는 사실을 미처 발견하지 못했다. 그는 쵸르텐 주변을 돌고 있는 나의 행동을 제멋대로 해석하고는 맨 처음 발견한 길로 접어들어 성큼성큼 올라갔다. 나머지 한 길은 막혀 있다고 생각한 것이다. 나는 그가 누 강과는 반대 방향으로 나아가고 있다는 사실을 알려주기 위해 허둥지둥 그의 뒤를 쫓았다. 하지만 내가 미처 따라잡기도 전에 한 남자가 그의 앞을 가로막았다. 그 남자는 정중한 태도로, 그러나 내 심장이 얼어붙을 정도의 날카로운 눈초리로 용덴을 쏘아보면서, 출신지며 여행 목적지며 신분 따위를 꼬치꼬치 캐물었다. 하지만 다행스럽게도 내게는 눈길 한번 주지 않았다. 어젯밤에 같은 장소를 몇 번이나 왔다갔다한 탓에 몸과 마음이 다 극도의 피로감에 젖어 있던 용덴은 무뚝뚝한 태도로 그의 질문에 대답했다. 그러더니 나중에는 별로 웃기지도 않은 말에 "푸하하하!' 하며 바보같이 웃음을 터뜨렸다. 그 순간, 나를 사로잡은 극도의 공포감이라니!

그 남자는 우리가 올라온 길은 우리의 목적지인 조공으로 이어지는 길이 아니라 챰도로 가는 길이라고 설명해 주었다. 나로선 이미 알고 있는 이야기였다. 우리는 쵸르텐이 있는 곳까지 되돌아와 누 골짜기로 이어진 길로 접어들었다.

이것이 꼬박 하룻밤의 고생 끝에 얻은 성과였다. 우리는 어쩌면 폼포의 병사이거나 집사일지도 모르는 마을 사람을 바로 코앞에서 만나 거의 취조에 가까운 질문을 받았으며, 결국 그에게 우리의 목적지까지 알려준 셈이 되고 말았다.

동틀녘, 푸른 나무숲 사이에 하얀 둥지를 틀고 있는 다율 사원을 다시 한 번 내려다보는 동안 마음속에서 일어나는 불안감을 지울 수가 없었다. 좀 전에 만난 사람이 폼포에게 우리 일을 보고할지도 모른다는 생각이 들었다. 그가 곰파까지 가서 폼포를 만나고, 말에 안장을 걸친 다음 우리 뒤를 쫓아오기까지 필요한 시간을 어림해 보았다. 그다지 오랜 시간이 걸리지 않을 것 같았다. 말을 다그쳐 서둘러 뒤쫓아올 것이므로 넉넉잡아 한 시간이면 충분할 터였다.

그러나 다율 쪽에서는 아무도 오지 않았다. 아니, 한 사람 오기는 왔다. 어깨에 자루를 짊어진 농부가 말은 타지 않고 걸어서……. 그러나 염탐꾼을 보내는데 짐까지 짊어지워 보낼 리는 없을 터, 그가 우리 옆을 지나쳐간 뒤로 더 이상의 인기척은 없었다. 우리는 쉬지 않고 걸었다.

어디선가 들려오는 방울 소리에 심장이 멎는 것 같은 공포를 느꼈다. 말을 탄 한 남자가 다가오고 있었다. 머릿속이 텅 비고, 눈앞이 캄캄해졌지만 정신을 잃지는 않았다. 다만 말발굽에 채지 않도록 길 옆으로 얼른 몸을 피했을 뿐이다. 다행히 아무 일 없이 그 남자는 우리 옆을 스쳐 지나갔고, 이어서 방울 소리도 서서히 멀어져 갔다.

그렇다고 아직 안심할 단계는 아니었다. 하지만 지나친 흥분과 피로에 수면 부족이 겹치다 보니 온몸에서 힘이 쫙 빠져나가 아무런 의욕도 느낄 수 없었다. 길 아래쪽을 내려다보니, 나무로 뒤덮인 하얀 단구가 계단처럼 이어져 강으로 연결되고 있었다.

이른 아침, 장밋빛 햇살 속에 비친 그 모습은 천상의 정원처럼 환상적이었다. 금빛으로, 혹은 붉은빛으로 곱게 물든 가을 이파리들이 청록색의 전나무 가지에 매달려 환상적인 색채를 뿜내고 있었으며, 눈이 얇게 쌓인 초원 위에는 붉게 물든 나뭇잎들이 뒹굴고 있었다. 세상의 어떤 황제가 이처럼 화사한 벽지와 양탄자로 장식한 궁전을 소유할 수 있었을까?

나는 용덴에게 아래로 내려가자고 말했다. 얼마 지나지 않아 커다란 암벽 옆에서 아름다운 천연 거실을 발견한 우리는 서둘러 차를 끓인 다음, 걸신들린 사람처럼 허겁지겁 짬파를 먹었다. 나는 아무리 기운이 없다고 해도, 식욕이 떨어지거나 잠이 오지 않거나 하는 일은 절대로 없었다. 이제 우리에게 남은 가장 절실하고도 시급한 일은 잠을 자는 것이었다. 하늘에서는 찬란한 태양이 강렬한 빛을 내리비추고 있으니 우리는 따뜻하게 잠을 잘 수 있을 것이다. 갈색 풀밭 위에 가방을 베개 삼아 드러눕자마자 나는 이내 잠속으로 빠져 들어갔다. 내 의식 속에는 이제 티베트란 나라도, 그 어느 곳도 더 이상 존재하지 않았다.

해가 지기 전에 우리는 다시 길을 나섰다. 한동안 걷다가 우리가 도착한 곳은 바로 온천이었다. 티베트 전역에 온천이 적잖이 산재해 있다는 말은 들은 적이 있지만, 운남 지방을 떠나온 이후 온천을 발견한 건 이번이 처음이었다. 사방에서 뿜어져 나오는 풍부한 온천수가 울퉁불퉁한 바위 주변으로 흘러 떨어지고 있었다. 따뜻한 물에 몸을 담글 수 있다고 생각하니 마음이 한껏 기대감으로 부풀어올랐다. 엉성하긴 했지만 작은 돌들로 만들어진 간이 욕조도 보였다. 어두워지기를 기다렸다가 바위벽으로 가려진 그곳으로 들어가 온천욕을 즐기면 될 것 같았다. 그러면 혹시 누군가가 지나가다 나를 발견하더라도 내 피부색을 볼 수 없을 것이다.

그러나 나의 행복한 기대감은 순례 중인 한 가족의 등장과 동시에 순식간에 실망감으로 바뀌었다. 부부와 세 아이들로 구성된 그 가족은 우리 바로 옆에다 텐트를 치기 시작했다. 앞으로 벌어질 일은 안 봐도 뻔했다. 그 가족은 모두 함께 온천 속으로 들어갈 것이다. 티베트인들은 대체로 날마다 몸을 씻는 것은 경멸하지만 천연 온천의 효능은 대단하다고 믿고 있기 때문에 기회가 생기면 절대로 놓치지 않고 온천수에 몸을 담근다. 물론 그들에겐 나처럼 어두워질 때까지 기다려야 할 이유가 없다. 그러니 내가 온천욕을 포기하지 않는 한 나는 그 일가족이 들어갔다 나온 탕에서 목욕을 해야 할 것이다. 탕 속에는 온천수가 쉬지 않고 솟아나고 있어 조금씩은 물갈이가 이루어지겠지만, 그렇다고 해서 찜찜한 마음이 가시는 것은 아니었다.

모든 일은 내 예상대로 전개되었다. 나는 탕 속이 아직 깨끗할 때 얼른 담갔다 오라고 용텐을 쫓아보냈지만, 그는 아버지와 세 아들이 탕 속으로 들어오는 바람에 어쩔 수 없이 빨리 나왔다며 얼마 지나지 않아 되돌아왔다.

나는 오랜 시간 기다려야 했다. 추위에 시달리던 몸을 따뜻한 온천물에 담그고 나니 그 황홀한 쾌감에 도취되었는지 네 명의 티베트인들은 한 시간도 넘게 탕 속에 앉아 있었다. 어둠은 깊어지고, 만물이 얼어붙을 듯한 추위와 함께 골짜기에 거센 바람이 몰려왔다. 이렇게 추운데 탕 밖에서 사방 30센티미터짜리 수건으로 몸을 닦아야 한다고 생각하니 왠지 기분이 씁쓸했다. 탕 속의 물이 완전히 깨끗해질 때까지 기다리느라 나의 온천욕은 더욱 지체되었다. 마침내 얼굴은 절대로 씻지 말라는 용덴의 주의를 받은 뒤 나는 온천수에 몸을 담갔다. 그 즈음 내 얼굴은 전형적인 티베트인들의 피부색과 별반 차이가 없었다.

며칠 뒤, 따사로운 아침 햇살을 받으며 강둑을 걷던 우리는 뒤에서 오고 있던 두 명의 라마승과 마주쳤다. 그들은 가던 길을 멈추고 서서 오랫동안 우리의 신상에 대해 꼬치꼬치 캐물었는데, 특히 그 중 한 명이 내 얼굴을 뚫어지게 쳐다보았다. 그들은 멘콩의 총독 수하에 있는 사람들로, 조공에 있는 폼포에게 총독의 편지를 전하러 가는 길이라고 했다.

용덴 역시 한 라마승이 나를 빤히 쳐다보고 있다는 사실을 눈치챘다. 이런 상황에 처하면 누구든 그렇겠지만, 그들이 가고 난 뒤 우리는 온갖 추측을 하기 시작했다. 하나같이 불길한 가설들만 거론하던 끝에 우리는 다음과 같은 결론에 도달했다. 즉, 우리가 멘콩 지방을 통과한 뒤 우리에 대한 소문이 퍼져나갔으며, 얼마 뒤 그 소문을 들은 총독이 우리의 신원을 캐기 위해 조공 총독에게 그 두 사람을 파견하게 된 것이라는. 그런 게 아니라면, 다른 용무로 멘콩을 떠나온 그 라마승들이 다율에서 우연찮게도 수상해 보이는 두 명의 순례자에 대한 소문을 들은 것인지도 몰랐다.

여행을 시작한 이후 지금까지는 누군가를 만나 불안감에 사로잡힐 때마다 얼른 해결책이 떠올랐지만, 그 두 라마승을 만난 뒤로는 늘 불안감이 떠나지 않았다. 우리의 운명이 결정될 장소인 조공까지는 아직 멀었지만, 우리는 날마다 같은 질문을 되풀이했다. 우리를 기다리고 있는 것은 과연 무엇일까? 우리는 지금 파멸을 향해 나아가고 있는 것은 아닐까? 고비 사막과 멀리 저 몽골 국경을 출발한 이후 9개월이라는 긴 시간 동안 참고 견뎌온 갖은 고초와 피로와 공포는 모조리 물거품이 되어버리고 마는 것일까?

사냥꾼의 그림자만 봐도 벌벌 떨며 도망치는 들새처럼 간이 콩알만해진 우리는 다시 밤에만 걷기 시작했다. 어느 날, 동틀 무렵에 한 무리의 순례단과 마주쳤다. 용덴이 멈춰 서서 그들과 몇 마디 이야기를 주고받는 동안, 나는 여느 때처럼 속도만 늦춘 채 앞서 가고 있었다. 그런데 헐레벌떡 뒤따라온 용덴의 표정이 어느 때보다도 절망적이었다.

"저들은 리오체 마을 사람들인데, 어머니가 그곳에 머물고 계셨을 때 아마도 어머니를 본 적이 있는 것 같습니다. 그 지방에서는 어머니를 모르는 사람이 없었잖아요?"

공포감이 밀려왔고, 그 감정은 시간이 갈수록 점점 커져만 갔다. 길에서 사람들과 마주칠 때마다 이번에야말로 최후의 순간이 다가왔나 보다 하는 생각에 마음을 놓을 수가 없었다. 그리고 실제로도 우리 앞엔 상식을 벗어난 일이 기다리고 있었다.

이처럼 불안한 심정으로 우리는 포랑이라 불리는 마을 근처의 누 강에 걸린 다리에 도착했다. 거기에 다리가 있다는 사실은 알고 있었지만, 다리 건너편에 있는 지방은 황야의 구릉 지대가 펼쳐져 있어 길이 험하기로 악명 높다고 했다. 그러나 그 순간의 나에게는 때마침 우리를 구하기 위해 나타나 손을 내미는 친구처럼 여겨졌다.

나는 용덴에게 말했다.

"강을 건너 모험을 한번 해보자. 이 길을 그대로 따라가다가 혹시 카 칼포 산으로 순례를 떠나는, 캄 지방에서 온 아는 사람들과 만나기라도 하면 곤란하니까. 더구나 지금은 일 년 중에서도 순례자들이 가장 많은 시기잖니. 게다가 이 길로 가면 조공을 지나야만 하는데, 먼저 간 그 라마승들이 분명 우리 이야기를 했을 거야. 설령 우리를 잡으러 오지는 않을지 모르지만. 그리고 이 나라에서는 제대로 된 다리를 별로 찾아볼 수 없는데, 여기 이처럼 튼튼한 다리가 걸려 있는 걸 보면 분명히 건너편에도 여러 곳으로 가는 길이 있을 거야. 또 이 방향으로는 걀모 누 츄(살윈 강)도 흐르고 있으니, 일단은 저쪽으로 건너간 다음 거기서부터 어떤 길로 갈지를 결정하면 되지 않겠니?"

그렇게 해서 우리는 다리를 건너기로 했다. 그리고 포랑 마을에 우리의 모습을 드러내고 싶지 않았기 때문에 마을에서 식량을 조달하기로 한 계획을 단념하고, 다리를 건너 어디로 향하는지 짐작도 할 수 없는 길을 무턱대고 오르기 시작했다.

밤이 되자 한 농가의 문을 두드렸다. 전나무숲 속에 새롭게 개간된 밭 사이에 세워진 집이었다. 그 집에는 두 자매가 일꾼 몇 명과 함께 살고 있었는데, 고맙게도 우리를 환대해 주었다.

다음날 아침, 황량한 숲을 따라가다가 라 고개를 넘었다. 지난밤에 묵었던 농가의 자매들 말에 의하면, 두 줄기의 높은 산맥으로 둘러싸인 그 골짜기는 사람들이 거의 살지 않는 무인 지대로, 독파들만이 아주 드물게 양 떼를 거느리고 이동한다고 했다.

누 츄 계곡을 떠난 지 이틀째 되는 날, 운 좋게도 독파들의 야영지 앞에 도착하게 되었다. 그들은 우리에게 커드와 짬파 외에 적으나마 버터까지 대접해 주었다. 하지만 오두막 안에 재워주지는 않았다. 오두막 밖에도 안에 있는 사람들과 비슷한 인원의 사내들이 모여 있었는데, 모두 합하니 얼추 40명은 되어 보였다. 그들은 모두 권총으로 무장하고 있었는데, 하는 양을 보아하니 아무래도 약탈에 나설 준비를 하고 있는 듯싶었다. 이 지방에서 약탈은 그리 드문 일은 아니었지만, 그렇다고 그 계획을 난생 처음 보는 여행자들 앞에서 이야기할 리는 없었다.

근처에 있는 다른 야영지에 가니 사람들이 눈에 띌 정도로 많은 양의 보시를 했다. 그들의 후한 인심은 예정된 원정을 고려한 것인 듯싶었다. 이제 곧 위험에 몸을 내맡길 그 대담한 사내들은 라마승에게 보시를 함으로써 앞으로의 행운과 많은 이익을 보장받으려 한 것이 아니었을까? 따져보면 이보다 더한 역설도 없지만 말이다. 어쨌든 그 덕분에 우리는 많은 양의 버터, 치즈, 짬파 등을 챙길 수 있었다. 오두막 밖에서 밤을 보낸 뒤, 우리는 다리가 휘청거릴 정도로 무거워진 짐을 들쳐메고 길을 나섰다. 이 정도의 식량이면 앞으로 며칠 동안은 충분히 버틸 수 있을 것이다.

새로 접어든 지역은 누 계곡처럼 매력적이지 않았다. 기온도 훨씬 낮았고, 볼 거라곤 아무것도 없는 불모지만 이어졌다. 길 찾기도 쉽지 않았다.

아침에 독파들의 야영지를 떠나온 뒤 우리는 맑은 강을 건넜으며, 가파르게 경사진 언덕길을 간신히 올라간 뒤 거기서부터 길을 잃고 말았다. 우리가 산의 경사면에서 두 시간째 길을 잃고 헤매고 있을 때, 상당히 시력이 좋은 몇 명의 어린 목동들이 우리를 발견했다. 그들은 우리 바로 아래쪽에 있는, 상당히 멀리 떨어진 골짜기에서 우리에게 소리치고 있었다. 그들의 외침 소리가 하도 작고 불분명해서 처음에는 우리를 부르는 줄도 몰랐다. 하지만 귀를 기울이자 몇 마디 단어가 어렴풋이나마 띄엄띄엄 들려왔다. 그들의 말에 따라 우리는 오던 길로 방향을 돌려 다시 올라가기 시작했다.

여담을 덧붙이자면, 티베트에서는 나그네에게 길을 가르쳐주거나 길을 잃고 헤매는 사람을 바른 길로 안내해 주는 행위를 종교적 관점에서 칭찬받아 마땅한 일로 간주한다. 그러나 순례자나 라마승에게 고의로 길을 잘못 가르쳐주거나 그들이 길을 잃고 헤매는 것을 보고도 방관하는 죄악을 저지르면 죽은 다음에 비참하고도 어두컴컴한 바르도(죽음과 환생 사이―옮긴이)에서 방황하게 되며, 어떠한 세계에서도 다시 태어날 수 없다고 여긴다.

우리는 팡 고개를 넘은 뒤 거기서부터 끝없이 이어지는 숲길을 걸어 내려왔다. 곳곳에 눈이 녹았다가 다시 얼어붙어 상당히 미끄러운 길도 있었다. 저녁 무렵, 여름에 이 지역을 이동하는 독파들이 주거로 사용하는 커다란 동굴을 발견했다. 이 간소한 주거지는 하룻밤을 쾌적하게 보내기에는 부족함이 없었지만, 여름에는 독파들에게 식수를 공급해 주었을 계곡 물이 말라버려 물을 구할 수가 없었다. 용덴은 여기서 머무르면 저녁은 굶고 자야 한다며 실망스런 표정을 지었다. 새벽녘에 출발한 터라 아침도 걸렀기 때문이다.

우리는 다시 내려오기 시작했고, 땅거미가 내려앉을 무렵 개간된 토지 안에 세워진 두 채의 농가 앞에 도착했다. 가축은 몇 마리나 거느리고 있고, 짐 속엔 무엇이 들어 있는지 알아보러 밖으로 나온 집주인은 우리를 달갑게 여기는 것 같지 않았지만, 그럼에도 흔쾌히 우리를 접대해 주었다.

밤에 사람들과 불 가에 둘러앉아 이야기를 나누는 동안 우연찮게도 라싸에 사는 외국인에 대한 이야기가 화제로 등장했다. 중국이나 라싸에 다녀온 적이 있는 친구들이나 친척들의 말을 들어보니 라싸에는 많은 외국인들이 체류하고 있다는데 자기네 마을에는 외국인이 아직 한 사람도 온 적이 없다는 것이었다. 그러자 용덴은 암도에서 두 명의 미 칼('흰 눈'이라는 뜻으로, 외국인을 가리킴—옮긴이)을 본 적이 있다고 자랑했다. 하지만 나는 그런 경험이 없어 창피하다는 시늉을 하며, 외국인은 그림자도 본 적 없다고 작은 소리로 말했다.

이틀 뒤, 풀 한 포기 나지 않는 모래 언덕 꼭대기에 올라선 우리는 1천5백미터쯤 되는 아래쪽에서 펄럭이고 있는 가느다란 리본을 발견했다. 그것은 우리가 드디어 걀모 누 츄, 즉 살윈 강 상류에 도착했음을 알려주는 깃발이었다.

우리가 들은 바에 의하면, 이 근처 어딘가에 강을 건널 수 있는 장소가 있으며, 도파 즉 뱃사공도 있다고 했다. 그래서 그곳에 가면 나룻배나 보트 같은 게 있는 줄 알았다. 그러나 그곳에 다리는 없었다. 강 위에는 이쪽 강둑과 건너편 강둑을 이어주는 한 가닥의 밧줄만이 걸려 있을 뿐이었다. 그 밧줄이 다리 대신에 걸려 있는 거라는 사실을 깨닫는 데에는 그리 오랜 시간이 걸리지 않았다. 그런데 사람들의 왕래가 별로 없는 탓에, 강에서 멀리 떨어진 차와라는 곳에 사는 뱃사공은 일정한 인원이 되기 전에는 일을 하러 오지 않는다고 했다.

운 좋게도 때마침 10여 명의 일행을 거느린 라마승이 도착하지 않았다면 가난한 순례자인 우리 두 사람은 속절없이 건너편만 넘겨다보며 몇 날 며칠이고 거기서 기다려야 했을 것이다. 그러나 그들 덕분에 우리는 그림 같은 붉은 바위 사이에 쉴 곳을 마련하고 하루 동안만 기다리면 되었다. 날씨는 맑고 화창했으며, 기온도 포근했다.

밧줄에 매달려 강을 건너는 일이 처음은 아니었다. 우리는 다른 곳에서도 그런 경험을 한 적이 몇 번 있었다. 그러나 그때는 강 위에 두 가닥의 밧줄이 걸려 있어 건너갈 때 이용하는 밧줄과 건너올 때 이용하는 밧줄이 각각 달랐다. 즉, 각각의 밧줄은 높은 곳에서 낮은 곳으로 걸려 있었다. 따라서 강을 건너기 위해 밧줄에 매달린 사람은 그 기울기 때문에 순식간에 미끄러지듯 건너편에 도달할 수 있었다.

그런데 여기에는 양쪽 강둑에 같은 높이로 박아놓은 장대 위에 고정시켜 놓은 한 가닥의 밧줄만이 걸려 있을 뿐이었다. 게다가 그것은 강 중앙 지점에서 밑으로 처져 있었다.

내 차례가 되었을 때, 나는 한 소녀와 2인 1조가 되어 가죽 끈에 묶인 채 밧줄에 연결된 나무 고리에 꼭두각시처럼 매달렸다. 강 중앙까지 미끄러져 내리는 데에는 일 분도 채 걸리지 않았다. 우리가 강 중앙 허공에서 멈춰 서자 건너편 강둑에 있던 도파들은 우리를 매단 고리에 미리 연결해 놓았던 견인 밧줄을 끌어당기기 시작했다. 그들이 힘차게 줄을 당길 때마다 우리는 좌우로 흔들리며 앞으로 끌려나갔다. 그렇게 몇 분이 흘렀고, 우리는 계속 당겨졌다. 그러던 중 갑자기 툭 하는 소리와 함께 뭔가가 강물 위로 떨어지는 소리가 들렸다. 그러고는 순식간에 우리의 몸이 강 중앙으로 밀려갔다. 그 모든 일은 정말 눈 깜짝할 새도 없이 한꺼번에 일어났다. 우리를 끌어당기고 있던 견인 밧줄이 끊어진 것이었다.

사고 자체에는 아무런 위험도 없었다. 도파 중 한 사람이 와서 우리가 매달려 있는 고리에 새로 밧줄을 매어주면 되는데, 그 작업에 시간이 좀 걸릴 뿐이었다. 단지 우리 둘 중 누군가가 불과 50~60센티미터밖에 떨어져 있지 않은 발 밑에서 세차게 흘러가고 있는 급류에 겁을 집어먹고 기절을 하거나 뒤로 넘어가지만 않으면 되었다. 내 심장은 튼튼했다. 나는 몇 시간이고 그 상태로 견딜 수 있었다.

그러나 소녀가 걱정이었다. 그 애는 겁을 집어먹었는지 파랗게 질린 얼굴로 우리가 매달린 가죽 끈과 나무 고리의 연결 지점을 쳐다보고 있었다.

"걱정하지 않아도 된단다. 할머니가 차와이 라마(원래는 각 종단의 수장을 가리키는데, 여기서는 '영적인 아버지'—지은이)에게 '우리를 지켜주십시오' 하고 기도했거든. 그러니 지금 우리를 내려다보시며 지켜주고 계실 거란다."

소녀를 안심시키기 위해 말했다.

그러자 그 소녀가 속삭이듯 말했다.

"가죽 끈이 풀어지고 있어요."

끈이 풀어지고 있다고? 그럼 우린 어떻게 되는 거지? 줄이 끊어질 때의 충격으로 그렇게 된 것이 틀림없었다. 이제 우리는 강물 위로 떨어지고 마는 것일까?

나는 가죽 끈의 매듭 부위를 주의 깊게 살펴보았다. 내 눈에는 단단히 묶여 있는 것처럼 보였다. 이 아이가 착각을 일으킨 거겠지…….

"이런, 가엾게도…… 머리가 어지러운 모양이구나. 눈을 꼭 감아보렴. 끈은 아주 튼튼하니까 아무 걱정 하지 말고."

"풀어지고 있어요. 전 분명히 알아요."

소녀가 벌벌 떨면서 같은 말을 되풀이했다. 그 확신에 찬 어조에 나 역시 동요되기 시작했다. 이 강을 몇 번이고 건넌 적이 있어 나보다 고리와 가죽 끈과 매듭에 대해 잘 알고 있는 이 티베트 소녀는 내가 미처 발견하지 못한 이상을 발견해 낸 것인지도 모른다.

매듭이 다 풀어지기 전에 도파가 우리를 땅 위에 내려와 주지 못한다면 우리는 이대로 물에 빠져 익사체로 떠오르게 될 것이다. 모든 것은 운에 맡기는 수밖에.

마음을 비우자 갑자기 웃음이 비어져 나오면서, 언젠가 읽은 에드가 앨런 포의 단편 소설이 떠올랐다. 그것은 한 남자가 곰 우리 위에 매달린 채 끊어져 가는 밧줄을 지켜본다는 내용이었다. 살윈 강 역시 곰과 필적할 만했다.

도파들이 애를 써가며 뭐라고 연신 소리를 질러대고 있었지만 일은 좀처럼 진척이 없었다. 마침내 한 사람이 천장에 달라붙은 파리처럼 등을 아래로 한 채 손발을 이용해 줄을 타기 시작했다. 그의 몸이 움직일 때마다 우리의 몸도 따라서 흔들렸다.

"가죽 끈의 매듭이 풀리고 있대요. 이 아이가 봤답니다."

남자가 도착하자마자 그에게 말했다.

"라마 키에 노!('오, 라마! 저를 굽어살피소서' 라는 의미로, 자신의 영적인 아버지에게 드리는 기원―지은이)"

그가 기겁을 하며 재빨리 고리 쪽을 살펴보았다.

"분명하진 않지만, 아마 아주머니랑 꼬마가 땅 위에 무사히 내릴 때까지는 풀어지지 않을 겁니다."

아마 풀어지지 않을 거라고? 오, 이런! 신이여, 굽어살피소서! 나 역시 풀어지지 않을 거라는 그의 말을 믿고 싶었다.

그는 올 때와 마찬가지 방법으로 돌아갔고, 우리는 다시 기다려야 했다. 그가 동료들이 있는 곳으로 돌아가자, 도파들이 다시 우리를 끌어당기기 시작했다. 매듭이 풀어지고 있는 느슨한 연결 부위가 이렇게 반복되는 충격을 과연 견뎌낼 수 있을까? 그럴 수 있기만을 간절히 바랄 뿐이었다.

마침내 우리는 절벽의 돌출부 위에 무사히 도착했다.

대여섯 명의 여자들이 환성을 지르며 달려나와 우리를 맞이했다. 우리가 도착하자마자 고리를 꼼꼼히 살펴보고 이상이 없음을 확인한 도파들은 사람들을 이처럼 엄청난 불안에 떨게 만든 소녀의 경솔함을 호되게 꾸짖었다. 그러자 소녀는 발작적으로 울음을 터뜨리며 새된 소리를 질러댔다. 용덴은 사람들이 내게 동정심을 보이는 틈을 타 식량을 구걸하기 시작했다. 연로하신 어머니가 밧줄에 매달린 채 극도의 불안감에 시달리셨기 때문에 진정을 시켜드리려면 영양가 있는 음식을 드시게 해야 한다는 구실을 내세워가며. 여행자들은 식량이 담긴 자루에서 선뜻 곡물을 희사했고, 두둑해진 가방을 짊어지고 우리는 다시 길을 떠났다.

제4장

살윈 강을 따라 이어진 마을들

언제부터인가 우리와 엇갈려 지나가는 사람들이 루체키앙 지방풍으로 머리띠를 두른 내 머리 모양을 이상하다는 눈으로 쳐다본다는 걸 느낄 수 있었다. 머리에 그와 같은 장식을 하는 지방에서 어느덧 멀어졌기 때문에 그 독특한 장식을 궁금하게 여기던 사람들은 나의 출신지를 물어왔다.

우여곡절 끝에 갈모 누 강을 건넌 뒤로 우리는 차와라는 마을을 쉬지 않고 빠져나와 한 농가 앞에 도착했다. 용덴이 탁발을 하기 위해 문을 두드리자, 그 농가의 네모(안주인)는 자기네 집에서 묵어가도 좋다며 푸짐한 저녁상까지 차려주었다. 아직 이른 시각이라 마을 사람들이 우리와 이야기를 나누기 위해 모여들었다. 그런데 이 자리가 내 머리 모양에 대한 그들의 관심을 집중시키는 계기가 되어 대답하기 곤란한 질문이 적잖게 쏟아져 나왔다. 그날 밤 나는 내 머리 모양이 나의 신분을 노출시키는 빌미가 될 수도 있겠다는 사실을 분명히 깨달았다. 물론 머리 모양이 외국인이라는 사실을 직접적으로 나타내지는 않았지만, 그와 관련된 질문에 대답하다 보면 이야기가 위험한 방향으로 빠질 가능성도 있었기 때문이다.

아무래도 티베트풍의 모자를 구입해야만 할 것 같았다. 하지만 지금까지 지나온 지방에서는 어느 곳에서도 모자를 구할 수가 없었다. 그 지방의 농민들은 남녀를 불문하고 아무도 모자를 쓰지 않았기 때문이다. 그렇다고 맨머리로 다닐 수는 없었다. 왜냐하면 머리카락에 아무리 먹물을 발라도 그 색이 티베트인들처럼 새까매지지는 않았기 때문이다. 따라서 머리카락을 숨기려면 모자를 써야 했다. 게다가 뙤약볕 아래에서 오랜 시간 걷다 보면 일사병을 일으킬 염려도 있었다.

얼마 전 숲 속에서 주워 정성스레 빨아 곱게 모셔두었던 그 초라한 모자가 이제야말로 진가를 발휘할 때가 온 것이다. 이 나라의 동부나 북부 지방에서는 많은 여성들이 이런 모자를 즐겨 쓴다. 그러니 티베트인에게는 누구에게나 익숙한 이 모자라면 더 이상 호기심 어린 눈길을 받지 않을 수 있을 것 같았다. 실제로, 그 동안 머리에 두르고 다니던 빨간 머리띠를 풀어버리고 이 모자를 쓴 뒤부터는 내 얼굴을 빤히 들여다보거나 출신지가 어디냐고 물어오는 사람들이 감쪽같이 사라졌다. 마치 무슨 마법에라도 걸린 것처럼 말이다. 그뿐 아니라, 뼛속까지 사무치는 찬바람이 봉우리와 봉우리 사이를 휘몰아치는 한겨울에 눈을 헤치며 높은 고개를 넘을 때에도 이 모자는 제 역할을 충실히 해냈고, 그 덕분에 일혈(溢血)을 견뎌낼 수 있었다.

숲 속에서 이 모자를 발견한 순간 누군가가 내 앞날을 예측하고 일부러

발 밑에 떨어뜨린 거라는 생각을 했었지만, 이제 그 사실을 더 이상 의심할 수는 없게 되었다. 우리는 가끔 이 고마운 존재에 대해 장난 삼아 이야기를 하며 웃음을 주고받았다. 그러나 우리가 깨닫지 못하는 어떤 존재가 우리를 배려해 주고 있다는 생각이 마음속 깊은 곳에서부터 솟아올라 서서히 확신으로 자리잡아가고 있다는 사실은 부정할 수가 없었다. 아니, 어쩌면 그렇게 믿고 싶었는지도 모르겠다.

우리는 티베트로 들어온 이후 그 동안 지나쳐온 어떤 지방들보다도 많은 사람들이 살고 있는 지역을 여행했다. 낮은 구릉지들은 대부분 개간이 되어 있고, 고지대는 척박한 땅으로 남아 있는 이 지역의 분위기는 삼림으로 뒤덮인 캄 지방이나 초원의 무인 지대만 넓게 펼쳐진 북부 지방, 불모의 구릉 지대만 넓게 펼쳐진 히말라야 산맥 인접 지역들과는 그 느낌이 사뭇 달랐다. 우리는 걀모 누 츄 계곡을 가로질러 그다지 높지 않은 산맥을 수도 없이 넘었다. 날마다 수백 미터 높이의 산꼭대기를 오르락내리락했으며, 어떤 날은 그런 산을 두 개나 넘기도 했다.

그런데 뜻하지 않은 고민거리가 생겨 우리의 마음을 산란하게 했다. 우리는 라싸 정부가 새로운 세금을 부과하기 위해 아주 외딴 오지에까지 관리를 파견한다는 사실을 알게 되었다. 이 폼포들은 다양한 직무를 맡은 여러 명의 부하들을 거느리고 여기저기로 부임했다. 그런데 으레 그렇듯 폼포의 부하들은 상관보다 호기심이 많고 거만해서 우리 같은 사람들에게는 그야말로 위험한 존재였다. 그런 까닭에 우리는 한동안 머리를 맞대고, 어떡하면 그들을 피할 수 있을까 궁리했다.

우리가 라싸로 가는 도중에 탐험하고자 했던 포 지방으로 가는 방법에는 상가체종을 거쳐 바로 가는 방법과 세포 캉 고개를 넘어 돌아가는 방법이 있었다. 그런데 상가체종에는 폼포의 처소가 있고, 세포 캉 고개는 티베트 재무 담당관의 사절이 우베 근처를 순회할 때 이용하는 길이었다. 아무래도 숙소에만 머물러 있는 폼포는 길을 지나다가 언제 마주칠지 모르는 순회 관리에 비해서는 피하기가 쉬웠다. 그렇다면 우리가 선택해야 할 것은 마땅히 상가체종으로 가는 길이었다. 그러나 상가체종에는 외국인이 다녀간 적이 있지만 세포 캉 고개를 넘어 그 주변 지방을 답사한 외국인은 한 명도 없다는 이야기를 들은 적이 있던 나는 사람들이 가보지 않은 세포 캉 고갯길 쪽을 선택하고 싶었다.

어떤 길을 선택해야 할지 결정을 내리지 못한 채 우리는 뵌 포(뵌 교도)의 사원 근처에 있는, 경치가 빼어나게 아름다운 유 마을에 도착했다. 그리고 이 마을에서 티베트인들에겐 일상적이지만 우리에겐 황당하기 짝이 없는 일을 경험했다. 한 가난한 가족이 우리를 저녁 식사에 초대했고, 우리는 기가 막히게 맛있는 죽을 대접받았다. 식사를 마친 뒤 이야기가 활발하게 오갔고, 용덴은 어느 때보다도 열심히 독경을 하고 점을 봐주는 등 라마승으로서의 임무를 충실히 수행했다. 작고 초라한 오두막 안이었지만 활활 타오르는 불 가에 둘러앉아 있었기 때문에 아주 따뜻했다. 이윽고 밤이 이슥해지자, 집주인은 친절하게도 우리에게 먼저 잠자리를 안내했다. 사실, 따뜻한 잠자리에 대한 기대는 별로 하지 않았다. 하지만 털끝만큼의 악의도 느껴지지 않는 그 소박한 티베트인이 우리에게 제공한 잠자리는 그야말로 상상을 초월하는 곳에 있었다. 바로 지붕 위였던 것이다. 결국 우리는 별빛이 쏟아져 내리는 밤하늘을 감상하며 그곳에서 잠을 청해야 했다. 돌도 쪼개질 것 같은 냉혹한 추위 속에서 몸을 벌벌 떨어가며.

다음날, 고개를 향해 산길을 올랐다. 고개를 넘으면 길은 두 갈래로 나뉘

176

는데 그 두 갈래 길은 각각 상가체종과 란카종으로 이어졌다. 어느 쪽으로 가야 할지 결정해야 하는 지점인 셈이다. 밤이 되었건만 우리가 있는 비탈 길에서 고개까지는 아직 상당히 멀었다. 혹한의 날씨는 강줄기마저 모두 얼어붙게 만들었다. 다행히도 길에서 조금 벗어난 곳에서 여름철에 독파들이 머물던 곳인 듯한 오두막 하나를 발견했다. 비록 허름하긴 했지만 지붕이 있고, 불을 지필 수 있었기 때문에 우리는 그날 밤을 따뜻하게 보낼 수 있었다.

다음날은 고개를 넘었다. 저녁때가 되자 거센 돌풍이 불기 시작하더니, 새벽녘까지 맹위를 떨쳐댔다. 온 천지에 먹물을 들이부은 것처럼 새카만 밤이었다. 마을은 그리 멀지 않은 듯 어디선가 개 짖는 소리가 들려왔지만, 마을로 가는 길을 찾기란 좀처럼 쉽지 않았다. 게다가 바람이 하도 격렬하게 부는 통에 가방에서 텐트를 꺼내 몸을 덮는 일조차 불가능했다. 이날 밤은 바람을 피하기 위해 가시나무 덤불 속에 웅크린 채 서로의 어깨에 기대고 앉아 밤을 새웠다. 이가 덜덜 떨리는 강추위로 인해 한기가 뇌수까지 스며드는 것 같았다. 이번 여행을 통틀어 아마 가장 혹독한 밤인 듯싶었다. 새벽녘에 바람이 잔잔해지자 어슴푸레한 계곡 입구에 자리잡은 마을이 보였다. 걸어서 30분이면 충분히 도착할 수 있을 것 같았다. 상가체종으로 향하는 길은 그 계곡 입구에서 시작되고 있었다.

이제 어느 쪽으로 가야 할지 선택해야 할 시점이었다. 나는 다시 살윈 강을 향해 나아가기로 결심했다. 그 지역과 그곳에 사는 사람들에 대한 흥미를 억누를 길이 없었다. 그 지방을 폭넓게 탐험해 볼 수 있는 이런 기회는 두 번 다시 오지 않을 것이며, 이처럼 좋은 기회를 절대로 놓칠 수는 없었다. 우베 근방을 순회하는 관리들이 마음에 걸리기는 했지만, 그 점은 운에 맡기기로 했다.

　살윈 강의 오른쪽 연안으로 발걸음을 옮긴 이후 우리의 여정은 여러 면에서 진짜 티베트인 순례자다워졌다. 더 이상 사람들의 눈을 피하기 위해 숲속으로 숨어 다니지 않았으며, 적극적으로 마을을 순례하는 일에 재미를 붙였다. 길에서 만난 다양한 사람들과 거침없이 이야기를 주고받았고, 밤이 되면 근처에 있는 아무 농가나 찾아가 하룻밤 신세를 지기도 했다. 때로는 부엌에서 자거나, 때로는 가족들 틈에 끼여 잤다. 그들이 살아가는 모습을 가까이에서 보고 느끼면서, 티베트 국내에서 벌어지고 있는 사건들에 대한 그들의 의견을 직접 들을 수 있었다. 선량한 농민들은 우리를 자신들과 똑같은 서민이라 굳게 믿고 있었기 때문에 우리 앞에서도 아주 자연스럽게 말하고 행동했다. 덕분에 나는 다른 외국인 여행자들은 상상도 할 수 없을 만큼 많은 일을 체험할 수 있었다.

　여행자 생활을 하다 보면 때로는 전혀 예측하지 못한 사건에 말려들곤 한다. 우리는 거의 매일 새로운 경험을 했는데, 그 중엔 즐거운 일도 있었고 불쾌한 일도 있었다. 그리고 그 모든 사건들의 한결같은 공통점은 그것들이 유머로 가득 차 있었다는 사실이다. 그런 사건들은 모두 재미있는 일화로 남아 염주알처럼 늘어갔다. 나는 이 지방에서 한 사람이 평생을 두고 즐길 수 있을 만큼 수없이 많은 이야기들을 수집했다.

　그 많은 사건들을 여기에 일일이 다 열거할 수는 없는 일이다. 그 사건들의 기상 천외함을 생각한다면야 여기 적어도 부족함이 없겠지만, 그 이야기를 다 하자면 책 한 권을 채우고도 모자랄 것이다. 따라서 여기에 묘사할 수 있는 것은 극히 일부에 불과하지만, 그것만으로도 티베트의 농촌 풍경을 상상하는 데 적잖은 도움이 될 것으로 생각한다.

어느 날, 자갈밭에 무릎을 꿇고 앉아 주발에 강물을 뜨고 있는데 등 뒤에서 한 남자의 목소리가 들려왔다.

"어디서 오시는 길입니까, 스님?"

돌아다보니 용덴 옆에 한 농부가 서 있었다. 이어서 사람들과 마주칠 때마다 되풀이되는 몇 가지 질문이 쏟아져 나왔다.

어느 나라에서 오셨나요? 어디로 가시는 길입니까? 혹시 저한테 파실 만한 물건은 없으신가요? 등등.

그런데 농부는 자신의 호기심을 다 채운 뒤에도 물러갈 생각을 하지 않은 채 한동안 묵묵히 침만 뱉고 있더니 이윽고 말문을 열었다.

"스님, 점을 칠 줄 아십니까?"

역시 그 이야기인가? 여행을 하는 동안 우리가 해왔던 일이 바로 점쟁이 노릇이었다. 물론 그 일에 별다른 불만은 없었다. 점쟁이 노릇이 단순한 일이기는 했지만, 여태까지 우리가 그로 인해 얻은 물질적 이득이 적지 않았고, 신분을 위장하는 데에도 도움이 되었기 때문이다.

하지만 용덴이 이 일을 단번에 수락하는 일은 거의 없었다. 그가 모(점)에 능통한 것은 사실이었지만, 만나는 사람마다 일일이 점을 봐줄 만큼 우리는 그렇게 한가하지 않았다. 우리에겐 가야 할 길이 아직 멀었다.

그러나 농부는 쉽게 물러서지 않고 푸념을 늘어놓기 시작했다.

"스님, 제 말을 좀 들어보세요. 아 글쎄, 3일 전에 소 한 마리가 없어지지 않았겠습니까? 그런데 아무리 찾아봐도 온데간데없단 말입니다. 벼랑에서 떨어진 걸까요, 아니면 누가 훔쳐간 걸까요?"

여기서 그는 한숨을 내쉬더니 갑자기 목소리를 낮추며 말했다.

"저 건너편에 사는 작자들은 아주 무서운 도적 떼거든요."

그 말을 듣고 나는 생각했다. 저쪽에 사는 사람들 역시 이쪽 사람들에게 마찬가지 편견을 품고 있을 테고, 양쪽 사람들은 서로 자신들의 생각이 옳다는 것을 증명할 만한 수많은 증거를 내세울 수 있을 것이라고.

농부는 쉬지 않고 말했다.

"제 소를 잡아죽인 뒤 그 고기로 제 놈들의 뱃속을 채우는 일 따윈 저자들에게는 식은 죽 먹기죠. 부탁이니 스님께서 점을 쳐서 알아봐 주십시오. 제 소는 어떻게 된 걸까요? 그 녀석을 찾을 수 있을는지 꼭 좀 알려주십시오. 당장은 아무 사례도 할 수 없지만, 저희 집에 오시면 스님과 어머님께 식사를 대접하는 것은 물론, 오늘 밤 묵어가실 잠자리도 마련해 드리겠습니다."

어머란 나를 말하는 것이었다. 이 지방 사람들의 예리한 통찰력에는 정말 놀라지 않을 수가 없다. 그들은 우리가 말하지 않은 일에 대해서도 마음대로 지어낼 수 있을 정도로 상상력이 풍부했기 때문에 구태여 거짓말을 할 필요가 없었다.

탁발 순례자들은 절대로 초대를 거절하지 않는다. 나는 용덴에게 농부의 초대를 받아들이라고 눈짓을 보냈다. 라싸에서 파견된 두 명의 관리가 이 지방에 머무르고 있다는 사실을 안 뒤로 특히 수상하게 보일 만한 행동은 될 수 있으면 피하고 싶었기 때문이다. 용덴은 평평한 바위 위에 짐을 내려놓고 거만을 떨며 말했다.

"자고로 라마승에겐 중생의 고통을 구제할 의무가 있는 법, 부탁을 들어드리는 게 도리겠죠."

이어서 그는 몇 마디 교훈적인 이야기를 늘어놓은 뒤 의식을 시작했다. 성스러운 말씀이 담긴 관용구를 최대한 간략하게 웅얼거리며 그는 염주알을 하나하나 세기 시작했다. 나는 그의 생각을 읽을 수 있었다. 그는 이렇게 자문하고 있을 것이다. 어디로 간 거지, 이 불쌍한 소는? 나라고 알 수가 있나. 하긴 그게 문제는 아니지. 이 어리석은 중생에게 어떤 대답을 해주는 게 가장 현명한가, 그 점이 문제인데…….

나이가 들어 보이는 그 농부는 쭈그리고 앉은 채 초조하면서도 진지한 표정으로 점괘를 기다렸다.

마침내 신탁이 내려졌다.

"소는 잡아먹히지 않았군요. 아직 살아 있기는 한데, 사고를 당해 위험에 빠져 있습니다. 강줄기를 따라 내려가다 보면 찾을 수 있을 겁니다. 모든 것은 영감님의 행동 여하에 달려 있습니다."

마지막을 애매하게 얼버무리는 것은 다양한 해석의 여지를 남겨두기 위함이었다. 무릇 점술사는 정확한 점괘를 내리지 않는 법이다. 원래 점이란 너무 정확하면 제대로 맞아떨어지기가 힘들기 때문이다. 이 사실은 곧 증명되었다.

농부는 조금 안심이 된 듯 자기 집의 위치를 자세히 가르쳐주었다. 그는 강둑을 따라가면 자기네 집을 찾을 수 있을 거라고 했다. 우리는 위쪽으로 거슬러 오르기 시작했고, 농부는 반대 방향으로 서둘러 내려갔다. 30분쯤 지나서 우리는 그의 집을 어렵잖게 찾을 수 있었다.

화가라면 이 티베트 농가의 멋진 경치를 소재로 한 폭의 아름다운 풍경화를 그려낼 수 있을 거라는 생각이 들었다. 회색빛이 나는 커다란 바위를 배경으로 황금빛 이파리를 달고 있는 나무들과 농가가 어우러져 조화를 이룬 모습은 그림처럼 아름다웠다. 집 앞에는 맑고 투명한 살윈 강이 평화롭게 흐르고 있었는데, 가장자리에 살짝 얼어붙은 살얼음이 마치 강을 장식하고 있는 것처럼 보였다. 이제껏 이곳까지 들어와서 지금 내 발 밑을 흐르고 있는 이 강물을 본 서양인은 아무도 없을 것이다. 황량한 불모 지대와 푸른 하늘을 배경으로 높이 솟아 있는 거대한 절벽 사이를 구불구불 흐르고 있는 이 살윈 강의 모습을 말이다.

나는 햇살이 따사롭게 내리비치는 바위에 앉아 아름다운 풍경을 마음껏 감상했다. 이런 곳을 지나갈 수 있게 되었다는 사실이 마냥 기쁘기만 했다. 그러나 지금은 한가롭게 감상에 젖어 있을 때가 아니었다. 내가 맡은 가난한 노파 역할에 시적인 정취 따위는 끼여들 틈이 없었다.

용덴이 소리쳐 부르자 몇 명의 아낙네들이 진흙을 개어 바른 지붕 위로 얼굴을 내밀었다. 그들은 이 집의 주인 남자와 우리가 어떻게 만나게 되었으며, 그가 왜 우리를 집에 초대하게 되었는지, 그 경위에 대한 용덴의 이야기를 다소 수상쩍다는 표정을 지은 채 경청했다. 구구절절 설명이 이어지고, 한참 만에야 비로소 납득을 한 아낙네들은 우리를 일단 울타리 안으로 맞아들였다. 그런 다음 다시 얼굴을 찬찬히 살펴보고, 몇 가지 질문을 퍼부은 뒤 지붕 위로 올라갈 수 있게 허락하였다. 지붕 위에는 가족들의 생활 공간으로 마련된 2층짜리 방이 지어져 있었는데, 1층은 가축 우리로 사용되고 있었다.

그들은 라마승인 용덴을 위해 너덜너덜한 방석을 가져다 주었다. 하지만 보잘것없는 노파에 불과한 나는 그냥 맨바닥에 앉아야 했다. 우리는 지금까지 방문했거나 앞으로 돌아볼 예정인 성지의 이름들을 주위에 둘러앉은 아낙네들에게 일일이 설명해야 했으며, 또 우리에겐 그들에게 팔 만한 물건이라곤 담요 한 장 남아 있지 않다는 사실을 밝혀야 했다.

날씨는 좋았지만, 야외에서 꼼짝 않고 오랜 시간 앉아 있었더니 추위로 몸이 떨려오기 시작했다. 이 집의 안주인인 아낙네들은 살갗이 시릴 정도로 차가운 북풍이 불기 시작했다는 사실을 전혀 개의치 않는 듯했다. 그들이 입고 있는 옷은 끈으로 허리를 묶은 양가죽 외투가 전부였으며, 일할 때 편하도록 오른팔을 밖으로 내놓고 있었다. 또, 한 번도 씻지 않은 듯한 더러운 가슴 역시 밖으로 드러내놓고 있었다.

그날의 사건은 그 집에 도착하고 나서 두 시간쯤 지났을 때, 주인 남자가 잃었던 소를 찾아 끌고 오면서부터 시작되었다. 그가 소를 데리고 나타나자 잠시 감동의 물결이 일었다.

그는 지붕 위에 앉은 우리에게 달려 올라오며 큰 소리로 수선을 피웠다.

"스님은 정말 위대한 뉜셰 첸(위대한 점술사)이십니다. 모든 게 스님의 예언대로였습니다. 제가 저 소를 발견했을 때 녀석은 정말 위험한 장소에 있었지요. 산사태로 인해 오갈 데 없이 막혀버린 좁은 길에 갇혀 되돌아 나오지도 못하고, 그렇다고 벼랑 위로 올라가지도 못한 채 그 자리에서 뱅뱅 맴돌고 있었는데…… 그래서 전 소를 끌어내기 위해 예언대로 머리를 짜내서……. 과연, 스님은 학식 높은 뉜셰 첸임에 틀림없습니다."

이제 우리는 이 예상치도 못한 성공의 덕을 톡톡히 보겠구나. 아마도 조금 뒤면 식사가 준비되겠지. 잃어버린 줄 알았던 소를 찾았으니 소홀히 대접하지는 않을 거야. 그 사이 소금과 버터를 듬뿍 친 차를 내올 테고, 그걸 마시면 추위와 피곤이 가서 새로운 활력을 찾을 수 있을 거야. 그리고 그 옆에 짬파 한 봉지가 놓여질 거고, 우리는 그걸 실컷 먹을 수 있겠지. 그럼 더 이상은 먹을 수 없을 때까지 배불리 먹고…….

한동안 생각에 잠겨 있던 주인 남자가 용덴에게 물었다.

"스님은 글도 읽을 줄 아시겠군요?"

"아, 물론입죠. 읽을 줄도 알고 쓸 줄도 압니다."

용덴은 다소 으스대며 대답했다.

"스님은 정말 학식이 높으시군요. 역시 게셰(철학과 문학에 정통한 학자—지은이)셨어. 그럴 거라 짐작은 하고 있었지만……."

주인 남자는 벌떡 일어서서 방 안으로 들어가더니 제법 두꺼워 보이는 책한 권을 들고 나와 용덴 앞에 놓인 탁자 위에 올려놓았다.

"자, 보십시오, 스님. 이 책은 듣는 것만으로도 무한한 은총과 번영을 얻을 수 있다고 합니다. 저를 위해 이 책을 읽어주실 수 있겠죠?'

용덴은 질렸다는 표정으로 나를 돌아보았다. 어쩌다가 이런 상황에 휘말리게 되었단 말인가! 용덴은 자신에게 맡겨진 일에 별로 마음이 내키지 않는 듯했다. 지칠 대로 지친 그에게는 지금 휴식과 잠이 필요할 뿐이었다. 하지만 간청하는 표정으로 자신을 응시하고 있는 농부에게 뭐라고 대답을 해주지 않으면 안 되었다.

"이 책을 읽는 건 그리 간단한 일이 아닙니다. 다 읽으려면 며칠은 걸리죠. 그런데 아시다시피 저는 내일이면 다시 길을 떠나야 합니다. 정히 그러시다면 이 책을 '열어'('입을 열다'의 의미에서, 책을 싸고 있는 천을 벗긴 뒤첫 장을 읽거나 각 장의 첫 줄만을 읽는 것—지은이) 드릴 수는 있습니다. 그렇게 하는 것만으로도 이 책 전체를 읽는 것과 마찬가지의 효과를 가져오죠."

이러한 방식이 티베트에서는 일반적이었기 때문에 이의를 제기하는 사람은 아무도 없었다. 향이 피워지고, 용덴은 의식을 거행하듯 엄숙한 표정을 지으며 상자에서 책을 꺼냈다. 우리의 바리에는 갓 끓여 내온 뜨거운 차가부어졌다. 용덴은 큰 소리로 낭독을 하기 전에 내게 명령하듯 말했다.

"어머님은 될마를 암송해 주십시오."

나는 그의 말대로 될마를 암송하기 시작했다. 하지만 그것은 용덴이 독송하는 경전과는 전혀 상관이 없는 것이었다. 그는 아낙네들이 귀찮은 질문을 퍼부어 나를 당황하게 만들지 못하도록 나에게도 뭔가 할 일을 마련해 준 것이었다.

용덴은 언제나 나에게 이런 배려를 베풀어, 지칠 정도로 오랜 시간 그들과 떠들어야 하는 고통스런 일로부터 나를 구해주곤 했다. 이야기가 길어지다 보면 내 발음이나 그들과는 다른 관용적 어투가 마을 사람들의 의심을 살 수도 있었기 때문이다.

우리가 경을 읊는 소리를 듣고 마을 사람들이 몰려왔다. 그들은 경의 내용을 이해한다는 듯 고개를 끄덕거렸다. 될마를 적어도 스무 번 이상 반복하고, 캅도 기도문을 5백 번 이상 되풀이하고 났을 때였을 것이다. 어느 결에 나는 머릿속으로 내가 외고 있는 문구의 의미를 생각하기 시작했다.

"공포와 고뇌에서 벗어나 해탈의 경지에 이르고자 한다면 지식을 향해 나아가라⋯⋯."

생각에 몰두하느라 잠시 암송이 중단되었다. 그러자 그 사실을 깨달은 용덴이 내 쪽으로 고개를 돌리며 벼락같이 큰 소리로 경을 읊어댔다.

"하늘 위에 떠 있다가 사라져가는 구름이 어디에서 와서 어디로 가는지는 그 누구도 알지 못하며, 사실 구름의 거주지는 어디에도 없다. 이와 마찬가지로 모든 현상은 다양한 원인에 의해 생겨나고 소멸되며, 어떤 사물에도 정해진 장소는 없다. 원소들의 집합체는 본질적으로 세월 따라 변해가는 것⋯⋯."

이와 같은 철학적인 말씀이 티베트의 시골 사람들에게 어느 한 구절인들이해될까마는 그들은 가축들의 번식, 질병의 회복, 상거래에서의 성공 등 현실적인 문제들을 기원하며 낭독 소리에 귀를 기울였다.

경을 읊는 용덴의 목소리가 갑자기 커지자 깜짝 놀란 나는 머릿속의 생각을 얼른 지우고 다시 '옴 마니 팟메 훔'을 외기 시작했다. 귓속이 윙윙거리며 울리기 시작하더니, 일순 피곤기가 몰려왔다. 이제 그만 잠자리에 들었으면 싶었다.

밤이 되었다. 기도문을 외기 시작한 지도 벌써 몇 시간째였다. 주인 남자가 이번엔 보리 한 접시와 깨끗한 물이 담긴 주발을 가져와서 책 옆에 놓으며 말했다.

"스님, 책을 읽기엔 너무 어두워진 듯하니 이번엔 저희 가족과 집안의 번영을 위해 축복해 주시죠. 그런 다음 저희들의 건강을 위해 성수를 뿌려주셨으면 하는데요."

이 농부는 어쩌면 이렇게도 집요하단 말인가! 우연찮게 찾아낸 소 한 마리가 그로 하여금 용덴의 영적 능력을 맹신하도록 만들어버린 게 틀림없었다. 티베트에서는 라마승에 대한 믿음을 보시로써 표시하는 풍습이 있으며, 보시의 양은 믿음의 정도에 비례한다고 여긴다. 방금 전에 방목장에서 데리고 돌아온 가축들의 수만 봐도 이 농부는 제법 유복한 편인 듯하니 우리에게 적잖은 식량을 선뜻 보시할 것이다. 어쩌면 은화 몇 닢까지 얹어줄지도 모르고.

나는 용덴의 얼굴에 떠오른 장난기 어린 표정을 읽어낼 수 있었다. 또, 우리를 기다리고 있을 예상 외의 수입을 기대하고 즐거워하는 표정 역시 읽을 수 있었다.

그는 축복을 기원하는 기도문을 외며 엄숙한 태도로 집 안 구석구석을 천천히 돌아다녔다. 때때로 그의 목소리는 잠깐씩 끊어지기도 했는데, 나는 그 짧은 침묵의 순간에 용덴이 이 사람들의 물질적 혹은 정신적 행복을 위해 진지하게 기도하고 있는 거라는 사실을 잘 알고 있었다. 때로 무지한 동족들의 유치한 신앙심을 비웃긴 했어도 용덴은 누가 뭐래도 진정한 승려였으며, 신비로 가득 찬 나라 티베트에서 신비주의를 받드는 종파의 일원이었던 것이다. 집 안 구석구석을 다 돌고 나자, 이번에는 농부가 가축 우리로 가는 길을 손으로 가리켰다. 그곳은 집에서 상당히 멀리 떨어져 있었는데, 청소라곤 한 번도 한 적이 없는 듯 매우 지저분했다. 질퍽한 진흙땅을 끌려다니던 용덴은 마침내 짜증을 내기 시작했다. 우연히 시작된 이 일이 더 이상은 즐겁지 않은 듯했다. 그는 성별(聖別)한 곡물을 가축들의 머리 위로 거칠게 뿌려댔다. 그러자 양과 염소는 겁을 집어먹고 날뛰었고, 말은 앞다리를 들며 펄쩍 뛰었다. 그러나 소만은 마치 이 의식을 비웃기라도 하듯 멀뚱한 채 아무런 관심도 보이지 않았다. 이젠 다 끝났겠지 하며, 용덴이 2층으로 올라오는 계단에 두어 발짝 올려놓았을 때였다. 그때까지 향을 들고 따라다니던 농부가 뒤에서 갑자기 용덴의 한쪽 다리를 붙잡고 늘어지며, 돼지에게도 축복을 해줘야 하지 않느냐고 책망하듯 말했다. 다시 내려갈 수밖에 없던 터라 심기가 불편해진 용덴은 돼지를 위한 축복을 눈 깜짝할 사이에 해치워버렸다. 용덴이 곡물을 마구 뿌려대자 돼지는 지독한 악취를 풍기며 그악스럽게 울부짖었다.

신발에는 진흙을 잔뜩 묻히고, 발은 젖어서 꽁꽁 얼어붙은 채 용덴은 마침내 지붕 위에 있는 거실로 올라왔다. 이번에는 사람들을 축복해 줄 차례였다. 먼저 주발에 담긴 물을 성스럽게 하는 의식을 치른 뒤 용덴은 주인 남자를 필두로 한 명씩 앞으로 나온 사람들의 오목한 손바닥 위에 그 물을 몇 방울씩 뿌려주었다. 사람들은 그 물을 마신 다음 남은 물기를 머리에 발랐다. 이웃 사람들도 달려와 이 행렬에 합세했다.

세례식이 끝난 뒤, 저녁 식사가 준비되었다. 고기 한 점 들어 있지 않은 말린 쐐기풀 죽이었다. 우리가 기대했던 성찬과는 거리가 멀었다. 내일 아침 떠날 때 우리가 받을 보시에 대해서도 불길한 예감이 들었다. 아마 그 역시 별 볼일 없을 게 분명했다. 형편없는 이 묽은 죽처럼. 하지만 티베트 농민들의 종잡을 수 없이 엉뚱한 구석을 생각하면 아직 속단하기에는 이르다는 생각도 들었다. 문득, 보시를 받지 못할까 봐 걱정하는 나 자신이 쑥스러웠다. 가난한 순례자 역할을 맡은 이후 나는 어느새 걸인들의 심정에 동화되어 가고 있었던 것이다. 사실 우리의 동냥질이 단지 장난기에서 비롯된 것만은 아니었다. 가방 그득히 보시를 받으면 굳이 식량을 살 필요가 없으므로 돈이 있다는 티를 내지 않아도 되었고, 그것이 우리의 신분을 감추는 데 커다란 도움이 되었다.

드디어 잠을 잘 수 있게 되었다. 우리가 묵을 방에는 수건만한 크기의 낡은 누더기 천이 딱딱한 바닥에 깔려 있었는데, 그것은 나를 위한 침구였다. 승려인 용덴은 나보다는 나은 대우를 받았다. 그는 색실로 무늬를 짜넣은 요를 배당받았기 때문에 무릎부터 머리까지는 맨바닥에 몸을 대지 않아도 되었다. 티베트인들은 무릎 아래쪽은 신경을 쓰지 않는다. 그들은, 서민은 개처럼 몸을 웅크리고 자는 게 마땅하며, 몸을 쭉 뻗고 자는 것은 귀족들이나 부릴 수 있는 사치라 생각한다.

나는 두꺼운 천으로 된 외투의 허리띠만 푼 채 잠을 청했다. 이 나라의 가난한 사람들은 잠을 잘 때, 특히 낯선 집에서 잠을 잘 때에는 옷을 입은 채 대충 잔다. 얼마 뒤, 용덴이 들어와 나처럼 옷을 입은 채 깔개 한쪽에 고단한 몸을 뉘었다. 우리는 그대로 곯아떨어졌으나, 갑자기 방 안이 환해짐과 동시에 웅성거리는 소리에 눈을 떴다.

우리는 자는 척하면서 눈을 살며시 뜨고 옆에서 벌어지고 있는 광경을 지켜보았다. 우리가 자고 있는 방은 주인 남자의 두 딸과 일하는 여자아이가 거처하는 곳이었다. 세 사람은 방 안을 밝히기 위해—이 지방에는 램프나 초가 없었다—수지(樹脂)가 듬뿍 묻은 나무 부스러기를 화로 속에 던져넣었다. 그런 다음 허리띠를 풀고 소매를 걷어붙인 뒤 요 겸 이불로 쓰는 꾀죄죄한 양가죽을 바닥에 깔기 시작했다. 쉬지 않고 조잘대면서 바삐 몸을 움직이고 있는 그들의 노출된 가슴 위에서는 은목걸이가 출렁거렸다. 불꽃이 한 번 활짝 피어올랐다가 사그라들자 검붉은 불씨에서 발산되는 희미한 불빛만이 그들을 비추었다. 그들의 모습은 마치 연회에 나갈 준비를 하는 작은 악녀들 같았다.

동이 트기 전, 나는 용덴을 살며시 흔들어 깨웠다. 사람들의 눈에 띄지 않으려면 날이 밝기 전에 얼굴 변장을 해야 했기 때문이다. 나는 들고 다니는 냄비 바닥에 손을 문질러 그 그을음을 얼굴에 발랐다. 그런 다음 금과 은, 증명서, 온도계, 작은 나침반, 시계등등 절대로 남의 눈에 띄어서는 안 되는 소지품이 담긴 띠를 옷 속에 둘렀다.

우리가 준비를 끝냈을 즈음 이 집의 안주인이 밖으로 나와 딸들과 일하는 아이를 불렀다. 곧 이어 불이 지펴지고, 지난밤에 먹다 남은 죽 냄비가 화로 위에 걸렸다. 조금 뒤 안주인이 죽을 나누어줄 테니 그릇을 꺼내놓으라고 재촉했다. 어제 저녁 식사를 마친 뒤 씻어두지도 않은 주발이었다. 티베트에서는 식사를 하고 나서도 절대로 식기를 씻지 않는다. 저마다 자기 주발을 가지고 있는데, 절대로 남에게 빌려주지 않으며, 식사가 끝나면 그것을 씻는 대신 싹싹 핥아 깨끗하게 한다. 하지만 불행하게도 나에게는 주발을 핥는 기술이 없었다. 그런고로 내 주발에는 어제 먹다 남은 죽이며 차 찌꺼기가 그대로 남아 있었는데, 설상가상으로 그것들은 밤사이에 꽁꽁 얼어붙어 있었다. 보기만 해도 속이 매스꺼워 구역질이 날 것 같았지만 이 여행을 성공적으로 끝마치기 위해 눈을 딱 감고 단숨에 마셔버렸다. 물을 더 탔는지 맛은 어제보다도 형편없어 먹자마자 바로 넘어올 것 같았다.

우리는 곧장 짐을 꾸렸다.

보시 따위는 전혀 없었다. 나는 실망으로 일그러진 용덴의 표정을 보며 쓴웃음을 지었다. 어제 그토록 많은 축복과 기도를 베풀고 의식까지 치러주었건만……. 이제 이 집에서 더 이상 지체하는 건 시간 낭비였다. 가족 모두가 다시 한 번 축복을 받기 위해 몰려왔다. 그 순간, 용덴은 아마 이 욕심쟁이 농부의 덥수룩한 머리 위에 손가락을 대는 대신 귀싸대기라도 한 대 올려붙였으면 속이 시원하겠다고 생각했을 것이다.

우리는 계단을 내려와 야릇한 눈초리로 우리를 바라보고 있는 말과 마치 사람들을 조롱하고 있는 듯한 양, 그리고 언제나처럼 온순한 소 앞을 지났다.

밖으로 나온 우리는 사람들의 목소리도 들리지 않고, 모습도 보이지 않는 곳까지 묵묵히 걸었다. 그러나 거기까지 오자, 용덴은 갑자기 몸을 돌려 농부의 집 쪽을 향해 선 뒤 신비 의식을 시행하는 듯한 동작을 취하며 큰 소리로 말했다.

"이런 사기꾼에 치사한 인간 같으니라고! 내가 저희들을 위해 녹초가 될 때까지 하루 종일 봉사했건만……. 뭐, 계단을 도로 내려가 돼지를 축복해 달라고? 내가 내린 축복을 도로 거둬들일 테다, 이 욕심쟁이 노인네야! 양 등에는 양털이 나지 않기를, 가축들은 새끼를 낳지 않기를, 나무들은 모두 말라붙어 열매를 맺지 않기를……."

반쯤은 장난기가 섞여 있었지만, 그렇게 흥분하는 모습을 보니 내 마음은 개운했다. 어쨌거나 용덴이 정당한 사례를 받지 못한 것만은 사실이었다. 하지만 이 황당한 사건에 대한 그의 분노는 그다지 오래가지 않았으며, 평화롭게 흘러가는 살윈 강가에 서서 우리는 이 어처구니없는 일을 떠올리며 폭소를 터뜨렸다. 자갈로 뒤덮인 강바닥에서는 이런 노래가 들려오는 듯했다.

"티베트라는 아름다운 나라에서는 모든 일들이 이런 식으로 흘러간다. 탐험하는 이방인들이여, 너희는 앞으로 이보다 더 많은 일들을 겪게 될 것이니……."

이날 또 하나의 고개를 넘은 뒤 우리는 앞으로 신중을 기해서 행동해야만 하는 지역인 우베 근방에 도착했다. 어두워지면 마을을 통과하려고 우리는 해가 질 때까지 강가에서 차를 마시며 휴식을 취했다. 그리고 몇 시간 뒤, '높으신 분'이 잠자고 있을 관사를 비롯하여 몇 채의 집들이 늘어선 곳을 지나 산골짜기의 갈라진 틈 사이에서 야영을 했다.

잠깐 동안 눈을 붙인 뒤, 어둠이 가시기 시작하자 우리는 곧장 길을 나섰다. 10분쯤 걸었을까, 정면에 나뭇잎으로 장식된 건물이 나타났으며, 양쪽 가에 하얀 조약돌로 장식을 해놓은 한줄기의 길이 그 건물을 향해 이어지고 있었다. 생각할 것도 없이 폼포가 머무는 숙소임이 분명했다. 아직 이른 시각이라 아무와도 만나지 않고 그 길을 지나칠 수 있었던 것은 정말 다행이었다.

우리는 보폭을 넓혀 맹속력으로 걸음을 옮겼다. 그 결과, 태양이 떠올랐을 즈음엔 그 위험천만한 장소에서 3킬로미터나 벗어날 수 있었다. 당연한 일이었겠지만, 우리는 그 난국을 무사히 헤쳐나올 수 있었다는 사실에 대해 서로 기쁨을 나누었다. 만사가 그렇게 순조롭게 진행된 덕분에 우리는 가벼운 발걸음으로 즐거운 여행을 계속할 수 있었다.

오후 늦게까지는 기분 좋게 여행을 계속했다. 하지만 폼포가 3일 전에 우베를 떠나 앞으로 우리가 가려 하는 마을을 향해 순회를 떠났다는 소식은 우리를 다시 긴장 속으로 몰아넣었다.

우리는 그곳을 지나칠 때까지 다시 밤 행군을 시작했다. 그리고 이제는 안심을 해도 좋을 거라는 확신이 서는 장소에 도착해서야, 무너져내린 바위더미가 널려 있는 곳의 관목숲 속에서 안심하고 잠을 잤다.

다음날에는 동이 트자마자 출발했다. 우리가 밤을 보낸 장소에서 10분쯤 걸어가자 습곡 사이에서 건물 하나가 나타났다. 건물 밖에는 30마리쯤 되는 멋진 말들이 묶여 있었고, 농민들은 아침 일찍부터 곡물이나 야채, 고기, 버터 등을 날라오고 있었다.

결국 우리는 폼포가 머물고 있는 곳까지 제 발로 찾아온 셈이었다. 폼포의 집사인 듯싶은, 키가 매우 큰 게 상당히 위엄 있어 보이는 남자가 농민들이 날라온 곡물의 반입을 감시하고 있었다. 갑자기 그 남자가 용덴을 불러 세우더니 몇 마디 말을 주고받았다. 그 짧은 시간이 내게는 영원처럼 느껴졌다. 그는 아랫사람을 불러 우리에게 차와 짬파를 가져다 주라고 지시했다. 이처럼 친절한 대접을 거절할 수는 없었다. 아니, 가난한 여행자에게 이와 같은 행운은 더없이 기쁜 일이었다. 우리는 부엌 근처 계단에 앉아서 그의 호의에 감지덕지한 표정을 지으며 함께 웃고 떠들어댔지만, 마음속으로는 뒤도 돌아보지 않고 도망갈 궁리만 하고 있었다.

이번 여행 동안에 가장 성가시고, 때로는 지나칠 정도로 고통스러웠던 일은 외국인이라는 사실을 숨기기 위해 시종일관 연기를 해야만 한다는 점이었다. 주위에 사람들이 있거나 말거나 개의치 않고 어떤 행동이건—심지어 그것이 아주 개인적인 행동이라 하더라도—거침없이 하는 사람들이 사는 나라인지라 나 역시 그들과 마찬가지로 행동해야만 한다는 사실이 무엇보다도 끔찍스러웠다. 그로 인해 견디기 힘든 정신적 긴장감이 생겨나곤 했지만, 다행히도 사람이 거의 살지 않는 광대한 황야를 지날 때에는 자유롭게 활동할 수 있어 그 동안 쌓인 긴장감을 해소할 수 있었다. 그처럼 인가가 드문 지역에서는, 가난한 형편에도 잠자리를 제공해 주는 친절한 사람들이 우리를 대접하겠다는 일념에 무리하게 권하는 잡탕 죽 따위를 먹느라 고역을 치르지 않아도 되었으며, 수상하게 보이지 않도록 그런 음식들을 꿀꺽 삼키지 않아도 좋았다. 딱 한 번, 내게 맡겨진 걸식자 역할을 제대로 수행하지 않은 적은 있었다. 대체로 걸식을 하는 사람들은 어떤 음식이든 마다하지 않지만······.

그날 우리는 해가 저물 무렵 한 작은 마을에 도착했다. 그날따라 추위는 여느 때보다 매서웠지만 주변에는 몸을 기대고 잠시 쉬어갈 만한 나무 한 그루조차 찾아볼 수 없었다. 몇몇 집에 들러 하룻밤 묵어가길 청했지만 번번이 거절당하고 말았다. 그때, 말 그대로 찢어지게 가난해 보이는 집에서 부서진 문짝을 밀고 한 여인이 나오더니 우리를 불렀다. 우리는 다 쓰러져 가는 그 집으로 들어갔다. 안에는 불이 지펴져 있었다. 뼛속까지 얼어붙는 듯한 추위 속에서 떨고 있었던 터라 불 가에 앉아 있을 수 있다는 사실만으로도 기꺼웠다. 얼마 뒤, 여인의 남편이 밑바닥에 몇 줌도 안 되어 보이는 짬파가 담긴 동냥 주머니를 손에 들고 집으로 돌아왔다. 자신들의 입에 풀칠

할 것도 없는 그들에게서 저녁 식사 대접을 기대한다는 건 가당치도 않은 일이라는 생각이 들었다. 그때 용덴이, 어떤 마음씨 좋은 촌장이 1루피를 보시해 주었다는 거짓말을 지어내며 그의 자상함을 칭송하기 시작했다. 그러고 나서 이 마을에 고기를 파는 곳이 있다면 그 돈으로 고기를 좀 사고 싶다고 자연스럽게 이야기를 이어갔다.

"한 곳이 있긴 있습니다만……."

그 집의 가장이 뜻밖의 행운을 얻게 될지도 모른다는 기대감에 들떠 얼른 대답했다.

나는 방 안 한쪽 구석에 앉은 채 고기의 품질에 대해 주문을 했다. 티베트인들은 병으로 죽은 동물의 부패한 고기를 아무런 거리낌 없이 먹는다는 걸 알고 있었기 때문이다.

"병으로 죽은 동물의 살코기나 부패한 고기는 사오면 안 되는 거 알죠?"

나는 신신당부를 했다.

"알고 있습니다. 고기에 대해서는 잘 알고 있으니 좋은 것을 골라 오겠습니다."

그가 단언하며 말했다.

10분 정도 지났을까, 그다지 큰 마을이 아니었던 터라 그는 금방 돌아왔다.

"자, 보세요."

자랑스런 얼굴로 그가 가죽 상의 속에 품고 온 꾸러미 하나를 꺼내들었다.

저게 뭐지? 아궁이에서 타오르고 있는 불빛말고는 방 안을 따로 밝혀주는 게 없었기 때문에 그게 뭔지는 확실히 보이지 않았다. 언뜻 보니 종이로 둘

둘 감싼 고깃덩어리인 듯싶었다.

욱! 갑자기 역겨운 악취가 방 안에 진동하기 시작했다. 그건 바로 시체 썩는 냄새였다.

"맙소사, 위(胃)다!"

용덴이 신음을 토하듯 말했다. 떨리는 목소리로 보아 구역질이 나는 것을 간신히 참고 있는 듯했다.

어떤 상황인지 짐작이 되었다. 티베트인들은 가축을 도살하면 신장이나 간장, 심장과 같은 내장을 위 주머니 속에 꾹꾹 쑤셔넣은 뒤 그것을 꿰매어 며칠이나 몇 주, 심지어 그보다도 더 오랫동안 보관해 놓고 먹는 끔찍한 습관을 가지고 있었다.

"그렇습니다. 바로 위죠."

그것을 사온 남자의 목소리 역시 떨리고 있었다. 하지만 그의 목소리가 떨리는 이유는 풀어헤친 종이 속에서 쏟아져 나온 고깃덩어리로 인한 기쁨 때문이었다.

"보세요. 양도 엄청나게 많답니다."

그는 그 끔찍한 물건을 바닥에 내려놓고 양손으로 주물러대며 미끌미끌한 내장을 끄집어내기 시작했다. 누더기를 깔고 잠을 자던 세 아이들도 어느새 일어났는지 제 아비 앞에 웅크리고 앉아 눈을 동그렇게 뜨고 그것을 바라보고 있었다.

"그렇군요…… 위였군요. 음, 위였어."

너무 놀란 나머지 용덴은 무의식적으로 같은 말만 계속해서 중얼거렸다.

"여기 냄비가 있습니다. 어서 식사 준비를 하시지요."

그 집의 안주인이 내게로 다가오며 상냥스럽게 말했다.

안 돼! 이런 끔찍한 것을 내 손으로 만질 수는 없어. 나는 당황해서 용덴에게 속삭였다.

"나는 병이 났다고 말하렴."

"어머님은 꼭 불리한 일이 생길 때마다 병이 나시나 보군요."

용덴이 낮은 목소리로 투덜거렸다.

하지만 용덴은 융통성이 있었다. 그는 어느새 마음을 가라앉혔는지 이렇게 말했다.

"연로하신 소승의 어머님께서는 지금 병중이십니다. 아주머니께서는 투파(진한 죽)를 만들어주십시오. 모두 같이 나눠 먹으면 되지 않겠습니까?"

동냥으로 생계를 해결하는 이 부부에게 더 이상의 말은 필요 없었다. 먹을 게 생긴다고 생각한 아이들은 불 가에 얌전히 앉아서 기다렸다. 어느새 잠이 싹 달아난 모양이었다. 아이들의 어머니가 썩은 고기를 가늘게 썰기 시작했다. 간혹 가늘게 썬 살점이 미끄러져 바닥에 떨어지기라도 하면 아이들은 강아지처럼 재빨리 달려가서 그 날고기를 게걸스럽게 주워먹었다.

악취가 진동하는 그 국물 속에 보릿가루가 첨가되었고, 곧 이어 투파가 완성되었다.

"조금 드셔보세요. 이걸 드시면 기운을 차리실 수 있을 거예요."

안주인이 내게 권유했다.

나는 구석에 누운 채 신음 소리를 냈다.

"어머님은 그냥 주무시게 놔두십시오."

용덴이 나서서 말했다.

용덴은 아무 변명도 할 수 없었다. 1루피나 주고 산 고기를 한 점도 입에 대지 않는 알조파가 있다는 이야기는 들어본 적도 없을 터, 이제 내일이면 마을 전체에 이 소문이 퍼질 것이다. 용덴은 어쩔 수 없이 악취 나는 액체를 한 사발 가득 마셔야 했지만, 그 이상은 먹지 않아도 되었다. 속이 좋지 않아 더 이상 못 먹겠다고 말했기 때문이다. 그로써 나는 그에 대한 미안한 마음을 조금은 접을 수 있었다. 남은 식구들은 뜻밖의 진수 성찬에 열광을 하며 밤이 깊도록 한마디도 하지 않은 채 정신 없이 먹어댔다. 내가 잠이 들 때까지 그것을 먹는 수선스러운 소리는 그치지 않았다.

우리는 계속해서 산을 넘고 골짜기를 지나며 세포 캉 고개를 향해 나아갔다. 그 동안 우리는 많은 사원들 앞을 지나쳤으며, 많은 농민들과 이야기를 나누었다. 또 어느 날은 길에서 두 명의 폼포를 만나기도 했는데, 그들 중 한 명에게서 우리에게는 가장 고마운 선물인 곡물을 보시받기도 했다.

세포 캉 고개의 기슭에서는 논리적으로는 설명할 수 없는 불가사의한 사건이 기다리고 있었다. 티베트에서는 여행자를 놀라게 하는 이런 유의 사건이 종종 일어나곤 한다.

그날 우리는 끝없이 이어질 것 같은 비탈길을 하염없이 내려가 별다른 특색 없는 계곡에 당도했다. 그곳에는 좁은 강줄기가 자갈이 깔린 강바닥 위를 덮고 있었다. 그 맑은 강물은 거기서는 보이지 않지만 그다지 멀지 않은 곳에 있을 살윈 강을 향해 흘러내리고 있었는데, 그곳은 우리가 나아가야 할 방향이기도 했다.

붉게 칠한 다리 너머 강 건너편에는 몇 채의 농가가 점점이 흩어져 있는 벌판 사이로 한줄기 오르막길이 보였다.

때는 정오 무렵이었다. 고개를 내일 넘기로 하면 아무런 흥밋거리도 없는 이 마을에서 대여섯 시간이나 허비해야 하는데, 몇 시간씩이나 그렇게 보내자니 시간이 너무 아깝다는 생각이 들었다. 게다가 농민들 말로는, 어차피 날이 밝기 전에 출발해도 해가 지기 전에 산을 넘기는 불가능하다고 했다. 다시 말해서 산 속에서 밤을 보내야 하는 건 어느 쪽이든 마찬가지라는 이야기였기에 우리는 여기서 휴식을 취하지 않기로 했다. 밤중에 산 속이 도저히 견딜 수 없도록 춥거나 연료를 구하지 못해 야영을 할 수 없다면 아침 때까지 쉬지 않고 걸으면 되겠다고 생각한 것이다. 그런 경험이라면 지금까지도 몇 번이나 반복해 왔다. 그러나 신중을 기하기 위해서는 오랜 행군을 시작하기에 앞서 든든히 먹어두는 게 현명하다는 생각이 들었다. 그리고 이곳을 그냥 지나치면 어디서 또 물을 발견할 수 있을지도 예측하기 힘들었다. 용덴도 나와 같은 생각이었다. 우리는 강가에 도착하자마자 자갈밭에 짐을 내려놓았다. 내가 들판이 있는 쪽으로 들어가 마른 나뭇가지를 주워오자 용덴이 불을 피웠다.

잠시 후, 우리가 도착했을 때부터 건너편에 앉아 있던 소년이 한달음에 다리를 건너오더니 용덴에게 큰절을 세 번 했다. 티베트의 풍습에 따르면 이것은 지위가 아주 높은 라마승에게나 하는 절이었다. 우리는 깜짝 놀랐다. 도대체 무슨 까닭으로 이 아이는 누더기를 걸친 가난한 탁발승에게 이처럼 높은 존경심을 표하는 걸까? 우리가 그 이유를 물어볼 새도 없이 소년이 용덴에게 말했다.

"제 할아버지께서 지금 위중한 병을 앓고 계십니다. 오늘 아침 할아버지께서 라마승 한 분이 산에서 내려와 강가에 자리를 잡고 앉아 차를 끓일 것이라고 말씀하시면서, 그 스님을 한시라도 빨리 만나뵙고 싶다 하셨습니다. 그래서 형과 저는 그 스님을 모셔려고 날이 새자마자 교대로 다리 근처를 지키고 있었습니다. 그런데 지금 스님께서 이렇게 오신 것입니다. 부탁드립니다. 저와 같이 가주십시오."

사람을 잘못 본 게 분명했다.

"할아버지께서 기다리고 계신 분이 설마 내 아들이 아니겠지. 우리는 아주 먼 나라에서 왔기 때문에 할아버지께서 우리를 아실 턱이 없을 텐데?"

내가 소년에게 대답했다.

"할아버지께서 분명히 말씀하셨습니다. '자갈밭에서 차를 끓이는 라마승'이라고요."

소년은 당차게 말했지만 우리가 자기를 따라갈 생각이 없다는 걸 깨닫고는 급히 다리를 건너 들판을 가르고 있는 울타리 안으로 사라졌다.

우리가 막 짬파를 먹기 시작했을 때, 소년이 이번에는 젊은 트라파(수행승)를 동반하고 다시 찾아왔다. 젊은 트라파도 방금 전에 소년이 한 것처럼 절을 세 번 한 다음 이렇게 말했다.

"스님, 제발 제 아비를 만나러 가주십시오. 아버님께서는 이제나저제나 스님을 기다리고 계십니다. 이제 곧 세상을 떠나실 당신을 바른길로 인도하시어 다음 생에서 행복한 삶을 누릴 수 있도록 해주실 분은 오직 스님뿐이라고 몇 번이나 말씀하셨습니다."

젊은 트라파 역시 병자가 라마승은 우리가 왔던 방향에서 찾아올 거라고 예언했다는 사실을 강조했다. 또한 그 라마승이 용덴임이 분명하다는 사실을 납득시키기 위해 다음과 같은 말도 덧붙였다.

"모든 것이 아버님의 예언대로입니다. 아버님께서는 강가의 자갈밭에서 스님이 차를 끓일 것을 알고 계셨습니다. 대체로 여행자들이 쉬어갈 때에는 길가의 미도싸 옆에서 휴식을 취하는 게 보통인데, 스님은 곧장 이 자갈밭 근처로 와서 불을 피우셨습니다."

용덴과 나는 생각에 잠겼다. 이제까지 우리는, 병자가 말하는 라마승이란 평소 그와 면식이 있는 사람일 것이며, 그 라마승이 이 길을 지나갈 것이라는 사실을 미리 알고서 기다리고 있는 것이라고 생각했다. 그러나 트라파가 우는 모습을 보고 나는 용덴에게 병자를 만나러 가라고 권유했다. 용덴은 식사를 마치면 곧장 찾아가겠노라고 약속했다.

소년과 그의 숙부처럼 보이는 트라파는 집으로 돌아갔다. 아마도 용덴의 대답을 먼저 전하러 가는 듯했다. 얼마 뒤, 아까와는 다른 소년이 다리 근처에 앉아 우리의 동향을 살피기 시작했다. 이 사람들은 용덴이 집에 들르겠다는 약속을 어긴 채 그대로 사라질까 봐 걱정이 되는 모양이었다. 이제 이들에게서 벗어날 방법은 전혀 없었다. 하긴 우리가 어떻게 그 늙은 병자를 실망시키는 행동을 할 수 있겠는가. 우리를 보는 순간 병자는 분명 자신이 사람을 잘못 보았다는 사실을 깨닫게 될 것이다. 그러니 그 집에 들른다 해도 우리가 손해 보는 시간은 고작해야 10분 정도가 아니겠는가.

농가의 문 앞에서는 병자의 가족들과 일꾼들이 그 이상은 더할 수 없을 정도로 공손한 태도로 우리를 환영해 주었다. 우리는 병자가 누워 있는 방으로 안내되었다. 용덴만 안으로 들어가고, 나는 집안 여자들과 함께 침실 입구에 남았다.

늙은 농부는 죽음을 눈앞에 둔 사람처럼 보이지 않았다. 목소리는 또랑또랑했으며, 지적인 분위기가 물씬 풍기는 눈매를 보니 정신적인 기능은 전혀 쇠하지 않은 듯했다. 그가 절을 하기 위해 자리에서 일어나려 하자 용덴은 마음만으로 충분하니 일어날 필요가 없다며 만류했다.

그러자 노인이 이야기를 시작했다.

"스님, 저는 스님을 며칠 동안이나 눈이 빠지도록 기다려왔습니다. 오신다는 걸 알고 있었기에 스님을 만나뵙기 전에는 죽어서는 안 되겠다고 생각했지요. 스님은 저의 라마승, 진정한 차와이 라마(영적인 아버지)이십니다. 저를 '서방 정토'로 이끌어주실 분은 오직 스님뿐입니다. 부디 불쌍하게 여기시고 제 소망을 거절하지 말아주십시오."

이 병자의 소망이란 자신을 위해 '사자(死者)의 서(書)'를 읽어 달라는 것이었다. 티베트의 관습에 의하면, 속인이건 성직자건 밀교의 비전을 전수받지 못한 라마교 신자는 임종시에 이 특별한 기도문을 듣도록 되어 있다. 이는 신의 자비를 구하는 기도나 호소가 아니라 이미 숨이 끊어졌거나 의식이 빠져나간 것처럼 보이는 위급한 병자, 혹은 죽은 지 얼마 안 되는 사람에게 내리는 하나의 가르침이었다.

앞에서도 이미 언급했듯이 이 노인은 죽음 직전에 있는 사람으로는 전혀 보이지 않았다. 또한 종교적인 이유에서도 용덴은 그의 가당찮은 소망을 들어줄 수가 없었다. 그보다는 이 병자의 머릿속에 달라붙어 있는 죽음의 그림자를 몰아내고 희망을 불어넣어주고자 했다. 용덴은 생명을 부활시키고 새로운 활력을 불어넣어줄 주문을 스스로 외어보라고 노인에게 권했다. 하지만 용덴의 간곡한 설득에도 불구하고 노인은 막무가내였다.

그는 용덴이야말로 자신을 관세음보살이 계신 서방의 극락 세계로 인도해 줄 수 있는 유일한 영적 스승이며, 자기가 지금까지 목숨을 부지할 수 있었던 것은 용덴이 도착하리라는 것을 확신했기 때문이라는 말만 되풀이했다.

급기야 그는 울기 시작했고, 자신의 소망이 이루어질 수 있도록 모두 같이 엎드려 빌라고 그 자리에 있는 사람들에게 간청했다.

그것은 필설로는 형용할 수 없는 감동적인 장면이었다. 용덴도 더 이상은 주저할 수 없었다. 그는 바닥에 엎드려 울고 있는 가족들에게 둘러싸인 채 '죽기 위해 자신을 기다리고 있던' 사람이 그의 입을 통해 듣고 싶어하던 기도문을 외기 시작했다.

우리가 이 농장을 떠날 때, 노인의 얼굴은 모든 걱정거리에서 해방된 듯 마냥 평화로워 보였다. 그는 모든 사람들이 자기 안에 가지고 있기 때문에 누구든 도달할 수 있지만 쉽게는 찾을 수 없는 서방 정토를 발견한 사람 같았다.

세포 캉 고개까지는 아직도 멀고먼 길을 가야 한다고 알려준 사람들의 말은 결코 과장된 게 아니었다.

우리는 병자의 집에서 조금 떨어진 곳에 있는 농가에서 하룻밤을 묵고 새벽녘에 출발했다. 얼마 안 가 길은 몇 갈래로 나뉘었고, 기암 괴석이 늘어선 황량한 산악 지대가 나타났다. 우리는 한시도 쉬지 않고 하루 종일 걸었다. 그 동안 누구와도 만나지 않았으며, 이 계절에는 사람이 살지 않는 산 속의 방목장에서 몇 번이나 길을 잃기도 했다.

날이 저물기 시작했지만 우리 앞에는 사방으로 우뚝 솟은 산줄기만 늘어서 있을 뿐, 고개에 도착하려면 아직도 한참은 더 가야 할 듯했다. 어디선가 갑자기 세찬 돌풍이 불어왔다. 산봉우리를 휩쓸고 지나가는 고지대 특유의 이 강풍은 한 무리의 대상(隊商)을 절벽 아래로 떨어뜨린 적도 있다고 했다. 그때 마침 우리는 급경사면을 오르고 있었다. 어둠이 눈에 띄게 깊어졌지만 근처에는 야영할 만한 장소가 없는 듯했다. 그렇다고 세찬 바람을 뚫고 앞으로 계속 나아갈 수도 없었다. 오던 길로 되돌아가 버려진 오두막이라도 찾아봐야겠다고 생각하고 있을 때였다. 갑자기 방울 소리가 들리더니 위쪽에서 말을 탄 세 남자가 나타났다. 그들은 건너편에서 넘어온 상인들이었는데, 거기서 얼마 떨어지지 않은 곳에 하룻밤 묵어갈 만한 농가가 있어 가는 길이라며 함께 가자고 했다.

한밤중이 되어서야 그 집에 도착했다. 거처로 사용하는 안뜰이 넓은 가축 우리로 둘러싸여 있는 집이었다. 야영을 하면 가축도 사람도 얼어죽을 정도로 추운 계절에 고개를 넘는 여행자들을 위한 민박집인 듯했다.

용덴과 나는 상인들과 함께 부엌으로 안내되었다. 상인들은 우리에게 죽과 차, 짬파 외에 말린 과일까지 대접해 주었다. 그들은 우리가 어제 만난 병든 노인과 같은 마을에 사는 사람들이었는데, 용덴과 병자가 주고받은 이야기를 모두 들었다고 했다. 그들의 말에 의하면, 노인은 우리가 마을을 떠났던 새벽녘에 잔잔한 미소를 머금은 채 아무런 고통 없이 평안하게 죽음을 맞이했다고 한다.

상인들은 노인의 최후에 아주 커다란 감동을 받은 듯했다. 잠시 숙연해진 그들은 용덴에게 설교를 해달라고 요청했다. 용덴은 알기 쉬운 언어로 감동적인 이야기를 들려주었다.

이 작은 오두막의 유일한 침실을 겸하고 있는 부엌은 매우 비좁았다. 우리는 활활 타오르는 불 옆에 바짝 붙어앉아 있었기 때문에 몸이 거의 구워질 정도의 열기를 즐길 수 있었다. 그러나 잠을 잘 시간이 되자 농가의 주인 내외는 우리를 내보내고 싶어했다. 상인들은 자기들의 말 옆에서 자겠다며 말이 있는 곳으로 내려갔다. 우리에게 남겨진 곳은 가축 우리 위의 평평한 지붕이었다. 천상의 불길처럼 포근하게 감싸주던 부엌의 열기를 뒤로 한 채 해발 4천5백 미터나 되는 고지대 특유의 얼어붙을 듯한 강추위 속으로 밀려

나와야 했다. 더구나 밖에는 바람도 심하게 불고 있었다. 이런 대접을 받는 게 처음은 아니었다. 우리를 초대하여 저녁 식사를 정중히 대접하고는 잘 시간이 되면 지붕 위나 마당으로 내몰던 사람들이 간혹 있었던 것이다.

하지만 그날 밤만은 나도 그 상황을 도저히 견딜 수가 없었다. 우리는 농가의 주인 내외에게 창고로 사용되는 부엌 옆의 좁은 공간에서 잠을 잘 수 있게 해달라고 부탁했다. 그 부탁은 쉽게 받아들여졌다.

다음날 우리는 주위에 목장이 넓게 펼쳐져 있고, 아래로는 멋진 경치가 내려다보이는 고개 정상을 넘어, 오후가 끝나갈 무렵 세포 사원에 도착했다. 산기슭에 포근히 안긴 듯이 서 있는 사원의 모습은 그림처럼 아름다웠다.

어제의 그 상인들은 우리보다 훨씬 전에 곰파에 도착해 있었다. 그들은 거기서 잠시 쉬는 동안 곰파에 있는 라마승들에게 용덴에 대해 자기들이 알고 있는 모든 사실을 이야기했다. 덕분에 식량을 구입하기 위해 곰파로 갔던 용덴은 라마승들의 열렬한 환영을 받았으며, 며칠 동안 곰파에 묵으면서 학자들과 더불어 불교 교리에 관해 의견을 나누면 어떻겠느냐는 제안을 받기도 했다. 나에게는 손님용 숙소를 제공한다는 제안과 함께.

이때쯤 나는 용덴이 식량을 사러 간 사이에도 쉬지 않고 걸음을 재촉하여 상당히 먼 곳까지 나아가 있었다. 그런 이유로 용덴은 라싸에서 기다리는 사람이 있어 길을 서둘러야 한다는 구실을 대며 그 제안을 정중히 사양하고 서둘러 내 뒤를 쫓아왔다. 나는 이 지방의 유식한 라마승과 이야기를 나눌 수 있는 좋은 기회를 놓쳤다는 사실에 잠시 아쉬움을 느꼈다. 하지만 내가 이처럼 평범한 노파의 옷차림을 하고 있는 이상, 학자들과 철학적인 논쟁을 벌일 수 있기는커녕 그 근처에도 얼씬거리지 못할 거라는 데에 생각이 미치자 아쉬운 마음이 일시에 사라졌다.

　오후 늦게 산등성이에 있는 평평하고 적막한 황야를 걷고 있을 때 곰파로 가는 한 여인과 마주쳤다. 그 여인은, 우리가 가고 있는 길을 곧장 따라가면 다 쓰러져 가는 농가가 보일 것이며, 거기서 하룻밤 묵어갈 수 있을 거라고 알려주었다. 황량한 벌판만 이어질 뿐 어디에서도 인가를 찾아볼 수 없어, 다음날 아침까지 골짜기 사이를 계속 걸어야 할 거라고 체념하고 있던 우리에게 그것은 매우 반가운 정보였다. 우리는 한 시간 이상을 걸은 뒤 어둠이 내리고 나서야 비로소 그 농가를 찾을 수 있었다.

　예전에는 부엌으로 사용했음에 틀림없어 보이는 커다란 방에 짐을 내려놓고 저녁 식사 준비를 했다.

　식사가 거의 끝나갈 무렵, 이 집의 위치를 가르쳐준 여인이 어린 아들을 데리고 나타났다. 여인은 원래 이 농가의 주인이었는데, 몇 년 전에 비극적인 사건을 겪은 이후 비옥한 농토를 남겨둔 채 이곳을 떠난 것이었다.

　어느 날 밤, 사람들이 모두 깊이 잠든 틈을 타 포 지방의 강도단이 침입해 왔다. 워낙 외진 곳에 떨어져 있는 농가라 이들은 갑작스런 재앙에도 도움을 청할 데가 없었지만 단호하게 떨치고 일어나 저항했다. 침입자들과 침입을 당한 사람들은 이리저리 쫓고 쫓기며 몇 시간에 걸친 사투를 벌였다. 놀란 양들과 소들의 울부짖음이 총성과 뒤섞여 아비 규환이 따로 없었다. 결국 여인의 남편과 두 남동생 외에 몇 명의 친척들과 하인들이 목숨을 잃었고, 여러 명이 부상을 당했다.

　강도단은 말 위에 올라타 양 떼를 에워싸고는 채찍으로 마구 내려치면서 놀라서 우왕좌왕하는 양 떼를 몰고서 사라졌다. 자신들이 거둔 승리의 대가로 희생된 동료들의 시신 몇 구를 그대로 남겨둔 채. 그들의 거친 발소리가 사라진 뒤 폐허가 되다시피 한 농가에는 여인의 울음소리와 부상자들의 신음 소리만이 남았다. 그날 이후 이 불행한 여인과 가족들은 강도단이 또다시 습격해 올지 모른다는 공포감 때문에 세포 사원 근방에 있는 작은 마을로 피신해 살고 있다고 했다.

그러나 그들이 이 집으로 돌아오는 것을 주저하는 데에는 더 큰 이유가 있었다. 그것은 이 집에 귀신이 씌었다는 믿음이었다. 그들은 졸지에 목숨을 잃은 희생자들의 원혼이 악마를 끌어들여 그 집을 배회하고 있다고 굳게 믿고 있었다. 여인이 사원에서 멀리 떨어져 있는 이곳까지 일부러 찾아온 것도 용덴에게 그 원혼들을 달래어 거기서 몰아내달라고 부탁하기 위해서였다.

세포 사원의 라마승들이 이러한 의식을 거행하지 않았을 리 없었다. 하지만 용덴이 쓰고 있는 '빨간 모자'가 여인에게 신뢰를 불러일으킨 모양이었다. 일반적으로 '홍모파'에 속한 라마승은 '황모파'(겔룩파, 현 달라이 라마가 속한 종파—옮긴이)의 라마승보다 귀신을 쫓는 능력이 훨씬 뛰어나다고 간주되었기 때문이다. 용덴은 탁월한 라마승이었다. 만약 그가 본격적으로 자신의 능력을 활용하여 돈을 벌고자 마음먹었다면 여기저기서 신자들이 몰려들었을 것이다. 하지만 그는 그런 식의 거래를 좋아하지 않았다.

동정심 많은 용덴은 이 불운한 여인의 간청을 거절하지 못했다. 의식을 끝낸 뒤 용덴은 영계의 존재들에 대해서는 더 이상 염려하지 않아도 되므로 집으로 다시 돌아오고 싶다면 그렇게 하라고 말했다. 하지만 강도단의 침입에 대해서는 충분한 대비책을 마련하는 것이 좋을 거라고 충고했다.

다음날 우리는 댄신 지방에 도착했다. 이 지방에서도 우리는 살윈 강 연안의 지방들에서와 마찬가지로 다양한 사람들과 만났고, 그들의 초대에 기꺼이 응했다. 그들 중에 겉으로는 정직해 보이지만 속으로는 간사한 마음을 품고 있는 사람이 있었는데, 그 사람은 일부러 우리를 귀신들린 집으로 안내해 거기서 자게 하기도 했다. 다음날 아침까지 우리가 무사한지 살펴 자기가 그 집에서 살 수 있는지 확인하려는 속셈에서였다.

댄신 강이 흐르고 있는 골짜기는 대부분이 잘 관리된 경작지였으며, 경치도 아름다웠다. 몇 개의 커다란 사원이 있었고, 넉넉해 보이는 마을 사람들은 인심이 좋았다. 이 지방에서 우리는 소다밭도 구경했다. 티베트인들은 펄펄 끓는 차 속에 반드시 한 줌의 소다를 집어넣는데, 그것은 아름다운 분홍빛을 띠면서 그윽한 향기를 풍겼다.

어느 날 오후, 우리는 보시를 하러 사원으로 가는 중인 유복한 여행자와 마주쳤다. 그는 일부러 발길을 멈춰 서서 우리에게 2루피를 보시하고는, 갑작스런 보시에 어안이 벙벙해진 우리를 남겨두고 가버렸다.

가난한 순례자로 분장한 덕에 우리는 많은 이익을 보았다. 하지만 언제나 이 역할을 충실히 수행한 것은 아니었다. 티베트 깊숙이 들어온 이상 걸식을 하기 위해 돌아다니느라 시간을 낭비할 필요는 없었다. 이처럼 구걸하지도 않았는데 보시를 베푸는 사람이 적지 않았기 때문이다.

일생을 통해 이처럼 돈 안 드는 여행을 한 적도 없었다. 여행을 하는 동안 용덴과 나는 몇몇 탐험가들이 기록해 놓은 내용을 떠올리며 웃음을 짓곤 했다. 그들은 낙타나 야크, 노새의 등에 식료품을 가득 싣고 거금을 지출해 가며 여행을 했지만, 목적지로 들어가는 데에는 번번이 실패하고 말았던 것이다.

우리는 한푼도 안 들이고 이 여행을 마칠 수도 있었다. 하지만 걸식자치고는 사치스러웠던 우리는 당밀 과자와 말린 과일, 질 좋은 차를 마음껏 먹고 마셨으며, 거기에다 많은 양의 버터를 소비했기 때문에 운남성을 출발하여 라싸로 들어가는 4개월의 여행 기간에 무려 1백 루피나 써버렸다.

이 축복받은 땅 아시아에서는 돈이 없어도 쾌적한 여행과 생활을 즐길 수가 있다.

제5장

대빙하와 데오 고개를 넘다

타시체 마을에서 이런 말을 들었다.

"여기서부터 포 지방으로 가는 길은 두 갈래가 있습니다. 골짜기를 따라 가는 길과 산등성이를 타고 넘는 길인데, 골짜기를 따라 가는 길에는 마을도 제법 많고, 절도 몇 군데 있습니다. 강도와 마주칠 위험은 별로 없고, 마주쳐봤자 고작 노상 강도 정도입니다. 그 길로 가면, 탁발을 해서 끼니를 해결하든 돈을 주고 사서 먹든 식량을 구하는 데에는 그다지 어려움을 느끼지 않을 겁니다. 그러나 산등성이를 타고 넘는 길은, 경치는 좋지만 험난한 삼림 지대로 이어져 있습니다. 때문에 포 율(지방)의 첫번째 부락에 도착할 때까지는 사람 구경을 하기 힘들 겁니다. 그 길에는 제법 높은 고개가 두 개나 있어 겨울에 그 길로 여행하는 사람은 거의 없으니까요. 인근 마을에 약탈을 하러 나서는 포 지방의 도적 떼나 가끔 지나다니는 정도라 할까요. 그러나 그들이 스님들과 같은 알조파의 소지품을 노리는 경우는 절대 없습니다. 다만, 자신들의 모습이 노출될까 봐 죽이려고 달려들 수는 있습니다. 올해 들어 큰눈이 온 적이 없기 때문에 아직은 고개를 넘을 수 있겠지만, 아마도 이달 안에 큰눈이 올 겁니다. 그러니 최악의 경우를 미리 생각해 두는 게 좋을 겁니다. 첫번째 산맥을 넘은 뒤에 눈이 쏟아져내리기라도 하면 오도 가도 못하는 신세가 될 수도 있으니 식량을 충분히 가지고 떠나야 할 겁니다. 운이 좋으면 두 산맥 사이의 골짜기에서 겨울을 나고 있는 독파들을 만날 수도 있겠지만, 그들 역시 겨울을 나는 데 필요한 식량밖에는 가지고 있지 않을 테니 그들에게서 보시를 기대한다거나 식량을 구입할 수는 없을 겁니다."

나는 이 정보의 진위를 지도상에서 당장 확인할 수 있었다. 골짜기를 따라 이어진 길은 지도마다 정확히 표시되어 있었지만, 나머지 한 길은 아직 대부분이 미탐험인 상태로 남겨져 있었다. 나는 당연히 후자의 길을 선택하는 것이 마땅하다고 생각했다. 원래 이 두 갈래의 길은 라싸로 가는 길목에 있는 포 지방의 골짜기에서 한 줄기로 합쳐지는 듯했다. 나에게 처음으로 그 골짜기에 대해 이야기해 준 사람은 제쿤도에서 만난 영국인 장군이었다. 그는 티베트의 수도로 가는 도중에 포 지방을 탐험할 것인지 말 것인지 고민 중이던 나에게 격려와 용기를 불어넣어주었다.

그 장군은 조지 페레이라 경이었다. 나와 용덴은 여행 도중 가끔씩 그를 떠올리며, 우리가 여행을 무사히 끝내면 반드시 그에게 우리의 쾌거를 알려주자고 이야기하곤 했다. 그는 우리가 포 지방에 첫발을 내디뎠을 즈음 중국 동부의 한 지방에서 사망했지만, 우리는 그 사실을 전혀 알지 못했다.

페레이라 경이 제쿤도에 도착한 것은 캄 지방의 일부를 여행하려던 나의 계획이 좌절된 직후였다. 캄 지방은 황량한 초원 지대에서 시작하여 참도에서 라싸로 이어지는 남부의 무역로를 포괄하는 광대한 지역인데, 그곳으로 가려던 계획이 앞에서도 그 경위를 밝힌 것처럼 갑자기 수포로 돌아가고 말았던 것이다. 그리하여 거의 강제적으로 출발 지점인 제쿤도로 되돌아온 우리는 그 실패를 반드시 설욕하겠다고 벼르면서 다음 계획을 위해 머리를 짜내던 중이었다.

조지 페레이라 경은 정원을 사이에 두고 내 방과 마주 보이는 방에서 보름 정도 체류했다. 우리는 종종 함께 차를 마셨으며, 흥미 있는 장소를 방문하기도 했다. 상류 계층의 교양 있는 신사인 그는 지리학자이면서 다방면에도 학식이 많았으며, 세계 곳곳을 정력적으로 여행하는 탐험가이기도 했다. 당시 제쿤도에는 그가 모국인 영국 정부의 비밀 임무를 추진하고 있다는 소문이 퍼져 있었는데, 그 내용에 대해서는 의견이 분분했다. 그러나 그 소문이 사실인지 아닌지는 나에게 별로 중요하지 않았다. 그의 개인적인 일에 대해서는 전혀 흥미가 없었기 때문이다.

그는 자신이 북쪽 무역로를 통해 라싸로 들어가고 있는 중이라는 사실을 공공연히 밝혔다. 같은 길을 통해 티베트 국경을 넘으려던 덴마크인이 발목을 잡힌 지 불과 몇 주밖에 지나지 않았건만, 그는 자신이 티베트 정부로부터 칙사 대접을 받으며 그곳에 도착할 수 있을 거라고 확신하고 있는 듯했다. 그리고 정말 그의 말대로 되었다.

그는 여러 장의 지도를 가지고 있었는데, 그 중에는 자신이 그 동안 지나쳐온 지방들의 지형을 손수 그려놓은 것도 있었다. 분주한 하루 일과를 마치면 그는 기억을 되새겨가며 그날 하루 동안 통과한 길과 인상 깊었던 일들을 기록하느라 밤이 깊은 줄도 몰랐다.

고맙게도 그는 그 기록들과 지도들을 보여주었다. 덕분에 나는 많은 정보를 얻을 수 있었으며, 그때 간단히 베껴놓았던 몇 장의 지도는 라싸에 도착할 때까지 많은 도움을 주었다.

어느 날 오후, 그와 함께 차를 마시는 자리에서 나는 앞으로의 여행 계획을 이야기했다. 그때 탁자 위에는 지도가 한 장 펼쳐져 있었는데, 페레이라 경은 포 지역이라 생각되는 가느다란 선을 손가락으로 가리키며 말했다.

"아직까지 이 지방을 여행한 사람은 아무도 없습니다. 라싸로 가는 길에 여행해 볼 만한 곳이지요."

나는 그가 왜 그런 말을 했는지 궁금했다. 즉, 그 길로 가보라고 은근히 암시를 준 것인지 아니면 별다른 뜻 없이 지나가는 말로 한 것인지 몇 번이고 곰곰이 생각해 보았다.

사실 나는 포 지방을 탐험해 보고 싶다는 생각을 오래 전부터 갖고 있었다. 3년 전 쿰붐 사원에 체류하고 있을 무렵에는 그 여행을 위해 용덴과 함께 사전 조사를 하기도 했다. 하지만 중앙 티베트에서 온 상인들이나 캄 지방 사람들에게서 들은 막연한 이야기들은 우리를 머뭇거리게 만들었다. 많은 사람들이 포파(포 지방 사람)들은 사람 고기를 먹는다고 주장했기 때문이다. 그리고 이처럼 극단적인 이야기는 자제하는 사람들 역시 한결같이 입을 모아 하는 말이 있었다. 그것은 바로 포 지방에 발을 들여놓은 타지역 사람들 중에서 그곳을 빠져나온 사람은 아무도 없다는 말이었다.

그리하여 포 지방으로 들어가는 것을 머뭇거리고 있던 차에 페레이라 경의 이야기는 내 결심을 확고히 굳혀주었다.

아직까지 이 지방을 여행한 사람은 아무도 없다고 했것다? 좋았어! 내가 이 산맥들과 고개들을 넘어가봐야지. 라싸로 가는 길에 이보다 더 멋진 일이 있을까? 페레이라 경의 말이 의도적이었건 우연히 나온 말이었건, 나는 그런 결정을 하게 해준 그를 진심으로 고맙게 생각했다.

수많은 모험이 기다리고 있는 포 지방으로 들어가는 마지막 관문인 타시체는 종(성곽. 최근에는 관료의 주거지로 쓰인다ー지은이)이 세워져 있는 고립된 언덕 옆의 넓은 골짜기에 자리잡은 커다란 마을이었다. 타시체는 '번영하고 있는 산꼭대기' 혹은 '번영의 정점'이라는 의미로, 두 가지 해석 다 문법적으로는 틀리지 않다. 골짜기 아래쪽을 지리적으로 산꼭대기라 부르는 것은 무리가 있으므로 부득이 두번째 해석을 취하게 된 것인데, 내가 보기에는 이 역시 첫번째 해석과 마찬가지로 그다지 적합한 표현은 아닌 것 같았다.

날이 새기 직전에 타시체 마을을 벗어나기 시작한 우리는 어둠 속에서 길을 잃고 말았다. 그로 인해 강을 건너야 할 지점을 그냥 지나쳐버렸는데, 그 사실을 깨달았을 때에는 이미 다리에서 상당히 멀리 떨어진 곳까지 와 있었다. 왔던 길로 되돌아가자니 폼포 부하들의 눈에 띨까 겁이 났다. 굳이 위험을 무릅쓰고 싶지는 않았기에 걸어서 강을 건너기로 했다. 강바닥이 얕은 곳을 찾아 물살을 거슬러 올라가자 강이 두 줄기로 갈라지는 지점이 나타났다. 그 중 물줄기가 가는 쪽은 강폭이 넓고 얕았으며, 강 표면이 전체적으로 얼어붙어 있었다. 덕분에 다행히도 강을 건널 수 있게는 되었지만, 신발을 적시면 곤란했기에 우리는 맨발로 강을 건너야 했다. 얇게 얼어 있는 강 표면에 체중이 실리자, 깨어져 나간 얼음이 유리 조각처럼 날카롭게 발을 찔러대는 바람에 몹시 따가웠다. 게다가 중앙으로 갈수록 강바닥은 더욱 깊어져 물살이 허리까지 차오르는 바람에 우리는 옷을 걷어올리고 목욕 아닌 목욕을 해야 했다.

정오 무렵까지 강을 따라 걸었다. 걷다 보니 허기도 지고, 또 산으로 올라가기 전에 언제쯤 다시 물을 발견할지 예측하기도 힘들어 계곡을 빠져나가기 전에 아예 배를 든든히 채워두기로 했다. 36시간 동안이나 물을 마시지 못해 고생한 적도 있지만, 그런 경험은 두번 다시 하고 싶지 않았다.

우리가 가던 길은 급류에 의해 가로막혀 있었다. 댄신 강의 지류인 이 강은 산꼭대기 위에 쌓여 있던 눈이 녹아 생겨난 것인데, 갑자기 물이 불어나자 함께 떠밀려온 산더미 같은 바위 덩이들이 평야를 광범위하게 뒤덮고 있었다. 겨울철을 맞아 갈수기인 지금은 풍수기 때 떠내려온 퇴적물로 인해 몇 갈래로 나누어진 작은 물줄기들이 바위틈을 구불구불 흐르고 있었다.

내가 바쁘게 주변을 돌아다니며 바위틈에서 나뭇가지와 마른 쇠똥을 긁어모으는 동안 용덴은 불 피울 준비를 마쳤다. 우리를 기다리고 있는 높고 가파른 고개들을 향해 힘든 여정을 시작하려면 기운을 돋게 해줄 만한 별식이 필요하겠다는 생각이 들었다. 그래서 우리는 죽을 먼저 먹은 다음에 차를 마시기로 했다. 이 순서는 내가 즉석에서 생각해 낸 것으로, 티베트인들은 이와는 반대로 차를 먼저 마시고 죽을 먹는다.

거창하게 죽이라고는 했지만, 이런 요리에 어떤 이름이 적합할까? 여기서 잠깐 우리의 요리법을 소개한다.

먼저, 용덴은 검은 손때가 묻은 꾀죄죄한 티베트풍의 가방에서 마음씨 착한 농민들이 보시한 돼지고기 한 덩어리를 꺼냈다. 그리고 그것을 얇게 썰어 냄비 안에서 펄펄 끓고 있는 물 속에 한 줌의 소금과 함께 집어넣고는 "무라도 한 덩어리 있었으면" 하고 푸념을 했다. 하지만 희망과는 달리, 냄비 속에서는 별맛도 없는 비곗덩어리 한 점만이 거의 다 풀어진 채 둥둥 떠 있을 뿐이었다. 이 탁한 액체에서는 수챗구멍에서 나는 것 같은 악취가 풍겼지만 이미 방랑 생활에 이골이 난 우리에게는 그 악취가 조금도 역겹지 않았다. 이어서 용덴은 물에 갠 밀가루를 냄비 속에 집어넣었다. 이제 몇 분 뒤에 냄비를 내려놓기만 하면 모든 식사 준비는 끝나는 것이다.

"오늘 죽은 맛이 기가 막히네. 정말 맛있어."

말은 그렇게 했지만 속마음은 달랐다. 아무리 내가 티베트에서 오랫동안 체류하고 있다고는 해도 아직 프랑스 요리에 대한 기억은 남아 있었다.

"하지만 우리 아버지가 기르시던 강아지도 이런 죽은 먹지 않았을 거야."

웃으면서 그렇게 덧붙이고 나서 나는 그릇을 내밀어 한 그릇을 더 청했다.

이젠 차를 마실 차례이다. 관목 잎이나 가지를 압축시켜 돌처럼 단단히 굳힌 벽돌 모양의 덩어리에서 약간의 차를 떼어내어 손가락으로 잘 으깬 다음 물과 함께 한동안 끓이다가 소금과 버터를 첨가한다. 그렇게 끓여낸 차를 미리 사발 속에 쏟아놓은 짬파 위에 부으면 맛있는 두번째 죽이 탄생하는 것이다.

점심 식사를 마치자 몸에도 마음에도 힘이 넘쳐나는 듯했다. 하늘까지라도 올라갈 수 있을 것 같았다. 나는 짐을 가뿐하게 짊어지고 이끼 낀 지팡이를 단단히 부여잡았다. 그럼 떠나볼까! 이제부터 나는 외국인들은 전혀 들어가본 적이 없는 미지의 세계로 들어간다. 오늘 저녁때쯤이면 극소수의 현지 사람들만이 즐기던 그 지역의 경치를 우리도 감상하고 있으리라.

우리가 쉬고 있던 곳에서는 멀리 보이는 산봉우리들을 향해 완만하게 이어진 광대한 골짜기 여기저기에 흩어져 있는 농가들을 볼 수 있었지만 그곳을 지나치자 인가는 더 이상 눈에 띄지 않았다.

길을 나설 때만 해도 우리는 독파들이 여름에 지나다니는 길을 분간할 수 있었다. 하지만 얼마쯤 나아가자 그 길은 풀숲 뒤로 숨어버렸으며, 자갈밭으로 접어들고 나서는 아예 흔적도 없이 사라지고 말았다. 그리하여 우리는 짐작만으로 방향을 결정해 나아가야 했다.

우리가 올라가고 있는 낮은 고원 지대는 곳곳에 작은 구릉과 골짜기가 반복되고 있어 걷기가 수월치 않았다. 게다가 골짜기에는 급류가 꽁꽁 얼어붙은 곳도 있어서 상당히 미끄러웠다. 얼어붙은 급류 위를 기다시피 하여 간신히 빠져나오자 길은 폭넓은 계곡으로 이어졌다. 사람들의 말에 따르면, 여기서부터 한 줄기 강을 따라 거슬러 올라가야 한다고 했지만 공교롭게도 강은 두 줄기였다. 한 줄기는 멀리 떨어진 협곡 바닥을 흐르고 있었고, 다른 한 줄기는 바로 우리 발 밑에서 키 작은 풀과 이끼 사이를 뱀처럼 구불구불 흘러가고 있었다. 그리고 길을 따라 계속 나아가다 보면 겨울에는 비어 있는 독파들의 야영지를 발견할 수 있는데, 거기서 밤을 안전하게 보낼 수 있을 거라고 했다. 우리는 그곳을 꼭 찾을 수 있기를 기원했다. 변변한 장비도 없는 우리 같은 사람들에게 고산 지대의 겨울밤은 너무나도 혹독했기 때문이다. 두 개의 계곡 중 큰 쪽을 택하기로 하고, 그 길을 따라 쉬지 않고 걸음을 옮겼다. 이윽고 해가 저물자 차디찬 바람이 옷 속을 파고들기 시작했다.

독파들의 오두막은 어디에서도 흔적조차 찾아볼 수 없었다. 적당한 곳에 자리를 잡고 불을 피워 야영할 준비를 하는 게 좋을 것 같았다. 산 위로 올라갈수록 추위가 점점 더 매서워졌기 때문이다. 게다가 지금 있는 곳에서도 가시덤불말고는 땔감으로 쓸 만한 나무를 구할 수 없는데, 위로 올라가면 그나마 그것조차 구할 수 없을 것 같았다. 우리는 어디에서 야영을 하면 좋을까 주변을 둘러보기 위해 잠시 멈춰 섰다. 바로 그때, 멀리 떨어져 있는 건너편 강둑 쪽에서 노란색 반점이 눈에 띄었다. 나무가 자랄 수 있는 지대는 이미 한참 전에 지나쳐 왔으므로 마른 이파리들을 달고 있는 나무일 리는 없었다. 멀어서 제대로 볼 수는 없었지만, 그것은 분명 자연물이 아니라 사람이 인공적으로 세워놓은 것 같았다. 혹시 초가집은 아닐까?

사실 하룻밤 묵을 장소를 찾겠다는 마음보다는 호기심이 더 컸다. 가까이 다가갈수록 노란색 반점은 점점 더 크게 보였지만, 그것이 무엇인지 판단하기란 좀처럼 쉽지 않았다. 좀더 가까이 다가가자 그것은 들보 위에 얹혀 있는 이엉처럼 보였다. 그렇다면 지붕? 드디어 독파들의 오두막을 찾았구나! 우리는 마을 사람들이 말한 야영지에 도착한 것이라 생각했다. 그러나 강을 사이에 두고 그것이 정면으로 마주 보이는 지점에 도착했을 때, 우리의 예상이 빗나갔음을 깨달았다. 그것은 사람들이 야영지를 떠나면서 겨울에 들짐승들이 뜯어먹지 못하도록 들보 위에 쌓아 올려놓은 짚단이었던 것이다.

"오두막을 발견하지 못해도 상관없어. 마른 잎을 이용하면 되니까. 지팡이로 몇 단 끌어내려 바닥에 깔면 푹신푹신한 마른 잎 위에 누워 편안한 밤을 보낼 수 있을 거야. 얼어붙은 맨바닥에 눕지 않아도 되니까 한기도 느끼지 않을 거고, 바람도 막아줄 거야. 강을 건널 때 냄비에 물을 떠가지고 가면 자기 전에 뜨거운 차를 마실 수도 있을 거고."

나는 용덴에게 말했다.

거기까지는 골짜기 아래까지 내려갔다가 깎아지른 벼랑처럼 가파른 언덕길을 다시 올라가야 하는 아주 힘들고도 먼 길이었다. 그러나 고생한 보람은 있었다. 우리가 찾아간 짚더미 뒤쪽에는 뜻밖에도 지붕까지 딸린 커다란 가축 우리가 몇 동 숨어 있었던 것이다. 그곳이 바로 독파들의 야영지였는데, 그 중 한 동에는 양치기들이 기거하는 간이 숙소도 있었다. 가축 우리의 일부분을 격자 모양의 튼튼한 벽으로 가로막아서 만든 그곳은 아궁이뿐만 아니라 지붕도 갖추고 있었다. 가축 우리 안에 자리잡은 이 인간의 주거 공간에는 복사뼈에 닿을 만큼 켜켜이 쌓인 가축들의 마른 똥이 여기저기 널려 있었는데, 양 떼가 밤마다 돌아왔을 계절에는 이곳이 얼마나 지저분했을지 안 봐도 눈에 선했다. 또 오늘 밤 여기에서 잠을 잘 때 얼마나 지독한 악취가 풍길지도 충분히 짐작이 갔다. 그러나 눈앞에 산더미처럼 쌓여 있는 이것들이 모두 연료라 생각하니 천국이 따로 없는 것 같았다.

이 산꼭대기에 우리말고 다른 사람들이 있을 것이라는 생각은 들지 않았다. 하지만 강도를 조심해야 한다던 마을 사람들의 충고를 잊지 않고 우리가 있는 곳과 가축 우리 사이에 올가미를 설치했다. 땅바닥에 닿을락 말락 줄을 쳐서 밤에 밖에서 침입해 오는 사람이 있다면 몇 발짝 못 가서 줄에 걸려 넘어지도록 하여 그 소리에 잠에서 깰 수 있도록 해놓은 것이다. 이제 그것으로 충분했다. 남은 일은 자는 동안에 허를 찔리는 일이 없도록 하는 것이다.

나는 몸이 떨려오는 추위에도 아랑곳하지 않고 보름달이 환히 비치는 그 황량한 여름 피서지 주변을 산책하며 오랜 시간 밖에서 머물렀다.

그 순간 거기에 있다는 사실이 무척 행복했다. 아직 미탐험 지대로 남아 있는 봉우리들을 눈앞에 둔 길목에서 그처럼 완벽한 정적 속을 홀로 걸으며 나는 불교 경전 속의 한 구절처럼 "고독과 정적이 가져다주는 감미로움을 마음껏 음미"했다.

정오에 고개를 넘으려면 독파들의 야영지를 한밤중에 출발해야만 했지만 지난밤에 오랫동안 걸어다닌 탓으로 피곤에 지친데다가 옆에서 활활 타오르며 몸을 따뜻하게 해주고 있는 장작불의 열기에 취해 예정보다 늦잠을 자고 말았다. 그렇다고 해서 아무것도 먹지 않은 채, 특히 뜨거운 차도 한잔 마시지 않고 출발할 수는 없었다. 앞으로 오르고자 하는 높은 산봉우리 위에는 땔감이 없을 게 분명했기 때문이다. 게다가 산꼭대기 위에서 무슨 일이 일어날지, 그리고 반대편 사면을 내려오는 데 몇 시간이나 걸릴지도 짐작할 수 없었다. 그뿐 아니라 과연 고개를 넘을 수나 있을지도 확실치 않았다. 타시체 마을 사람들은 별일 없으면 넘을 수 있을 거라고 말했을 뿐이다.

그러나 용덴은 강에까지 물을 뜨러 갔다 오는 일을 머뭇거렸다. 거기까지는 거리도 만만치 않았지만, 어제부터 흐름이 거의 멈춰 있던 그 작은 강줄기가 밤새 꽁꽁 얼어 있을 게 틀림없었기 때문이다. 이 귀찮은 일을 어떻게든 피해보려고 용덴은 이런저런 핑계를 내세웠지만 결국은 물을 떠왔고, 우리는 차를 끓여 마실 수 있었다. 그러고 나니 그곳을 출발할 때에는 이미 날이 밝아오고 있었다.

정오가 조금 못 돼서 멀리서 라체(표석) 하나가 보이기에 우리는 그곳이 고개인 줄 알았다. 하지만 그것은 착각이었다. 라체가 세워져 있는 고갯마루에 오르고 보니 그 뒤쪽으로는 메마르고 황량한 길이 끝없이 이어져 있었다. 붉은 빛깔의 토사로 뒤덮인 강파른 급사면과 회색과 붉은빛이 혼합된 신비스러운 색조의 절벽이 양쪽에 각각 버티고 서 있는 길이었다. 독파들의 다른 야영지라도 있을까 해서 찾아보았지만 허사였다. 이 주변이 전체적으로 불모 지대인 것을 보면, 독파들이 이렇게 높은 곳까지 양 떼를 몰고 왔을 리는 없을 거라는 생각이 들었다.

정면에는 불그스름한 빛깔의 산등성이가 골짜기를 가로막듯 버티고 서 있었는데, 수평에 가까운 그 능선은 군청색 하늘에 강한 선을 그리고 있었다. 그 산의 정상은 우리가 그 동안 지나온 봉우리들 중에서 가장 높아 보였다. 거기까지는 거리가 그다지 멀지 않았으나 고산 지대라 공기가 희박한데다가 무거운 짐을 짊어진 채 경사면을 기어오르자니 아무리 가도 끝이 없는 것만 같았다. 그러나 목적지인 고갯마루를 올려다보며 기운을 차려 발걸음을 재촉했다. 다만 힘겹게 걸음을 옮기면서도 한 가지 마음에 걸리는 일이 있다면, 고갯마루 위에 있어야 할 라체가 보이지 않는다는 것이었다. 티베트인들은 대체로 고개로 향하는 길목에도 라체를 세우기 때문에 고갯마루에는 당연히 라체가 있어야 했다. 우리가 고개라고 생각하던 지점에 도착하고 나자 라체가 보이지 않았던 이유는 자연스럽게 밝혀졌다.

아! 그 순간의 내 심정을 어떻게 설명해야 할지⋯⋯. 그것은 감동과 실망이 뒤섞인, 말로는 표현할 수 없는 어떤 강렬한 느낌이었다. 우리는 찬탄과 놀라움과 두려움에 몸을 떨었다. 골짜기로 둘러싸인 길을 걷는 동안에는 전혀 볼 수 없었던 엄청난 광경이 순식간에 우리 앞에 모습을 드러냈기 때문이다.

왼쪽으로는 광막한 설원이 펼쳐져 있었으며, 아득한 그 고원의 끝에는 청록색 빙하와 순백의 만년설로 뒤덮인 봉우리들이 보였다. 오른쪽으로는 완만한 언덕길로 이어진 넓은 계곡이 지평선 끝에 솟아 있는 봉우리들을 향해 일직선으로 뻗어 있었다. 정면으로도 서서히 솟아오르는 광대한 고원이 아득히 먼 곳까지 이어져 있었는데, 그 끝이 고개의 정상인지 아니면 끝도 없는 다른 고원으로 연결되고 있는 것인지는 알 수 없었다.

그것은 어떠한 묘사로도 정확히 설명할 길 없는, 상상을 초월하는 풍경이었다. 마치 신이 모습을 가리고 있는 장막 앞에서 신자들을 무릎 꿇게 만드는 듯한, 사람들을 압도하는 광경이었다.

그러나 최초의 경탄이 가시자 용덴과 나는 아무 말 없이 서로의 얼굴만 바라볼 뿐이었다. 우리가 처한 상황을 피차 너무도 잘 알고 있었기에 아무 말도 필요치 않았다.

이제 어느 쪽으로 가야 하지? 고개로 가려면 오른쪽으로 난 길을 택해야 하는 걸까, 아니면 정면을 향해 곧장 나아가야 하는 걸까? 이제 곧 날이 저물기 시작할 텐데, 자칫 방향을 잘못 택하기라도 한다면 우리는 꽁꽁 얼어붙은 산꼭대기 위에서 밤새도록 길을 헤매게 될지도 몰랐다. 그것이 얼마나 위험한 일인지는 티베트에서의 오랜 등산 경험을 통해 잘 알고 있었다. 이 지역에 대한 탐험은 어쩌면 시작과 동시에 막을 내릴지도 모를 일이라 과연 우리가 살아남아서 먼 훗날 우리의 탐험담을 이야기할 수 있을는지 장담할 수 없었다.

일 년 중에 해가 가장 짧은 시기이긴 했지만 해가 지려면 아직 시간이 좀 남아 있었다. 다행히도 오늘 밤에는 밤새도록 달이 떠 있을 것이다. 아직까지 걱정할 만한 일은 아무것도 일어나지 않았다. 길을 제대로 찾아 서둘러 가기만 하면 되는 것이다.

나는 오른쪽에 펼쳐진 계곡의 상태를 관찰하고자 그쪽으로 잠시 눈을 돌렸다. 그런 뒤 앞으로 곧장 나아가기로 결정하고 서둘러 출발했다.

탐험이 가져다주는 즐거움이 다시금 내 마음을 들뜨게 했다. 앞으로 나아갈수록 점점 깊어지는 눈길을 헤치면서 나는 상당히 빠른 속도로 전진했다. 고개에 도달하고 싶다는 소망과 방향 설정이 잘못된 것이라면 한시라도 빨리 진로를 수정해야겠다는 일념으로 나보다 무거운 짐을 짊어진 용덴을 앞질러 나갔다.

둘 사이의 거리가 상당히 벌어지기 시작했다. 용덴이 어디쯤 오고 있는지 확인하기 위해 몸을 돌려 뒤쪽으로 시선을 보냈다.

그 순간, 내 눈 속에 들어온 광경을 나는 결코 잊을 수가 없을 것이다.

고요한 순백의 대설원 속에 파묻힌 채 아득히 먼 곳에서 보일 듯 말 듯한 작은 흑점 하나가 천천히 움직이고 있었다. 마치 작은 곤충 한 마리가 커다란 널빤지 위를 온 힘을 다해 기어오르고 있는 것 같았다. 지금까지 '눈의 나라' 티베트에서 장엄하고 위압적인 광경에 눈을 빼앗긴 적이 비단 한두 번만은 아니었다. 그러나 높은 봉우리들과 빙하로 둘러싸인 이 광막한 공간에 비해, 신기루와도 같은 이 환상적인 공간을 탐험해 보겠노라고 단둘이 이곳을 찾은 여행자의 모습은 너무나 작고 나약해 보였다. 말로는 다 할 수 없는 깊은 비애감이 가슴속 저 밑바닥에서부터 솟구쳐 올라왔다. 아, 나는 어쩌자고 이처럼 무모하고도 기나긴 여정에 용덴을 끌어들였단 말인가! 용덴은 나에게 무척이나 충실했다. 티베트의 높은 산 속에서 길 잃은 순례자들의 주검을 심심찮게 봐왔지만, 그는 자신이 그와 같은 적막 속에서 생명을 잃을 수 있다는 생각은 한 번도 해보지 않았을 것이다. 나로서야 그렇게 죽는 것이 소망이기는 하지만, 그는 그런 죽음을 원치 않을 것이다. 그러니 어서 길을 찾아내기로 하자! 나는 반드시 길을 찾아내야 한다. 지금까지 수없이 많은 어려움을 극복해 왔듯이 이번에도 모든 일은 반드시 순조롭게 풀릴 것이다.

쓸데없는 감상에 사로잡혀 있을 때가 아니었다. 어느덧 황혼이 짙게 깔리고 있었다. 제대로라면 이 시각에 우리는 이미 반대편 사면의 아래쪽을 내려가고 있어야 했다. 나는 보폭을 넓혀 성큼성큼 걷기 시작했다. 때로는 이끼 낀 지팡이를 이용해 펄쩍 뛰면서 한시도 멈추지 않고 길을 재촉했다. 마침내 눈 덮인 작은 언덕이 보였다. 그리고 언덕 위에 꽂힌, 몇 개의 마른 나뭇가지도 보였다. 나뭇가지에는 얼어서 빳빳해진 작은 깃발이 달려 있었다. 가장자리에 얼음까지 매단 그 작은 깃발은 바람에 펄럭이며 쉿소리를 내고 있었다. 라체(표석)였다! 마침내 고개 정상에 도달한 것이다. 나는 용덴에게 신호를 보냈다. 그의 모습은 어느 때보다도 멀고 작게 보여, 저녁 어스름 속에 거의 묻혀버린 듯했다. 처음에 그는 내 손짓을 알아보지 못한 것 같았다. 그러나 얼마 뒤 바로 지팡이를 흔드는 것이 보였다. 내가 도착했다는 걸 알아차린 것이다.

라체 옆에서 용덴을 기다리는 동안 하늘 위로 달이 떠올랐다. 달빛은 빙하와 눈을 이고 있는 봉우리들과 광활한 설원, 그리고 우리가 이제부터 가려고 하는 미지의 골짜기들까지 골고루 비춰주고 있었다. 낮에 우리의 시선을 빼앗았던 무심한 풍경은 달빛을 받아 깨어난 듯 여기저기 빛을 쏘아대고 있었으며, 바람에 실려온 낮은 속삭임은 마치 서로의 소식을 전하고 있는 것 같았다. 엷은 빛을 발산하고 있는 이 적막한 설원에서는 얼어붙은 폭포의 요정과 눈의 요정, 그리고 비밀 동굴이나 땅의 정령들이 모두 모여 춤을 추며 즐거운 시간을 보낼 준비를 하고 있는지도 모른다. 아니면, 차가운 갑옷으로 몸을 감싼 채 이 전인 미답의 땅 입구를 지키고 있는 청록색 거인들 사이에서 뭔가 중대한 회의가 열릴지도 모를 일이다. 어느 대담한 여행자가 있어 새벽녘까지 이곳에 숨어 있을 수만 있다면 그 비밀을 알아낼 수 있을지도 모르겠다. 하지만 이런 강추위 속에서 밤을 지샌다는 것은 도저히 불가능하기 때문에 이 매력적인 밤의 비밀은 결코 밝혀지는 일이 없다.

밤에는 티베트인들도 '라 걀로' 라는 함성을 지르지 않는다. 나는 이 습관

을 좇아 오래 된 산스크리트 만트라(진언)를 하늘땅 동서남북의 여섯 방향에
대고 외우는 것으로 그것을 대신했다.

"슈밤 아스투 살바자가탐(모든 사람들이 행복해지기를)."

내가 보낸 신호를 알아차린 용덴은 용기를 얻은 듯 속도를 내어 순식간에
정상으로 올라왔고, 우리는 더 이상 늦어지지 않도록 곧바로 언덕을 내려가
기 시작했다.

길은 찾기 쉽도록 확실하게 나 있었다. 이쪽 경사면에는 눈이 그다지 깊
게 쌓이지 않아 노란색 자갈이 깔린 노면이 여기저기에 그대로 드러났다.

우리가 넘은 이 데오 고개는 몇 미터나 될까? 정확히 관측해 보지 않은 이
상 확실하지도 않은 이야기는 삼가는 게 좋을 듯싶다. 하지만 몇 년 동안 티
베트 주변의 고산 지대를 여러 군데 돌아다녀본 결과, 식물이나 그 밖의 다
른 특징 등을 높이가 알려져 있는 산 위에서 관찰한 것들과 비교해 보면 그
높이를 대략 짐작할 수 있는 경우가 많았다. 고개를 오르는 동안 나는 식물
이나 지의류 같은 것들을 유심히 관찰했다. 관찰해 본바 데오 고개의 높이
는 두 달 전에 넘은 도칼 고개나 낙 고개, 그 밖에 내가 알고 있는 몇몇 고개
들과 거의 같거나 약간 높은 듯했다. 따져보니 대략 5천7백 미터쯤 되는 것
같았다. 그러나 이것은 어디까지나 단순한 짐작에 불과하다.

연료로 사용할 땔감이 있는 지대에 도달하려면 어두워지고 나서도 몇 시
간은 더 걸어야 한다는 사실을 알고 있었지만, 그 일이 그렇게 끔찍하게 여
겨지지는 않았다. 중요한 것은 우리가 고개를 제대로 찾아냈으며, 그 고개
를 무사히 넘었다는 사실이었다. 나는 이 탐험의 시작에 행운이 따라준 것
이 무엇보다도 기뻤다.

유쾌한 기분을 그대로 유지하며 어느 골짜기에 도착했다. 그런데 골짜기

를 흐르던 강물이 꽁꽁 얼어붙어, 거울처럼 미끄러운 얼음이 바닥 한 면을 뒤덮고 있었다. 당연하게도 길은 그 얼음 속으로 자취도 없이 사라져버렸고, 우리는 방향을 알려주는 표지를 찾기 위해 다시금 이리저리 헤매야 했다. 다행히 산기슭에서 한 줄기 길을 발견한 이후로는 평탄하고 완만한 내리막길이 이어져 걸음이 한결 편해졌다.

밝은 달빛 아래에서의 산책은 정말로 환상적이었다. 한동안 그렇게 가다 보니 고지대의 초원에 드문드문 자란 나무 덤불이 보였다. 이 일대에서 나무가 있는 곳은 그곳뿐이었다.

불을 피우지 않고 밤을 지샌다는 건 생각도 할 수 없었다. 얼음처럼 차가운 바람이 눈 덮인 산꼭대기에서 불어와 제법 넓은 계곡 전체를 휩싸고 돌았다. 시간이 갈수록 바람이 점점 거세졌지만 피할 만한 장소는 어디에도 보이지 않았다. 몸을 바삐 움직여 열을 내는 것말고는 마땅한 대처 방법이 없었다.

새벽 2시까지 쉬지 않고 걸었다. 무려 열아홉 시간 동안 한시도 쉬지 않고, 갈증과 허기를 참아가며 강행군을 한 것이다. 의외로 피로감은 느껴지지 않았지만, 주체할 수 없이 쏟아지는 졸음은 견디기 힘들었다.

용덴이 언덕 쪽으로 땔감을 찾으러 간 사이 나는 여름에 포 지방과 댄신 지방을 왕래하는 여행자들의 야영지로 보이는 강기슭의 평지에서 연료를 발견했다. 당장 용덴을 소리쳐 부른 뒤 마른 야크 똥을 최대한 많이 긁어모았다. 적막하기 그지없는 이 너른 황야에 단둘만 있다고 확신한 우리는 약간의 덤불로 둘러싸인 낮은 평지에 텐트를 치기로 했다. 일단 불을 지펴야 했다. 나는 유와(마른 야크 똥)를 날라다가 땅바닥에 내려놓았고, 용덴은 티베트 사람들처럼 허리띠에 매달고 다니던 작은 귀중품 주머니에서 부싯돌과 부시를 꺼냈다.

그런데 어떻게 된 일인지 불꽃이 일어나지 않았다. 용덴이 몇 번이나 시도를 해보았지만 헛수고였다. 그의 행동은 불꽃을 일으키려고 손가락 끝으로 흙덩이를 두드리는 꼴이었다. 이상하다 싶어 부싯돌이 들어 있던 주머니를 살펴보고 난 용덴은 그것이 젖어 있음을 발견했다. 고개를 넘으려고 설원을 지나오는 동안 젖어버린 듯했다.

원인을 알아냈다고 해서 불을 피울 수 있는 것은 아니었다. 상황은 여전히 심각했다. 우리가 있는 곳은 더 이상 산꼭대기가 아니었기 때문에 이제 몇 시간만 지나면 해가 떠오를 것이다. 주변에 흐르는 강물이 두꺼운 얼음층을 깔아놓기는 했지만 동상에 걸릴 위험은 없었다. 그렇기는 해도 계절이 계절인지라 이렇게 추운 밤에 한데에서 잤다가는 폐렴과 같은 치명적인 병에 걸릴 위험이 매우 컸다. 용덴은 도움도 안 되는 부싯돌이 들어 있던 주머니를 바닥에 내려놓으며 불쑥 내게 말했다.

"제쯘마(종단에 속한 여승에게 붙이는 존칭어—지은이)께서는 츠모 레키앙의 비법을 터득하셨으니 불이 없어도 지내실 수 있을 겁니다. 그러니 어머님의 몸이나 따뜻하게 하십시오. 저는 상관하지 않으셔도 됩니다. 저야 혈액순환이 잘 되도록 뛰거나 달리거나 하면 병에 걸리는 일은 없을 테니 염려하지 마십시오."

실제로 나는 곰첸(은자) 밑에서 체온을 높이는 비술을 배운 적이 있었다. 오랫동안 나는 책에서 읽거나 사람들한테 들어서 알고 있던 티베트의 여러 가지 비술에 대해 남다른 흥미를 가지고 있었다. 평소 과학적 사고 방식에 빠져 있던 나는 그러한 비술들을 직접 배우면서 실험해 보는 기회를 가져보고 싶었다. 그러나 그 기회는 쉽게 오지 않았다. 나는 그 비법을 습득하기 위해서라면 어떠한 일도 감수하겠다는 확고한 결의를 보인 뒤 상당히 고되고 때로는 적잖은 위험이 따르기도 하는 몇 가지 시련을 통과한 뒤에야 그 기회를 가질 수 있었다. 그리하여 그 비법을 직접 습득했을 뿐 아니라 다른 사람들의 기술을 '목격' 하기도 했다.

나는 츠모 수행자들이 거센 돌풍이 불어닥치는 한겨울 밤에 하루도 거르지 않고, 손가락 하나 까딱하지 않은 채 눈밭에 가만히 앉아서 선정(禪定)에 잠기는 모습을 지켜보았다. 그리고 그들의 제자들이 강가에서 상상을 초월하는 훈련을 받는 모습도 지켜보았다. 한겨울 밤 보름달 아래서 그들은 옷을 다 벗어젖힌 채, 얼음장처럼 차디찬 물 속에 담갔던 천 조각을 자신의 체온으로 말렸다. 한 장의 천이 다 마르면 그 즉시 다른 천을 어깨 위에 걸쳤다. 물에서 꺼내는 순간 얼어서 빳빳해진 그 천은 얼마 지나지 않아 마치 불에 달군 프라이팬 위에 놓인 것처럼 김을 내뿜기 시작했다. 나는 이 기묘하고도 신통한 비술을 체득하기 위한 훈련도 했다. 그리고 이 경험을 확실하게 심화시키겠다는 마음으로 해발 3천9백 미터의 겨울 산에서 수도승들이 몸에 걸치는 얇은 천 조각 한 장만을 두른 채 다섯 달 동안이나 그 기술을 실행했다. 그러나 일단 그것을 터득하고 나자 더 이상 훈련을 계속하는 것은 시간 낭비라는 생각이 들었기에 좀 덜 추운 곳으로 거주지를 옮겼고, 그 이후로는 다시 예전처럼 따뜻한 옷을 입고 불을 피우며 생활해 왔다. 때문에 용덴이 생각하는 것처럼 츠모 레키앙 기술을 습득한 사람과는 거리가 멀었다.

내가 용덴에게 말했다.

"가서 마른 똥과 나뭇가지 좀 구해가지고 오렴. 많을수록 좋겠다. 그렇게 움직이다 보면 몸이 어는 것도 막을 수 있을 거야. 그 동안 나는 불을 일으킬 수 있는 방법을 생각해 보마."

용덴은 연료를 모아 와봤자 별수 없을 거라고 확신하면서도 내 말을 따랐다. 그러나 내게는 생각이 있었다. 부시와 부싯돌은 단지 젖었을 뿐이다. 그렇다면 이것들을 내 체온으로 데워서 말린다면 다시 사용할 수 있을 것이다. 내가 츠모 레키앙을 배울 때 젖은 시트를 체온으로 말린 것과 마찬가지 방법으로 말이다. 사실 츠모 레키앙은 고산 지대에 사는 은자들이 추위로부터 자신의 몸을 보호하기 위해 고안한 방법에 불과한 것으로, 종교와는 무관했다. 그러므로 그것을 일상 생활에서 사용한다고 해서 문제 될 건 없었다.

나는 부시와 부싯돌, 그리고 한 줌의 이끼를 옷 속에 집어넣고 앉아 츠모 레키앙 기술을 실행하기 시작했다. 앞서 이야기한 것처럼 야영을 하기 위해 걸음을 멈추었을 때 나는 졸음이 쏟아져 정신을 차릴 수 없을 정도였다. 텐트 치는 것을 돕고, 불을 피우기 위해 분주히 몸을 움직이자 어느 정도 졸음이 달아나긴 했지만 그렇게 혼자 앉아 있으려니 다시금 서서히 졸음이 쏟아지기 시작했다. 그러나 혼신을 다해 츠모 기술을 실행하는 데 생각을 집중했다. 이윽고 불길이 내 몸을 에워싸며 피어오르더니 점점 활활 타올라 나를 완전히 포위했고, 내 머리 위에서 혀를 날름거렸다. 내 마음은 평온한 상태로 느즈러져갔다.

대포 소리 같은 폭음에 소스라치게 놀라 정신을 차렸다. 강에서 얼음이 깨어져 나가는 소리였다. 그 순간, 맹렬히 타오르던 불길이 마치 땅 속으로 꺼지듯 한순간에 사그라지고 말았다. 나는 눈을 떴다. 바람은 한층 더 거세게 불어대고 있었다. 서둘러야 한다. 부시와 부싯돌, 그리고 이끼가 이번에는 제 기능을 제대로 발휘할 것이라고 나는 확신했다. 몸을 일으켜 텐트를 향해 걸어가면서도 마음은 여전히 꿈속을 헤매고 있었다. 나는 내 머리에서, 그리고 손가락 끝에서 불꽃이 피어오르는 것을 느꼈다.

땅바닥에 마른 풀잎을 깔고 그 위에 잘게 부순 마른 똥을 올려놓았다. 그리고 부시를 쳤다. 불꽃이 일었다. 다시 한번 부시를 쳤다. 그러기를 몇 번, 작은 불꽃이 활활 타올라 점점 커지면서 번져나갔다. 마치 살아서 움직이는 것 같았다. 작은 나뭇가지를 보충해 주자 불길은 점점 높이 솟아올랐다. 넓은 소매 속에 마른 똥을 담고, 나뭇가지를 한 아름 안고 돌아온 용덴은 그 광경을 보자 놀라서 소리쳤다.

"어떻게 된 겁니까?"

"츠모의 불이지."

내가 웃으며 대답하자 용덴이 나를 빤히 쳐다보았다.

"얼굴이 새빨갛네요. 눈도 좀 번뜩거리는 것 같고요."

"아니, 괜찮아. 그보다는 우선 버터차를 끓이자. 뜨거운 차를 한잔 마셔야겠다."

자고 난 뒤 몸에 이상이라도 생길까 싶어 내심 걱정이 되었지만, 다음날 텐트 속으로 아침 햇살이 비치기 시작했을 때 나는 가뿐한 상태로 아침을 맞이했다.

그날 데오 고개를 출발한 우리는 그 골짜기에서 벗어나, 사방이 가파른 능선들로 둘러싸인 넓은 계곡에 이르렀다. 햇살은 따사로웠고, 흰 구름이 솜털처럼 가볍게 떠 있는 푸른 하늘은 이제껏 봐오던 하늘에 비해 색깔이 좀 옅은 편이었다. 우리가 발을 들여놓은 지역에는 사람들의 자취가 전혀 보이지 않았다. 야영을 한 흔적은 물론이고 주거지로 생각할 만한 것은 어디에서도 찾아볼 수 없었다. 우리는 이 대지에 최초이자 유일하게 발을 들여놓은 땅주인이 자신의 영역을 돌아보는 듯한 기분으로 유유히 걸어나갔다.

몇 갈래의 물줄기가 흘러드는 맑은 물줄기만 따라 나아가면 됐기 때문에 길을 잃을 염려는 없었다. 몇 시간 동안 쉬지 않고 걸음을 옮기던 우리는 초원 위에 여기저기 흩어져 있는 희미한 흑점을 발견했다. 거기까지는 아직 멀었기에 그것이 무엇인지는 확실하게 알 수 없었지만, 나는 독파들이 이 근처 목장에서 겨울을 난다고 했던 타시체 마을 사람들의 말을 떠올리며 그것이 야크일 거라고 생각했다. 그래서 우리는 독파들의 오두막을 찾아 헤매기 시작했다.

족히 한 시간 이상은 더 걷고 나서야 우리는 고지대에 사는 티베트인의 관습대로 회반죽을 바르지 않고 돌만 얹어 지은 야영지를 발견했다.

쵸르텐과 작은 멘동은 그 지역 사람들의 자비심을 보여준다. 그러나 다른 나라에서도 마찬가지이겠지만, 티베트에서도 사람들이 신앙심을 겉으로 드러낸다고 해서 반드시 호의나 자선을 베푸는 행동이 따르는 것은 아니다. 야영지로 가서 하룻밤 쉬어가기를 청한 용텐은 "우리와는 상관없는 일이니 다른 곳에 가서 알아보라"는 말로 보기 좋게 거절을 당했다.

할 수 없이 골짜기 아래로 더 내려간 우리는 저녁 늦게야 바람을 피할 만한 장소를 찾을 수 있었다. 그런데 그곳은 공교롭게도 독파들이 죽은 사람의 뼈를 놓아두는 장소였다. 흔히 죽은 사람의 뼈를 놓아두는 곳이라면 납골당을 떠올리기 쉽다. 그러나 티베트에는 그런 곳이 없다.

라마교인들은 불교 신자들과 마찬가지로 화장(火葬)을 신봉한다. 그러나 티베트에는 거의 대부분의 지역에 땔감이 부족하기 때문에 화장을 하는 데 어려움이 있다. 지위가 높은 성직자의 경우에는 화장하는 동안 연료가 떨어질 것을 우려하여 화장대(火葬臺) 대신 버터를 넣은 가마솥 안에 시신을 넣고 태우기도 한다. 그러나 대부분의 경우, 사체는 토막이 난 채 산 위에 버려져 대머리수라나 야생 짐승들의 먹잇감이 된다. 살점이 다 뜯어먹히고 뼈만 남아 완전히 건조되면 가족들은 그 뼈들을 남김없이 주워모은 뒤 라마승에게 인도한다. 그러면 라마승은 그 파편들을 고운 가루가 될 때까지 잘 빻은 다음 흙을 섞어서 일정한 형태를 만든 뒤 '짜 짜'라 불리는 작은 쵸르텐을 몇 개쯤 만든다. 그런 다음 마을 옆에 있는 짜 짜 보관소나 동굴 안, 혹은 다른 깨끗한 장소에 보관한다.

우리가 도착한 곳은 짜 짜를 보관하는 원두막이었는데 마침 빈 곳이 남아 있어서 잠을 자기에는 충분했다. 그러나 주변에서 마땅히 연료로 쓸 만한 재료를 구할 수도 없었고, 독파들의 오두막은 모두 문이 잠겨 있었기 때문에 불기 없는 지붕 아래서 굶고 잘 것인지, 불을 피우고 식사를 할 수 있는 곳에 가서 하늘을 지붕 삼아 잘 것인지 선택을 해야 했다. 결국 후자를 택하기로 하고, 수풀로 둘러싸인 작은 바위들 틈에서 밤을 보냈다.

다음날, 강을 따라서 계속 걷다가 오후에 다리 앞에 도착했다. 다리가 귀한 이 나라에서, 여름에 독파들만 간간이 지나다닐 뿐 인적이 거의 없는 이런 길에 다리가 걸려 있다는 사실이 매우 놀라웠다. 물론 이 나라에서 볼 수 있는 다리는 서양인들에게 익숙한 다리와는 구조부터 달랐다. 마주 보이는 강둑 위에 길고 가느다란 어린 전나무 가지 네댓 개를 걸쳐놓고 그 위에 납작하고 커다란 돌을 적당한 간격을 두고 띄엄띄엄 올려놓은 것, 그게 바로 다리였다.

비록 어설픈 다리이긴 했지만, 여기에 걸려 있는 데에는 이유가 있을 것 같았다. 혹시 여기서부터 건너편으로 길이 이어지는 것일까? 그러나 우리가

서 있는 이쪽에도 넓은 길이 선명하게 계속 이어져 나가고 있었다. 우리는 잠시 생각에 잠겼다. 어떻게 하는 게 좋을까? 강을 건너는 게 좋을까, 아니면 지금까지 오던 길을 따라 나아가는 게 좋을까?

생각 끝에 다리를 건너기로 했다. 그러나 얼마 못 가 우리의 선택이 잘못되었음을 깨닫게 되었다. 우리가 발을 들여놓은 곳은 가시덤불이 우거진 늪지대였던 것이다. 길은 더 이상 흔적도 찾아볼 수 없었다. 야영할 만한 곳이 있다면 거기서 밤을 보낸 뒤 내일 아침에 길을 찾아보리라는 생각에 주변을 둘러보았다. 그때 강기슭에서 가축을 돌보고 있는 소년들이 눈에 띄었다. 가시덤불을 헤치고 그들이 있는 곳으로 가서 길을 물어보았더니, 우리가 조금 전까지 있었던 건너편에 독파들의 야영지가 있다고 말해 주었다. 또한 지금 우리가 있는 장소는 세 고개로 향하는 산기슭에 해당하며, 세 고개 모두 포 지방으로 이어지고 있다고 했다. 그러면서 한 고개는 큰눈이 쌓여 넘을 수 없다고 잘라 말했다. 그러나 나머지 두 고개에 대해서는 자세히 알지 못하는지, 둘 중에 한쪽 혹은 양쪽 다 어쩌면 넘을 수 있을 거라고만 말했다.

소년들과 이야기를 하고 있는데 한 아낙네가 다가왔다. 그 아낙네 역시 포 지방으로 가는 길은 세 갈래로 나눠져 있다며, 방금 들은 것과 똑같은 이야기를 했다. 그리고 애그니 고개라 불리는 가운데 고개를 넘는 게 좋을 거라는 충고를 하면서, 이대로 곧장 고갯길로 접어들어 갈 수 있는 데까지 가다가 물과 땔감이 보이는 장소에서 야영을 한 뒤 내일 새벽이 되면 다시 출발하는 것이 가장 좋은 방법이라고 했다. 그러면서 거리가 무척 멀기 때문에 설령 고개의 상태가 양호하더라도 고갯마루 부근에서는 깊게 쌓인 눈길을 헤치고 나가야 할 것이므로 빨리 걸을 수 없을 것이라는 말도 덧붙였다.

눈과 악전고투를 벌이며 산맥 하나를 넘어온 지 얼마 안 된 우리에게 그 말은 그다지 반갑게 들리지 않았다. 아낙네의 설명을 듣고 있자니 다리에 힘이 쭉 빠지는 것 같았다.

이런 계절에 산을 넘는 동안 일어날 수 있는 상황에 대해서는 앞서 타시체 마을에서도 충분히 들었던 까닭에 그와 같은 이야기를 예상치 못한 것은 아니었다. 그러나 여기까지 오는 동안 여행이 줄곧 순조로웠기 때문에 우리는 행운이 계속 따라줄 거라고 믿었고, 그렇게 되기를 내심 바라고 있었다.

그러나 서둘러야 했다. 게다가 타시체 마을 사람들의 충고를 듣지 않은 탓에 여행 필수품과 식량은 벌써 바닥을 보이고 있었다.

평소 같았으면 가까운 곳에 식량을 조달할 만한 촌락도 있는데다가 내일이 무렵이면 몇 년 동안이나 꿈꾸어 왔던 포 지방의 마을을 향해 내려가고 있을 것을 상상하고 기대감에 넘쳐 가슴이 두근거렸을 것이다. 그러나 이날만은 웬일인지 둘 다 우울한 마음을 떨쳐버릴 수가 없었다. 데오 고개를 넘는 동안에 생긴 정신적 피곤의 여파라는 것말고는 특별히 머릿속에 떠오르는 이유가 없었다.

어쨌거나 원인이 무엇이건, 지금까지 늘 그랬던 것처럼 나 자신의 감정을 일일이 따져가며 분석하고 있을 여유는 없었다. 내일 새벽에는 반드시 정상 위에 올라서 있어야만 한다. 고개 너머 내리막길이 몇 갈래로 나누어져 있을 경우에는 바른 길을 찾아내는 데 많은 시간이 걸릴 것이다. 또 예기치 못한 사고를 당할 수도 있으므로 만약의 사태를 위해 여분의 시간을 최대한 많이 확보해 둘 필요가 있었다. 그렇게 생각하며 출발을 서두르려고 할 때였다. 땔감을 짊어진 한 남자가 수풀 속에서 홀연히 나타났다.

용덴은 처음 만나는 사람들에게 으레 하는 식으로, 우리가 그 동안 돌아다닌 성지들에 대해 거짓말을 섞어가며 그럴싸하게 이야기해야 했고, 우리의 고향에 대해서도 자세히 대답해야 했다.

질문에 대한 답변이 끝나자 용덴은 그 남자에게 고개들에 대해 다시 한번 물었다. 그 역시 소년들과 아낙네가 한 말과 별반 다를 게 없는 말을 반복했다. 그리고 애그니 고개를 넘으라고 조언하면서 다음과 같이 덧붙였다.

"그 고개가 거리는 멀어도 내려갈 때에는 상당히 편할 겁니다. 요즘 같은 철에는 텅텅 비어 있는 독파들의 오두막도 많아서 도중에 야영하기도 편할 거구요. 제 눈으로 직접 본 적은 없으나 포 마을 사람들이 여름만 되면 양 떼를 몰고 고개 건너편의 상당히 높은 곳까지 올라온다고 하더군요. 또, 그 산길을 따라 내려가면 작은 오두막이 나온다는 말을 여행자들한테서 수시로 들은 적이 있습니다."

이 남자의 이야기는 나름대로 유익한 정보였지만, 사실 나의 관심사는 다른 데 있었다. 포 지방 남부 전역을 가로지르며 흐르고 있는 강의 발원지에 관한 것이었는데, 그렇다고 노골적으로 묻는 것은 경솔하다는 생각이 들었다. 대체로 알조파들은 이미 가본 적이 있는 곳이 아닌 이상 앞으로 갈 곳의 지형에 대한 지식이 없으며, 또 알려고도 하지 않기 때문이다. 나는 이 산맥에서 포 지방으로 흐르는 한 줄기 강물이 에슬 창포 강으로 흘러 들어간다는 사실을 알고 있었지만, 그것을 이 남자가 눈치채게 해서는 안 된다고 생각했다. 또한 살윈 강 유역과 브라마푸트라 강(얄룽 창포) 유역을 가르는 분수령에 대한 관심을 노골적으로 드러내면 필시 나를 수상하게 여길 것이다. 그렇게 되면 곤란했기 때문에 나는 단지 식수를 구할 수 있는지에 대해서만 관심이 있는 척했다.

"그런데 산 너머 저쪽에서도 물을 발견할 수 있을까요?"

"걱정하실 것 없습니다. 목초지로 가는 길은 강을 따라 가는 길뿐입니다.

하지만 그 이상은 저도 모릅니다. 그 산을 넘어가본 적이 없거든요."

"그럼 고짜 고개를 넘어 내려가는 길에도 물이 있겠군요?"

"그렇겠죠. 작은 강이긴 하지만……."

"그럼 세번째 고개를 넘은 다음에도?"

너무 끈질기다 싶긴 했지만, 산을 탐험하는 동안 생각지도 않게 큰눈을 만나거나 식량이 바닥나기라도 하면 도중에 가던 길을 포기해야 될지도 모르는 일이었기 때문에 가능한 한 많은 정보를 얻고 싶었다. 만일 애그니 고개를 넘는 것보다 고짜 고개를 넘는 것이 유리하다는 판단이 서면 고짜 고개를 넘는 길을 선택하려 했기 때문이다.

"무슨 말씀이세요? 욘총 고개는 눈 때문에 통행이 불가능하다고 말씀드렸잖아요. 포 마을 사람들에게 그쪽에도 큰 강이 있다는 말을 들은 적은 있지만……. 그런데 그게 아주머니와 무슨 상관이죠?"

사내가 눈썹을 찌푸리며 따지듯 물었다.

"이런, 이런! 아직 저의 어머님이 어떤 노인인 줄 모르셔서 그럽니다. 어머님은 오로지 차를 마시지 못하면 어떡하나, 그것만을 걱정하시는 분이죠. 틈만 나면 강이랑 쉴 곳만 찾으세요. 만약 제가 불평을 하지 않으면 아마도 하루의 반나절은 차나 마시며 보내야 할걸요."

용덴이 얼른 끼여들어 웃으면서 변명을 했다. 그러자 독파도 따라서 웃으며 말했다.

"그랬었군요. 차는 정말 맛있죠. 특히 여자들은 우리 남자들처럼 술을 마시지 않으니까 더더욱 그렇겠죠."

이렇게 잡담을 나누는 동안 갑자기 기발한 생각이라도 떠올랐는지 용덴은 설교를 시작했다.

"선행을 쌓으면 이 세상에서뿐만 아니라 다음 생에서도 그에 합당한 대가를 얻게 되죠. 보시다시피 저는 라마승이고, 여기 계신 이 노인은 낙파 윰(마법사의 아내)이신 저의 어머니입니다. 저희는 둘 다 네스콜파(순례자)입니다. 그러니 우리를 위해 봉사하시면 공덕을 쌓게 되죠. 어떻습니까? 저희를 애그니 고개의 정상까지 댁의 말에 태워 데려다 주시어 공덕을 쌓지 않으시렵니까?"

참으로 엉뚱한 요구였다. 일반적으로 독파가 무상으로 일을 해주는 경우는 관에서 정규의 부역을 명령받았을 때뿐이었다. 허리띠 속에 숨겨둔 돈을 이용한다면 이 남자와의 거래는 아주 간단한 일이다. 그러나 이 지방에서 금전을 사용하는 것은 신중한 태도가 아니었다.

나는 풀밭 위에 앉아서 약아빠진 두 남자의 거래를 흥미 있게 지켜보았다. 그러나 꾀 많은 오디세우스를 상대로 입씨름을 벌여도 결코 밀리지 않을 용덴에게 그 독파는 전혀 상대가 되지 않았다. 그렇다고 용덴이 완벽한 승리를 거둔 것은 아니었다. 그는 한 마리의 말만 빌리는 데 성공했고, 우리는 번갈아가며 그 말을 타야 했다. 대신 짐은 독파가 짊어지고 운반해 주기로 했다. 우리의 행운은 이처럼 반으로 줄어들었지만, 그래도 내게는 이 일이 꿈만 같았다.

그런데 말을 오늘 밤 여기로 끌고 와서 밤새도록 길가에 방치해 둘 수는 없었다. 하지만 용덴은 독파가 일단 자기 집으로 돌아가면 약속을 어길까봐 불안했기 때문에 아예 그의 집에서 하룻밤 묵을 수 있게 해달라고 부탁했다. 독파는 잠시 생각하더니 이내 승낙했다.

독파들의 야영지는 우리가 방금 전까지 머물렀던 건너편에 있었기에 강을 건너 되돌아가야만 했다. 그러기 위해서는 천으로 된 부츠를 벗어야 하는데, 그러면 함께 있던 사람들이 하얀 내 발을 보고 이상하게 여길 것이 뻔했다. 일이 그렇게 되는 것을 막기 위해 나는 지병인 관절염을 구실로 내세우며, 차가운 물 속에 들어갔다 나오면 통증이 심해져서 그러니 좀 돌아가더라도 다리를 건너서 가면 안 되겠느냐고 말했다. 그러자 용덴의 설교에 감동을 느꼈던 그 순박한 티베트인은 우리를 순서대로 업어서 강을 건네주겠다고 말했다. 아마도 그 동안 저질러온 강도짓이 마음에 걸려 자신의 악업으로 인한 불행한 결과를 조금이라도 모면해 보고 싶었던 것이리라.

상당히 먼 거리를 단축시킬 수 있게 되었다는 생각에 그의 제안이 몹시 반가웠지만, 여전히 마음에 걸리는 일은 남아 있었다. 그때 나는 돈이 든 작은 주머니를 목에 걸고, 옷 속에는 은화가 묵직하게 담긴 띠를 두르고 자동 권총을 품고 있었기 때문이다.

독파가 나를 등에 업고 건너는 동안 몸집에 비해서는 지나치게 무거운 나를 이상하게 여겨 옷 속에 뭔가 무거운 물건을 지니고 있는 게 아닌가 의심할까 봐 걱정이 되었다. 만일 내가 돈을 숨기고 있다는 것을 눈치챈다면 그는 우리를 죽여버릴지도 모른다. 지금 우리 옆에 독파만 혼자 있다면야 우리를 위험에 빠뜨릴지도 모르는 이 물건들을 조금씩 뒤로 밀어 강을 건널 때 그의 등이나 손에 닿지 않도록 조처해 두는 게 그다지 어려운 일은 아니지만, 우리 뒤에는 그 남자의 부인과 아이들이 열심히 재잘거리며 따라오고 있었다.

이때 좋은 방법이 떠올랐다. 나는 잠시 멈춰 서서, 티베트인들에게는 너나없이 익숙한 동작, 다시 말해 옷 속에 들러붙은 이를 잡기 위해 몸을 뒤척이는 시늉을 했다. 그러면서 자동 권총을 겨드랑이 아래쪽으로 밀어넣고, 돈주머니는 반대쪽 겨드랑이로 옮겼다. 그리고 은화가 담긴 띠는 위로 조금

끌어올렸다. 내가 하고 있는 행동에 신경을 쓰는 사람은 아무도 없었다. 그들에게 있어서 이것은 극히 자연스러울 뿐만 아니라 익숙한 동작이었기 때문이다.

독파들의 야영지에 도착했을 때 우리에게 호기심 어린 시선을 보내는 사람은 아무도 없었다. 누더기를 걸친 우리의 모습이 티베트 어디에서나 쉽게 마주칠 수 있는 순례자로 보였기 때문이다. 한 남자가 우리를 염소 우리로 안내했다. 그곳이 염소 우리라는 것은 바닥에 널린 리마(염소나 양의 똥)를 보고 알았다. 밤에는 여기서 가축들과 함께 잠을 자야 할 게 분명했다. 사람과 가축이 이처럼 친밀하다는 사실은 티베트의 독파들에게 새삼스러운 일이 아니었다.

갑자기 목동들이나 아낙과 만나지 않았으면 좋았을 거라는 아쉬움이 들었다. 무엇보다도 시간이 지체되고 말았다. 그들을 만나지 않았더라면 우리는 덤불 속에서 이 가축 우리보다 몇 배는 더 깨끗한 장소를 발견했을 것이고, 거기서 오붓하게 야영을 할 수 있었을 것이다. 또, 자유롭게 산을 탐험할 수도 있었을 것이다. 그러나 이미 그들에게 모습이 드러난 이상 이제부터는 걸식하는 네스콜파 역을 충실히 연기해야만 했다. 왜냐하면 이 지방의 주민들은 모두 강도라는 꺼림칙한 평판을 익히 들었기 때문이다.

티베트에서는 누군가에게 자신의 모습을 들켰다면 그 지역의 주민들과 함께 밤을 보내는 편이 안전하다. 심지어 그들이 극악무도한 강도들이라 하더라도 마찬가지이다. 대다수의 티베트인들은 술에 흠뻑 취해 있거나, 자신의 생명이 위협받거나, 혹은 아주 부득이한 경우가 아니면 절대로 살인을 하지 않는다. 이것은 티베트 국민의 마음속에 깊숙이 자리잡은 불교의 생명

240

존중 사상에서 비롯된 것이다. 그러므로 강도의 습격을 당한 사람이라 하더라도 목숨의 위협을 받지 않은 채 곧 풀려나 여행을 계속한다. 그렇게 되면 나중에 그 사실을 신고할 위험이 있으므로, 마을 사람이건 독파건 간에 그들이 악행을 저지르는 장소는 반드시 자기들의 주거지에서 먼 곳이게 마련이다. 그러면 수색이 시작되어도 "우리는 아무것도 모른다. 강도질이라니 말도 안 된다. 그곳을 지나가던 다른 지역 사람들의 소행임이 분명하다"고 쉽게 변명을 할 수 있기 때문이다.

나는 짐을 내려놓자마자 불을 피울 수 있도록 쇠똥을 나눠달라고 부탁하면서 동네 개들에 대해 물어보았다. 혼자서 강으로 물을 뜨러 가도 위험하지 않은지 확인하기 위해서였다. 이때 한 여성이 커드와 차를 가져다 주었기 때문에 나는 그걸 먹고 잠시 기운을 차릴 때까지 불 피우는 걸 미뤄두기로 했다.

이 집의 주인이 우리를 살펴보기 위해 왔다. 그는 용덴과 몇 마디 이야기를 나눴는데, 용덴의 대답에 만족했는지 우리가 자기네 손님으로서 적합하다고 판단한 듯했다. 그는 아무 말 없이 돌아갔다. 잠시 뒤에 다른 남자가 와서 식사를 대접할 테니 식사 준비는 하지 않아도 좋다고 전하면서 자기를 따라오라고 말했다.

집 안으로 들어갔을 때 날은 이미 저물어 있었다. 불이 피어오르고, 커다란 삼발이 위에 걸린 가마솥 안에서는 뭔가가 지글지글 끓고 있었다. 사람들은 하나같이 가마솥을 집어삼킬 듯이 뚫어지게 바라보고 있었다.

그들은 우리를 정중히 대접했다. 주인 남자가 찢어진 방석을 내밀며 용덴에게 권했고, 방 한쪽 귀퉁이에 앉아 있던 여자들은 나를 자기들 옆으로 부르며 바닥에 앉으라고 했다. 이어서 우리의 고향, 순례지 등에 대한 이야기가 시작되었다. 화젯거리가 떨어지자, 그들은 라마승인 용덴에게 자기들이 베푼 대접에 합당한 요구를 할 때가 된 것 같다고 생각한 듯했다. 용덴은 우리 두 사람분의 차와 짬파와 숙박비 등을 대신해 점을 봐주고 그들을 축복해 주는 등 성직자로서의 의무를 수행해야 했다.

용덴은 집주인의 태도가 미심쩍은데다가 얼굴 표정이며 하는 행동이 강도 같다고 말했다. 그래서 우리의 신변을 보호하기 위해서는 우리가 진짜로 식량을 필요로 하고 있으며 무일푼이라는 사실을 확인시키는 편이 좋을 거라고 생각한 용덴은 야영지를 돌며 탁발을 하고 싶으니 자리를 떠나도 되겠느냐고 양해를 구했다. 알조파에게는 탁발이 일상적인 일이었기 때문에 이상하게 생각하는 사람은 아무도 없었다.

용덴은 나가면서 이렇게 말했다.

"어머님은 지금 몹시 피곤하시기 때문에 금세 잠이 드실 겁니다. 저희는 한밤중에 떠나야 하니 어머님이 주무실 수 있도록 배려해 주십시오."

그리고 나에게는 이렇게 말했다.

"어머님, 이쪽으로 와서 주무십시오. 곧 돌아오겠습니다."

용덴이 밖으로 나간 뒤 나는 그가 앉아 있던 깔개 위에 누우며 짐 보따리를 베개 삼아 베었다. 내 가방은 용덴의 가방 위에 얹혀져 있었기 때문에 만일 누군가가 어느 한쪽에 손을 댄다면 나머지 가방도 따라서 움직일 것이다. 티베트인들은 여행 중에 결코 이러한 주의를 게을리 하지 않는다. 친척이나 특별히 친한 친구 집에서 묵는 게 아니라면 도둑맞을 염려가 있기 때문이다.

눈을 감고 자는 척했지만 정신은 말똥말똥했다. 나는 눈을 살짝 뜨고 그들의 일거수 일투족을 감시하는 한편, 그들이 하는 말에 귀를 기울이면서 만일의 사태에 대비했다. 한동안 우리와 관련된 이야기가 오고 갔으나 이렇다 할 만한 특별한 내용은 없었다. 그러나 한동안의 침묵 끝에 들려온 한마디 말이 내 경계심을 불러일으켰다.

"저 사람들의 보따리 속에는 도대체 뭐가 들어 있는 거지?"

낮은 목소리의 주인공은 이 집의 주인 남자였다. 저 말은 단순한 호기심에서 나온 것일까? 그렇지 않다는 생각이 들었다. 이제부터 위험에 직면하게 되는 것일까? 나는 꼼짝도 하지 않고 자는 척하며 마음의 준비를 했다.

주인 남자가 옆에 앉은 사람들에게 뭐라고 속닥거렸지만, 소리가 너무 작아 전혀 알아들을 수가 없었다. 이어서 그가 자리에서 일어서더니 발소리를 죽여 살금살금 나에게로 다가왔다. 손에 흉기를 들고 있는 것 같지는 않다. 비록 손만 뻗으면 닿을 곳에 권총을 숨겨두긴 했지만, 역전의 용사들만 모인 야영지 한가운데에서 그것이 무슨 소용이 있겠는가. 꾀를 짜내는 게 가장 좋은 방법인데, 무슨 좋은 수가 없을까? 그렇게 생각하고 있는 사이 주인 남자는 커다란 손을 뻗어 내가 베고 있던 가방을 조심조심 뒤지기 시작했다.

나는 보일 듯 말 듯하게 살짝 몸을 뒤척였다.

"앗! 눈을 뜨나 본데……."

그가 당황한 듯한 목소리로 중얼거리며 잽싸게 손을 거둬들였다.

그것은 내 술책이었다.

"락, 락, 겔롱 락(예, 예, 스님)!"

나는 잠꼬대를 하는 시늉을 하며 말했다. 그런 다음 눈을 번쩍 뜨면서 놀란 듯이 주변을 둘러보며 평상시의 목소리로 태연히 말했다.

"내 아들 라마승은 아직 돌아오지 않았나요? 참 이상한 일이네요. '어머님, 눈을 뜨십시오. 제가 지금 곧 가겠습니다' 하는 소리가 분명히 들렸는데 말이에요."

"스님은 아직 돌아오시지 않았습니다. 사람을 보낼까요?"

주인 남자가 겸연쩍은 얼굴로 대답했다.

"아니에요. 곧 돌아오겠죠. 번거롭게 일부러 그러실 필요는 없습니다. 내 아들은 학자이자 성스러운 겔롱이지요. 아마 조금 있으면 돌아올 겁니다. 나는 여기 따뜻한 화로 옆에서 댁들과 함께 있는 게 좋아요."

"차라도 드릴까요?"

그 중 한 여자가 권했다.

"그래주시면 고맙죠. 이렇게 극진한 대접을 해주시니…… 정말 고마워요."

그렇게 말하며 나는 주발을 꺼내놓았다.

차를 마시려는 순간 용덴이 돌아왔다. 내 말이 끝나자마자 그가 돌아온 것을 보자 모두가 놀란 표정을 지었다. 나는 누구에게도 말할 틈을 주지 않고, 용덴에게 말을 건넸다.

"아까 네가 어서 일어나라고 한 말은 내 귀에 분명히 들렸단다, 겔롱 라마. 내 그래서 네 말대로 일어났지. 난 네가 이 방에서 말하고 있는 줄 알았지 뭐냐. 내가 아까 그랬었죠, 네포(주인)?"

"예, 맞습니다."

주인 남자가 눈에 띌 정도로 안절부절못하며 웅얼거리듯 대답했다.

뭔지는 모르겠지만 뭔가 사건이 있었다는 사실을 알아차린 용덴이 얼른 내 말을 받았다.

"그렇습니다. 어서 눈을 뜨고 일어나시라고 말씀드렸죠."

용덴은 그렇게 말하면서도 눈으로는 주변을 열심히 살펴보았다. 그러나 특별히 이상한 점을 발견하지 못해 어리둥절한 표정이었다. 그는 약간의 버터와 짬파, 그리고 작은 은화 몇 닢을 받아 가지고 돌아왔다. 은화는 유누, 다시 말해서 불교 의식의 사례금으로 건네는 것이기 때문에 이를 거절하면 괜한 소문이 돌까 두려워 받아온 것이었다.

자기 집의 손님인 라마승의 주술력이 상상을 초월한 경지에 있다는 사실을 철석같이 믿게 된 네포는 존경을 표하기 위해 내가 그 동안 깔고 앉았던 양탄자에서 나를 몰아냈다.

"어머님, 그 자리는 이제 스님에게 양보하시고 뒤쪽으로 가서 앉으시지요. 스님에게 좋은 자리를 마련해 드립시다."

그는 자못 명령조로 내게 말했다.

나는 웃음이 터져나오려는 걸 간신히 참으며 뒤쪽의 마룻바닥으로 겸손하게 물러났다. 그러고는 용덴에게로 고개를 돌려 아무 말 말고 상석인 그 양탄자 위에 앉으라고 눈짓했다.

마침내 가마솥 안에 든 내용물이 공개되었다. 주인 남자가 뚜껑을 열고 기다란 철제 국자를 집어넣어 안에 든 것을 끄집어내기 시작했다. 야크의 심장이며 허파, 간, 그리고 짬파와 고기를 창자와 위주머니 속에 쑤셔넣은 소시지 같은 것이 꺼내졌다. 모든 사람들이 탐욕스런 눈빛으로 그것들을 뚫어져라 쳐다보고 있는 동안 그 많은 음식물은 커다란 나무접시 위에 산처럼 쌓였고, 그 위에 마대 자루가 조심스럽게 덮여졌다. 그런 다음 한쪽으로 치워졌다.

이어서 네모(안주인)가 가마솥 안의 묽은 고깃국물에 짬파를 넣은 뒤 몇 분쯤 지나자 그것을 사람들에게 퍼주기 시작했다. 맨 먼저 라마승에게 퍼주었고, 그 다음에 네포에게, 그리고 나머지 사람들 중에서는 제일 먼저 나에게 퍼주었다. 나는 내일의 길고 긴 여정에 대비해 먹을 수 있는 한 최대한 양껏 먹어두어야겠다고 생각하고는 그 죽을 세 사발이나 먹었다. 맛은 그다지 나쁘지 않았다.

저녁 식사 후, 주인은 곳곳에 있는 순례지에 대해 용덴과 오랫동안 이야기를 나누었다. 나는 그들의 이야기를 듣는 대신 낮에 관찰한 일들을 떠올리거나 내일이면 발을 내딛게 될 포 지방에 대해 상상의 날개를 펼쳤다. 티베트인들 사이에서도 거의 전설적인 지역인 포 지방, 그곳이 바로 산 너머에서 우리를 기다리고 있는 것이다. 그런 생각들을 하고 있는데 갑자기 들려온 네포의 한마디 말이 나를 화들짝 놀라게 했다.

"카 칼포 산에 필링(외국인)이 있었다는 말을 들었습니다."

외국인? 카 칼포 산이라고? 우리의 소문이 퍼진 것일까? 혹은 티베트의 관리들이 라싸로 이어지는 길목에서 우리를 찾고 있는 건 아닐까? 조공으로 향하던 트라파(수행승)들이 떠올랐다. 그들과 마주치지 않았더라면 우리는 사람들이 잘 다니지 않는 이 우회로를 택하기 위해 그처럼 급히 누 강을 건너지는 않았을 것이다. 그렇다면 우리는 결국 그들 덕을 보고 있는 건지도 모르겠다. 하지만 그렇다고는 해도, 우리의 목적지인 라싸 근처에서 관리들이 우리를 기다리고 있을지도 모를 일이었다.

용덴은 이 정보의 발신지를 알아내려고 했다. 그러나 티베트의 독파들에게 그런 일은 주요 관심사가 아니었다. 네포는 여행자들로부터 각종 이야깃거리를 전해 듣는데, 그 이야기를 해주는 사람 역시 다른 사람들에게서 전해 들었을 뿐이다. 그러니 이 이야기 역시 사람들의 입에서 입으로 전달된 것이라면, 그것은 몇 년 전에 있었던 일인지도 모르고, 그럴 경우 우리와는 상관없는 이야기일 수도 있다. 3~4년 전에 영국 영사와 티베트인인 그의 부인이 카 칼포 산 주변을 한 바퀴 돌아 인근 지방을 편력한 일이 있는데, 그 렇다면 필링이란 바로 그들을 말하는 것일지도 몰랐다. 혹은 루체키앙에서 헤어진 미국인 식물학자가 식물 채집을 하기 위해 금지 구역으로 잠입해 들 어간 것일 수도 있다. 그러나 우리로선 사실 여부를 확인할 수 없었으며, 그 로 인해 지난 몇 주 동안 잊고 살았던 불안감을 다시금 맛보아야 했다.

용덴은 더 이상 먼 곳에 있는 성지들에 대한 이야기를 들려주며 네포를 기쁘게 해줄 만한 기분이 아니었다. 그는 피곤하다며 이제 그만 자고 싶다 고 말했다. 그러나 주인은 들은 척도 하지 않고 새로운 요구 사항을 생각해 냈다.

그는, 올해에는 눈이 조금밖에 내리지 않아 독파들이 매우 걱정을 하고 있는데, 가까운 시일 내에 많은 눈이 내리지 않으면 내년 여름에는 풀이 짧 고 듬성듬성 자랄 것이고, 그렇게 되면 기나긴 겨울 동안 풀을 못 먹어 몸이 꼬챙이처럼 마른 양들이 여름에도 풀을 마음껏 먹을 수 없게 될 텐데 정말 걱정이라며, 눈을 내리게 할 방도는 없느냐고 물었다.

라마승은 눈이 올지 안 올지를 예언할 수 있다. 그 이상의 일도 가능하다. 주문과 의식에 대한 지식으로 하늘의 저장고 안에 들어 있는 눈을 불러내어 큰눈을 내리게 할 수도 있다. 독파가 목이 빠져라 기대하고 있는 일을 일으 킬 수 있는 기도나 주문을 용덴은 거절할 수 없을 것이다.

용덴은 극도로 피곤했다. 그러나 독파를 화나게 하고, 게다가 자신이 탁 월한 라마승으로서의 능력이 부족하다는 의심을 받게 되는 것은 매우 위험 한 일이었다.

이윽고 용덴이 대답했다.

"이 의식을 집행하려면 며칠이 걸립니다. 그러나 저는 급한 볼일로 길을 서두르고 있는 처지라 여기서 그렇게 오래 지체할 수가 없습니다. 게다가 포 지방으로 넘어가야 하는 저로서는 지금 눈을 불러올 수가 없습니다. 만일 눈이 내리면 고개를 넘을 수가 없지 않겠습니까? 그러니 부탁하신 말씀을 들어드리기는 힘들 것 같습니다."

그 자리에 있던 독파들 역시 그것이 그리 간단한 일이 아님을 인정했다.

용덴은 말을 이었다.

"하지만 방법이 없는 건 아닙니다. 이렇게 하기로 하지요."

용덴은 작은 주머니 속에서 종이 한 장을 꺼내 들더니 보리쌀을 가져오라고 말했다. 그러고는 종이를 펼치고 그 위에 낟알을 몇 알 올려놓았다. 그런 다음 활짝 편 양 손바닥 위에 그것들을 올려놓고 잠시 깊은 명상에 잠겼다. 이어서 그가 들릴락 말락 한 작은 소리로 속삭이듯 천천히 염불을 외기 시작했다. 그 소리는 차츰 크고 빨라졌으며, 마침내 낮은 지붕 아래에서 천둥소리처럼 울려퍼져 부엌을 뒤흔들어대는 듯했다.

독파들은 겁을 집어먹은 듯 꼼짝도 하지 않았다.

한순간에 갑자기 염불 소리가 사라지자 그 자리에 있던 사람들은 모두 깜짝 놀랐다. 나 역시 예외는 아니었다.

그때 용덴이 의식에 사용되었던 낟알을 둘로 나누어 반은 자기의 손수건에 싸고, 남은 낟알이 있는 종이를 이상하고도 복잡한 방식으로 정성껏 접어서 그들에게 내밀었다.

"이것을 가지고 계십시오. 그리고 이제부터 제가 하는 말을 잘 들으십시오. 내일 해가 질 무렵 이 종이를 펼쳐 안에 든 씨를 공중으로 뿌리십시오. 그때 동서남북의 순서로 사방을 향해 뿌리는 것을 잊지 마십시오. 그때쯤이면 저는 이미 고개를 넘었을 겁니다. 저 역시 손수건에 싼 낟알을 뿌리겠습니다. 눈이 내릴 수 있도록 주문도 외겠습니다. 단, 해가 지기 전에는 이 성스러운 낟알이 들어 있는 종이를 절대로 펼쳐서는 안 됩니다. 제가 신을 달래는 주문을 외기도 전에 낟알을 뿌리면, 신들이 성을 내어 야영지에 있는 모든 사람들에게 저주를 내릴 것입니다. 그러니 절대로 경솔한 행동은 하지 않도록 주의하십시오."

주인은 라마승의 지시에 꼭 따르겠다고 약속했다. 그때서야 비로소 그는 손님이 해준 것에 비해 자기들의 대접이 너무 소홀했다고 느낀 듯했다. 그는 부인에게, 손님들이 여행하는 동안 드시게 고기를 한 덩어리 잘라다 드리라고 일렀다. 네모(안주인)가 아주 싱싱해 보이는 야크 고기를 한 점 가져왔다. 그러자 주인은 그녀가 그것을 라마승에게 내밀 틈도 주지 않고 얼른 빼앗아 구석으로 도로 가져갔다. 그런 뒤 그 고기를 살피며 심줄이 박힌 부분을 세심하게 골라내고 나서야 공손한 태도로 용덴에게 내밀었다. 그런데 그 모습이 너무 우스운지라 우리는 터져나오려는 웃음을 간신히 참아야 했다.

"고기를 선물해 주시니 정말 고맙습니다. 그러나 저희로선 살생의 죄로써 더럽혀진 그 고기를 받을 수 없습니다. 대신 짬파를 갖고 오시면 가족을 위해 축복해 드리지요."

승려로서의 계율을 지켜가며 용덴이 말했다.

그의 이야기는 교훈적이었을 뿐 아니라, 교리의 내용과 부합하는 것이었기 때문에 사람들은 모두 고개를 끄덕거리며 동의를 표시했다. 그사이 나는 짬파를 가지고 오면 그것을 어떻게 우리의 식량 주머니 안에 넣는 게 좋을지 그 방법을 생각하고 있었다. 짬파는 아무리 적은 양이라 하더라도 우리에게는 상당한 도움이 되기 때문이다.

용덴 앞에 짬파가 가득 든 커다란 양동이가 놓여졌다. 용덴은 그것을 몇 줌씩 집어 사방으로 뿌리면서 그 집의 가족이며 가축들의 건강과 번영을 기원했다. 단지 의식에만 사용할 목적으로 가져다 놓은 그 양동이를 네포가 도로 물리기 전에 용덴은 남은 곡물을 우리의 가방 속에 잽싸게 쏟아부었다. 열렬한 신자가 축원을 바라듯 공손히 무릎 꿇고 앉은 내가 그를 향해 내민 가방 속에다……

우리는 이것으로써, 다소 어이없는 표정으로 우리를 바라보고 있는 그 욕심쟁이 노인에게서 놓여나 잠을 잘 수 있기를 고대했다. 결과를 예측할 수 없는 내일의 새롭고도 힘겨운 출발에 앞서 몇 시간 동안만이라도 잠을 자둬야 할 것 같았기 때문이다. 우리가 고개를 넘는 길에 어떠한 일이 기다리고 있을지는 아무도 몰랐다. 길이 이미 막혀버렸을지도 모르는 일이다. 하지만 독파들에 대해선 더 이상 걱정하지 않아도 될 것 같았다. 나는 그 어떤 독파도 우리를 뒤따라와 해치지 못하도록 미리 예방을 해놓은 꾀 많은 용덴의 의도를 충분히 알아차릴 수 있었다. 내일 아침이면 눈을 내리게 해준다는 낟알 이야기는 야영지 전체에 퍼져나갈 것이다. 이 비술의 성공 여부는 이곳에 사는 모든 사람들의 이해와 밀접한 관련이 있기 때문에 감히 라마승을 화나게 만들어 성공을 위태롭게 할 사람은 아무도 없을 것이다. 허공을 향해 낟알을 뿌린 뒤에 그들은 그 결과를 꼬박 하루를 기다릴 것이고, 그때쯤이면 우리는 여기서 상당히 멀리 떨어진 곳에서 다른 지방 사람들과 함께 있을 것이다. 적어도 그 순간 우리는 그렇게 생각했다. 그러나 나중에 사태는 전혀 예기치 못한 방향으로 전개된다.

두 명의 여자가 네포의 잠자리를 준비했다. 돈이 많은 티베트인들은 가장

자리가 멋지게 장식된 두툼한 깔개 위에서 잠을 자지만 가난한 사람들은 맨바닥이나 땅바닥에서 잠을 잔다. 물론 모양이나 두께 면에서 다양한 종류의 깔개가 있어 부의 정도에 따라 깔개의 종류가 결정되는데, 번듯한 깔개를 갖지 못한 사람들 중에는 자루용 삼베나 기름때가 덕지덕지 묻은 양가죽을 깔고 자는 사람도 있다.

준비가 끝나자 나이 든 독파는 티베트의 관습에 따라 바지만 남기고 나머지 옷과 신발을 모두 벗었다. 일반적으로 티베트인들은 여자고 남자고 할 것 없이 상체에는 아무것도 입지 않은 채 잠을 잔다. 그런 다음 그는 이 방에서 가장 따뜻한 자리인 불 가 옆에 깔린 양가죽 속으로 파고들어갔다. 방 한가운데에는 양동이 하나가 놓여 있었는데, 그것은 밤에 볼일을 보기 위해 밖으로 나가야 하는 번거로움을 피하기 위한 용도로 사용되었다. 나는 다른 어느 곳에서도 이런 걸 본 일이 없었다. 일반적으로 마을 사람들은 일정한 공간을 화장실로 사용하고 있었는데, 한편으로는 청결을 위해서였지만 그보다는 거름으로 사용하기 위한 목적이 더 컸다. 그들에게 소나 양, 염소의 똥은 주로 연료로 사용되었기 때문이다. 반면 황야의 너른 공간에서 농사를 짓지 않고 사는 독파들은 그럴 필요가 없었기 때문에 밤이건 낮이건 텐트 밖에서 자유롭게 볼일을 봤다.

대부분 사람들은 주인이 잠들 때까지 기다리지 않고 각자의 침상에서 자고 있었는데, 넓은 부엌은 마치 부랑자용 숙박 시설의 공동 침실 같았다. 젊은 부부는 커다란 이불 속에서 아이들을 가운데 끼고 잠을 잤으며, 노인들이나 독신자들은 방 한가운데에서 각자 적당히 자리를 잡은 채 잠이 들었다. 웃고 싸우면서 누더기 같은 이불을 서로 밀고 당기고 하던 아이들은 마치 강아지 새끼들처럼 한덩어리가 되어 자고 있었다.

제6장

폴룽 창포의 수원지를 탐험하다

몇 시간이나 잔 걸까? 짐작조차 할 수 없다. 단지 방금
전에 눈을 감았던 것만 같다.

"출발하실 시간입니다."

여러 번 반복되는 남자의 목소리에 눈을 떴다. 어둡던 실내
가 갑자기 밝아지자 눈이 부셨다. 목동이 벌겋게 타오르던 잉
걸불에다 나뭇가지를 한 아름 던져 넣은 것이다. 마른나무에 피
시식 하며 불꽃이 옮겨 붙자 부엌 마루 위에서 길게 늘어져 자고 있
던 사람들의 모습이 나타났다. 개중에는 뭐라고 중얼거리며 이불을
끌어다 몸에 단단히 감아 두르는 사람도 있었다.

불과 몇 분도 안 되는 사이에 우리는 모든 준비를 끝냈다. 준비라고 해봤자 허리에 끈을 매고 부츠만 신으면 그만이었다. 어젯밤에는 가방 끈을 풀어놓지 않았다.

"칼레 페(안녕히 가세요), 스님."

문지방을 넘으려는데 네포가 양가죽 침상에 그대로 누운 채 소리질렀다.

높은 산꼭대기에 가려진 달이 계곡 위에서 희미한 빛줄기를 흘리고 있었다. 거센 강풍이 불자 한기가 몸에 스몄다. 티베트 복장 특유의 넓은 소매로 감쌌음에도 불구하고 손끝이 꽁꽁 얼어붙어 지팡이를 잡고 있기도 힘들었다.

독파가 말에 타라고 말했지만 우리는 사양했다. 추위가 너무나 극심한지라 해가 뜨기 전까지는 차라리 걷는 게 나을 것 같았기 때문이다.

두세 시간쯤 걸었을까, 엷은 잿빛 서광이 비치기 시작하더니 구름 사이에서 태양이 머뭇거리며 서서히 떠올랐다. 우리는 겨울이라 노랗게 변해버린 초원의 습지대를 통과했다.

횡곡(橫谷)에 쌓여 있다가 길 쪽으로 무너져 내린 눈 때문에 앞으로 나아갈수록 쌓인 눈의 깊이는 점점 더 깊어졌다. 왼쪽으로 거대한 흰 바위가 보였다. 우리를 안내하고 있는 독파는, 길이 거기서부터 두 갈래로 나뉘는데 그 중 세 개의 고개로 통하는 길은 지금 눈 속에 완전히 파묻혀 있다고 말했다. 내가 알고 있는 정보에 더 이상 의심의 여지가 없게 되었다. 그리고 그 산을 직접 걸어보고 싶다는 바람도 실현 불가능함을 깨달았다.

하지만 독파들을 애태우고 있는 올해의 긴 가뭄 때문에 애그니 고개는 간단히 오를 수 있었다. 정오 무렵, 우리는 고개 정상에 있는 라체에 도달했다.

거기까지 우리를 안내해 준 독파는 자신이 메고 온 용덴의 짐을 내려놓고 나서 말을 끌고 돌아가려 했다.

나는 평소 우리를 위해 수고를 베푼 선량한 사람들에게는 늘 사례를 해왔다. 하지만 이번에는 달랐다. 우리가 변장 차림이라는 것과 신변의 안전을 고려하자니 크게 선심을 쓸 수가 없었다. 용덴이 라마승에게 무보수로 봉사함으로써 얻게 되는 공덕에 대해 설교를 한 것은 우리가 무일푼이라는 사실을 그 독파에게 인식시키고자 함이었다. 하지만 어젯밤 사람들이 모두 잠이 든 뒤에 나는 용덴에게 우리가 해야 할 일을 살짝 귀띔해 놓았었다. 그는 내 지시대로 행동하고 있었다.

그는 지갑에서 은화 두 닢과 종이 봉지 속에서 몇 줌의 말린 노송나무 이파리를 천천히 꺼낸 뒤 거만한 어투로 말했다.

"이 은화는 내가 가진 전 재산이오. 타시체의 폼포를 위해 종(성)에서 경을 읽어드린 대가로 받은 것이오. 우리 두 사람이 큰 신세를 졌으니 내 이것을 드리러 하오. 그리고 이 상(향)은 카 칼포라는 아주 먼 순례지에서 가져온 것인데, 이것도 받아주시오."

그것은 말을 빌린 대가치고는 적은 액수였지만, 물물 교환에만 의존하고 살아 돈을 만져볼 기회가 없는 독파들에게는 충분히 만족할 만한 금액이었다. 그러니 아마도 그는 누군가가 훔쳐갈 것을 염려하여 받은 돈에 대해서는 동료들에게 절대로 말하지 않을 게 분명했다. 이렇게 함으로써 우리는 신중을 기하는 한편, 우리에게 도움을 준 독파에게 해야 할 도리를 다한 셈이다.

용덴은 일을 빈틈없이 마무리하기 위해, 이제부터 가는 지방에는 우리의 강력한 비호자가 있다는 사실을 그에게 강조했다. 그렇게 하면 그가 동료들에게 이 이야기를 퍼뜨리고 다닐 것이며, 이러한 사실을 알게 되면 설령 우리의 뒤를 따라와 강도짓을 하려고 마음먹고 있던 사람이라도 생각을 고쳐 먹을 것이라 생각했기 때문이었다.

"형제님, 이 돈을 받으십시오. 저희는 이미 포 걀포(왕)의 나라에 도착했습니다. 그의 안쵀(예배당에 부속된 사제—지은이)는 소승과는 아주 막역한 친구 사이입니다. 우리는 둘 다 라싸에 있는 세라 사원에 속해 있지요. 그러니 우리에게 곤란한 일이 생기면 그가 왕에게 도움을 청할 것입니다."

용덴에게 지체 높은 친구가 있다는 말에 독파는 용덴을 한층 더 높이 평가하며 극도의 존경심을 표시했다.

"물론 왕께서는 도움을 주시겠죠, 쿠쇼(스님). 하지만 저는 상(향)만 받겠습니다. 그것은 성지에서 온 더없이 귀한 물건이니까요. 하지만 돈을 받거나하면 라마승에게 봉사한 선행이 물거품이 되어버릴 겁니다. 말씀은 고맙기이를 데 없지만 제겐 필요 없습니다. 선행을 쌓아두고 싶거든요. 그렇게 하면 이생은 물론 다음 생에서도 도움이 될 테니까요. 저를 축복해 주십시오, 스님. 전 이만 서둘러 돌아가 봐야 하겠습니다. 칼레 페, 스님. 칼레 페, 마나님."

그는 자신이 쌓은 선행이 이생이나 다음 생에서 언젠가는 싹을 틔우고 열매를 맺을 것이며, 자신은 지금 미래의 행복을 위한 씨앗을 뿌려놓은 거라고 확신하면서 향기로운 이파리 한 줌만 손에 들고서 행복한 마음으로 내려갔다. 정직하고 소박한 신앙심이여! 마음속 깊은 곳에서 나온 이 기도가 그에게 이르기를.

우리는 둘 다 아무 말 없이 라체 옆에 서 있었다. 이런 때 티베트 사람들은 "라 걀로(신들은 승리했다)"라고 외친다. 우리 역시 평소에는 아무리 몸이 피곤하더라도 우리가 정복한 정상에서 이 말을 커다랗게 외치곤 했다. 하지만 이번엔 별다른 감흥이 느껴지지 않았다. 그 동안 고된 행군에 익숙해져 있던 터라 말을 이용한 짧은 여행은 사치스런 놀이에 불과했기 때문이다. 중국을 떠나온 이후, 피곤을 느끼지 않은 상태로 정상에 오른 것은 이번이 처음이었다. 우리가 승리감에 도취되지 않은 이유는 바로 그 때문인 듯했다.

'라 걀로!'

그럼에도 우리는 오래 전부터 해오던 대로 이 전통적인 인사말을 거의 동시에 외쳤다. 그러나 이상하게도 소리는 울려 퍼지지 않았으며, 그 소리가 만들어낸 짧은 파장은 마치 날개에 상처를 입은 새처럼 낙하해 버린 듯 메아리로도 되돌아오지 않았다.

"눈이 올 겁니다."

용덴이 평소의 그답지 않게 심각한 표정으로 말했다.

"새벽이 그렇게 어두웠으니 눈이 오겠지. 하지만 오늘 눈이 내릴까? 그 집 주인은 네가 준 씨를 정해진 시간이 되기도 전에 뿌리진 않았을까?"

내가 농담을 해도 용덴의 기분은 전혀 풀리지 않았다.

"서두르지요."

용덴이 쌀쌀맞게 말했다.

나는 그가 그렇게 침울해하는 모습을 보고 싶지 않았다.

"코코놀의 낙파(주술사) 기억나지?"

내가 물었다.

"독파들 말대로라면, 그는 비나 눈이나 싸라기눈 따위를 마음대로 내리게도 하고 그치게도 한다지? 나는 그에게서 몇 가지의 주문을 배운 적이 있어. 우리 내기 한번 해볼까? 네가 눈을 불렀으니 나는 그 눈을 그치게 해보지. 그럼 누가 이길까?"

그러나 용덴은 조금도 웃지 않았다.

"가난한 독파들은 초원에 눈이 내리지 않으면 곤란에 처하게 됩니다. 눈이 내리도록 내버려두십시오."

더 이상은 아무 말 없이 그는 순백의 비탈길을 내려가기 시작했다.

나는 그의 야릇한 태도에 적잖이 놀랐다. 왜 그토록 눈에 연연해하는 걸까? 전에도 여행을 하는 동안 눈을 만난 적은 여러 번이나 있었다. 특히 이처럼 마을에서 가까운 곳에서 눈을 염려할 이유는 전혀 없는 것이다.

정상을 떠나기 전, 여느 때와 마찬가지로 나는 한 시간 동안 명상을 하며 모든 인류의 행복을 기원했다. 그리고 서둘러 용덴의 뒤를 쫓았다. 그는 벌써 아득히 먼 아래쪽을 내려가고 있었다.

아무리 서둘러 걸어도 용덴과의 거리 차가 좁혀지기는커녕 점점 더 벌어지자 은근히 약이 올랐다. 나는 그를 따라잡기 위해서, 경사는 완만하지만 구불구불 돌아야 하기 때문에 시간이 많이 걸리는 길을 택하는 대신 일직선으로 하강하기로 마음먹었다. 나는 눈에 보이지 않는 마음씨 착한 요정이 내 처지를 동정하여 친절하게도 도움의 손길을 뻗쳐 내 다리가 균형을 잃지 않도록 나를 안전하게 지켜줄 거라고 상상했다. 그런 다음, 마치 썰매 시합이라도 하듯 엄청난 속도로 급경사 길을 미끄러져 내리기 시작했다. 그것이 썰매 경주와 다른 점이 있다면 나 자신이 썰매이기도 하고 조종자이기도 하다는 것이었다. 다행히 나는 지팡이를 낮게 잡아 그것을 방향키로 이용할 수 있었다. 그리고 그렇게 직선 코스로 내려온 결과, 놀란 용덴의 앞을 급행열차처럼 스치고 지나가 그보다 훨씬 앞쪽에서 정지할 수 있었다.

용덴은 나를 따라잡기 위해 전속력으로 달려왔다. 그사이 나는 웃으며 가방에 묻은 눈을 털었다. 내가 무사하다는 사실을 확인한 용덴은, 체조 경기처럼 훌륭한 묘기였다고 칭찬을 아끼지 않았다. 어찌 되었든, 이렇게 해서 나는 먼 길을 돌지 않아도 되었다. 그리고 그보다 더 큰 성과가 있다면 내 어린 길동무의 기분이 맑게 개었다는 사실이었다.

어떤 예감이 들었길래 항상 쾌활하고 대범한 그의 마음이 잠시나마 우울해졌던 것일까? 굳이 그 점을 밝혀내고 싶지는 않았다. 하지만 앞으로 우리 앞에 펼쳐질 모험이 상당히 파란만장할 것이라는 점은 분명했다.

애그니 고개를 넘은 뒤 눈앞에 나타난 경치를 보면서, 우리는 앞으로 횡단하게 될 지역이 방금 전에 떠나온 곳과는 지형적으로 상당히 다를 거라는 사실을 직감했다.

공기는 축축했고, 질퍽거리는 땅 여기저기엔 늪지에 가까운 곳도 있었다. 골짜기마다 높게 쌓인 마른 풀잎들 위로 커다란 반점을 그리며 쌓여 있는 눈들이 곳곳에서 눈에 띄었다. 이곳에서 방목을 하며 여름을 나는 독파들이라면 건너편 산비탈에 사는 독파들처럼 가뭄에 고통받는 일 따위는 전혀 없을 것 같았다.

이어서 삼림 지대로 접어들었다. 애그니 고개에서 시작된 강물은 이 좁은 골짜기를 빠져나가 산 속의 광대한 목초지까지 흘러내리고 있었으며, 목초지 저편에는 다른 골짜기의 입구가 보였다. 그 골짜기에서는 우리가 따라 올라온 강보다 훨씬 큰 강이 발원하고 있었는데, 그 두 줄기 강은 서로 만나 포 지방의 저지대(포 메)로 향했다. 그리고 포 메에서 다시 여러 지류들과 합쳐진 그 물줄기는 얄룽 창포(브라마푸트라 강)로 흘러 들어갔다. 우리가 넘었던 높은 산맥들 위에 쌓여 있던 눈이 녹아 생긴 물줄기는 이렇게 이 강물들과 만나 인도양으로 흘러 들어가는 것이다.

우리가 도달해 있는 곳은 바로 포 강(폴룽 창포)의 수원지였는데, 아직까지 이 강의 상류 지역을 탐험한 서양의 지리학자는 아무도 없었다. 나는 목초지 저편으로 보이는 골짜기를 탐험해 보고 싶다는 생각이 들었다. 그곳이 야말로 이런 계절엔 길이 막혀버린다고 독파들이 이야기하던 바로 그 윤총 고개로 이어지는 골짜기임이 분명했다. 그 경사면을 따라 올라간다고 해서 골짜기 위쪽에 우뚝 솟아 있는 고개 정상까지 도달할 수 있을 것 같지는 않 았지만, 골짜기에 있는 수원지까지는 아니더라도 그 근처까지만이라도 가 보고 싶었다.

나는 내 생각을 용덴에게 간단히 설명했다.

그러자 그는 나보다도 짧은 말로 무뚝뚝하게 대답했다.

"눈도 내릴 거고, 식량도 부족할 텐데……."

충분히 고려해 볼 여지가 있는 말이었다.

그러나 눈이 내리는 것은 그리 겁날 일이 아니었다. 식량 문제라면, 용덴 과 함께 가방을 열어 세 끼분의 식량이 남아 있는 것을 확인했다. 세 끼분의 식량이면 우리에겐 3일 치에 해당했다. 인가에서 멀리 떨어진 이 황야에서 제대로 먹겠다는 생각은 애초에 없었다. 또한, 계곡 위에서 오랫동안 머물 생각도 없었다. 대충 한번 훑어보는 것만으로도 나는 내 호기심을 만족시킬 수 있을 것이며, 그 미지의 땅에 관심을 가지고 있는 사람들에게 미약하나 마 정보를 가져다줄 수 있을 것이다.

"떠나볼까요?"

해가 지면서 눈이 내리기 시작했다. 처음에는 어두운 나무들 사이를 흰 나비처럼 팔랑팔랑 날리는 가벼운 눈이었다. 그러나 점차 거세지기 시작한 눈발은 마침내 규칙적으로 반듯하게 떨어지는 함박눈으로 변했다. 이처럼 바람 한 점 없는 날에 그칠 줄 모르고 천천히 쏟아져 내리는 눈은 높은 봉우리들을 뒤덮고 골짜기들을 파묻어버린다.

"텐트를 쳐야겠어요. 그 안에서 불을 피우고 차를 끓이도록 하죠."

어젯밤부터 지금까지 아무것도 먹은 게 없었던 터라 우리는 무슨 일이 있어도 식사를 하고 싶었다.

마른나무는 아주 드물었다. 우리는 나뭇가지를 꺾거나 줍느라 상당한 시간을 허비하기는 했지만, 충분한 양의 땔감을 그러모을 수 있었다. 간단한 식사를 서둘러 끝내고 타오르고 있는 나뭇가지들을 곧장 밖으로 내다버렸다. 텐트 안의 열기로 인해, 텐트 위로 떨어져 내린 눈이 녹아서 마치 빗물처럼 줄줄 흘러내리고 있었기 때문이다. 게다가 빠른 속도로 쌓이기 시작하는 눈의 무게 때문에 텐트를 지탱하고 있는 순례용 지팡이가 그다지 오래 버틸 것 같지 않았다. 우리에게는 소중하기 그지없는 그 지팡이가 부러지기라도 하면 곤란했기에 용덴은 옆에 있던 바위에 텐트의 천을 동여매고 그 위에 몇 개의 돌을 얹어 아쉬운 대로 잠만 잘 수 있게 고정시켰다. 그런 다음 우리는 안으로 들어가 금세 잠이 들었다.

무언가가 위에서 짓누르고 있기라도 하듯 숨쉬기가 답답해 잠에서 깨어났다. 그러나 몸을 일으키려는 순간 머리를 천장에 부딪쳤다. 엄청나게 쌓인 눈의 무게를 견디지 못하고 텐트가 내려앉아 버린 거라는 걸 직감할 수 있었다. 조금만 더 있다가는 생매장을 당하게 될 판이었다.

눈이 그렇게 많이 쌓인 것은 아니라서 그리 절박한 상황은 아니었다. 그러나 텐트가 우리 몸을 완전히 뒤덮어버리지 않아 아직 움직일 여지가 있는 동안 서둘러 빠져나가는 게 좋을 듯싶었다.

나는 깊은 잠에 빠져 있는 용덴을 흔들어 깨웠다. 굳이 우리가 처한 상황을 설명할 필요는 없었다. 해야 할 일만을 얘기했다.

"천천히 몸을 엎드려. 등으로 텐트를 들어올리며 동시에 일어나는 거야. 알았지? 하나, 둘, 셋!'

탈출은 했지만 나아진 것은 아무것도 없었다. 눈은 여전히 쏟아져 내리고 있었다. 순식간에 그 밑에 깔려 생매장당할 것 같은 텐트를 다시 일으켜 세울 생각은 없었다. 더 이상 휴식을 취한다는 것 자체가 무리였다. 그러니 출발을 하는 수밖에.

밤새도록 길을 걷고, 다음날도 오전 내내 쉬지 않고 걸었지만 많이 가지는 못했다. 부드러운 눈이 깊숙이 쌓여 걸음을 빨리 걷기가 힘들었다. 게다가 고지대에 이르러서는, 이전에 내린 눈들이 부분적으로 녹았다가 다시 얼어붙기를 몇 번이고 반복한 끝에 형성된 두꺼운 얼음판에 미끄러지기를 밥 먹듯 했다.

몇 시간 동안이나 이런 식의 분투를 거듭하느라 지칠 대로 지쳐 있던 터라, 정오 무렵 사 푹(흙 동굴)을 발견했을 때의 기쁨이란 이루 말할 수가 없었다.

당장 짐부터 내려놓았다. 동굴 위에 튀어나온 나무뿌리에 텐트를 붙들어 매자 그것이 커튼처럼 늘어지며 한기를 막아주었다. 연료는 전혀 없었다. 이처럼 높은 고지대에서 드물게나마 자라고 있는 관목들도 눈 속에 파묻혀 흔적조차 보이지 않았다. 우리는 짬파를 먹었다. 소량의 눈을 입 안에 털어넣고 녹여서 그 물과 함께 짬파를 넘겼다. 그런 다음 이틀 밤이나 잠을 설친 우리는 그대로 곯아떨어졌다.

다음날 새벽까지 실컷 자고 나서 눈을 뜨자 눈은 아직도 내리고 있었다. 선사 시대의 주거지인 동굴 앞에 쌓인 눈더미의 높이를 보니 밤새도록 쉬지 않고 내린 것 같았다.

그래도 골짜기를 탐험하기 위해 최대한 높은 곳까지 올라가기로 한 나의 결심에는 변함이 없었다. 짐은 동굴 속에 그대로 남겨두고 가기로 했다. 어차피 마을로 가려면 올라갔던 길을 되돌아 내려와야 하니 그때 가져가기로 했다. 가뜩이나 인적이 드문 숲 속인데다 가 눈이 엄청나게 쌓여 고개마저 막혀버린 마당에 강도를 염려할 필요는 없었다.

우리는 다시 출발했다. 눈은 이미 40시간 이상이나 쉬지 않고 줄기차게 내리고 있었다. 이미 두껍게 여러 층으로 쌓인 눈 위에 새롭게 눈이 쌓이면서 생겨난 절벽 같은 눈 벽이 여기저기서 우리의 발길을 가로막았다. 골짜기를 따라 그대로 나아가는 건 불가능해 보였다. 그래서 가까운 사면을 가까스로 기어 올라가기 시작했다. 부드러운 눈의 입자들로 형성된 움직이는 커튼들 사이로, 비스듬히 파도치는 고원처럼 보이는 봉우리가 어렴풋이 올려다보였다. 그러나 눈은 지면을 평평하게 만들어버려 풍경을 바꿔놓는다. 겨울에는 눈으로 덮여 완만한 곡선으로 보이던 산의 윤곽이 여름에는 바늘처럼 튀어나온 뾰족 바위로 말미암아 다가가기 겁날 정도로 날카롭게 변한다는 것은 등산을 좋아하는 사람이라면 누구나 알고 있는 사실이다.

지세를 관찰한 곳에서 다시 경사면을 어렵사리 내려온 뒤, 강물의 수원지가 어디에 있는지 확인할 수 있으리라 생각되는 장소로 가려고 했다. 그 물줄기는 작은 골짜기 어딘가에서 시작되어, 이 거대한 골짜기 사이를 흐르고 있는 강물로 합쳐지는 듯했다. 목표한 방향으로 나아가고 있는데 갑자기 뒤에서 비명 소리가 들려왔다. 용덴이 지름길을 택하려다가 미끄러져 구덩이에 빠진 것이었다. 다행히 구덩이는 그다지 깊지는 않았지만, 벽면이 수직에 가까웠던 탓에 기어서 빠져나오기가 쉽지 않았다. 몇 분이 걸린 뒤에야 나는 그곳으로 내려갔다. 용덴은 비참한 꼴로 쓰러져 있었다. 승복은 여기저기 찢겨졌고, 그가 쓰러져 있는 주변의 흰 눈밭에는 핏방울이 점점이 떨어져 있었다.

그는 나를 안심시키려고 얼른 이렇게 말했다.

"별것 아니에요. 크게 다친 데도 없고요. 바위 모서리에 머리를 부딪치는 바람에 조금 긁히긴 했지만 큰 상처는 아니니 걱정하지 않으셔도 됩니다. 부딪치는 순간 조금 어지러웠을 뿐이에요."

그렇게 말하며 몸을 일으키던 그의 얼굴이 파랗게 질리며 눈이 꽉 감겼다. 이어서 그가 한숨을 토해내듯 낮은 소리로 말했다.

"이런, 다리가……."

다시 일어나보려고 애를 썼지만 소용없었다.

"안 되겠어요. 일어날 수가 없어요."

고통으로 인해 그의 눈에서는 눈물이 흘러내렸다.

가슴이 철렁 내려앉았다. 뼈라도 부러진 거라면 어떡하지? 이렇게 외진 숲 속에서, 식량도 없이, 시시각각 깊게 쌓여가고 있는 눈 속에서 우리는 어떻게 해야 하는 거지?

나는 얼른 용덴의 부츠를 벗기고 발을 살펴보았다. 다행히 뼈에 이상이 생긴 것 같지는 않았다. 한쪽 발목을 접질리고 무릎에 가벼운 타박상을 입은 정도였다. 통증이 아무리 극심하다 할지라도 생명이나 건강에 위험을 초래할 정도는 아니었다. 그렇긴 하지만 인가가 있는 곳에서 사고를 당했더라면 그나마 다행이었을 것이다. 그러나 여기는…….

용덴이나 나나 모두 심각한 상황임을 충분히 이해하고 있었다. 용덴은 다시 한 번 몸을 일으키려고 해보았다. 내가 부축을 해주자 지팡이에 의지해 한쪽 발만 딛고 서는 데 성공했다.

"무릎과 손을 이용해서 이 구덩이를 빠져나가봐. 내가 옆에서 도와줄 테니. 그런 다음엔 내가 업고 갈게. 일단은 동굴로 돌아가는 게 급선무니까, 나중 일은 동굴에 가서 생각해 보기로 하고……."

그를 업은 채 젖 먹던 힘까지 쥐어짜 보았지만 많이는 가지 못했다. 눈으로 뒤덮인 땅 위에는 그렇지 않아도 작은 구멍이나 돌들이 숨겨져 있어 한 발짝 뗄 때마다 걸려 넘어지기 일쑤였는데, 장정 한 명을 등에 업은 채 걷는다는 건 말처럼 쉬운 일이 아니었다. 잠자코 등에 업혀 있으라는 나의 엄한 명령을 마지못해 따르고 있던 용덴이, 한쪽은 내게 기대고 한쪽은 지팡이에 의존해서 걸어보겠다고 했다. 그는 몇 발짝도 못 가서 멈춰 서고, 다시 몇 발짝 가다가 멈춰 서기를 반복하는 참담한 모습으로 발을 질질 끌며 앞으로 나아갔다. 이마를 덮고 있던 라마승 모자 속에서부터 땀이 줄줄 흘러내렸다. 그렇게 몇 시간을 걸은 끝에 우리는 마침내 동굴에 당도했다.

동굴에 도착하자마자 나는 그 가엾은 부상자의 부풀어오른 복사뼈에 마사지를 해주고 나서 그의 허리띠로 그 부위를 고정시켰다. 그것말고는 더 이상 해줄 수 있는 게 없었다.

전날 밤과 마찬가지로 온기라곤 전혀 없는, 꽁꽁 얼어붙은 땅바닥 위에 몸을 눕힌 채 우리는 추위에 떨었다. 갈증을 해소하기 위해 간간이 눈을 집어먹고, 식사를 대신해 얼음물을 마신 터라 몸이 속에서부터 얼어붙어 더욱 괴로웠다. 그러나 용덴의 부상으로 인한 불안감만 아니었다면, 나는 오히려 이 특이한 상황을 즐길 수 있었을 것이다. 인적미답의 깊은 산 속에 들어앉아 소복소복 하염없이 내리는 눈을 밤새도록 바라볼 수 있다는 것은 얼마나 황홀한 일인가! 그렇게 생각하니 모든 걱정거리나 신체적인 고통 따위는 순식간에 사라져 버렸다. 나는 그날 밤늦게까지 꼼짝 않고 앉아 그 경이로운 설국의 무한한 정적 속에서 마음껏 고독을 즐겼다. 마음은 모든 감정에서 해방되어, 말로는 표현할 수 없을 정도로 평온했다.

밖에는 눈이 하염없이 쌓이고 있었다.

아침에 눈을 떴을 때 가장 먼저 시야에 들어온 것은, 흙벽을 뒤로 한 채 지팡이에 기대어 한쪽 다리로 서 있는 용덴의 모습이었다. 그 모습은 마치 중국의 도교 사원에 그려져 있는 신들을 떠올리게 했다. 이런 상황만 아니었다면 웃음을 터뜨렸을 테지만, 가엾게도 용덴은 의기소침해 있었다.

"걸을 수가 없어요. 몇 번이나 시도해 봤지만 잘 안 돼요."

용덴이 침울한 목소리로 말했다.

퉁퉁 부어오른 복사뼈로 인해 다리가 마치 휘어진 것처럼 보였다. 출발은 생각도 할 수 없었다.

우리는 이른 아침부터 몇 시간 동안이나 머리를 맞대고 의논했다. 나는 우리의 짐과 남아 있는 한 줌의 짬파를 용덴에게 남겨주고 혼자서 도움을 청하러 마을까지 가는 방법을 제안했다. 하지만 용덴은, 마을까지 무사히 간다 해도 농민들이 걸인들을 도와주기 위해 일부러 여기까지 와줄 리 없다고 말했다. 그렇다고 해서 그들에게 돈을 보여주며 대가를 지불하겠다고 말한다면 지금 우리가 처한 상황보다도 훨씬 더 불행한 결과를 초래할 뿐이라고 덧붙였다. 용덴은 포 지방 사람들에 대해 지나치게 부정적인 생각을 품고 있는 것 같았다. 반대하는 이유는 그뿐만이 아니었다. 우리는 가장 가까운 마을까지 거리가 얼마나 되는지 알지 못하며, 마을로 가는 길에 대해서도 잘 모를뿐더러, 이틀 전 애그니 고개를 내려오면서 세 갈래 길을 보았지만 아마 지금쯤은 그 길 모두 눈 속에 파묻혀 있을 텐데 만일 내가 길을 잘못 들어 며칠 동안이나 눈 속을 헤매게 되거나 사고라도 당해 몸을 움직일 수 없게 되면, 또 굶는 날이 길어져 마을에 도달하기도 전에 탈진해 버리기라도 한다면 어떻게 해볼 방도가 없다는 것이었다.

용덴의 우려가 필요 이상으로 지나친 면이 없지는 않았으나, 그의 말처럼 되지 말라는 법도 없었다. 그러나 그보다는, 혼자서는 몸도 일으키지 못하는 용덴이 동굴에 혼자 남아 있다가 밤에 굶주린 맹수들의 습격을 받을지도 모른다는 생각을 하니 두려움에 몸이 떨려왔다.

여러 가지 의견들이 나왔다가 번복되고, 나왔다가 번복되는 동안 시간만 흘러갔다. 마침내 나는 골짜기로 내려가기로 결정했다. 독파들의 야영지까지 내려가서 확인해 보고 혹시 남아 있는 사람들이라도 있으면 용덴을 거기까지만 옮겨다달라고 사정해 그들과 함께 그날 안으로 돌아오기로 했다.

하루 종일 걸어 내려간 끝에 두 군데의 야영지 터를 발견했다. 그러나 사람들의 모습은 그림자도 보이지 않았다. 추위 속에 떨면서 나를 기다리고 있을 용덴에게 이처럼 맥빠지는 소식을 가지고 돌아가야 한다고 생각하니 마음이 아팠다.

용덴이 여기 어느 한 곳에 누워 있을 수 있다면 얼마나 좋을까? 적어도 독파들이 남기고 간 연료로 몸을 따뜻하게 해줄 수는 있을 텐데……. 무슨 수를 써서라도 연료를 챙겨 가지고 돌아가야 한다. 그러나 어떻게? 내겐 마른 똥을 넣어갈 주머니는커녕 헝겊 조각 하나도 없었다. 두꺼운 모직 천이 아니라면 마른 똥은 돌아가는 도중에 젖어버려 쓸모가 없어지고 말 것이다. 머리를 짜낸 끝에 티베트의 조악한 서지 천으로 만든 바지를 벗어 그 안에 연료를 쑤셔 담았다. 그런 다음 허리띠로 그것을 동여매고 등에 짊어졌다.

돌아오는 길은 매우 피곤했다. 눈은 전혀 그칠 기색이 없었고, 내가 입고 있던 얇은 중국산 속옷은 얼마 못 가 순식간에 젖어버려서 입은 것 같지도 않았다. 밤이 되었지만 동굴은 여전히 멀었다. 강을 따라 이어져 있었기에 길을 잃을 염려는 없었지만, 암흑 같은 어둠이 내리자 내가 지나고 있는 곳이 어디쯤인지 전혀 감이 잡히지 않았다. 그런 상황이고 보니 강변에서 상당히 멀리 떨어져 있는 동굴을 찾기란 쉽지 않았다. 골짜기를 따라 좀더 올라가야 하는지, 아니면 이미 동굴이 있는 곳을 지나쳐 버린 것인지 전혀 알 수가 없었다. 방향을 정하기 위해 걸음을 멈추고 용덴을 소리쳐 부르려는데 위쪽에서 희미한 불빛이 보였다. 내게 위치를 알려주고자 용덴이 촛불을 켠 것이었다.

"애가 타서 죽는 줄 알았어요. 밤이 돼도 돌아오시지 않기에 최악의 경우까지 상상했습니다."

나를 보자마자 용덴이 말했다.

서둘러 불을 지피고, 펄펄 끓는 차에 짬파를 넣은 뒤 그것을 마시고 기운을 차리긴 했지만, 우리 앞에 놓여진 상황은 조금도 달라지지 않았다. 아니, 상황은 더욱더 심각해져 있었다.

이제 우리에게 남은 식량이라곤 서너 숟가락 정도의 짬파와 아주 적은 양의 차뿐이었다. 가장 가까운 마을까지 얼마나 떨어져 있는지, 또 어느 길이 마을로 통하는지는 여전히 알 수 없었으며, 용덴이 걸음을 걸을 수 없는 것도 마찬가지였다.

내가 불 옆에서 잠자코 앉아 옷을 말리고 있는데 용덴이 말했다.

"제 일은 걱정하지 마세요. 어머님이 죽음에 연연해하시는 분이 아니라는 것은 잘 알고 있습니다. 저 역시 죽음이 두렵지 않습니다. 저는 오늘 하루 종일 복사뼈를 주무르고 있었습니다. 이제부터는 더운물 찜질도 할 겁니다. 어쩌면 내일쯤은 걸을 수 있지 않을까 싶습니다. 그러나 혹시 그렇게 되지 않더라도 혼자서 이곳을 떠나 도움을 청하도록 하십시오. 저에게 무슨 일이 일어나도 어머님께는 아무런 책임이 없습니다. 사람들에게 일어나는 모든 일의 원인은 자기 자신에게 있는 것입니다. 이 사고는 현생이나 전생에서 제가 한 행동이나 말 혹은 마음으로 범한 행위의 대가일 뿐이며, 신의 잘못도 그 누구의 잘못도 아닙니다. 그러니 한탄해 봤자 아무런 소용도 없는 일이지요. 그보다는 잠을 자두는 편이 좋을 것 같습니다."

그날 밤 우리 두 사람은 깊은 단잠에 빠졌으며, 그 사이에도 눈은 끊임없이 내리고 있었다.

다음날 용덴은 일어설 수 있었다. 나는 용덴의 짐과 내 짐을 끈으로 한데 묶어 짊어지고, 구덩이에 빠진 그를 동굴까지 데리고 올 때처럼 그를 부축했다. 말할 것도 없이 우리는 달팽이처럼 느릿느릿 걸었다. 숲 속으로 접어들 무렵 나는 가장 곧아 보이는 나뭇가지 한 개를 꺾었다. 그런 다음 한쪽 끝에 다른 나뭇가지를 직각으로 고정시킨 뒤 그곳이 딱딱하지 않도록 빈 식량 주머니로 둘둘 말았다. 이렇게 임시로 만든 목발 덕분에 용덴은 내 도움 없이도 걸을 수 있게 되었다.

어제 이 일대를 걸으며 살펴본 바로는, 골짜기가 눈이 쌓여 점점 좁아지고 있었다. 나는 골짜기가 완전히 막혀버려 강을 따라 나아갈 수 없게 될까봐 불안했다. 아무래도 애그니 고개에서 내려오면서 본, 길을 따라 숲을 가로질러 가는 게 확실할 것 같았다. 그 길은 우리가 목초지를 가로질러 들어간 길에서는 다소 떨어져 있었지만, 강줄기와 같은 방향으로 뻗어 있음에 틀림없었다. 골짜기 바닥은 지나갈 수 없을 정도로 눈에 덮여 있으니, 그 길은 강보다 훨씬 높은 지대를 통과하고 있을 것이다.

내가 전에 그 길을 본 장소에서라면 그다지 멀리 돌지 않더라도 그곳으로 갈 수 있겠지만, 평지에서조차 간신히 걸음을 옮기고 있는 용덴에게는 잡목 숲이나 바위가 있는 급경사를 기어오르는 일이 불가능했다. 결국 우리는 무릎 깊이까지 쌓인 눈길 위를, 나무 사이로 분명한 선을 이루며 뻗어나간 길을 발견할 때까지 되돌아 나아갔다.

드디어 날씨가 맑게 개었다. 60시간 이상이나 쉬지 않고 내린 끝에 깊숙이 쌓인 눈을 헤치고 나아가야 하는 힘겨움과, 고통스러워하는 용덴의 안쓰러운 모습을 힘없이 지켜봐야 하는 무력감만 아니었다면 걷기에는 더없이 좋은 날씨였다. 우리가 이날 지나온 산악 지대는 경치가 매우 아름다웠다. 이곳을 찾은 게 우기가 끝난 봄에서 늦여름 사이였다면 훨씬 더 장엄한 광경을 구경할 수 있었을 것이다. 그러나 유감스럽게도 또 한 번 달갑지 않은 일이 생기는 바람에 더 이상은 경치나 감상하고 있을 수가 없게 되었다.

그날 아침 동굴을 떠나올 때 나는 신발 한쪽 바닥에 구멍이 뚫려 있는 걸 발견했다. 그것을 그대로 신은 채 몇 시간 동안이나 걷다 보니 그 구멍이 커져버린 것이었다. 그로 인해 그 신발은 걸음을 옮길 때마다 길가의 눈을 집어삼키는 희한한 동물 같았다. 게다가 나머지 한쪽 신발 역시 별반 나을 게 없어, 나는 심한 통증으로 고통스러웠다. 눈 때문에 동상에 걸린 발에는 상처가 생기기까지 했다. 피부가 민감하다고는 절대 말할 수 없는 티베트의 산악 민족들도 겨울에는 맨발이 노출되지 않도록 세심한 주의를 기울인다는데……

날이 이슥해졌지만, 아무래도 그날 중으로 마을에 도착하는 건 도저히 무리인 듯싶었다. 어디에도 경작지나 가축들의 발자국 따위는 보이지 않았다. 우리를 애그니 고개까지 안내해 주었던 독파의 말로는, 인가가 있는 골짜기로 통하는 오솔길 근처에 독파들의 야영지가 있다고 했다. 우리는 그 야영지를 찾아 헤맸지만 아무런 성과도 없었다. 쉬어갈 만한 곳을 찾지 못한 채 밤을 보내야 할 것 같았다. 눈으로 뒤덮인 오두막을 미처 발견하지 못한 채 지나쳐버린 것일까? 아니면 불운이 겹치다 보니 길까지 잘못 든 것일까?

우리는 간간이 필요한 이야기를 하는 것 외에 서로의 피로와 고통에 대해 하소연하는 일은 그만두었다. 피차 어떤 수로도 상대방을 도와주거나 즐겁게 해줄 수 없다는 사실을 잘 알고 있는 처지에 그런 이야기는 서로의 힘을 빼는 공연한 짓에 불과했기 때문이다. 잠깐 동안 '독파들의 야영지'와 '길을 잘못 들었을 가능성'에 대해 서로의 짐작을 이야기해 보기도 했지만, 그 역시 하나마나 한 소리인 것 같아 이내 그만두었다.

밤이 되자 다시 눈이 내리기 시작했다. 먹물을 들이부은 듯 시커먼 하늘 아래 이상하게도 어느 한 지점만 밝은 부분이 있었다. 순백의 지면에서도, 눈이 하얗게 쌓인 나뭇가지에서도 푸른 기를 머금은 흰색의 미광이 사방으로 발산되고 있었는데, 그 정경이 나로 하여금 하데스 신이 사는 명계를 떠올리게 했다.

머리에서부터 발끝까지 흰 눈을 뒤집어쓰고 몸과 마음은 꽁꽁 얼어붙은 채, 우리는 침묵 속에서 느릿느릿 그 이상한 풍경 속으로 걸어나갔다. 마치 마법사의 호출을 받은 유령이나 산타클로스의 가난한 시종꾼처럼.

산타클로스라! 벌써 12월에 접어든 것일까? 그럴지도 모른다. 그러나 오랫동안 중국과 티베트에서 통용되는 태음력에 맞춰 생활해 온 지 오래 된 터라, 그레고리우스력(1852년에 로마 교황 그레고리오 13세가 제정한 태양력—옮긴이)으로는 지금이 몇 월인지 얼른 머릿속에 떠오르지 않았다. 그러나 내가 가방 안에 가지고 다니는, 중국 우체국에서 발행한 달력에는 두 가지가 다 표기되어 있으니 나중에 시간이 나면 그것을 확인해 봐야겠다는 생각이 들었다.

용덴은 점점 뒤처지기 시작했으며, 나는 머릿속이 텅 빈 채 아무 생각도 없이 기계적으로 걸음을 옮겼다. 마을이나 오두막을 발견할 수 있을 거라는 꿈을 접은 지는 이미 오래였다. 아무리 허름한 곳이어도 좋으니, 그곳에서 밤새 한기를 피할 수만 있다면 감지덕지할 뿐이었다. 수북이 쌓인 눈 위에서는 도저히 야영을 할 수 없었다. 그런데 도대체 어디에서 찾는단 말인가!

갑작스런 충격에 정신이 번쩍 들었다. 뭔가 딱딱한 물체에 부딪친 것이다. 손으로 만져보았더니 엉성하게 짜여진 울타리였다. 울타리? 그렇다면 우리를 안내해 준 그 독파가 말하던 독파들의 여름 야영지란 말인가? 우리는 길을 잘못 든 게 아니었다. 이제 쉬어갈 장소를 찾은 것이다.

쉽게 믿어지지가 않았다. 나는 내가 손을 떼면 울타리와 그 오두막들이 사라져버리기라도 할 듯 울타리에서 손을 떼지 못하고 그것을 더듬으며 앞으로 나아갔다. 이윽고 나는 울타리 안으로 들어갈 수 있는 문 앞에 섰다. 거기서부터는 사각형 모양의 커다란 오두막과 가축 우리처럼 보이는 건물들의 지붕이 희미하게 보였다.

나는 이 반가운 소식을 서둘러 용덴에게 알렸다.

"디루! 디루! 캄파 칙 둑!(여기야! 여기! 집이 있어!)"

나는 용덴을 기다릴 새도 없이 안으로 들어갔다. 독파의 주거로 사용되었을 건물 옆에 마구간이 있었다. 거기다 짐을 내려놓고 신속하게 문 앞에 쌓여 있는 눈을 치우기 시작했다. 용덴은 내가 일을 하고 있는 동안 도착했다.

헛간 안에는 상당한 양의 마른 똥과 땔감이 있었다. 어둠 속에 주위가 분간되지 않아 그 자리에서 몇 개의 나뭇가지에 불을 붙인 다음, 그것이 타오르기 시작하자 집 안으로 가지고 들어갔다. 집 안에는 부뚜막도 있어서 그 위에 앉거나 잘 수도 있었다. 그러나 우리가 방 안에서 발견한 것 중 가장 반가운 건 수북이 쌓여 있는 연료였다. 곧 방 안에는 불이 새빨갛게 피어올랐다. 동굴 속에서 며칠 밤을 추위에 떨며 지내고 난 뒤라, 좁은 방 안 구석구석까지 퍼져나가는 온기가 어느 때보다도 쾌적하게 느껴졌다. 나는 가만히 눈을 감고 따뜻한 불기운에 몸을 내맡겼다. 더없이 엄격한 고행을 수행 중인 내 육체 속에서 항상 숨죽이고 있던 쾌락의 감정이 조금씩 머리를 쳐드는 것을 나는 관대한 마음으로 묵인하며 마음껏 그 상황을 즐겼다.

자기 전에 한 줌의 짬파를 넣은 뜨거운 보리죽을 마시고, 얼마 안 되는 차는 내일 아침을 위해 남겨두었다. 용덴은 다리에 온습포를 감았다. 달력을 보니 12월 22일이었다.

다음날 아침, 부어올랐던 용덴의 발은 많이 가라앉은 듯했다. 그렇지만 목발을 짚어야 한다는 사실에는 변함이 없었다. 그는 통증도 별로 느껴지지 않는다며 출발할 수 있다고 말했다. 하지만 이번에는 내 발이 문제였다. 동상에 걸려 거의 얼어붙었던 발가락 여기저기에 물집이 잡히고 피가 나왔다. 이런 상태로는 신어봤자 맨발이나 다름없는 신발을 신고 다시금 오랫동안 눈 위를 걷는다는 건 무모한 짓이었다. 어떻게든 밑창의 가죽을 갈아야 했다.

용덴은 절에 있을 때 신발을 수선하는 방법을 배우지 못했던 터라 이런 상황이 생길 때마다 매번 쩔쩔매며 이 일을 했다. 나는 그나마 뭘 어떻게 해야 하는지조차 몰랐기 때문에 그저 낡은 밑창의 솔기나 뜯어주는 게 고작이었다.

수선을 끝내고 시간을 보니 오후 1시였다. 이처럼 늦은 시각에 길을 나서는 건 바람직한 일이 아니었다. 이곳에 독파들의 야영지가 있다는 건 마을에서 상당히 떨어져 있다는 것을 의미하는데, 이렇게 늦은 걸음으로 해 지기 전까지 마을에 도착한다는 건 무리였다. 십중팔구는 밤에도 오랜 시간 걸어야 할 게 틀림없었다. 그러나 벌써 몇 끼나 굶은 우리에게 야간 행군은 아무래도 무리였다. 그렇다고 출발을 내일로 미루면 굶주림은 더욱더 장기화된다. 이렇게 하나 저렇게 하나 불리한 상황이긴 마찬가지였지만, 어느 한쪽을 택하는 일 또한 쉬운 일은 아니었다. 결국 우리는 붉은 혀를 날름거리는 불꽃의 유혹에 넘어가, 이 따뜻한 숙소에서 하룻밤을 더 지내고 다음 날 아침 일찍 출발하기로 결정했다.

눈은 그날도 하루 종일 쉬지 않고 내렸다. 일몰을 얼마 남겨두지 않고서 용덴은 발목이 얼마나 회복됐는지 시험도 해볼 겸 거기서 그리 멀지 않은 다른 야영지까지 갔다 오겠다며 밖으로 나갔다. 얼마 뒤 돌아온 그는 얼마 멀지 않은 곳에서 우리가 선택해야 하는 길을 발견했다고 했다.

우리는 날이 밝기 훨씬 전에 일어나 불을 지피고, 펄펄 끓고 있는 냄비 속에 차 봉지를 뒤집어 털어넣었다. 차 한 잔으로 간단히 아침 식사를 끝내고, 용덴이 어젯밤에 봤다는 장소를 향해 곧장 나아갔다. 밖은 아직 어두웠으며, 내리는 눈발도 여전했다. 우리가 더듬어 올라가고 있는 길이 지난밤에 내려올 때보다 좀 좁아졌다는 느낌이 들었다. 대개 티베트의 산길은 숲의 모양에 따라 그 느낌이나 넓이가 쉽게 달라 보이곤 한다. 숲이 마치 변덕을 부리기라도 하듯.

정오 무렵까지 온몸의 힘을 쥐어 짜내며 힘들게 나아갔지만, 우리 앞에 나타난 것은 헤치고 나갈 수 없는 덤불과 급경사의 비탈길뿐이었으며, 길은 거기서부터 흔적도 없이 끊겨 있었다. 길을 잘못 든 것이었다.

처음엔 길을 제대로 잡았다가 도중에 잘못된 길로 빠진 것일까? 그런 것 같지는 않았다. 대체로 독파들의 여름철 야영지 주변에는 숲을 헤집고 돌아다니는 가축 떼들이 만들어놓은 작은 길이 여러 갈래로 나 있는데, 우리가 택한 길이 아마도 그 중의 하나였던 모양이었다. 이유야 어떻든 출발점으로 되돌아가야만 했다. 하지만 우리가 있는 곳에서 착오 없이 바른 길을 찾기란, 어느 방향에 그 길이 있는지도 모르는 이 상황에서는 무리였다. 자칫하다간 이 광활한 숲 속에서 완전히 길을 잃고 헤매게 될지도 모를 일이었다.

우리가 지나쳐 온 길이 그다지 긴 거리는 아니었다. 용덴은 여전히 목발에 의존해 걷고 있었고, 나 역시 발에 입은 상처로 인해 빨리 걷지 못했기 때문이다. 그러나 중요한 건 우리가 되돌아갈 거리가 아니라, 돌아가는 데 걸리는 시간이었다. 며칠 동안이나 제대로 먹지 못한 우리에게는 이러한 작은 차이가 심각한 결과를 가져올 수 있었다.

우리가 걸어온 길을 찾아내는 건 쉬운 일이 아니었다. 아침부터 몇 시간 동안이나 줄기차게 퍼붓고 있는 눈이 우리가 걸어온 발자국을 말끔히 지워버린데다가 용덴이 쉬어가는 횟수가 빈번해졌기 때문에 시간이 훨씬 지체되었다.

독파들의 야영지로 되돌아왔지만, 기운을 차리게 해줄 음식물이라곤 한 사발의 뜨거운 물뿐이었다. 나는 그 물을 마시고 나서 내일은 방향을 혼동하지 않도록 길을 찾아보러 나가야겠다고 생각했다. 우리 둘 다 배고픔은 견딜 만했지만 현기증을 느꼈으며, 기묘한 방울 소리를 듣기 시작했다. 만일 아무것도 먹지 못하는 날이 더 이상 오래 지속된다면 마을까지 내려갈 기력도 없어질 게 분명했다.

용덴은 나를 불 가에 앉혀두고 자기가 길을 찾아보러 나가겠다고 했다.

나는 사려 깊은 그의 마음을 받아들이기로 했다. 그는 가련하게도 목발과 지팡이에 의존한 채 다시 눈 속으로 걸어나갔다.

식량이 바닥난 이후로는 식사 준비를 해야 하는 번거로움은 없어졌다. 냄비에 눈을 담아 끓이기만 하면 되었다. 그러고 나면 누워서 생각에 잠길 수 있었다.

내가 아는 사람들이 지금 나와 같은 처지에 놓이게 된다면 그들은 어떤 식으로 반응할까? 그들 중에는 마음을 진정시키지 못하고 안절부절못하면서 신이나 악마 혹은 동행자나 자기 자신에게 욕설과 저주를 퍼붓는 사람도 있을 것이며, 눈물을 흘리며 꿇어앉아 기도하는 사람도 있을 것이다. 그러나 그들 모두는 조금도 마음의 동요를 일으키지 않고 호기심을 만족시켜 가며 이 여행을 계속하려는 나를 비난할 것이다.

팔리 경전 속의 한 시구가 내 머릿속에서 감미롭게 울려퍼졌다.

"고통에 시달리면서도 그에 구애받지 않고 사는 사람은 행복하다."

용덴은 밤이 깊은 뒤에야 돌아왔다. 그는 이번에야말로 틀림없다면서 먼 곳까지 길을 따라 나가면서 길의 상태며 그 길이 이어지고 있는 방향까지 확인했다고 말했다. 정확한 길을 찾아냈다니 정말 다행이었다.

이 낭보는 죽었다 살아난 것처럼 나를 기쁘게 했지만, 한편으로는 그의 안색이 마음에 걸렸다. 그의 얼굴은 새파랗게 질려 있었으며, 눈은 열병에 걸린 것처럼 번쩍거렸다. 그는 더운물을 두 사발이나 단숨에 들이켜고 나서 곧장 자리에 누웠다.

한동안 그의 상태를 지켜보았다. 처음엔 몸을 자주 뒤척이고 가끔씩 가위에 눌리는 듯했지만 서서히 조용해졌기 때문에 얼마 뒤 나도 잠자리에 들었다.

바닥 위를 걷는 소리와 정체를 알 수 없는 중얼거림이 들려와 눈을 떴다. 용덴이었다. 타다 남은 불씨에서 발산되는 희미한 빛을 통해 어렴풋이 보니 그가 손에 지팡이를 들고서 비틀거리며 문 쪽으로 걸어가고 있었다. 어디로 가려는 거지? 나는 얼른 일어나 그를 붙잡기 위해 달려갔다.

"무슨 일이야? 어디 불편한가?"

"눈이 깊게 쌓입니다. 아주 높이, 높이…… 우리는 잠을 자고, 눈은 내리고…… 어서 떠나야 합니다. 그렇지 않으면 돌이킬 수 없게 됩니다."

그는 마치 꿈을 꾸고 있는 듯한 기묘한 목소리로 대답했다. 반쯤 의식을 잃은 것 같았다. 무서운 꿈이라도 꾼 것일까? 좀더 자라고 달랬지만 자신의 생각에 몰입해 있는 그에게 내 말은 들리지도 않았다. 그는 떠나야 한다고, 그것도 지금 당장 떠나야 한다고 주장했다. 그의 손이 불덩이처럼 뜨거웠다. 급작스런 발열로 인해 정신이 혼미해진 것 같았다. 눈 속에서의 오랜 행군과 굶주림, 접질린 발목의 통증 때문이었다.

갑자기 내 손을 뿌리치고 문을 향해 달려간 그가 문을 활짝 열어젖히며 말했다.

"보세요. 눈이 내리고 있지요?"

정말 폭설이 내리고 있었다. 소름끼칠 정도로 차가운 한 덩이의 바람이 휙, 안으로 불어닥쳤다.

"거기 있으면 안 돼. 찬바람을 쐬면 병이 더 깊어진다니까."

"출발해야 합니다. 당장 출발해야 합니다."

그는 같은 말을 고집스럽게 반복했다. 그러면서 한사코 나를 끌고 나가려고 애를 쓰며 소리쳤다.

"제촌마, 어머님이 죽는단 말입니다. 어서 오세요, 어서!"

나는 그를 홱 잡아당기고 나서 발로 문을 걷어차 닫아버렸다. 그런 다음 그를 불 옆에 눕혔다. 용덴은 완강히 저항하며 버둥거렸다. 고열에 들떠, 오직 내 목숨을 구해야 한다는 일념에 사로잡혀 그 완고한 청년은 엄청난 괴력을 발휘했다. 한쪽 발이 자유롭지 않아 비틀거리긴 했지만, 무리한 몸짓에서 비롯되는 통증도 전혀 느끼지 못하는 듯했다.

그때 만일 그가 나를 뿌리치고 밖으로 나갔다면 어떻게 되었을까? 우리가 있던 개간지에서 불과 몇 미터도 채 떨어지지 않은 곳에 있던 낭떠러지를 떠올리자 등골이 오싹해졌다.

꺼져가는 불씨 위에 잔가지들을 올려놓고 불을 지폈다. 아궁이에서 불꽃이 일어 방 안이 순식간에 환해지자 용덴은 고열로 인한 이제까지의 이상한 행동을 일시에 그쳤다.

"어떻게 된 겁니까? 무슨 일이 생겼습니까?"

용덴이 주위를 돌아보며 말했다. 그러면서 내가 시키는 대로 얌전하게 자리에 누웠다.

불을 지피고 나서 용덴의 이마에 눈덩이를 얹어주었다. 그러자 금세 잠이 들어버렸다. 이번에는 잠시도 그에게서 눈을 떼지 않고 새벽녘까지 지켜보며 앉아 있었다.

마음과는 달리 달려드는 수마를 이기지 못하고 잠시 꿈속을 헤매고 있을 때였다. 산 아래쪽에서부터 방울 소리가 아련히 들려왔다. 쉬지 않고 쏟아져 내리는 이 눈 속을 뚫고, 그것도 이처럼 한밤중에 도대체 누가 말을 타고 여행을 하고 있지? 나는 누군가가 들이닥칠지도 모른다는 두려움에 그 소리에서 귀를 떼지 못했다. 방울 소리는 점점 멀어지다가 마침내는 사라져버렸다.

그것이 포 지방에서 맞이한 크리스마스 이브였다.

해가 떴지만 용덴을 깨우지 않았다. 이런 경우엔 잠이 최고의 명약이라 생각했기 때문이다. 용덴이 회복하는 데에는 내가 가진 몇 가지 약보다 잠이 훨씬 도움이 될 것이다.

해가 뜨고 난 지 한참 만에야 용덴은 눈을 떴다. 한눈에도 상태가 좋아졌음을 알 수 있었다. 그는 어젯밤의 행동을 막연히밖에는 기억하지 못했으며, 자기에게 일어난 모든 일이 단지 꿈이었다고 믿고 있었다.

나는 눈을 녹여서 끓였다. 이번에도 점심을 대신해 그것을 마실 수밖에 없었다. 만일 약간의 버터와 두세 줌의 짬파만 있었어도 그것들을 물과 함께 끓여 먹고 기운을 차릴 수 있겠지만, 아무런 풍미도 없고 그저 뜨겁기만 한 맹물은 위를 자극하기만 할 뿐이었다.

나는 머릿속의 생각을 입 밖에 내어 "산에 사는 신들이여! 우리에게 자비를 베푸시어 호두알만큼의 버터나 베이컨을 내려주십시오!'라고 농담 섞인 기도를 했다. 용덴은 그가 곧잘 짓곤 하는 독특한 시선으로 나를 가만히 응시했다.

"왜? 왜 그런 눈으로 보지?"

내가 그에게 물었다.

"베이컨이 그렇게 소원이시라면 제가 '산신령'이 되어 드릴 수도 있는데요."

용덴이 주저하듯 말했다.

"무슨 말이지?"

용덴이 웃기 시작했다.

"제슌마, 어머님은 어느 모로 보나 이젠 틀림없는 티베트 여인으로 보이지만, 역시 이런 경우에 티베트 여인들이 어떻게 하는지는 모르시는군요."

"얘기해 봐. 보따리에 먹을 거라도 남아 있다는 말인가?"

"그럼요. 방수를 위해 신바닥을 문질러대던 베이컨 한 쪽과 어제 신발 밑창에 대고 남은 가죽 조각이 있죠."

그가 장난처럼 말했다.

"그럼, 그걸 모두 냄비 속에 집어넣고, 소금이 남았으면 그것도 조금 넣고 끓이도록 하지."

내가 명랑한 목소리로 명령했다. 내 안에서 진짜 티베트인의 정신이 살아난 것이다.

반 시간 정도 뒤, 우리는 맛으로 따지면 별 볼일 없지만 적어도 텅 빈 위장은 다소나마 만족시켜 줄 탁한 국물을 음미하고 있었다.

크리스마스 축제는 그렇게 계속되었다.

야영지를 떠난 뒤 얼마 지나지 않아 날씨가 맑게 개고 태양이 수줍은 듯 모습을 드러냈다. 아래로 내려갈수록 쌓인 눈의 깊이가 조금씩 얕아져 속도를 낼 수는 있었지만, 이 광대한 숲이 끝나가고 있음을 알려주는 징조는 어디에서도 찾아볼 수 없었다. 그렇기는커녕 우리 앞에 나타난 것은 또 다른 야영지였다. 이로써 우리는 마을까지 가려면 아직도 한참을 더 걸어야 한다는 사실을 확인해야만 했다. 그 야영지의 조금 아래쪽에서 우리는 고짜 고개의 산기슭에서부터 급사면을 기운차게 흘러 내려오고 있는 포 강의 지류를 건넜다.

해가 기울기 시작했다. 오늘도 밤이 되기 전까지 마을에 도착할 수 없음은 분명했다. 우리들의 굶주림은 언제까지 계속될 것인지…….

길 아래 좁은 개간지 안에서 한 채의 오두막집을 발견했다. 나는 용덴에게 그곳을 손짓해 보였다. 거기서 여장을 풀고 하룻밤 묵어가는 게 좋을 듯싶었다. 밤새 불을 피우려면 땔감을 충분히 모아야 했는데, 어둠이 쌓이기 전에 그 일을 마치자면 서둘러야 했다. 저녁 식사는 생각해 봐야 소용없는 일이었다. 마치 우리가 향기와 청정한 공기만 먹고 사는 영계의 신이라도 된 듯 그런 건 우리와 전혀 상관없는 일이었다.

오두막에 가까이 다가갔을 때, 우리는 입구 근처에 서 있는 한 남자를 발견하고 소스라칠 듯이 놀랐다. 그는 우리가 포 지방에 들어온 이래 처음 만나는 포파(포 지방 사람)였다. 포 지방 사람들을 가리켜 강도니 식인종이니 하던 사람들의 이야기가 순간적으로 머릿속을 스치고 지나갔다.

하지만 나는 겁먹고 있다는 인상을 주지 않으려고 예의바른 목소리로 물었다.

"쿠쇼(주인), 안에 들어가 불 좀 쬐도 될까요?"

"그러십시오."

그가 짧게 대답했다.

우리는 길을 따라 내려가 오두막을 향해 개간지를 가로질렀다. 안으로 들어가니 십여 명이나 되는 사람들이 불 가에 모여 있었다. 순간, 겁이 나면서 가슴이 쪼그라드는 듯했다.

이 사람들은 도대체 이 깊은 숲 속에서 뭘 하고 있는 것일까?

그들은 우리를 정중하게 맞이했으며, 우리가 애그니 고개를 넘어왔다는 이야기를 듣자 놀란 나머지 벌어진 입을 다물지 못했다. 용텐이 거기까지 오는 도중에 다른 골짜기들도 돌아보았다는 말을 생략했기 때문에 우리가 고개를 넘은 뒤 곧장 왔다고 생각한 것이다.

"스님을 지켜주시는 포 라와 모 라(조상신)는 신통력이 뛰어난 게 분명합니다. 고개는 지금 통행이 불가능하기 때문에 그들의 도움이 없었다면 얼어 죽을 수밖에 없었을 겁니다."

그들이 우리에게 말했다.

우리가 하늘의 특별한 보호를 받고 있다고 생각한 그들은 당장 호의를 나타냈다. 라마승인 용덴의 자리가 방 안에서 가장 상석인 불 옆에 마련되었다. 그런 다음 그들은 우리에게 차를 권했다.

그들은 방금 식사를 마쳤기 때문에 우리에게 대접할 짬파가 없다며 미안해했다. 그러나 우리는 그것까지는 바라지도 않았다. 보릿가루 대신에 버터를 듬뿍 넣은 그 차는 우리에게는 최상의 피로회복제였다.

우리의 출신지며 그 동안 순례한 여행지에 대해 질문이 오고 간 뒤, 그 중에서 지위가 가장 높아 보이는 한 남자가 용덴에게 점을 칠 줄 아느냐고 물었다. 용덴이 그렇다고 자신 있게 대답하자 그 자리에 있던 사람들은 모두 만족스런 표정을 지었다. 그 자리에서 나는 티베트의 내정 문제와 관련된 몇 가지 흥미 있는 이야기를 들었다.

이 이야기를 시작하기 전에, 우리에게는 별로 알려진 바가 없는 티베트 정치의 실상에 대해서 잠시 언급하고 넘어가기로 하자.

티베트는 단일 정부에 의한 통일 국가가 아니다. 우나 창 지방 이외의 다른 지역에서는 이제껏 갈포(왕)라고 자처하는 수장을 떠받드는 여러 부족들이 독립된 국가를 형성하고 있었으며, 그 각각의 부족들이 티베트 영토의 대부분을 점령하고 있었다. 중국이 지배하던 시절, 중국 황제의 신하들은 이 전통적인 질서를 존중해 일체의 내정 간섭을 자제했다. 그리고 이 티베트의 수장들을 단지 명목상으로만 예속시키는 데 머물렀다. 그러나 라싸 지배자는 그들의 군대가 승리를 거두자 중국의 지배하에 있던 티베트의 모든 영토를 직접 통치하고자 했다.

　중국인들을 내쫓은 기쁨에 들뜬 부족들은 앞으로 완전한 자치를 이룰 수 있는 건 물론이고 한푼의 세금도 내지 않게 되었다고 생각했다. 그들은 라싸에서 파견되어 온 퐁포가 자기네 나라의 최고 책임자가 되어 법률을 정하고 수도 라싸로 보낼 산물을 위해 세금을 걷도록 내버려둘 생각은 전혀 없었다.

　물론 티베트인들은 특별히 이상한 사람이 아니라면 달라이 라마를 아주 위대한 사람이라 여기면서 신 이상으로 숭배한다. 그 중에는 수백 킬로미터나 떨어진 곳에서도 그의 옥좌를 향해 엎드려 절할 만큼 신심이 돈독한 사람도 있다. 그러나 이러한 사람들 역시 달라이 라마가 자기네 실생활을 간섭하는 것만은 달가워하지 않았다.

　다시 우리가 만난 포 지방 사람들에게로 화제를 돌리기로 하자. 그들은 최 종 마을 사람들이 새로 들어선 중앙 정부에서 파견된 퐁포를 돌팔매질로 쫓아내 버렸다고 말했다. 그 운 나쁜 퐁포는 다행히도 숙소로 피하는 데까지는 성공했지만, 마을 사람들은 거기까지 따라가 숙소를 포위해 버렸다. 이렇듯 굴욕적인 대접에 화가 머리끝까지 치민 퐁포는 칼뢴 라마에게 이러한 내용을 보고하기 위해 밀사를 급히 파견했다.

　부왕(副王) 격에 해당하는 칼뢴 라마는 참도에 본거지를 두고 티베트 동부를 지배하고 있는 실력자로, 휘하에 정규군도 거느리고 있었다. 이 권력자에게 사건의 진상을 보고하기 위해 밀사가 출발했다는 소식에 보복이 두려워진 최 종 마을 사람들은 밀사를 뒤쫓고자 포 지방의 경계인 고개로 향하는 몇 갈래 길에 사람들을 보냈다. 그들의 임무는 칼뢴 라마에게 보내는 편지를 탈취하는 것이었다. 물론 그들이 '탈취'라는 완곡한 표현을 썼음에도 불구하고 나는 그들의 임무가 밀사를 살해하는 것이었다는 사실을 어렵지 않게 알 수 있었다.

기이한 인연으로 우리가 만나게 된 그 사람들은 중앙 정부의 고관을 쫓아낸 마을의 지사들이었지 결코 식인종이나 강도가 아니었다. 그들은 단지 용덴에게 밀사를 잡을 수 있을지 알아봐 달라는 부탁만 했을 뿐이다.

이런 경우에는 아주 신중하게 점괘를 내려야 한다. 예언이 적중하지 않을 경우 자칫하면 위험에 빠질 염려도 있기 때문이다. 화롯가에 둘러앉은 건장한 체구의 그들은 한번 화가 나면 도저히 걷잡을 수 없을 것 같았다. 용덴과 나는 둘 다 체구가 작았기 때문에 그들과 같이 있자니 마치 식인 도깨비의 소굴에 들어와 있는 '엄지손가락 톰(영국 동화에 나오는 주인공—옮긴이)' 같았다. 내가 세어본 결과 도깨비의 수는 14명으로, 분명 길을 잃고 방황하는 여행자를 게걸스럽게 먹어치우는 식인 괴물이 아니라는 사실은 확실했지만, 그렇다고 해서 남한테 조롱당하고 가만히 있을 사람들로는 보이지 않았다.

용덴은 밀사가 이 지방을 빠져나가기 위해 지나갈 가능성이 있는 몇 갈래의 길에 대해 이것저것 질문을 했다. 그 대답을 듣는 동안 나는 그 지역에 대해 풍부한 지리적 정보를 얻을 수 있었다. 그들은 밀사를 쫓아간 사람들 중에는 말을 타고 애그니 고개로 향한 사람도 있었다고 말했다. 지난밤 멀리서 들려오던 방울 소리의 정체는 이것으로써 설명이 된 셈이다. 그 추적자는 자기가 올라온 지점에 쌓여 있던 눈의 깊이로 미루어 짐작할 때 고개를 넘는 것은 불가능할 것이라 판단하고 발길을 되돌린 모양이었다.

그런 일이 있었으니 우리가 고개를 넘어온 사실에 대해 그들이 그토록 유별나게 놀란 것도 무리는 아니었다. 그들은 우리에게, 거기서 발자국을 보지 못했느냐고 집요하게 물었다. 우리는 아무하고도 만난 적이 없었기 때문에 밀사가 그 길로 지나가지 않았다는 것만은 확실했다.

용덴은 상당히 오랜 시간 중얼거리며 여러 가지 동작을 취했다. 그 결과에 자신들의 운명이 걸려 있던 그들은 용덴의 일거수 일투족을 주시하느라 눈을 떼지 못했다. 용덴이 내린 결론은 이랬다.

"만일 댁들이 보낸 사람들이 폼포의 밀사보다 빨리 달린다면 그를 체포하겠지요."

물론 이 단순한 내용이 신탁의 형태로 그럴듯하게 포장되어 그들에게 전달되었음은 말할 것도 없다.

최 종 마을의 용맹한 사내들은 정중한 목소리로, 만약 누가 찾아와서 물으면 집으로 갔다고 전해달라고 용덴에게 부탁하고는 서둘러 돌아갔다.

우리는 다시 둘만 남게 되었다. 이제 어떻게 해야 하나? 방금 전 들은 바에 의하면, 여기서부터 촐롱이라 불리는 마을까지는 그리 멀지 않다고 했다. 그러나 건장한 체구의 산악 민족인 그들에게는 그렇다 하더라도, 피곤에 절어 녹초가 된 우리에게도 멀지 않을지는 장담할 수 없었다. 우리는 버터차를 몇 잔씩이나 마셨으며, 한 덩어리의 버터와 한 줌의 찻잎을 얻어 내일 아침의 유동식까지 확보해 놓은 상태였다. 그러니 여기서 밤을 보내는 것도 나쁠 것 같지는 않았다.

나는 용덴에게, 방금 전에 만난 사람들 중 어느 누구도 땡전 한푼 없어 보이는 사람에게서 뭔가를 빼앗으려고 되돌아오지는 않을 거라고 말했다. 그역시 내 의견에 동의는 했지만, 이 산 속에 있는 오두막집이 안전하다고는 생각지 않는 듯했다. 자신들의 적들이 여기 모여 있다는 정보를 입수한 폼포의 부하들이 그들이 떠난 것을 모르고 밤사이에 죽이러 올지도 모르는데,

그렇게 되면 우리는 밖에서 갑자기 날아 들어온 총탄 세례를 받거나 폼포에게 끌려가 취조를 당하는 등 번거로운 일을 당하게 되지 않겠느냐는 것이었다.

그의 걱정이 전혀 근거 없는 것은 아니었다. 그렇다고 이미 어둠이 내린 마당에 길을 나서봤자 숲에서 길을 찾기도 힘들 테고, 자칫하면 전처럼 사고를 당할 위험도 있었다. 그 사고로 인해 용덴은 아직도 고생을 하고 있지 않은가! 또, 만일 폼포의 부하들이 반란배들을 수색하기 위해 숲을 뒤지기로 마음먹는다면 우리가 숲 속 어디에 있어도 총탄에 맞거나 체포되는 위험을 피해 갈 수 없기는 마찬가지였다.

결국 오두막에 남기로 결정을 내린 뒤 용덴은 숲으로 나무를 베러 갔고, 나는 오두막 주변에 떨어져 있는 마른 나뭇가지들을 주워 모았다. 나무 줄기를 끝낸 뒤 안으로 들어와 불 가에서 쉬고 있을 때였다. 인기척도 없이 갑자기 문 위로 어떤 사람이 고개를 디밀었다. 그 사람은 집 안을 재빨리 훑어보며 알아들을 수 없는 말을 빠르게 지껄이고는 내가 '다시 한 번만 말해 달라' 고 말할 틈도 주지 않고 그대로 사라져버렸다. 나는 분명히 해두기 위해 포 지방 사람들에게 부탁받은 대로 "그 사람들은 모두 가버렸어요." 하고 말했지만 대답은 들리지 않았다.

그날 밤을 평안하게 보내기에는 애초에 틀렸다는 생각이 들었다. 용덴이 땔감을 잔뜩 마련해 왔고, 이어서 우리가 잠자리에 들려고 할 때였다. 밖에서 갑자기 발소리가 들려왔다. 뭔가가 주변을 배회하고 있는지, 마른 나뭇잎 밟는 소리와 나뭇가지 부러지는 소리가 수시로 들려왔다. 소리로써 판단하건대, 몸집이 매우 큰 사람 같았다.

용덴은 문턱으로 나가 암도 지방의 말투로 그들을 불렀다.

"아로, 아로(형제, 형제), 이쪽으로 와보십시오."

아무도 모습을 드러내지 않았다. 동물이 숲 속을 어슬렁거리고 있는 것은 아닐까 하는 생각에 용덴과 함께 숲 속을 돌아보며 소리가 난 쪽에 대고 돌을 던졌다. 그러나 정체를 알 수 없는 불청객은 우리의 위협에도 물러갈 생각을 않고 계속해서 주변을 돌아다녔다. 용덴은 어쨌거나 그것이 사람임에 틀림없다고 단정지었다.

정체가 무엇이든 간에 우리를 습격해 오지는 않았기 때문에 우리는 그가 제멋대로 하도록 내버려두기로 했다. 우리는 문을 단단히 걸어잠그고 불을 끈 다음, 그 침입자가 문 위쪽에 난 구멍을 통해 들어오더라도 우리를 쉽게 발견하지 못하도록 각자 구석에서 잠을 자기로 했다. 이제 우리가 할 수 있는 모든 대책을 세워놓은 이상 앞으로 일어날 일에 대해 걱정해 봤자 소용없는 일이었다.

그날 밤 우리는 단잠을 잤으며, 눈을 떴을 때는 태양이 하늘 높이 떠 있었다.

우리는 버터차 한 잔에 만족했지만, 위장은 액체말고 뭔가 고형 물질을 요구했다. 그러고 보니 제대로 된 음식을 먹지 못한 지 벌써 6일째였다. 그러니 배고프다고 말한다 해서 부끄러울 일이 뭐 있으랴.

포 지방에서 우리가 처음으로 도착할 촐롱 마을은 전날 밤 최종 마을의 용사들이 알려준 것만큼은 가깝지 않아 정오경에야 그 마을에 도착했다.

오래 전부터 둘 사이에 화젯거리가 되어 있던 신비스러운 포 지방 사람들의 마을에 마침내 도착한 것이다. 우리는 여기까지 오는 동안 모든 일이 순조롭게 진행되었으니 앞으로도 그렇게 되리라고 믿어보기로 했다.

촐롱 마을은 아름답고 높은 산맥들로 둘러싸인 좁은 골짜기 위에 위치해 있었다. 마치 경제 활동의 중심지에서 수백만 킬로미터는 떨어져 있는 오지 마을에 온 것 같았다. 게다가 길에는 사람들의 모습이 거의 보이지 않아 공포심을 일으킬 만한 것은 아무것도 없었다.

이제부터 외국인으로 의심받으면 어쩌나 하는 걱정은 안 해도 좋을 것 같았다. 외국인이 저 험난한 산을 넘어 이런 곳까지 오리라고는 아무도 상상하지 못할 것이기 때문이다. 그렇게 생각하니 안심이 되어 여행이 마냥 즐겁기만 했다. 나는 아주 평안한 마음으로 이 모험이 주는 즐거움과 알조파의 삶이 가져다주는 감미로운 자유를 만끽했다.

포 지방 사람들을 만나러 가는 데에는 탁발이 가장 좋은 방법이었다. 그것이 우리의 차림새와 어울렸으며, 또 실제적으로도 우리는 탁발의 필요성을 절실히 느끼고 있었다. 여느 때처럼 작은 소리로 경을 외며 길가에서 가장 가까운 집 대문 앞에 멈춰 섰다.

"어디서 오시는 길인가요?"

한 여인이 물었다. 우리를 처음 만나는 사람들이 건네는 의례적인 질문이었다. 애그니 고개에서 내려오는 길이라 대답하자, 그 여인은 깜짝 놀라며 동네가 떠나갈 정도로 호들갑을 떨었다. 우리가 눈 속을 뚫고 고개를 넘어왔다는 점은 마을 사람들에게 기적이 아닐 수 없었다. 우리에게 처음 질문을 던졌던 그 여인 역시 포 라와 모 라가 우리를 굽어살피고 있다고 생각하는 듯했다.

그 집의 네모(안주인)가 우리에게 앉을 자리를 권한 뒤 우리가 내민 주발에 죽을 듬뿍 부어주었다.

죽 맛이 어땠는지는 전혀 기억이 없다. 오랜 굶주림 끝에 곡물을 접하게 되자, 몸 속 어딘가에 숨어 있던 동물적인 욕구가 맹렬히 고개를 쳐드는 바람에 맛을 음미할 새도 없이 허겁지겁 먹어치웠기 때문이다. 다른 사람들도 소량의 짬파와 버터를 나누어주었다. 그 뒤로도 우리는 그 마을을 돌았다. 이렇게 해서 금세 이틀분의 식량이 모였다. 이제 인가가 있는 지역에 도착해 식량 조달도 용이해졌으니 굳이 짐을 더 이상 무겁게 할 필요는 없을 것 같았다. 촐룽에서의 볼일이 끝나자 우리는 강을 따라 골짜기를 내려가기 시작했다.

10분 정도 걸었을까? 문득 한 가지 생각이 머릿속을 스치고 지나갔다. 우리가 마신 그 죽은, 네모가 불 위에 올려놓고 끓이기 전에는 부엌 구석에 있는 문 뒤의 선반 위에 올려져 있었다. 그런데 왜 죽 단지가 그런 곳에 놓여 있었던 것일까? 혹시? 아니, 그럴 리는 없을 거야. 나는 순간적으로 떠오른 그 생각을 머릿속에서 지우기 위해 애를 썼다. 하지만 그것이 왜 그런 구석에, 그것도 문 뒤에 있었던 걸까?

나는 용덴을 돌아보았다.

"겔롱 라마(존경하는 스님), 우리가 먹은 죽 말인데, 아무래도 개밥이었던 것 같아."

나는 매우 정중한 어투로 말했다.

그때까지만 해도 음식물이 소화되어 내려가는 것을 기분 좋게 즐기고 있던 용덴은 내 말에 기겁을 했다.

"무슨 말씀이십니까? 개밥이라니요?"

나는 마음을 진정시키고 내가 의혹을 품은 이유를 설명했다. 그러자 그의 얼굴이 금세 새파래졌다. 마치 거친 바다를 항해하고 있는 배의 갑판 위에 서 있는 사람의 얼굴 같았다.

그때 방금 전의 상황을 다시 한 번 차근차근 돌이켜보던 내 머릿속에 또 다른 생각이 떠올랐다. 그것은 네모가 아궁이 근처에 다른 주방 용기들과 함께 걸려 있던 국자로 죽을 퍼주었다는 사실이었다. 티베트인들은 동물의 먹이가 들어 있는 단지 속에 부엌에서 사용하는 국자는 절대로 집어넣지 않는다. 그렇다면 그 죽은 사람이 먹는 음식이었음이 분명했다. 나는 자제심을 잃고 어쩔 줄 몰라하는 용덴을 서둘러 안심시켰다.

"거참, 절 놀리시는 겁니까?"

용덴이 웃으며 말했다.

"참 경솔하기는……. 사람이 먹는 거면 어떻고 동물이 먹는 거면 또 어떤가? 그 죽을 배불리 먹고 기분이 좋았으면 그만이지. 생각하기 나름인데 뭘 그렇게 질겁을 하누."

내가 그의 말을 되받아 말했다.

"제쭌마, 아무래도 어머님은 은둔 수행을 하는 스승들 밑에서 톨 슉(만물에 대한 일체의 무관심을 가르치는 철학—지은이)을 완전히 터득하신 모양입니다. 이제부터는 어머님이 식사 당번을 하실 때 냄비 속에 이상한 걸 넣지 않는지 정신차리고 지켜봐야 할 것 같은데요."

용덴이 반박하기에 얼른 되받았다.

"지난번처럼 신발 밑창에 대는 가죽 조각으로 죽을 끓이는 일은 없어야겠지."

그러고 있는데 조금 멀리 떨어진 곳에서 똑같은 옷을 멋지게 차려 입은 세 남자가 가까이 오고 있는 모습이 보였다. 모피옷에 진홍색 조끼를 걸친 그들은 한결같이 머리카락이 어깨까지 흘러내렸으며, 허리춤에는 은과 보석으로 장식된 칼집에 꽂힌 칼을 차고 있었다. 그 모습이 마치 어렸을 때 미술관에서 본 그림 속에 등장하는 기사들 같았다. 그들 뒤에 펼쳐진 전나무 숲의 신비스런 모습과 맑은 강, 들판을 가로지르는 구불구불한 길 등은 그런 생각을 뒷받침해 주었다.

그들은 공손하게 용덴에게 다가와 점을 쳐달라고 부탁했다. 이미 숲 속에서 의뢰를 받은 바 있는 그 사건에 관한 것이었다.

용덴은 즉시 대답했다. 그 일에 대해서라면 신탁이 이미 내려졌으니 신들을 존경한다면 더 이상 질문하지 않는 편이 현명한 일일 것이며, 신탁을 따르면 모든 일이 바람직한 방향으로 진행될 것이라고. 세 명의 기사는 용덴의 대답에 매우 기뻐하면서 머리 숙여 절하고는 마을을 향해 위엄 있는 태도를 지으며 가버렸다.

얼마 안 가서 이번엔 마을 사람들과 마주쳤다. 그들 역시 용덴을 붙잡고 자신들의 사적인 문제에 대해 점을 봐달라고 했다. 용덴은 그들의 부탁을 받아들여 신탁을 내려주었다. 그러자 말을 타고 혼자 여행 중이던 라마승 역시 말에서 내려와 용덴에게 점을 부탁했다. 신탁을 내려준 대가로 그는 상당량의 짬파와 버터를 보시했다. 악명 높은 포 지방 사람들의 지역에서 우리의 출발은 상당히 순조로운 편이었다.

얼마 지나지 않아 골짜기로 접어든 우리는 잠시 쉬면서 요기나 하려고 쓰러진 나무 위에 걸터앉았다. 그때 마침 그곳을 지나가던 한 남자가 너무 늦지 않도록 조심하라는 주의를 주었다. 그는 다음 마을까지는 꽤 먼데다가 길도 안전하지 않고, 대낮에도 강도들이 출몰하는 곳이니 해 진 뒤에는 말할 것도 없다는 충고를 해주고 지나갔다.

포 지방의 치안에 대해 우리가 익히 들었던 대로였다. 그 남자의 충고에 따라 우리는 식사를 포기한 채 즉시 출발했다.

골짜기를 거의 다 빠져나왔을 무렵 땅거미가 내려앉기 시작했다. 우리 앞에 세 개의 골짜기가 만나는 광활한 토지가 펼쳐졌다. 토지의 대부분은 밭이었는데, 강 건너편에는 오두막과 농가들이 아득히 먼 곳까지 늘어서 있었다. 다리 건너편의 골짜기는 최 종 마을로 이어지고 있었는데, 라마교의 대사원이 있는 그 마을은 라싸의 고관이 돌 세례를 받은 곳이기도 했다.

난간은 없지만 튼튼하게 세워진 다리를 이용해 강을 건넜다. 길에서 좀 벗어난 곳에 있는 농가에서 잠자리를 제공받았는데, 우리가 묵은 방은 먼지 하나 없을 정도로 깔끔한 맷돌 보관실이었다. 보릿가루가 대량으로 생산되고 거래되는 큰 마을을 제외하고는 티베트의 시골 농가에서는 가루가 필요할 때마다 맷돌을 이용해 집에서 직접 보리를 빻았다. 이 일은 먼지 한 점 없이 깨끗한 방에서 하는데, 그 방에 들어갈 수 있는 사람은 가족과 일꾼들뿐이었다. 외부인들의 침입으로 말미암아 더럽혀지는 것을 막기 위해서였다.

그 집의 네포가 불씨로 쓰라며 마른 똥을 조금 가져다 주었다. 그러나 식사 준비를 할 만큼 충분한 양의 똥은 그냥 줄 수도, 팔 수도 없다고 했다. 할 수 없이 나는 강가로 되돌아가 강물이 불어났을 때 함께 떠내려온 나무 토막들을 찾아 헤매야 했다. 주위엔 어둠이 내리고 있었다.

농가로 돌아오니 몇 명의 방문객이 용덴을 에워싸고 둘러앉아 있었다. 여기서도 마찬가지로 정부의 고관과 밀사와 밀사를 추적하는 사람들에 관한 이야기가 화젯거리였다.

계속해서 마을 사람들이 몰려오기 시작했다. 어딘가에 집합해 있을 포 지방의 군대에 조달할 식량을 징발하러 온 것이었다. 하지만 우리에게는 군인들이 집합해 있는 장소며 앞으로의 목적지, 계획 등을 가르쳐주지 않았다. 반란을 꾀하고 있는 듯했다. 다음날엔 무장한 사내들이 용덴을 찾아와 새로운 점을 부탁했다. 상황은 바뀌어 있었다. 정부의 고관은 최 종 마을을 무사히 빠져나가 숭 종 마을에 있는 다른 사원으로 피신한 모양이었다.

대치 중인 양쪽 집단의 첩자들은 상대편의 상황을 염탐하기 위해 돌아다니고 있을 것이다. 그러니 잘못하면 첩자로 몰려 궁지에 빠질 수도 있었다. 우리는 쓸데없이 앞으로의 여행을 위태롭게 하는 것보다는 최종 마을로 가는 것을 포기하기로 하고 다시 강을 건넜다. 그리고 한시라도 빨리 숭종 마을을 빠져나가야겠다는 생각에 발길을 서둘렀다.

포파(포 지방 사람)들과 처음 대면한 뒤로 우리는 그들에게 강렬한 호감을 느꼈으나, 그런 생각은 하루도 가지 못했다.

저녁때 좁은 골짜기를 벗어나자 넓게 펼쳐진 평야 지대가 나타났다. 산들은 갑자기 강에서 멀어지고, 포파들이 경작지로 삼고 있는 광대한 토지가 광활하게 펼쳐졌다. 여기저기 흩어져 있는 농가들도 보였다. 버려진 농가가 몇 채 보이기에 거기서 밤을 보내면 되겠다고 생각했다. 그러나 용덴은, 불을 피우면 농민들의 주의를 끌 것이고, 그러다 보면 밤에 달갑지 않은 사람이 찾아올 수도 있다며 내 의견에 반대했다.

농가를 바로 코앞에 두고 우리끼리 밤을 보내는 것은 경솔한 짓이라는 용덴의 생각에 따라 우리는 어느 집이든 찾아가서 잠자리를 구걸하기로 했다. 그리고 그 과정에서 포파들이 손님을 접대하는 방식이 어떠한지를 피부로 실감하게 되었다.

첫번째로 찾아간 농가에서는 우리를 발견한 젊은 독파가 자신이 몰고 있던 가축 떼를 그대로 놔둔 채 허겁지겁 집 안으로 들어갔다. 사람들에게 알조파가 오고 있다는 소식을 전하기 위해서였다. 그러자 갑자기 마법에라도 걸린 듯 창문과 문이 모두 순식간에 닫혀버렸다. 그런 뒤 우리가 밖에서 아무리 부르고 애원해도 아무런 반응을 보이지 않았다. 모든 일은 순식간에 일어났으며, 그들의 유치한 행동이 내게는 너무 희극적으로 느껴졌다. 만일 내가 알조파 분장만 하고 있지 않았다면 폭소를 터뜨리고 말았을 것이다. 하지만 나는 터져나오려는 웃음을 꾹 참고 애써 낙담한 표정을 지으며 다른 집으로 향했다.

그 집에서 멀어지자 용덴이 내게 말했다.

"겉으로 보기에도 가난해 보이는 그런 집을 찾아간 것이 잘못이었습니다. 자기들 먹을 것도 모자란 그들에게는 우리에게 음식을 보시해야 하는 게 부담스러웠을 겁니다. 더욱이 순례 중인 라마승에게 보시를 거부하는 것은 죄악이라 여겨지고 있지 않습니까? 그래서 보시를 원하는 우리를 아예 못 본 척한 거죠. 그들이 밖을 내다보지도 않고 문이며 창문을 모두 잠가버리는 걸 눈치채지 못하셨습니까? 아마 그들은 제가 밖에서 부르고 있을 때도 들리지 않는 척하고 있었거나, 자기네들끼리 이렇게 말하고 있었을지도 모릅니다. '지금 밖에 남에게 퍼주기 좋아하는 사람들을 홀리려고 주술사인 라마승으로 분장한 못된 녀석이 한 명 와 있다'고 말입니다."

그들은 라마승이 문 앞에 와 있다는 사실을 모른 척함으로써 자신들이 비난받을 짓을 면했다고 믿고 있을 것이다. 참으로 치졸한 생각이라니!

이번엔 큰 농가로 가서 우리의 운을 시험하기로 했다. 그 축포(부자)집에서는 누구도 문을 닫아걸지 않았다. 그 대신 다섯 마리나 되는 맹견들이 우리를 에워싼 채 어금니를 드러내고 사납게 으르렁거렸다. 내가 쇠지광이로 개들을 쫓아대는 동안 용덴은 커다란 소리로 하룻밤 묵어가도록 해달라고 부탁했다.

처음에는 아무런 대답이 없다가 이윽고 젊은 여자가 가축 우리 지붕 위로 모습을 나타내더니 질문을 퍼부어댔다. 하지만 질문을 하는 동안에도 그 여자는 개들을 진정시키기 위한 아무런 조치도 취하지 않았다. 용덴이 천사 같은 인내심을 발휘하여 대꾸를 하고 있는 동안에도 나는 그의 옆에 서서 열심히 개들을 쫓아야 했다. 그녀는 한참 동안 질문을 퍼붓고 난 뒤에야 우리의 희망을 네모(안주인)에게 전달하러 2층으로 올라갔다. 다시 10분 정도 지났을까, 여인이 네모의 뜻을 전달하기 위해 내려오기는 했지만 그 내용은 우리를 집 안으로 들일 수 없다는 것이었다.

다른 나라 사람들 역시 대부분 그렇겠지만, 티베트인들은 주체성 없이 남을 따라 하는 경향이 있다. 한 집에서 숙박을 거절당한 여행자는 그 사실을 알게 된 주변의 어느 집에서도 잠자리를 구하기 힘들었다. 그러니 이 사나운 개들이 있는 집 주변에서 잘 곳을 구하는 건 포기하는 게 현명할 듯싶었다.

할 수 없이 한두 시간 정도 더 걸어가 숲 속에서 밤을 새워야겠다고 생각하고 있을 때였다. 경작지 끝에 있는 마지막 농가를 지나가고 있자니, 가축 우리 앞에서 가축 떼가 들어가는 것을 지켜보고 있는 한 여성이 눈에 띄었다. 꽤 부유해 보이는 집이었다. 이 기회를 놓치지 않고 용덴이 하룻밤 묵어가도 좋은지 물었다. 두 사람이 이야기를 하고 있는 동안 머리 위쪽으로 난 창문으로 고개를 내민 다른 한 여자에게도 그는 똑같은 부탁을 했다.

다른 집에서와 마찬가지로 여기서도 네포의 승낙이 필요했던 모양인지 여인은 물어보고 오겠다고 했다.

다시 기다렸다. 그러자 방금 전의 그 여자가 손에 짬파를 산더미처럼 들고 나타났다. 이 농가의 네포는 음식을 보시하기는 했지만, 우리를 안으로 들이지는 않았다.

나는 더 이상은 고집하고 싶지 않았다. 하지만 용덴은 완고했다.

"짬파를 달라고 한 것이 아니라 하룻밤 묵어가기를 청했을 뿐입니다. 먹을 것은 우리에게도 있으며, 누구에게도 음식을 구걸할 생각은 없습니다. 우린 다만 머물 곳이 필요할 뿐입니다."

여인은 짬파를 들고 다시 2층으로 올라갔다. 그것을 거절했으니 아마도 네포의 존경심을 자극할 것이다. 결국 우리는 집 안으로 맞아들여졌다. 그리고 상류 계층 사람들의 집에서도 볼 수 없었던, 깨끗하게 청소된 호화로운 방으로 안내되었다. 일하는 사람이 와서 불을 피우고 난로 옆에 많은 양의 땔감을 쌓아놓고 갔다.

여러 집에서 문전 박대를 받는 동안 바닥까지 내려와 있던, 포파들을 평가하는 우리들의 온도계 바늘은 다시 조금쯤 올라갔다.

제7장

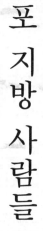

포 지방 사람들

며칠 뒤, 나무가 빽빽이 들어선 울창한 숲을 지나 숭 종
의 이웃 마을에 도착했다.

가까운 마을에서는 칸귤('번역된 말'의 의미. 산스크리트 불
전에서 번역된 라마교의 성전을 말함—지은이) 전체를 독송하
는 행사가 벌어지고 있는 듯, 전체 1백8권으로 구성된 그 경전
들이 농부들이 이끄는 여러 마리의 야크 등에 얹혀진 채 절로 반
환되고 있었다. 농부들 속에서 커다란 털북숭이 소 한 마리를 끌고
느릿느릿 걷고 있는 노파 한 명이 눈에 띄었다. 소 역시 주인과 마찬
가지로 여유를 부리며 가끔씩 발걸음을 멈춘 채 좁은 길가에 서서 제가
좋아하는 풀을 뜯어먹곤 했다. 그 선량해 보이는 노파는 우리와 이야기를

시작했고, 길을 가며 짬파를 씹고 있는 나를 보고는 암팍(주머니)에서 한 조각의 빵을 꺼내어 내게 건네주었다.

노파의 주머니 속에서 잡다한 물건들과 뒤섞여 있었을 그 빵이 먹어도 좋을 만큼 깨끗한지 의심이 갔다. 그러나 차마 거절할 수는 없었기에 몇 입 떼어먹는 시늉만 하려고 했다. 그러나 한입 베어먹는 순간 내 생각이 잘못되었음을 깨달았다. 갓 구운 듯한 그 보리빵은 마지막 한입마저 꿀꺽 삼켜버렸을 정도로 맛이 기가 막혔던 것이다.

그 지방의 특산물인 듯한 그 빵을 다 먹어치웠을 때 우리는 숭 종 마을에 도착했다.

광대한 골짜기 여기저기에 띄엄띄엄 흩어진 채로 모여 있는 집들이 보였다. 그 마을은 제법 커 보였다.

작은 언덕에 세워진 사원의 경내에는 수많은 건물이 빽빽이 들어서 있었고, 언덕을 에워싸듯 흐르는 몇 갈래의 물줄기 위에는 사원으로 통하는 다리가 걸려 있었다. 티베트의 사원은 대체로 벽에 석회를 발랐기 때문에 눈에 잘 띈다. 그러나 이 사원은 모든 건물이 벽토만 발라져 있을 뿐 덧칠이 되어 있지 않았다. 그래서인지 사방이 툭 트인 곳에 자리잡은 이 건물은 그 뒤에 어두운 색조의 거대한 산맥들이 늘어서 있음에도 불구하고 눈에 잘 띄지 않았다.

식량을 조달해야만 했기에 우리는 숭 종 마을에서 상당히 오랫동안 지체했다. 사원 주변은 활기로 가득 차 있었다. 농민들이 가축의 등에 땔감과 고기, 곡물 등을 싣고서 여기저기서 모여들고 있었으며, 말을 탄 이 지방의 하급 관리들은 분주히 돌아다니며 거만한 태도로 사람들에게 명령을 내리고 있었다. 그런가 하면 승려들은 뻔질나게 사원을 드나들고 있었다. 그 소란스런 광경을 그리 멀지 않은 곳에서 내려다보고 있자니, 마치 부지런한 일개미들이 바쁘게 움직이고 있는 거대한 개미 소굴처럼 보였다.

사람들이 그처럼 분주하게 움직이고 있는 이유는 돌팔매질을 당한 뒤 최종 마을을 쫓겨난 고관이 지금 그곳에 머물고 있기 때문이었다. 고관의 한 사람이 여행 도중에 들르게 되면 그 지방 사람들은 고관과 그 수하들을 위해 가축과 식사뿐만 아니라 날마다 일정량의 공물을 특산물과 돈의 형태로 제공해야 하는 의무가 있다. 개미처럼 보이는 저 행렬은 불쌍하게도 폼포의 주머니를 채워주어야만 하는 사람들의 부산한 움직임이었던 것이다.

용덴은 무려 세 시간 동안이나 경내에 있었다. 그는 친절한 트라파(수행승)들을 만나 식량을 사왔을 뿐만 아니라 빵과 말린 살구, 여러 종류의 과자를 선물로 받아 왔다. 그렇게 호의적인 대접을 받다 보니 이야기하다가 중간에 일어나기도 힘들고, 동료들이 권해주는 차를 사양할 수도 없어 시간이 마냥 지체되었던 것이다. 용덴이 동료들과 즐거운 한때를 보내고 있는 동안 나는 살갗을 에는 바람을 맞으며, 풀 한 포기 나지 않는 광막한 허허벌판에 앉아 짐이나 지키고 있었다.

가축을 돌보던 몇 명의 아이들이 내게로 다가와 옆에 앉았다. 나는 아이들에게 이것저것 물어보았다. 아이들의 천진난만한 대답을 통해 이 지방에 관한 흥미로운 사실 몇 가지를 알아낼 수 있었다. 그리고 얼마 후에 시중꾼을 동반한 유복한 여행자가 지나가다가 멈춰 서서는 내게 누구를 기다리느냐고 물었다. 옆에 있는 두 개의 가방을 보고 일행이 있는 줄 안 모양이었다. 나는 겔롱(스님)인 아들이 절을 방문하러 갔다고 대답했다. 아들이 라마승이라는 이야기에 나를 신뢰해도 좋다고 생각한지 그가 말에서 내렸다. 그러고는 고향은 어디냐며 이것저것 묻기 시작했다.

나는 당시 우리가 고향으로 삼던 가리라는 곳에서 왔다고 말했다. 그는 그 지방에 대해서는 이름만 들었을 뿐이지만, 창 지방의 중심지인 시가체에 머물렀던 적이 있다고 말했다. 몇 년 전에 그 마을을 방문한 적이 있었던 나는 쉽게 이야기를 꾸며낼 수 있었고, 우리는 나란히 앉아 즐거운 대화를 나누었다. 그의 시중꾼들도 우리의 이야기에 끼어들었다. 콩부 지방에서 오는 중이라는 그는 티베트인들이 좋아하는 그 지방의 특산물인 당밀과자를 봉지째로 갖고 왔다며 헤어지기 전에 나에게도 두어 개 나누어주었다. 이윽고 식량을 잔뜩 짊어지고 돌아온 용덴이 그것들을 부려놓고는 자랑하기 시작했다. 나는 당밀과자를 보여주며 라모(여신)의 선물이라고 능청스럽게 그를 놀렸다.

숭 종 마을 다음에 들른 지방은, 계절에 상관없이 언제나 아름답겠지만, 특히 우리가 지나던 겨울에는 그 경치가 동화 속 나라처럼 매혹적이고 환상적인 곳이었다.

어둡고 조용하면서 약간은 신비스럽기도 한 깊은 원시림 속을 며칠 동안 걷고 난 직후였다. 갑자기 눈앞이 환해지더니 꿈을 꾸고 있는 게 아닌가 싶을 정도로 환상적인 풍경이 펼쳐졌다. 푸른 하늘 아래 새하얀 눈옷을 입고서 당당하게 서 있는 늠름한 봉우리들, 얼어붙은 급류, 울퉁불퉁한 바위 모서리에 반짝반짝 빛나는 거대한 얼음막을 입혀놓은 채 그 사이를 흘러내리고 있는 폭포……. 눈이 부실 정도로 새하얀 그 놀라운 광경이 울창한 전나무 숲이 그려내고 있는 녹색 선의 위쪽에 펼쳐져 있었다. 우리는 그 광경에 압도된 나머지 말을 잃었다. 인간계에서 벗어나 요정계로 들어가는 입구에 서 있는 게 아닌가 싶었다. 그러나 길을 따라 계속 앞으로 나아가니 길은 다시 어둠침침한 숲 속으로 이어져 있어 방금 전에 보았던 환상적인 경치는 더 이상 보이지 않았다. 그러다가 한참 뒤 또 다른 환상 세계가 환영처럼 이어졌다.

이제까지 우리말고 이곳에 발을 들여놓은 사람은 없을 거라 생각하니 조금은 우쭐한 기분이 들었다. 왜소하고 연약한 여행자 둘이서 안내자도 짐꾼도 없이 짐을 짊어지고 눈앞에 보이는 거대한 산맥들을 수도 없이 넘어온 것이다. 그것도 이 한겨울에 운송 수단도 전혀 없이 도보로만 오지 않았던가. 그뿐인가, 이 마법의 나라를 지키고 있는 파수꾼들의 눈을 속이는 데에도 성공했다. 그 모든 어려움도 다 이겨내었다고 생각하니 마냥 기분이 좋아져 길고 긴 행군이 즐겁기만 했으며, 등에 짊어진 가방 역시 전혀 무겁지 않았다.

우리는 이 지방을 마음껏 떠돌아다녔다. 가급적이면 최단 거리를 피해서 이곳 저곳을 돌아보았으며, 낮에는 마치 산책을 즐기듯 한가롭게 걸음을 옮겼다. 그리고 밤에는 주로 나무 밑에서 잠을 잤으며, 가끔 운이 좋으면 동굴을 발견하기도 했다.

숲 속에 있는 작은 촌락이나 인가에서 멀리 떨어져 있는 농가, 사원 앞을 지날 때에는 따뜻한 방 안에서 안락한 밤을 보내고 싶은 마음에 하룻밤 묵어가기를 청하기도 했다. 그러나 늘 잠자리가 제공된 것은 아니었으며, 우리를 향해 달려드는 개들과 싸운 적도 한두 번이 아니었다. 어떤 집에서는 집 안에 병자가 있다는 이유를 내세워 우리의 부탁을 거절하기도 했는데, 병자가 있어서 우리를 재워줄 수 없다는 것은 흔히 생각하는 것처럼 위생적인 면을 고려해서가 아니라 미신적인 사고 방식에 기인한 것이었다.

티베트인들은 병에 걸려 고생하는 것이 물리적인 원인 때문이라고는 생각하지 않는다. 모든 병은 우리 눈에 보이지 않는, 세상 밖의 어떤 존재가 일으킨다고 생각한다. 그 존재들은 악의가 있어서가 아니라 단지 필요에 의해, 마치 사냥꾼이 들새를 쫓는 것처럼 타인에게서 '생명의 숨결'을 빼앗고 그것을 먹어치우기 위해 떠돌아다닌다는 것이다. 이렇게 간단히 얘기해 버리면 그들의 민간 신앙이 다소 기괴한 것처럼 여겨질지도 모르겠다. 그러나 이 민간 신앙에서는 심하게 왜곡되어 있기는 하지만, 그 근저에 깔려 있는 이론적 배경을 따져 들어가는 것은 중앙아시아 지역의 전통 신앙을 밝히는 데 도움이 되는 흥미진진한 연구가 될 것이다.

티베트인들은 여행자들이 적게는 한 마리에서 많게는 몇 마리에 이르는, 눈에 보이지 않는 악마를 몰고 다닌다고 생각한다. 그들에 의하면, 악마는 대상단을 만난 들개들이 그 뒤를 따라다니듯 일시적으로 여행자를 따라다니다가 여행자가 누군가의 집에 초대받아 들어가면 그를 따라 들어가 병자의 몸에서 먹이를 발견한다는 것이다.

영악한 티베트인들 중에는 식구들이 모두 건강함에도 불구하고 이 미신을 악용하는 사람들이 적지 않았다.

어느 날 나는 이 풍습을 악용해 잔꾀를 부리던 아낙네를 단단히 혼내준 적이 있다. 그날, 그 아낙네가 하나밖에 없는 창문을 닫기 전에 우연찮게 방 안을 들여다보게 되었는데 방 안에는 아무도 누워 있는 사람이 없었다. 괘씸한 생각이 들어 나는 계시를 받은 체하며 그녀가 거짓말한 것을 다그쳤다. 그러면서 성스러운 순례자들에게 집 안에 있지도 않은 병자가 있다고 거짓말을 했으니 이제 그로 인해 가족 중 누군가가 병이 날 것이라 예언했다. 그러자 겁에 질린 그 아낙네는 얼른 내 앞에 무릎을 꿇고 앉아 울면서 잘못을 시인했다.

그러나 모든 집에서 문을 열어주지 않은 것은 아니었다. 살윈 강 유역에서 그랬던 것처럼 이 지역에서도 우리는 가까이서 그들의 생활 방식이나 그들 나름의 독특한 관습을 살펴볼 기회가 많았다. 아궁이 앞에 오순도순 모

306

여 앉아 유쾌한 이야기에서부터 무시무시한 전설에 이르기까지 많은 이야기를 듣기도 했는데, 그러한 이야기들 속에는 포 지방 사람들만이 가지는 독특한 사고 방식이 녹아 있었다. 숲 속을 정처 없이 걷는 동안 신기한 정신 수련에 몰두하고 있는 수행자들을 볼 기회도 두 번이나 있었는데, 무엇보다도 인상적이었다.

숭 종 마을을 떠나온 뒤 우리가 들른 마을 중에서 가장 중요한 곳은 다신이라 불리는, 커다란 사원이 있는 마을이었다.

다신에 도착하기 전날, 우리는 뒤에서 쫓아오던 마을 사람 둘을 만났다. 그들은 어딘가에서 사온 소 한 마리를 끌고 다신에 있는 집으로 돌아가는 중이던 부부였다. 그들도 예외 없이 용덴에게 점을 봐달라고 했다. 이번엔 농가의 소유지를 둘러싼 분쟁에 관한 것이었다. 우리는 몇 시간 동안 그들과 함께 길을 걸었다. 우리가 차를 마시기 위해 잠시 쉬는 동안 그들은 먼저 떠나면서, 정성껏 모실 터이니 다신에 도착하면 자기네 집을 꼭 찾아달라고 신신당부했다. 저녁 무렵 작은 마을을 지나다 보니 어떤 집 앞에 아까 보았던 그 소가 매어져 있는 게 보였다. 그리고 곧 안에서 우리를 발견한 그 부부가 "천천히 먼저 가고 계시면 곧 뒤따라가겠습니다" 하고 소리치는 게 들렸다. 그러나 밤이 되어도 그들은 따라오는 기적이 없었다. 아마도 친구 집에서 자고 오려나 보다고 생각했다. 다음 마을에 도착했을 때는 이미 시간이 너무 늦어 하룻밤 묵어가기를 청할 수도 없었다. 이미 잠자리에 들었을 사람들이 걸식 순례자를 위해 문을 열어줄 리 만무했다. 하지만 개의치 않았다. 이미 밖에서 밤을 보내는 데에는 익숙해질 대로 익숙해져 있었기 때문이다. 우리는 숲에서 구덩이 하나를 발견하고 그 안에 짐을 내려놓았다. 그리고 주변에 쌓여 있는 눈을 이용해 전과 같은 위장술을 펴기로 하고, 구덩이 속으로 들어간 뒤 입구에 텐트를 덮었다. 우리가 잠을 자는 동안 하늘은 고맙게도 우리 편이 되어주었다. 밤새 눈이 내린 덕분에 우리를 감쪽같이 숨겨주었을 뿐 아니라 보온도 해주었다.

다음날, 마을을 빠져나가 물줄기가 세차게 흘러내리는 큰 시냇가 옆에서 점심 식사를 하고 있는데 어제의 그 부부가 소를 끌고 달려왔다. 그들은 친구가 하도 붙잡는 바람에 자고 왔다고 변명하면서 당장 함께 가자고 우리를 재촉했다. 함께 걷는 동안 그들은 용덴에게 다시금 점을 봐달라고 부탁했다. 자기네 집에서 묵어갈 것이니 아예 숙박비를 미리 받아내기로 작정한 모양이었다.

그들이 부탁한 내용 중 한 가지는 병자의 상태에 관한 것이었다. 그들이 다신에 도착했을 때 병자가 죽어 있을지 살아 있을지 알고 싶다는 것이었다. 보통 용덴은 신탁을 내려줄 때 매우 신중하다. 그런데 이날만은 그 부부가 쉴 새 없이 퍼부어대는 질문에 피곤했는지 퉁명스럽게 내뱉듯 말했다.

"그 사람은 죽었습니다."

그 부부가 병자의 임종을 눈이 빠지게 기다려온 유산 상속자인지 아니면 사랑하는 아이의 사망 선고를 들은 부모인지, 다시 말해서 용덴의 신탁이 그들을 기쁘게 만들었는지 비탄에 잠기게 했는지는 알 수 없었다. 한동안 소곤거리며 이야기를 주고받던 그들이 이내 침묵에 잠겨버렸기 때문이다.

그로부터 반 시간쯤 뒤, 다신에서 온 남자와 길에서 마주쳤다. 그러자 부부는 즉시 병자의 상태를 물었다.

"많이 좋아졌습니다."

남자가 말했다.

용덴의 위신은 순식간에 땅에 떨어졌다. 이윽고 숲 속에서 다신 사원의 황금색 지붕이 보이기 시작하자 우리를 초대했던 그 부부는 뒤도 돌아보지 않고 발걸음을 재촉해 자기네들끼리 가버렸다.

그들에게 약속을 지키라고 강요할 마음은 없었다. 사실 그들의 초대에 감지덕지한 건 아니었다. 잠자리에 대해 거의 초연해 있던 당시의 자유로운 삶은 내 인생에 있어서 가장 행복한 순간이었다.

우리가 있던 장소는 광활한 숲이 끝나는 지점이어서, 숲이 주는 엄숙한 분위기는 줄어들고 대신 아름다운 경치가 펼쳐져 있었다. 길이 내려다보이는 바위벽에 몇 채의 짬 캉(은자들의 움막)이 지어져 있는 것을 보면, 다신의 라마승들 역시 나처럼 이곳의 독특한 아름다움에 반했음이 틀림없다. 은둔자들이 사는 그 움막들은 마치 검은 바위 위에 걸쳐 있는 것처럼 보였다. 그리고 바위 사이의 작은 틈새에 뿌리를 내리고 뻗어나온 전나무들은 가장자리에서 그 움막들을 떠받치고 있는 것 같았다.

은둔 생활은 티베트에서는 매우 명예스런 일이다. 또한 티베트라는 나라 전체를 휘감고 있는 신비한 분위기 속에서도 은자들의 수수께끼는 두드러진다. 이 '눈의 나라'는 필시 가까운 미래에 개방이 되겠지만, 이 은자들의 움막 안에 숨겨진 신비가 많은 사람들에게 알려지는 일은 결코 없을 거라 생각된다.

나는 커다란 표석에 등을 기댄 채 초원에 앉아 짬 캉의 흰 벽을 바라보면서 그 뒤에 숨어서 살고 있을 은자들의 삶에 대해 마음껏 상상해 보았다. 그렇게 즐거운 시간을 보내고 있을 때 순례단이 다가왔다. 그들은 라싸에서 오는 길인데 누 계곡에 있는 고향으로 돌아가는 길이라고 했다. 그들이 지나온 길이나 돌아본 지방에 대해 유익한 정보를 얻을 수 있을까 해서 그들의 이야기에 귀를 기울여 보았지만 흥미로운 이야기는 별로 없었다.

순례단이 가고 난 뒤 우리는 멋진 나무다리를 이용해 다시 한 번 폴룽 창포를 건너 강의 왼쪽 연안으로 돌아왔다. 사원이 가까워졌을 때 나는 우리를 초대했던 그 부부가 조금 멀리 떨어진 곳에 서 있는 것을 발견했다. 그들은 마을로 향하는 언덕길이 끝나는 지점에 서서 쭈뼛거리면서도 연신 우리를 바라보고 있었다.

나는 그들을 가리키며 용덴에게 말했다.

"저들은 나쁜 사람은 아닌 것 같아. 약속을 어긴 게 후회되어서 우리를 다시 데리고 가려고 온 게 아닐까?"

그러자 그들을 흘낏 쳐다보고 난 용덴이 이렇게 단언했다.

"병자가 죽었습니다."

"그걸 어떻게 알지?"

내가 놀라서 물었다.

"간단하죠. 저 사람들 모습이 뒤도 안 돌아보고 갈 때와는 아주 딴판이라는 생각이 안 드십니까? 보세요. 아주 겸손해졌죠? 그들은 지금 위대한 예언자에게 망신을 준 자기들의 경솔한 행위가 가져올 결과를 두려워하고 있는 겁니다. 집에 돌아가자마자 병자가 죽었다는 사실을 알게 된 거겠죠."

용덴의 설명은 맞았을지도 모른다. 하지만 그 말의 진위는 확인해 볼 수 없었다. 어쨌거나 그는 위엄 있는 태도로 사원을 향해 가서, 미안한 표정으로 서 있는 두 사람에게는 눈길 한번 주지 않고 안으로 들어갔다. 용덴이 이 지방의 트라파(수행승)에게 식량을 구입하고 있는 동안, 나는 사원으로 향하는 길가의 한 귀퉁이로 가서 자갈만 잔뜩 깔린 경사면 위에 앉아 그를 기다렸다.

골짜기 사이에 자리잡은 다신사는 산꼭대기 위에서 아래를 굽어보며 위풍당당하게 서 있는 절은 아니었다. 그러나 오래 된 벽 밑을 굽이굽이 흐르고 있는 푸른 강물과 나무로 뒤덮인 정면의 바위산은 황금빛 도는 둥근 지붕과 어울려 시정(詩情)을 불러일으키는 묘한 아름다움을 자아내고 있었다. 절 뒤쪽으로는 일부분이 경작지로 사용되는 넓은 골짜기가 펼쳐져 있었는데, 그곳에서 시작되는 길을 따라 몇 개의 고개를 넘으면 남부 티베트로 이어진다. 또, 그 길은 중간에서 여러 갈래로 갈라지는데, 그 중에는 인도와의 국경 지대인 아삼 지방으로 이어지는 길도 있고, 여행자들이 미얀마나 중국으로 넘어갈 때 택하는 길도 있다. 한편, 포 강 건너편 다신 근처에서 산맥을 가로질러 북방으로 향하는 또 하나의 길은 라싸에서 참도로 가는 우편 도로와 연결되며, 거기서 더 나아가면 사막의 초원 지대로 나아가는 몇 갈래 길이 이어진다. 그 중 한 길은 대상단이 라싸로 차를 운반할 때 통과하는 길로 티베트의 상업 도시인 제쿤도와도 연결되어 있다. 제쿤도에서부터 무인 지대를 통과해 북방으로 계속 나아가면 감숙성(甘肅省)의 서녕(西寧)과 단칼이라는, 중국인들과 티베트인들의 커다란 시장으로 갈 수가 있으며, 그 길을 계속 따라가면 마침내 몽골에 이르게 된다. 참도를 기점으로 우편 도로의 북쪽에 위치한 이들 지방에서 오랫동안 머문 적이 있던 나에게 그곳들은 매우 익숙한 지역이었다. 그렇기 때문에 그곳으로 이어지고 있는 오솔길을 발견할 때마다 내 머릿속에는 많은 추억들이 떠오르곤 했다.

길가에 앉아, 순례자처럼 보이기 위해 염주를 굴리며 흘러가는 강물을 바라보고 있는 동안 마을 사람들 여러 명이 지나갔다. 그들 중 내가 지나온 잡목 숲으로 나무를 베러 가는 아낙네들이 나를 보더니 멈춰 서서 혼자 앉아 있는 이유를 물었다. 내게는 절에 볼일을 보러 간 아들이 있으며, 그와 함께 오랫동안 여행을 해왔다는 사실을 알게 되자 그들은 나와 이야기를 시작했다.

그 동안 용덴은 이 절에서도 숭 종에서와 마찬가지로 극진한 대접을 받고

있었다. 그는 거기서 우연히도, 자기 할아버지가 '홍모파'의 대처승으로서
상당히 높은 지위에 있던 지방에서 살았던 트라파 한 명을 만났다. 용덴은
그 지방의 많은 사람들과 개인적으로 잘 알고 지내는 사이는 아니었지만,
적어도 그들의 이름만은 알고 있었다. 그래서 비록 몇 년씩이나 그들의 소
문을 듣지는 못했지만 그들 모두의 근황을 들려주어 그 트라파의 궁금증을
해소시켜 줄 수 있었다. 티베트에서는 이처럼 반가운 만남 뒤에는 반드시
회식을 한다. 그리하여 '아들'이 절 안에서 즐거운 시간을 보내는 동안, '나
이 든 어머니'는 해가 지거나 말거나 하염없이 자갈밭에 앉아서 아들이 나
오기를 기다리며 추위에 몸을 떨고 있었다.

얼마 후, 땔감을 등에 짊어지고 온 아낙네들은 내가 아직도 같은 장소에
있는 것을 보고 깜짝 놀랐다. 다시 그녀들과 이런저런 잡담을 나누었고, 그
중 한 여자가 자기네 집에서 자고 가라며 위치를 자세히 설명해 주었다. 그
들이 떠나자마자 식량을 짊어진 두 명의 행자승을 대동한 용덴이 돌아왔다.
행자승들의 소임은 우리를 농가가 있는 곳으로 안내하고, 우리에게 잠자리
를 제공하라는 라마승의 명령을 농민들에게 전달하는 것이었다. 그러나 나
는 내가 알게 된 친절한 여인의 초대를 받아들이고 싶었기에 용덴에게 전후
사정을 이야기하고 그녀의 집으로 가기로 했다.

여인의 남편은 농부이긴 했지만 아는 게 아주 많은 사람이었다. 그는 여
러 지역을 여행한데다 라싸에서도 오랫동안 산 적이 있어서, 그가 우리에게
들려준 이야기는 매우 유익했다. 하지만 대화를 즐기는 동안에도 내 마음은
몹시 불안했다. 평범한 농민들과 달리 안목이 높은 그가 내 분장을 눈치챌
지도 모른다는 생각이 들었기 때문이다. 그와 같은 곤란한 사태를 가능하면
피해보려는 생각에 나는 모든 식사 준비를 도맡았다. 강에 가서 물을 떠와

죽을 끓이고, 설거지도 직접 했다. 그 동안 용덴은 융단 위에 앉아 여인의 남편과 이야기를 나누었다.

동이 트자 우리는 길을 나섰다. 기온이 매우 낮아, 숲 속을 걷고 있지 않을 때는 바람이 마치 온몸을 두들겨 패는 것처럼 거세게 휘몰아쳤다.

포 강의 골짜기는, 우리가 발견한 고지대의 수원지에서부터 브라마푸트라 강으로 유입되는 장소에 이를 때까지 지역에 따라 기후의 변화가 극심하다. 우리가 처음 물줄기를 발견했을 때 그것은 눈이 깊게 쌓인 곳을 흐르고 있었다. 그러나 이곳 쇼와에서는 1월에도 푸르디푸른 벌판과 쭉쭉 뻗은 보리밭 사이를 유유히 흐르고 있었다.

아직 개간되지 않은 이 지방의 토양은 매우 비옥해 보였다. 풍성한 수확을 기대하며 인근 지방에서 모여든 새로운 이주자들은 숲의 이곳 저곳을 개간해 그 위에 간소한 오두막을 짓고 살았다. 오두막은 러시아의 통나무집처럼 통나무로 지어져 있었는데, 그 주변을 전나무들이 둘러싸고 있는 정경이 시베리아 지방을 연상시켰다. 오두막은 꽤 많았는데 규모는 매우 작아, 주거와 가축 우리를 합쳐 20, 30평방미터 이하인 것도 적지 않았다.

그 중에서도 유난히 작은 한 집에서 우리는 진정한 사랑으로 묶인 부부를 만났다. 그들은 모진 세파를 다 겪어온 사람들처럼 보였는데, 남편은 목에 혹이 생겨 불룩 튀어나와 있었고 부인은 그다지 예쁜 편이 아니었다. 오두막에는 부부와 함께 암소와 젖먹이 송아지, 중간 송아지 두 마리, 그리고 새끼 돼지 몇 마리가 살고 있었다. 그야말로 가축 우리였다. 부스럭거리며 돌아다니는 이 기묘한 동물 동거자들과 함께 우리는 서양의 도덕주의자들이 보면 '죄악'이라 부를 게 틀림없는 그들의 감동적인 사랑 이야기를 들었다. 그 '노아의 방주'에 사는 네모(안주인)는 원래 다른 남자의 아내로서 호화로운 저택에 살고 있었지만, 지금의 남편인 '가난한 로미오'와 사랑에 빠져 그와 함께 숲 속으로 도망쳐 나온 것이라 했다. 티베트에서는 드문 일이었지만, 그들 사이에 자식은 없었다. 두 사람 모두 아이는 원치 않았던 게 분명하다. 서로에 대한 애정은 오랜 세월이 흘렀음에도 불구하고 여전히 마음속에 깊게 자리잡고 있는 듯했다.

그들은 가난했지만 성심성의껏 우리를 대접했다. 열무를 넣고 끓인 죽을 우리에게도 나누어주었으며, 여행하는 동안 먹으라며 상당량의 짬파를 보시하기도 했다.

용덴은 여기서도 점술사가 취급하는 다양한 일에 대해 상담을 해주었다. 그리고 마지막으로, 루(바다나 호수에 살며, 막대한 부를 가지고 있는 것으로 여겨지는 뱀의 여신. 자신을 숭배하는 사람들에게 부를 가져다주기 위해 찾아오는데, 더러움과 악취, 특히 짐승의 악취를 싫어하며, 이 여신에게는 우유와 맑은 물을 바쳐야 한다고 함—지은이)가 불쾌해하지 않도록 집안을 깨끗이 청소하고, 우유를 바치라고 충고했다.

용덴의 설교가 끝난 뒤 우리는 모두 잠잘 준비를 했다. 이 집의 주인들은 아궁이 옆의 한쪽에, 용덴과 나는 그 반대쪽에, 암소와 젖먹이 송아지는 문 가까이에, 나머지 송아지들은 우리 발 밑에 각각 자리를 잡았다. 얼마 뒤 그들 부부는 잠이 들었는지 사이좋게 바짝 달라붙은 채 꼼짝도 하지 않았다. 잠잘 공간을 찾지 못한 새끼 돼지들만이 바스락대고 있었다. 좁은 오두막 안에서 발도 제대로 뻗지 못한 채 웅크린 자세로 누워 있는 사람들과 소들을 밟아대며 구석에서 구석으로 돌아다니는 새끼 돼지들은 마치 '사막의 사제들'의 휴식을 방해하는 작은 악마들 같았다.

부부가 코를 골기 시작하자 용덴이 내 귀에 대고 속삭이듯 말했다.

"제 머리 위에 있는 선반에 가재 도구들과 함께 놓여 있는 단지 안에 5루피를 넣어두어도 괜찮겠습니까? 저 친절한 네모가 집을 청소할 때 발견하면 루가 두고 간 것이라고 믿을 수 있게 말입니다."

이런 장난은 좋은 일이기는 하지만 신중을 기할 필요가 있었기 때문에, 나는 중국 동전보다는 인도 동전을 넣어두는 것이 좋겠다고 말했다. 인도 동전은 옆에 놓아둔 가방 안에 들어 있어서 어둠 속에서도 쉽게 꺼낼 수 있었다. 뿐만 아니라 우리는 저들에게 고향인 라싸를 떠나 동부 티베트로 갔다가 다시 라싸로 돌아가는 길이라고 말해 두었는데, 그곳에선 인도 동전이 유통되기 때문에 만일 우리가 놔두고 간 것이라는 사실을 그들이 알게 되더라도 의심을 받을 염려는 없었다.

이 친절한 부부가 우리의 작은 선물을 발견했을 때 필시 그들은 자기들에게 루의 은혜를 입게 해준 라마승의 능력을 높이 평가했을 것이다. 어쩌면 루가 인간의 모습으로 나타난다는 수많은 변신 이야기를 떠올리며 우리를 인간 사회를 떠도는 신이었다고 믿었을지도 모르겠다.

신년 행사는 티베트 전역에서 같은 시기에 거행되지 않는다. 라싸와 중앙 티베트에서는 중국 달력, 즉 음력을 사용하지만 포 지방과 캄에서는 양력을 사용하기 때문에 시간 계산이 한 달 빠르다. 그런고로 우리가 포메(포 지방의 저지대)의 수도인 쇼와에 도착했을 때는 마침 사람들이 신년을 맞아 경축 행사를 벌이고 있었다.

이 지역의 왕과 왕비는 당시 라싸에 체류하고 있었지만, 그렇다고 신하들이 축하연을 열지 않을 리 없었다. 사람들은 마냥 흥겨워했고, 거리는 시끌벅적했다. 우리도 그들과 마찬가지로 마음껏 즐겨보리라 생각하고는 대담하게도 왕궁의 문 앞에서 염불을 하기 시작했다. 이 사람 저 사람 가리지 않고 모든 사람의 머리 위에 축복의 말을 던졌다. 목소리 큰 거지들을 예사로 만날 수 있는 나라가 바로 티베트이긴 하지만 우리처럼 유별난 사람은 거의 드물지 않았을까 싶다. 우리를 보기 위해 사람들이 하나 둘 창문 밖으로 고개를 내밀더니, 이어 가파른 계단을 내려와 몰려들기 시작했다. 그들은 모두 뭔가에 홀려 얼이 빠진 얼굴이었다. 예상치 못한 결과에 우리는 점점 대담해지기 시작했고, 용덴의 염불 소리는 점점 커져갔다. 우리를 보고 맹렬히 짖어대던 개들은 겁에 질린 듯 어느 새 짖기를 그만두고 멀리 궁전 마당 끝 구석으로 도망가버렸다.

기이한 광경을 연출하고 있는 우리의 모습을 보기 위해 몰려들었던 사람들은 이내 흥미를 잃은 것처럼 보였다. 우리의 별난 행동을 멈추게 할 속셈으로 관리들이 술과 차와 짬파를 가져다 주면서 양껏 드시라고 권했다. 우리는 불교의 계율을 지키기 위해 술은 마시지 않는다며 창(술)은 사양했다. 이 지방에서는 술을 마시지 않는 사람이 아주 드물었기 때문에 우리의 행동은 궁전 감독관들의 호의를 샀으며, 그들은 존경의 뜻으로 한 접시의 말린 고기를 선물해 주었다. 그러나 우리는 살아 있는 모든 생명을 존중하기 때문에 고기는 먹지 않으며, 특별히 신년 초부터 간접적이라도 잔혹한 살생 행위를 인정할 수 없다며 그것도 단호히 거절했다. 그러자 그들의 감탄은 극에 달했다. 고기 접시는 당장 치워지고 그 대신에 과자가 수북이 담긴 접시 하나가 우리 앞에 놓였다.

우리는 차와 짬파 외에 여러 종류의 과자를 배불리 먹고 마셨을 뿐만 아니라 여행 식량까지 잔뜩 얻은 다음 우리에게 환대를 베풀어준 사람들의 존경 어린 시선을 받으며 왕궁을 떠났다.

쇼와에서 폴룽 창포 계곡의 큰길은 강 건너로 이어진다. 이곳에 걸려 있는 나무다리는 지붕과 망루까지 갖춘데다가 크고 튼튼했으며, 양 끝에 달린 문은 여닫을 수도 있도록 설계되어 있었다. 문 위에는 신비스런 그림이나 문구로 장식된 종이와, 다발로 묶인 작고 기다란 종이 깃발들이 덕지덕지 붙어 있었다. 아마도 찬가나 축복을 기원하는 기도문이 적힌 그 종이들은 강물에 실려 물길 닿는 모든 곳에 축복을 내려주리라.

중국인들과 마찬가지로 티베트인들은, 다리나 길 혹은 특별히 유명한 장소에 종교적이거나 시적이거나 혹은 철학적인 문구를 새겨넣기를 좋아한다. 여행자들 중에는 이러한 관습을 비웃는 사람도 있지만, 나는 그렇게 생각하지 않는다. 기묘한 모양의 바위에 아름다운 필체로 씌어진 몇 행의 시구나 철학적인 말, 동굴 속에 그려진 부처의 모습을 비롯하여, "살바만갈람(모든 이에게 기쁨을)"과 같은 산스크리트 만트라(진언)를 써놓은 가늘고 기다란 종잇조각들이 강가나 고갯마루에서 바람에 휘날리는 모습은 유럽의 거리를 '장식'하고 있는 햄이나 술 광고보다 훨씬 품위 있다고 생각한다.

다리 근처에는 경문이나 진언이 새겨진 돌을 산더미처럼 쌓아 돌탑을 만들어놓은 마니 라캉이 세워져 있었고, 그 주변에는 수많은 깃발들이 빙 둘러서 있었다. 거기에 서니 왕궁 전체가 내려다보였다. 왕궁 밑으로 흘러가는 한 줄기 강물도 내려다보였다. 사각형에 가까운 저층 건물인 왕궁은 별로 공들여 지은 것처럼 보이지는 않았다.

우리는 포메의 수도에서 할 수 있는 모든 구경을 끝낸 뒤, 아직 밤이 되려면 시간이 일렀기 때문에 쇼와에서 하룻밤 머물기보다는 다음 장소로 옮기기로 했다.

그날 밤에는 어떤 마을에서 농민들과 함께 정초 음식을 들었다. 다음날에도 역시 신년 행사는 이어져 다른 농가에서 잔치가 벌어졌다.

우리가 보낸 크리스마스는 적잖이 실망스러웠지만, 포 지방 사람들과 함께 보낸 신년은 더없이 흥겨웠다. 아마도 라싸에서 맞을 진짜 신년은 이보다도 훨씬 즐거울 것임에 틀림없다. 그러나 성스러운 도시에서 우리를 기다리고 있을 즐거운 시간들을 그때는 미처 알지 못했다.

포메의 두번째 마을에서도 우리는 그 마을에 새로 정착한 가족 일가의 환대 속에 즐거운 시간을 보냈다.

저녁 식사를 마친 뒤 가족들과 함께 아궁이 주위에 둘러앉아 있을 때였다. 나는 그 집의 딸 한 명이 오랜 시간에 걸쳐 밀가루 반죽에 몰두하고 있다는 사실을 발견했다. 옆에서 용덴은 여느 때처럼 점을 봐주고 있었다. 졸음이 몰려오기 시작했지만 나는 반죽이 완성되는 것을 지켜보고 싶었다. 그러나 용덴은, 내일 아침 일찍 길을 떠나야 하니 먼저 실례한다며 자리에서 일어났다. 그의 말에 반론을 펴는 건 불가능했기에 나는 그와 함께 침실을 겸하고 있는 부엌 구석으로 가 텐트를 이불 삼아 누웠다.

이 집 식구들은 우리 같은 알조파 따위는 신경도 쓰지 않는 듯 계속 떠들고 노래 부르고 하였다. 지금 옆에서 자고 있는 사람들이 진짜 알조파라고 굳게 믿었기 때문에 그들은 우리의 잠을 방해하든 말든 아랑곳하지 않았다. 나는 말똥말똥 눈을 뜬 채 그들을 관찰하면서 그들이 하는 이야기에 귀를 기울이고 있었다. 하지만 피로감이 호기심을 물리쳐 버렸는지, 쏟아지는 졸음을 견디다 못해 깜박 잠이 들었었나 보다. 잠결에 들으니 뭔가를 튀겨내는 소리가 들렸다.

이미 반죽을 끝낸 딸이 설날에 특별히 먹는 과자를 포 지방 사람들이 즐겨 쓰는 살구씨 기름에 튀기고 있는 중이었다. 이렇게 안타까울 수가! 조금만 더 그들과 앉아 있었다면 그 맛난 과자를 즐길 수 있었을 텐데, 이렇게 입맛만 다시며 냄새를 맡고 있어야 한다니!

평소 나는 음식을 탐하는 편은 아니었지만, 매일같이 짬파만 먹어야 하는 것은 일종의 고행이나 다를 바 없었다. 일찌감치 잠을 자겠다고 말한 용덴이 원망스러웠다. 그는 지금 자고 있는 것일까? 나는 맛있는 과자를 눈앞에 두고도 먹지 못하는 이 형벌을 그 역시 받아야 한다고 생각했다. 팔을 뻗어 그를 깨우려 했지만, 손이 닿지 않았다. 그래서 이불 삼아 덮고 있던 텐트 속으로 기어들어가 그가 있는 쪽으로 갔다. 그 역시 눈을 뜨고 있었다.

"저 사람들은 과자를 먹고 있어."

용덴의 귓가에 대고 말했다.

"그런 것 같군요."

그는 미안한 듯 기어들어가는 목소리로 말했다.

"우리에게도 나눠줄까?"

"아마 그렇지 않을 겁니다. 저들은 우리가 자고 있다고 생각할 겁니다."

어쩜 이다지도 무정하게 말한단 말인가! 내 자리로 다시 돌아온 나는 배가 터지도록 배불리 먹고 있는 행복한 농민들을 바라보았다. 과자를 먹는 속도보다 그것을 튀겨내는 속도가 더 빨랐기 때문에 남아도는 과자는 바구니 속에 담겨졌다. 얼마 뒤 그것은 산더미처럼 쌓이기 시작했다. 나는 내일 아침 식사를 할 때 바구니 속에 있는 걸 몇 개쯤은 얻을 수 있을지도 모른다는 일말의 희망을 버리지 않았다. 차갑게 식어 있기는 하겠지만, 매일 먹어야 하는 짬파에 비하면 그나마도 과분한 음식이었다.

아니나 다를까, 다음날 아침 우리는 남은 반죽으로 새로 튀겨낸 바삭바삭하고 따끈한 과자를 마음껏 먹을 수 있었으며, 전날 밤에 튀겨놓았던 과자까지 잔뜩 얻을 수 있었다.

포 지방을 여행하는 것이 그때까지는 매우 순탄하고 편했기 때문에 우리는 그 동안 들어왔던 포 지방 사람들에 대한 소문이 상당히 과장된 것이었다고 믿기 시작했다. 그러나 티베트인들은 누구나 그 소문을 굳게 믿고 있어, 우리가 길에서 마주치거나 하룻밤 신세를 지거나 했던, 늠름한 체격에 근엄한 표정의 포파(포 지방 사람)들을 모두 강도라 여기고 있었다.

포파들에게 붙여진 악평을 증명할 만한 일에 직면한 적은 아직까지 한 번도 없었다. 그러나 소문대로 대상단이건 단독 여행자이건 간에 이 지방을 지나가는 사람은 한 번도 보지 못했다. 소문에 의하면 이 지방에 사는 순례자들만이 위험을 감수한 채 이곳을 지나다닌다고 하는데, 그런 사람 역시 한 번도 본 적이 없었다. 그래서 이제부터 이야기할 일이 생긴 뒤에야 우리가 갖고 있던 정보를 확실히 믿게 되었다.

맛좋은 과자를 대접해 준 친절한 농가를 출발한 지 몇 시간 뒤에 우리는 어느 집 앞을 지나가고 있었다. 그때 마침 그 집 안에서 몇 명의 남자들이 나왔다. 설 잔치는 여기서도 계속되고 있었는지 그들은 모두 술에 취한 듯했다. 게다가 모두 총을 가지고 있었는데, 그 중에는 우리에게 총을 겨누고 있는 사람도 있었다. 그러나 우리는 그것을 못 본 체하고 그곳을 지나쳤다.

저녁 무렵에 큰 동굴을 발견한 우리는 여장을 풀고 편안한 휴식을 취했는데, 너무 쾌적한 나머지 늦잠을 자고 말았다. 게다가 아침에 죽까지 끓여 먹는 호사를 부리느라 시간은 더욱 지체되었다. 그러던 중 한 남자가 찾아와 팔 물건이 없느냐고 물었다. 그러면서 열려져 있던 가방 안의 내용물을 유심히 들여다보았다.

가방 안에 있던 숟가락 두 개가 그의 주의를 끈 모양이었다. 그는 바닥에 털썩 주저앉더니 주머니에서 말린 치즈를 꺼내 먹기 시작했다.

그 발효된 치즈에서는 프랑스산 치즈와 똑같은 냄새가 났다. 치즈 냄새에 구미가 당긴 용덴은 그것을 구할 수 있느냐고 물었다. 남자는 가능하다고 말하며, 동굴에서 그리 멀지 않은 자기네 집에도 치즈가 있으니 만일 바늘을 갖고 있다면 서로 맞바꾸자고 했다. 우리는 이런 경우를 대비해 바늘 몇 쌈을 가지고 다녔던 터라, 그 남자는 치즈를 가지러 집으로 갔다.

우리가 짐을 미처 다 꾸리지 못했을 때, 치즈 한 덩어리를 손에 든 그가 한눈에 봐도 불량해 보이는 남자 한 명을 데리고 돌아왔다. 같이 온 남자는 우리의 텐트를 사고 싶다며 천을 만지작거리는가 하면 숟가락을 손에 들고 자세히 들여다보기도 했다. 그 사이 처음에 와서 우리와 거래를 벌이던 남자는 마치 누군가를 기다리는 것처럼 자기네가 왔던 방향을 힐끔거렸다. 이 두 무뢰한은 곧 본색을 드러내기 시작했다. 한 남자는 자기 주머니 속에 숟가락을 슬쩍 감추었고, 다른 한 명은 용덴의 손에 들려 있던 텐트를 억지로 빼앗으려 했다. 나는 이들과 합세하려고 사람들이 더 몰려올 거라는 사실을 직감했다. 사태는 점점 심각해졌다. 어떻게든 이 두 남자를 겁주어 쫓아버리고 서둘러 길을 떠나는 게 좋을 것 같았다. 우리가 다른 마을에 도착하면 거기까지 따라오지는 못할 테니까. 일단 나는 그들의 양심에 호소해 보기로 했다. 그러나 아무런 소용이 없었다. 시간이 없었다. 이 남자들과 서둘러 담판을 지어, 지금쯤 서둘러 이곳으로 오고 있을 사람들에게 우리가 호락호락한 멍청이들이 아니란 사실을 보여주어야만 한다.

"텐트를 당장 손에서 내려놓게. 훔쳐간 숟가락도 돌려주고."

나는 단호하게 명령했다. 그러면서 그들이 눈치채지 않도록 슬그머니 옷 속에 있던 자동 소총을 손에 쥐었다.

그들은 내 말에 아랑곳도 하지 않았다. 오히려 같잖다는 듯 웃음을 터뜨리고 나서 등을 돌린 채 다른 물건을 집기 위해 몸을 굽혔을 뿐이었다. 불량기가 있어 보이는 남자의 바로 뒤에 있던 나는 그를 향해 방아쇠를 당겼다. 물론 겁만 주려는 의도였기 때문에 총알은 비껴 나갔다. 바로 그 순간, 치즈를 들고 있던 사내가 긴 소매 속에 감춰져 있어 보이지 않던 내 총을 발견했다. 잔뜩 겁에 질린 그는 동료에게 그 사실을 알려주지도 못하고 그 자리에 얼어붙은 채 꼼짝없이 서서 나만 노려보았다. 불량한 사내가 갑자기 돌변한 동료의 얼굴을 보았는지는 나도 확신할 수 없다. 다만 총알이 그의 이마 쪽으로 날아가 머리카락을 스치고 지나간 것만은 확실했다.

텐트와 숟가락을 땅바닥에 팽개치고, 그 두 명의 악한은 혼비백산하여 덤불을 헤치고 달아났다. 모든 것이 순식간에 일어난 일이었다.

두 악당을 쫓아보내긴 했지만 우리가 처한 상황은 그다지 나아진 것이 없었다. 그들은 필시 자신들을 기다리고 있는 동료들과 만날 것이고, 이번엔 많은 사람들이 떼거지로 몰려와 우리를 해칠지도 모를 일이었다. 나는 용덴에게 서둘러 짐을 싸서 속히 이곳을 빠져나가자고 말했다.

그때 우리가 거기서 계속 눌러 있었다면 어떤 일이 벌어졌을까? 강도들의 습격을 당했을까? 그러지는 않았을 것이다. 왜냐하면 우리가 동굴을 떠나려고 할 때 마침 30명 정도의 순례단이 그곳에 도착했기 때문이다. 그들은 우리가 포 율(지방)로 접어든 뒤 처음으로 만난 타지 사람들이자 여행자들이었다. 그들은 지나가는 길에 총소리가 들리기에 무슨 일이라도 생겼나 해서 알아보러 오는 길이라고 했다.

우리는 순례단 일행과 합류했다. 아마 우리가 목숨을 건질 수 있었던 것은 생각지도 않게 그들과 만날 수 있었기 때문이 아닌가 싶다.

새로운 길동무들에게서 우리는 포 지방 사람들 중 일부는 소문대로 흉악하다는 이야기를 들었다. 방금 전에 겪은 일을 통해서도 그 소문의 진위는 확인할 수 있었다.

우리와 동행을 하게 된 사람들 중 대다수는 누 계곡의 조공 마을에서 왔다고 했다. 그곳을 지나지 않기 위해 우리가 강을 건너고 산맥을 넘으면서까지 다른 길로 돌아서 왔던 바로 그 마을이었다. 우리가 애그니 고개를 넘을 수 있도록 안내인과 말을 제공해 주었던 독파의 야영지에 도착한 바로 그날, 그들은 나공 골짜기로 통하는 고개 기슭에서 야영을 했다고 한다.

산을 넘기 전, 몇 명의 트라파(수행승)가 신발 밑창을 갈기 위해 남기로 하자 대부분의 순례자들 역시 그들과 함께 독파의 야영지 근처에서 하룻밤을 더 보내며 신발을 손보기로 했다. 그러나 몇 명의 남자들과 대부분의 여자들은 천천히 산을 넘어 반대쪽 사면에서 일행과 합류하기로 하고 쉬지 않고 나아갔다. 그들은 고개를 넘었고, 반대쪽 사면 아래쪽의 나무 밑에서 밤을 보냈다. 날이 밝자 몇 명의 포파들이 모습을 드러냈다. 그들은 야크 등에 실린 말린 살구 열매와 고추를 보리와 바꾸기 위해 다신 지방 쪽으로 가는 중이었는데, 순례자들을 발견하자 강도로 돌변하여 이불과 옷 속에 감춰두었던 몇 푼안 되는 비상금마저 빼앗았다. 곧 이어 뒤에 남은 일행들이 마저 고개를 넘어올 거라는 사실을 알게 된 포파들은 도중에서 멈추지 말고 곧장 골짜기를 내려가라고 명령하며 그 불쌍한 순례자들을 쫓아버렸다. 그런 다음 야크의 등에서 짐을 내린 뒤, 풀이나 뜯어먹게 산에다 풀어놓은 다음 정상 부근에 진을 치고 앉아 네스콜파(순례자)의 나머지 일행이 올라오기를 기다렸다.

트라파들은 거기에서 자신들을 기다리고 있는 약탈자들을 만났다. 산 위의 습곡 지대에 숨어 있다가 통행인들을 잡아서는 머리부터 먹어치우는 악마 같은 사람들이라는 전설이 떠도는 그 포파들과 말이다.

포파들은 트라파들에게 상납을 요구했다. 중국에서도 그렇지만 티베트에서도 노상 강도들은 이처럼 점잖은 방법으로 자신들의 무리한 요구를 전달한다. 그러나 대부분이 무장을 하고 있던 승려들은 소지하고 있던 칼이나 창을 빼어들고 그들을 공격하는 것으로 대답을 대신했다. 포파들도 칼을 빼들었지만 순례단 쪽이 수효가 많은지라 포 율(지방)의 전사(?)들은 결국 물러나고 말았다.

먼저 떠난 탓에 불행을 당한 사람들과 다음날이 되어서야 간신히 만난 트라파 일행은 뒤늦게 그들이 약탈당했다는 소식을 들었다. 그러나 도적 떼를 쫓는 건 이미 불가능한 일이었다.

그런 일이 있은 뒤, 교단에 속한 몇 명의 트라파는 가는 도중에 각자의 절에 들렀으며, 거기서 머무르는 동안 시간이 많이 지체되었다. 그 사이 재난을 당해 빈털터리가 된 사람들은 마을을 돌아다니며 약탈당한 이불을 대신할 만한 옷가지와 식량 등을 구걸했다. 순례단의 안내역을 맡고 있는 세 명의 타파는 전에 포 고차 고개를 넘어 포메로 들어가 포 율을 여행한 적이 있었다. 그러나 포 고차 고개 근처에 다른 고개가 두 개나 더 있다는 사실은 (우리가 그 중 하나인 애그니 고개를 넘었지만) 전혀 들은 적이 없다고 했다.

순례단의 일원들은 누 츄나 걀모 누 츄 골짜기에 사는 캄 지방 사람들과 마찬가지로 아주 친절해서, 불과 며칠이었지만 그들과 함께 여행하는 동안 우리는 매우 즐거웠다. 그들은 포 율의 고지대에서 허비한 시간을 만회하고, 참가한 승려들에게 보수가 나오는 라싸의 행사 일정에 맞추기 위해 길을 서두르기 시작했다. 점점 빨라지기 시작한 그들의 걸음 속도는 급기야는

뜀박질처럼 빨라졌다. 우리는 그들에게만 빨리 걷기 시합을 즐기게 하고, 우리는 뒤에 남았다.

이 유쾌한 길동무들과 함께 보낸 두번째 날, 우리는 폴롱 창포를 떠나 작은 고개를 넘은 뒤 폴롱 창포와 이공 창포의 합류점 근처에 있는 톤 메라는 마을로 내려갔다. 그런데 여기서는 이공 창포가 앞길을 가로막고 있어서 살윈 강과 메콩 강을 건널 때처럼 줄다리 위를 밧줄에 매달린 채 강을 건너야만 했다.

이번에도 다행스럽게 필요한 때에 동행자가 있었다. 투파(사공)는 결코 단 두 명의 걸식자만을 위해 시간 낭비를 하려 하지 않는다. 두 사람분에 해당하는 적은 운임으로는 수고한 대가를 얻을 수 없기 때문이다.

포 지방의 사공들은, 거친 태도나 우락부락한 몸집부터가 먼젓번에 우리를 건네준 소박한 사람들과는 크게 달랐다. 우리가 건널 강은 살윈 강보다 강폭이 두 배는 될 정도로 넓고, 거기 걸려 있는 줄은 심하게 휘어져 있었기 때문에, 수위가 높아지면 강 중앙에서 물을 뒤집어쓸 수도 있을 것 같았다.

처음에 투파는 내일 건너게 해주겠다고 말했다. 그러나 함께 있던 순례단 대표의 간절한 부탁과 적잖은 운임 수입을 고려해 그날 오후에 건너게 해주마고 했다.

분명 쉬운 일은 아니었다.

이 일을 위해 건장한 체격의 투파들이 10여 명 투입되었다. 먼저 서너 명의 투파가 건너편으로 건너가기 위해 안전 보조 장치도 없이 급류 위에서 그네줄처럼 흔들거리고 있는 줄다리 위를 마치 곡예라도 부리듯 손만 이용해 타고 나아갔다.

그들이 건너편으로 도착하자 짐들이 수송되었다. 이 작업에는 상당한 시간이 소요됐다. 그 사이 투파들의 고용주인 듯한 노파 한 명이 이미 건은 운임에 덧붙여 일인당 바늘 세 개를 내놓거나 아니면 그에 상당하는 현금을 추가로 내라고 요구했다. 티베트에서 바늘은 아주 귀중한 물건이어서, 대규모의 상단이 지나다니는 길 이외의 지방에서는 구하기 힘들었다. 아마도 그 노파는 여행자들에게서 거둬들인 바늘을 가지고 장사를 하여 상당한 이익을 챙기고 있는 듯했다.

순례단의 트라파들은 대부분 라싸의 대사원인 세라사, 데풍사, 간덴사에 속한 승려들이었다. 그러나 노파는 그들은 거들떠보지도 않고 용덴에게 다가와 점을 부탁했다. 그 대신 우리에게는 바늘을 요구하지 않았다. 용덴이 건너기 전에 내 차례가 왔다. 살윈 강을 건널 때와 마찬가지로 이번에도 나는 여자 한 명과 같이 고리에 매달렸지만, 이번엔 아무 일도 일어나지 않았다. 다만 줄다리가 너무 심하게 흔들리는 바람에 속이 울렁거렸을 뿐이다. 다리 주변에는 장엄한 원시림이 펼쳐져 있었으며, 갈와 팔 리(고귀한 승리의 산)의 눈 덮인 거대한 첨봉들이 당당하게 서 있었다. 강 중앙쯤 왔을 때, 그동안 오랜 세월에 걸쳐 돌아다니며 봐왔던 아시아 지역의 그 어떤 산들보다 아름다운 경치가 시야에 들어왔다. 골짜기의 좁은 틀 속에 갇혀서인지 그 산맥들은 유난히도 신비스러워 보였다.

건너편에 도착하자마자 야영할 만한 장소를 물색하던 나는 강둑을 형성하고 있는 거대한 바위들 틈에서 동굴을 발견했다. 맨 나중에 강을 건넌 용덴은 밤이 되어서야 도착했다.

다음날 새벽, 그렇게 늦게 일어난 것도 아니었건만, 우리가 머문 동굴에서 그리 멀지 않은 동굴에서 야영을 하던 순례단이 먼저 떠나버린 것을 발견한 우리는 맥이 빠졌다. 길을 잘 알고 있는 타파에게 숲 속을 안내해 달라고 부탁할 생각이었던 것이다. 이제 숲은 히말라야 산맥의 저지대가 연상될 정도로 울창한 열대 밀림으로 덮여 있어 바른 길을 찾아내기란 쉬울 것 같지 않았다.

공기도 이제까지와는 달리, 건조한 고지대 특유의 상쾌함이 느껴지지 않았다. 한겨울인데도 날씨는 무척이나 따뜻했다. 이 지방은 기온이 내려가지 않는 모양이었다. 축축한 땅바닥은 온통 진창이었고, 하늘에는 구름이 잔뜩 끼어 있었다. 통 메 마을 사람들의 얘기로는 비가 올 거라고 했다.

강 옆에는 몇 갈래의 길이 교차하고 있었다. 북쪽으로 향한 첫번째 길은 이공 강의 계곡을 따라 올라가 포 지방의 고지대로 이어지고, 남쪽으로 향한 두번째 길은 브라마푸트라 강 연안으로 이어져 있었다. 그리고 세번째 길은 콩부 지방을 경유해 라싸로 가는 길이었다.

잠시 주변을 탐색한 뒤 우리는 콩부로 향하는 길을 택했다. 그러나 얼마 지나지 않아 길은 다시 두 갈래로 갈라졌다. 실은 두 갈래 길 중 하나가 큰 길이고 다른 하나는 지름길이었지만 당시에는 그 사실을 알지 못했다. 그래서 어느 길을 택할지 한참 망설이던 끝에 직감에 맡기기로 하고 지름길 쪽을 선택했다. 그 길은 포 지방 토목 기사들의 솜씨에 감탄할 정도로 기발한 모양으로 뻗어나가고 있었다. 길 곳곳마다 깎아지른 듯한 거대한 바위가 가로막고 있어서, 그것을 넘으려면 발가락만 간신히 걸릴 정도로 홈이 팬 한 가닥의 나무줄기를 밟고 올라가거나 계단 모양으로 쌓여 있는 흔들거리는 바윗돌을 밟고 올라가야 했다. 그러나 이러한 장치들은 우리보다 키가 훨씬 큰 포파들의 다리 길이에 맞춰 설계되어 있었기 때문에 톱니 모양의 나무줄기를 타거나 바윗돌을 밟고 건널 때 그들 같으면 한 걸음에 건널 수 있는 곳도 우리는 허공을 가르기 일쑤였다. 그래서 다리만 이용해서 건널 수 없는 곳은 손이나 지팡이의 힘을 빌리기도 했다.

등에 무거운 짐을 지고 있지 않았다면, 우리는 그 체조놀이를 마음껏 즐겼을지도 모른다. 그러나 가방은 상당히 무거웠다. 인가가 없는 숲을 지나 오랜 여행을 할 것이라 예상하고 짬파를 넉넉히 준비했기 때문이다. 그로 인해 곡예를 할 때마다 등에 짊어진 가방이 몸의 균형을 깨뜨려 아슬아슬했다.

그러나 길을 잘못 접어든 게 아닌가 하는 의심이 우리를 더욱 불안하게 만들었다. 그 길이 숲 속에 있는 마을로 이어지고 있는 것은 분명해 보였지만, 포 율에서 콩부로 나 있는 큰길이 아닌 것만은 확실했다. 짐을 실은 노새들이 오르기에는 길이 너무 험했기 때문이다. 게다가 우리와 함께 여행을 하던 순례단 사람들의 발자국도 전혀 보이지 않았다. 32명이나 지나갔다면 진창길에 그 흔적이 남아 있어야 할 텐데 말이다. 아마도 그들은 다른 길을 택한 게 분명했다. 결국 우리는 둘만 남게 되었다. 우리야 라마교 정부의 번영을 기원하는 경을 암송하기 위해 정해진 날까지 라싸에 도착할 필요는 없었다. 신년 축제 기간이 시작될 무렵에만 도착하면 되었다. 한 가지 마음에 걸리는 게 있다면, 다시 강도들을 만날지도 모른다는 것이었다. 그러나 이곳은 공공연한 위험 지대이고, 싫든 좋든 이 길말고는 다른 길이 없는 이상 아직 닥치지도 않은 위험을 미리부터 걱정할 필요는 없었다. 그런다고 해서 피할 수 있는 일이 아니었기 때문이다.

기복이 심한 길은 실반(숲의 수호신)을 기리는 한 그루의 거목 옆에서 끝이 났으며, 거기서부터는 노새들이 지나다닐 만큼 넓고 평탄한 길과 만나고 있었다. 다행히도 우리는 길을 잃은 게 아니었다.

숲 속의 단조로운 풍경과는 대조를 이루는 곳에 도착하자 기분이 유쾌했다. 그 성스러운 나무는 주문이 새겨진 수많은 깃발들로 장식되어 있어, 가지에 매달린 무성한 이파리들 때문에 그늘져 어둠침침한 나무 밑의 음산한 분위기를 완화해 주고 있었다. 나무 주변은 자연 속에 깃들인 신들에게 바쳐진 장소들에서 감지되는 영적인 위력으로 충만해 있어, 나무 밑동에서 쉬고 있자니 먼 옛날 인류의 마음이 아직 천진난만했을 때 소박한 신들과 더불어 살아가던 광경을 떠올리게 했다.

평탄한 길로 접어들자 발걸음이 빨라졌다. 나는 괜히 지름길을 택하는 바람에 쓸데없이 고생만 했다고 후회했다. 하지만 실은 친절한 숲의 수호신 실반에게 영광의 찬미가를 바쳐야 할 만한 일이었다. 그 신이 슬그머니 우리를 유혹하지 않았다면 그 길을 택하지는 않았을 테니까 말이다.

얼마쯤 가다가 우리는 방금 딴 것처럼 싱싱해 보이는 야생란 한 가지를 길에서 주웠다. 계절은 1월이었다. 이것을 보면 티베트에는, 라싸 남쪽에서 히말라야 산맥에 걸쳐 넓게 펼쳐진 불모의 동토 지대와는 전혀 다른 지역도 있다는 것을 알 수 있다.

오후가 거의 끝나갈 무렵, 우리는 트라파 일행과 합류했다. 그들은 폴룽창포의 한 지류인 강변에서 멋진 공터를 발견하고 야영하고 있던 중이었다. 우리들을 보자 그들은 펄쩍 뛸 듯이 놀라며 우르르 달려들더니 오는 길에 강도를 만나지는 않았느냐며 질문을 퍼부었다. 우리가 아무도 만나지 않았다고 대답하자 그들은 매우 놀란 표정이었다. 이른 아침에 몇 명의 포파들이 그들을 가로막고 상납을 요구했다는 것이다. 나공 골짜기를 내려올 때와 마찬가지로 트라파들이 동전 한푼도 줄 수 없다고 거절하자 이 두 집단은 일전을 벌일 수밖에 없었다. 그 결과 몇 명의 강도들이 부상을 당했고, 그러자 그들은 더 이상 싸우지 않고 도망가 버렸다. 트라파측에서는 두 명이 칼에 찔려 상처를 입었고, 다른 한 명은 밀고 밀치는 과정에서 바위 위로 나동그라지는 바람에 내장에 탈이 생겼다고 했다.

우리가 지름길을 택해 왔다고 설명하자, 그들은 정말 현명한 판단이었다며 우리를 칭찬해 마지않았다. 만약 우리가 큰길을 택했다면 우리는 방금 전의 실패로 화가 있는 대로 나 있는 산적들의 눈에 띄어 모든 걸 빼앗겼을 것이다.

티베트에서는 산적을 만나는 게 그다지 드문 일이 아니기 때문에, 어지간히 끔찍한 봉변을 당한 게 아니라면 여행자들은 별다른 관심을 보이지 않는다. 부상을 당해 불 옆에 누워 있는 동료들을 봐도 다른 사람들이 의기소침하는 일은 별로 없다. 그러기는커녕 여행의 단조로움을 깨뜨려준 이러한 사건이 오히려 새로운 의욕을 불어넣기까지 한다.

가까운 마을에 사는 사람들이 공터에서 타오르는 커다란 불꽃과 숲에서 나무 베는 소리를 듣고 몰려왔다. 그들은 술을 마신 듯했다. 야영 중인 우리들과 세상 돌아가는 이야기를 하는 동안 그들은 탐색하는 눈초리로 이리저리 눈알을 굴렸다. 어쩌면 그들은 우리에게 빼앗을 만한 게 뭐 없나 살피려고 온 것인지도 몰랐다.

마을 사람들은 용덴에게 접근하여 자기네 마을에서 하룻밤 머무르며 집과 밭을 축복해 줄 수 없느냐고 부탁했다. 용덴은, 라싸에서 열리는 묀람(티베트의 3대 사원인 세라·간덴·데풍 사원에 속한 승려들의 집회. 그들은 연초에 모여 티베트와 달라이 라마의 번영을 기원한다―지은이)에 참석하기 위해 서두르고 있는 길이라며 그들의 초대를 거절했다. 두 번 다시 생각해 보고 자시고 할 것 없는 이 변명에 포파들도 더 이상 고집을 부릴 수 없었다. 그러자 그들은 내일 아침에 마을 아낙네들과 아이들을 데리고 올 테니 축복해 달라고 부탁하고 자리를 떴다.

그들이 그처럼 신앙심 깊은 체했지만, 여행자들은 밤새 파수를 세워두기로 했다. 오전에 만난 강도들이 어둠을 틈타 습격해 올지도 몰랐기 때문이다. 그래서 망을 보는 사람이 야영지 주변을 감시했지만 그날 밤은 아무 일 없이 지나갔다.

한편, 우리는 트라파들과는 조금 떨어진 곳에 텐트를 치고 숙면을 취했다. 그들은 여기서도 동이 트기 전에 길을 나섰다. 우리가 눈을 떴을 때 공터에는 아무도 없었다. 나는 차를 마시고 싶었지만, 용덴은 별로 안전하지도 않은 이곳에서 잠시라도 더 있는 것 자체에 불안감을 표시했다. 짐을 다 꾸리고 나서 가방을 메려 할 때였다. 용덴이 갑자기 목소리를 낮추며 강도들이 왔다고 말했다. 나는 그가 가리킨 방향으로 시선을 돌렸다. 적지 않은 사람들이 몰려오고 있는 게 보였다. 마침내 그들이 우리 앞으로 다가왔다. 그리고 그때야 비로소 우리는 그 사람들이 아녀자들뿐이라는 사실을 발견했다.

어젯밤 우리를 찾아왔을 때 마을 남자들은 상당히 취해 있었지만, 그 와중에도 우리에게 한 부탁은 잊지 않았던 모양이었다. 축복을 받기 위해 찾아온 아녀자들은 적은 양이나마 버터와 말린 과일, 한 바구니의 피망 등, 라싸 시장에서 교환 가치가 높은 음식물을 가져왔다. 트라파들이 강도라고 했던 사람들이 실제로는 이렇게 착한 사람들이었던 것이다.

라마교의 의식에 따라 한 사람씩 축복을 받았다. 우리가 받은 음식물을 가방 속에 챙기고, 아녀자들과 가벼운 잡담을 하는 사이 출발은 더욱 늦어졌다.

우리는 먼저 출발한 트라파 일행을 오늘 안으로 따라잡는 건 무리라는 생각을 하며 길을 나섰다.

알렉산드린느 다비드, 다비드 넬의 어머니 　　　루이스 다비드, 다비드 넬의 아버니

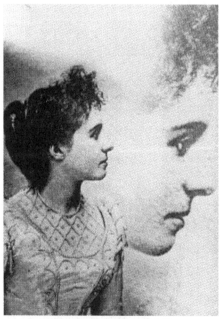

오페라 가수 시절의 다비드 넬

스무 살 무렵의 다비드 넬

결혼 당시(1910)

남편 필립 넬(1910)

데이비드 맥도널드와 함께 한 13대 달라이 라마

금강산 유점사 방문(1917년)

티베트의 여자 수행자들

길가의 티베트인들이 전통적인 인사를 하고 있다.

동굴에서 밀교 수행 중인 다비드 넬

알렉산드라가 라싸로 가는 길에 건넜던 것과 같은 종류의 티베트 줄다리

일단의 여행자와 야크가 깊은 눈을 뚫고 춤비 계곡으로 가고 있다.

창포 강을 건너는 사람들

포탈라 궁 앞에 앉은 다비드 넬과 용덴(1924)

라싸의 시장

홍모파 여승들과 함께 한 다비드 넬

캄파 존 성채

티베트 유일한 여자 생불, 도제 곽모와 그의 자매

티베트의 마법사

다비드 넬의 양자 라마 용덴

삼텐 존에 있는 다비드 넬의 카메라, 금장신구, 뼈로 만든 목걸이

삼텐 존에 있는 다비드 넬의 여행용품들—시계, 컴파스. 권총. 보석주머니, 냄비, 모자.

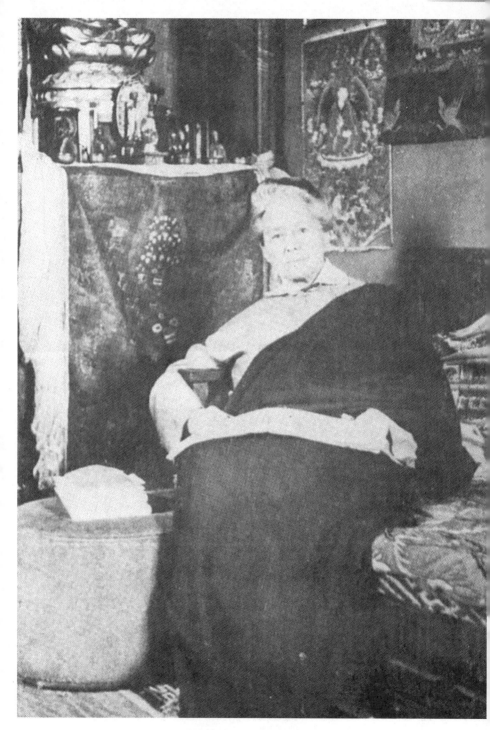

삼텐 존에서 87세의 다비드 넬

제8장

일곱 명의 강도와 두 명의 라마승

그렇게나 많은 위험을 무릅쓰고, 라싸로 가는 길목에 있
는 포 지방에 예정대로 도착할 수 있었던 건 정말 굉장한
일이었다. 그러나 성공을 기뻐하고 행운에 감사하기에는
일렀다. 거칠기 이를 데 없는 포 지방 사람들과의 만남이 우
리를 기다리고 있었기 때문이다. 그러나 그들 역시 자신들의
땅에 첫발을 들여놓은 외국 여성의 녹록치 않은 대응에 가슴을
쓸어내렸을 것이다. 포파들이 내게 보여준 행동은 지극히 판에 박
힌, 그들의 일상적인 모습에 지나지 않았지만 그에 대한 나의 반응은
상상을 초월하는 뜻밖의 반격이었기 때문이다. 어쩌면 상상력이 풍부한
포파들은 나에 대한 이야기를 전설화할지도 모르겠다.

우리는 그날 저녁 어둑어둑한 통국 강을 피곤에 지친 걸음으로 거슬러 오르고 있었다. 멀리 아래쪽에서 물 흐르는 소리가 들려왔지만 모습은 보이지 않았다. 나는 앞서 걸으며 야영할 장소를 찾고 있었다. 그때 우리 쪽으로 내려오는 일곱 남자의 모습이 보였다. 그 순간 머릿속에서 그들과의 만남이 심상치 않은 결과를 가져오리라는 생각이 스치고 지나갔다. 그러나 나는 오랜 모험 생활을 통해 어떤 긴박한 상황에서든 최대의 무기는 침착뿐이라는 사실을 잘 알고 있었다. 그래서 무관심으로 가장한 채, 가난한 순례자로 보이도록 한껏 피곤한 표정을 지으며 조용히 앞만 보고 걸어나갔다. 그런데 그중 한 남자가 내 앞을 가로막듯 길 한가운데 버티고 서서 어디로 가는 길이냐고 물었다. 나는 몇 군데의 순례지를 중얼거리듯 읊어대고는 길 한쪽에 있는 덤불을 스치면서 옆으로 빠져나와 그들로부터 멀어졌다. 이번에도 순조롭게 위기를 모면했다는 생각에 마음속으로 쾌재를 부르며 뒤를 돌아다보니 용덴이 바위에 등을 대고 서서 그들과 얘기하고 있는 게 눈에 들어왔다. 멀어서 내용은 잘 들리지 않았지만, 서로간에 꽤나 우호적인 모습이었다.

그런데 한 남자가 용덴의 손수건에서 뭔가를 가져가는 게 보였다. 용덴이 돈을 넣어두는 손수건이었다. 나는 용덴이 그들에게서 짬파라도 구입하려나 보다고 생각했다. 그러나 곧바로 들려온 용덴의 다급한 외침 소리를 듣고 나서야 나는 비로소 모든 상황을 파악할 수 있었다.

"이 사람이 2루피를 훔쳐갔습니다!"

문제가 될 만한 액수는 아니었다. 그러나 동료의 성공이 부러웠던 다른 한 명이 용덴의 가방에 손을 대고 끈을 풀려고 했다. 상황은 심각해졌다. 며칠 전처럼 총을 사용한다는 건 생각도 할 수 없는 일이었다. 그들은 혁대에 칼을 차고 있었다. 그들 중의 한 사람을 쏜다면 그들에게 둘러싸인 용덴은 칼에 찔려 죽을 것이다. 그렇다고 해서 그들이 가방 안의 내용물을 죄다 구경하도록 내버려둘 수는 없는 노릇이었다. 가방 안에는 그 촌사람들로서는 난생 처음 보는 희귀한 외국 물건들이 잔뜩 들어 있는데, 그것들을 보면 대답하기 난처한 질문을 퍼부을 게 뻔했기 때문이다. 게다가 그로 인해 호기심마저 발동하면 그들은 우리의 몸까지 수색하려 들 것이다. 그것은 티베트 노상 강도들에게는 흔히 있는 일이다. 그렇게 되면 그들은 옷 속에 감춰져 있는 금이나 은을 발견하게 될 것이고, 순례자치고는 왠지 좀 수상쩍어 보이는 우리가 자기들을 밀고하지 못하도록 그 자리에서 우리를 죽여버릴지도 모른다. 아니면 값비싼 금품을 몸에 지니고 있는 우리의 정체가 두려운 나머지 두목이 있는 곳으로 끌고 갈지도 모른다. 그 자리에서 내가 티베트인으로 변장한 외국인이라는 게 밝혀지면, 마을에서 가장 가까운 라싸 정부의 관리한테로 끌려가겠지. 행여 외국인이라는 사실이 탄로나지 않는다 하더라도 우리는 도둑 취급을 받으며 소지품을 모두 빼앗긴 채 가차없는 몽둥이찜질을 당할 것이다. 어떠한 경우든 달갑지 않은 일이다. 어찌 되든 간에 여행은 중단될 것이고, 나는 또다시 실패를 맛보게 될 것이다. 상황이 그렇게까지 악화되도록 놔둘 수는 없었다.

이 모든 생각들은 짧은 시간 동안에 내 머릿속을 스치고 지나갔고, 마침내 나는 한 편의 시나리오를 짜내 이 촌스러운 마을을 무대 삼아 한판 연기를 펼치기로 했다.

나는 목소리를 최대한 쥐어짜내 절망적으로 소리치면서 눈물을 흘려가며 빼앗긴 2루피에 대해 한탄하기 시작했다.

"아! 저들이 우리의 전 재산인 2루피를 가로채버렸다. 이제 어떻게 하나…… 앞으로 라싸까지 먼길을 갈 여비가 없어졌으니. 그 2루피가 얼마나

성스러운 돈인데……. 신앙심 깊은 한 농부가 돌아가신 아버지께서 서방정
토로 인도될 수 있도록 장례 의식을 치러달라고 부탁하며 그 대가로 내 아
들인 라마승에게 보시한 돈인데……. 그러니 그 돈은 라마승과 그 가족만
사용할 수 있는 것인데, 그것을 빼앗고자 하다니 저들은 신앙도 없는 모양
이다. 천벌을 받을 사람들이로구나!'

　이 정도로 한숨 섞인 푸념은 그치기로 하고, 나는 소리를 높여 그들에게
저주를 퍼붓기 시작했다. 오랜 세월 동안 라마교의 신들과 친숙해져 있던
나에게는 그리 어려운 일도 아니었다. 나는 보통 사람들은 차마 입에 담기
조차 두려워하는 무시무시한 신들의 이름을 거침없이 토해냈다.

　피투성이 인간의 가죽으로 만든 안장이 얹혀져 있는 야생마 위에 올라탄
팔덴 도르제 라모, 인육을 아작아작 씹어먹고 인간의 뇌를 즐겨 먹는 진노
의 신들, 머리에는 해골 왕관을 쓰고 목에는 해골 목걸이를 건 채 시체 위에
서 춤을 추는 무시무시한 거인들……. 그들에게 이 원한을 갚아달라고 호소
했다.

　그뿐 아니라, "나는 비술을 전수받은, 흑낙파(주술사)의 성스러운 아내이
다. 그러니 생명 있는 존재들을 불쌍히 여겨 겔롱(승려)으로서의 성스러운
길을 따르고 있는 내 아들에게 못된 짓을 한 악들을 낙파들의 수호 마왕
은 절대로 가만히 내버려두지 않을 것이다"라는 무시무시한 협박도 늘어놓
았다.

　그러는 사이에 스스로의 말에 도취된 나머지 나 자신이 세상에서 가장 비
극적인 여배우라도 된 것 같았다.

　주변의 자연물들이 나의 간절한 호소에 감동했는지 동조하기 시작했다.
숲은 어두워졌고, 어디선가 불어오기 시작한 미풍이 수풀 속을 헤치며 멀리

있는 사람들의 속삭임을 실어왔다. 골짜기 사이를 흐르는 세찬 물줄기 소리도 그 순간엔 왠지 불길한 느낌을 주었다. 그로 인해 그 일대가 알아들을 수 없는 위협적인 소리로 가득 찬 듯했다.

나는 침착했지만 스스로가 자아낸 주술적인 분위기로 말미암아 몸이 떨려오는 걸 주체할 수가 없었다. 그러나 이 영향을 받은 것은 나뿐만이 아니었다. 일곱 명의 강도는 모두 돌처럼 얼어붙은 채 용덴의 뒤쪽에 있는 커다란 바위 앞에 일렬로 서 있거나 아래쪽에 있는 길 위에 서 있거나 했다. 그들은 하나같이 극도의 공포심에 짓눌려 완전히 굳어버린 것 같았다. 나는 그 모습을 사진에 담아두면 볼 만한 구경거리가 되겠다고 생각했다. 그러나 한가롭게 사진이나 찍고 있을 때가 아니었다.

잠시 후 한 남자가 조심스럽게 내 앞으로 다가와 약간의 거리를 두고 멈춰 서더니 머뭇거리며 화해를 요청했다.

"노여워하지 마십시오. 2루피는 돌려드리겠습니다. 그리고 저주는 그만 거두어주십시오. 저희도 그렇게 나쁜 사람은 아닙니다. 평소 불교의 가르침을 따르고, 라마승을 존경하고 있습니다. 저희는 여기서 엿새나 걸리는 집까지 무사히 돌아가고 싶습니다. 가는 도중에 넘어야 하는 고개에는 무서운 마왕이 살고 있습니다. 이 2루피를 받아주시고, 아무쪼록 라마승께서 저희를 축복해 주실 수 있도록 해주십시오."

나는 분노와 절망을 거두고, 그 이상 소중할 것이 없는 물건을 되찾았다는 듯한 몸짓으로 두 개의 은화를 얼른 받았다. 용덴은 일곱 명의 무뢰한에게 차례차례 축복을 내려주면서 여행이 무사히 끝나기를 기원해 주었다. 그러고 나서 우리는 길을 떠났다.

그들이 다시 우리를 뒤쫓아와 어둠을 틈타 강도짓을 할 염려는 없었다.

그러나 이번 일은 내게 경종이 되었다. 발걸음을 재촉해 이 위험한 지역을 급히 빠져나가는 게 현명할 듯했다. 우리는 그날의 행군을 연장해 어둠 속에 잠긴 숲 속을 밤늦게까지 걸었다. 이슬비가 조금씩 내리기 시작했다. 애수를 머금은 하현달이 구름 사이로 모습을 나타냈다. 새벽 2시경, 크기가 제각각인 바위들이 바닥에 나뒹굴고 있는 좁은 공터에 도착했을 때 피곤 때문에 더 이상은 걸을 수가 없었다. 우리는 잠시 멈춰 서서 어떻게 휴식을 취하는 게 좋을지, 즉 거기서 과감히 텐트를 칠 것인지 아니면 나무 밑에 적당히 몸을 숨긴 채 이끼로 덮인 젖은 땅 위에 누워 비를 맞으며 잘 것인지에 대해 의견을 나누었다.

거의 스물네 시간째 먹은 게 아무것도 없었지만, 저녁은 생각도 할 수 없었다. 이 빗속에 마른 나뭇가지를 구할 수 있을는지 의문이었고, 설령 구한다 하더라도 불을 피우는 건 불가능했다. 물 역시 마찬가지였다. 바위더미 너머에서 하얀 포말을 일으키며 세차게 흘러내리고 있는 물을 떠오려면 어수선하게 널려 있는 바위들을 비집고 나아가야 하는데 발밑을 제대로 비춰주기엔 달빛이 너무 약했기 때문이다.

작은 텐트를 펼치고, 그 안에서 적당히 눈이라도 붙이는 것으로 만족하기로 했다. 한밤중에, 그것도 이런 날씨에 근처에 사람이 있을 리 없다는 건 확실했으므로 우리는 텐트를 치고 젖은 옷과 진흙투성이 신발을 그대로 신은 채 젖은 땅 위에 누워 잠을 청했다.

예고도 없이 구름이 달을 가릴 때마다 나뭇가지와 바위들이 만들어낸 그림자가 하얀 텐트의 천장 너머로 마치 살아 있는 것처럼 움직였다. 게다가 시냇물 소리는 많은 사람들이 모여 웅얼거리는 것처럼 들렸다. 모습이 보이지 않는 존재들에게 둘러싸여 있는 것 같은 느낌이었다. 나는 내가 아까 불러냈던 마왕들이나, 자연 속에서 오랫동안 생활하는 사람들에게는 가까운 곳에 있다는 신비의 세계를 머릿속에 떠올렸다. 그런 다음 피곤에 지친 머리를 식량 주머니 위에 얹고 보이지 않는 존재들에게 웃어 보인 뒤 눈을 감고 또 다른 꿈의 세계로 빠져들어갔다.

우리는 라싸로 들어가는 여행자를 감시하기 위한 종(관사)이 두 갈래 길의 교차점에 눈속임을 하듯 교묘하게 서 있다는 통국 근처에 와 있었다. 통국에서 콩부 지방의 중심지인 기암다로 가는 데에는 멀리 남쪽에 있는 브라마푸트라 강으로 돌아가지 않고 곧장 갈 수 있는 지름길이 있다. 그러나 그 길로 가자면 광대한 사막을 횡단해야 하는 위험이 따른다. 그 때문에 여행자들은 남하해서 이 강의 연안을 거쳐가는 우회로를 택하고 있는 듯했다. 동양에서는 소비되는 시간은 그다지 문제가 되지 않는다. 티베트인들이 중요시하는 것은 길이 안전한가와 식량을 쉽게 구할 수 있는가 하는 점이었다.

통국에서 무인 지대인 북쪽의 초원을 향해 가는 길도 있는데, 우리가 통과하려는 길은 관사가 서 있는 골짜기 아래쪽의 강과 교차하고 있었다. 폭은 넓지 않지만 제법 깊은 그 강은 그곳에 걸린 다리 근처에서 루앙에서 흘러 내려오는 강과 합류했다. 그리고 합류점의 바로 상류에서 커다란 지류가 흘러들고 있었다. 통국 강은 바로 이 물줄기들이 합류해서 이루어진 강으로, 그것은 다시 포 강을 향해 흘러가고 있었다.

별다른 특징이 없는 이 다리는 쇼와나 댄신에서 보았던 폴룽 창포에 걸려 있던 다리와 조금도 차이가 없었다. 다리 한쪽 끝은 문이 닫혀 있었으며, 반대편에 있는 검문소에서는 관사의 허가를 받고 통행세를 내지 않은 사람은 누구도 다리를 건널 수 없도록 감시하고 있었다.

내가 문을 두드리자 경비는 고개만 슬쩍 내밀며 우리를 쳐다보았다. 우리는 그가 질문할 틈을 잠시도 주지 않고 무슨 큰일이라도 생긴 듯 호들갑스럽게 소리쳤다.

"우리 일행이 이 길을 지나가지 않았나요?"

"일행이라니, 누구 말이오?"

경비가 물었다.

"세라사와 데풍사 승려들로 구성된 순례단 말입니다."

"그들이라면 오늘 아침에 지나갔습니다."

"이를 어쩌나!"

우리는 낙담한 투로 동시에 중얼거렸다.

그러는 사이 경비가 무의식적으로 문을 조금 더 열었다. 우리는 계속해서 질문을 퍼부어 그를 헷갈리게 하면서 기회를 노려 그 안으로 재빨리 들어갔다.

그런 다음, 트라파들이 우리에게 남기고 간 말은 없는지, 특히 그중 한 사람이 자기 짐 속에 함께 넣어두었던 우리의 육포를 맡기고 가지는 않았는지 물어보았다. 그러는 동안 내내 용덴은 경비를 의심스럽다는 눈초리로 쳐다보았다. 그러자 경비는 순진하게도 그들이 맡겨놓고 간 게 아무것도 없다는 사실을 납득시키고자 애를 썼으며, 아무리 작은 것이라 해도 라마승의 물건을 슬쩍하는 건 자기의 양심이 허락하지 않는다고 말했다.

용덴은, 자신은 오직 사라진 육포에만 관심이 있을 뿐 그 밖에 다른 일, 특히 통행 허가를 받는 절차 따위는 안중에도 없다는 듯이 멋진 연기를 펼치고 있었다. 그러나 경비는 귀가 아플 정도로 쉴 새 없이 쏟아지는 질문과 자기를 의심하는 라마승의 모욕적인 시선에 기막혀하는 와중에서도 자기의 역할만은 분명히 잊지 않고 있는 것처럼 보였다. 만일 우리가 그냥 가려 한다면 그는 분명 우리를 불러세우고 우리의 의무를 상기시킬 것이다.

우리는 다리 입구 안쪽으로 들어가는 데에만 성공하면 종에는 가지 않아도 될 거라고 생각했었다. 그러나 우리의 생각이 그렇다는 것을 경비가 눈치채게 해서는 곤란했다. 이 계략은 절반쯤은 성공한 듯했다. 그 우직한 경비가 라마승에게만 신경 쓰느라 나는 쳐다보지도 않았기 때문이다. 그는 나를 조금도 수상쩍게 생각하지 않았다. 그렇다면 폼포 역시 굳이 걸식하러 다니는 노파를 조사하지는 않을 거라는 생각이 들었다. 그러자 갑자기 대담한 생각이 머릿속에 떠올랐다. 이대로 혼자서 종으로 가면 거기서 폼포의 부하와 거래를 할 수 있을지도 모르겠다는.

모험이었지만 한번 해보기로 결심하고, 나는 궁상맞은 목소리로 청승을 떨며 경비에게 물었다.

"폼포께서 그들에게 보시를 해주셨나요?"

"아, 그걸 내가 어떻게 압니까?"

오로지 자신의 결백을 증명하겠다는 일념에 사로잡혀 있던 경비가 쌀쌀맞은 소리로 면박을 주었다.

"우리 고기가 여기 없는 게 분명하다면 폼포께 식량을 부탁해야겠어요. 식량이 이제 거의 바닥났거든요."

"보따리를 여기 놔두고 갔는지 아닌지는 모(점)를 쳐보면 알 수 있소. 내 모는 이제껏 한 번도 틀린 적이 없으니."

용덴이 험악한 얼굴로 말했다.

"그래요, 그렇게 하시면 되겠네요. 모 갑(스님)은 그런 다음 폼포를 만나셔서도 되니까요."

경비가 반색을 하며 말했다.

"나는 이제부터 폼포를 만나뵈러 가야겠어. 그러면 보시를 받을 수 있겠죠?"

내가 말했다. 그러나 경비는 나에겐 전혀 관심이 없었다.

폼포의 관사로 가는 도중 말쑥한 차림의 한 남자와 마주쳤다. 나는 그에게 정중하게 인사를 한 뒤 폼포를 만나려면 어떻게 해야 하느냐고 물었다.

"무슨 일로 그러시죠?"

그 남자가 물었다.

나는, 어젯밤 통국에 도착한 순례단의 일원으로서 세라사의 트라파인 아들과 함께 여기까지 왔는데 아들의 발에 탈이 나는 바람에 그를 쉬게 하려고 뒤처지게 되었으며, 이제 아들의 상태도 좋아진데다가 식량도 다 떨어져 가능하면 빨리 일행을 따라잡으려 하는 중이라고 설명했다.

그러고는 겁먹은 시늉을 하며 주섬주섬 주머니에서 헝겊 쪼가리를 꺼내 그 안에 정성스레 싸놓았던 두 개의 트랑카(동전)를 꺼내 들고 말했다.

"이 돈은 내 자식이 여기 오게 되면 폼포에게 드리려고 가져온 것입니다. 조금 있으면 아들이 여기로 올 겁니다. 지금 그는 다리를 지키는 경비에게, 우리 일행이 여기를 지나면서 두고 가기로 했던 짐 보따리에 대해 묻고 있지요."

두 개의 트랑카는 다리 통행세로 내고도 충분히 남는 돈이었다. 식량이 떨어졌다고 말했으니 이 남자는 내 아들인 라마승이 폼포에게서 보시를 받고 싶어한다는 것을 눈치챘을 것이다. 사실 나는 티베트인들의 이런 관습을 잘 알고 있었기에 이와 같은 방법을 생각해 낸 것이었다. 내 계획이 성공하려면 제시한 금액이 상대의 마음에 드는 것은 물론, 그 돈을 슬쩍하고 싶다는 생각까지 들 만큼 충분한 액수여야 했다. 물론 이 돈이 누구의 수중으로 들어가느냐는 나와는 상관없었다. 나는 덧붙여 말했다.

"기다리는 동안 쐴라(보시)를 받을 수 있을지……."

내가 기대한 대로 그 남자는 내 손에서 트랑카 두 개를 잽싸게 받아 챙겼다. 그러고 나서 그 자리에 기다리고 있으라고 짧게 명령한 뒤 사라졌다. 몇 분 뒤, 하인 한 명이 짬파를 들고 나타났다. 이어서 내 돈을 챙긴 남자의 목소리가 들려왔다.

"그 아주머니는 돌아가셔도 좋다고 하게. 또 트라파에게는 일부러 여기까지 올 것 없다고 하고."

그러자 하인은 앞장서서 다리 위의 검문소로 걸어갔다. 그런 다음 내게는 들리지 않는 나직한 목소리로 경비에게 뭔가를 속삭였다. 경비는 그 동안 매우 의기양양해져 있었다. 내가 없는 동안 '한 번도 모가 틀린 적 없는' 우리의 예언자가 점을 친 결과 순례자들은 우리의 육포를 절대로 경비에게 맡기지 않았다는 점괘를 얻었기 때문이다. 나는 내가 만난 남자가 누구인지 물어보지 않는 게 현명하다는 생각이 들었다.

이번에도 보기 좋게 위기를 모면한 우리는 황급히 그곳을 떠났다. 경비는 우리가 한시라도 빨리 일행들과 합류하려 한다고 굳게 믿고 있었기 때문에 서두르는 우리를 이상하게 생각하지 않았을 것이다. 이제 우리는 기암다로 가는 길에 있는 다리만 잘 피해가면 된다. 아직 거기까지는 한참을 더 가야 하니 그 동안에 머리를 짜낼 시간은 충분했다. 그날 밤은 아름다운 숲 속에서 야영을 했다. 우리는 저녁 무렵부터 내리기 시작한 눈을 피하기 위해 거목 아래에다 텐트를 쳤다. 다음날, 서광이 비치기 시작하면서 눈은 순식간에 녹아버렸다.

아마도 며칠 내로 그 길동무들과 다시 만나기는 틀린 것 같았다. 처음 만났을 때 그들은 포파들의 소굴에서 위험에 빠진 우리를 구해주었다. 그리고 이공 강에서는 그들 덕분에 시간을 낭비하지 않고 쉽게 강을 건널 수 있었다. 이번엔 먼저 지나간 그들의 이름을 팔아 다시 한 번 위기를 모면할 수 있었다. 위기의 순간마다 우리에게 도움의 손길을 뻗치던 그들은 자신들의 의지와는 상관없이 우리를 도와준 것이다. 그에 대한 대가로서 그들이 앞으로 인생을 살아가는 동안 자신들이 베푼 것과 똑같은 행운을 누릴 수 있게 되기를 나는 빌었다.

통국을 지나자 우리가 따라 걷고 있던 포 로 람(포 남쪽 길)은 콩부 로 람(콩부 남쪽 길)과 만나는 접경 지대로 접어들었다. 이 지방도 역시 삼림 지대였지만, 이곳의 숲은 이공 강의 유역처럼 아열대 밀림이 아니어서 다시금 눈 쌓인 알프스의 풍경이 펼쳐지기 시작했다. 기온도 상당히 내려갔다. 강은 곳곳이 얼어붙어 어떤 곳은 가장자리만, 어떤 곳은 강 전체가 꽁꽁 얼어 있었다. 우리는 날마다 들판에서 모닥불을 활활 지피고 전나무 가지를 지붕 삼아 나무 밑에서 잠을 잤다. 숲 속의 마을은 길에서는 전혀 보이지 않았고, 지나다니는 사람들도 거의 없었다. 황야는 계속되고 있었지만 인가가 가까워지고 있다는 느낌이 들었다. 얼마 뒤 우리는 중부 지방으로 들어섰다.

이 지역의 주민들은 포 지방 사람들처럼 소매 없는 모피옷을 입었다. 유복한 사람들은 곰 가죽으로 만든 옷을 입었으며, 평범한 마을 사람들은 거무죽죽한 염소 가죽으로 만든 겉옷을 입었다. 옷의 형태는 남자나 여자나 다를 바 없었지만, 길이에서 차이가 났다. 남성들은 옷자락이 허리 아래로 내려오는 일이 없는 반면, 여성들은 복사뼈를 감출 정도로 긴 옷을 입었다. 그리고 모피옷의 경우 털이 안쪽으로 오게 해서 입는 것은 티베트 전역에서 공통적이었다.

특이할 만한 것은 이 지방 여성들이 머리에 쓰고 있는 검은 털 모자였다. 유럽 여성들이 쓰는 것과 똑같이 리본이나 깃털 장식을 부착한 것으로, 파리의 어느 상점에 내놓아도 손색이 없을 정도로 멋이 있었다.

그러나 이 지방에서 들은 애잔한 가락의 노래들은 어떤 장식품보다도 훨씬 감동적이었다. 처음에 나는 그 노래가 깊은 숲 속에서 거행되는 종교 의식에서 불려지는 것이라고만 생각했다. 그러다가 우연찮게 그 노래의 사연이 그다지 시적이지만은 않다는 사실을 알게 되었다.

어느 날, 심금을 파고드는 이 애절한 노래가 길에서 조금 벗어난 곳에서부터 들려오기 시작했다. 우리는 노랫소리를 따라 숲 속으로 들어갔다. 소리의 진원지까지 가는 동안 나는 머릿속으로 장례식이나 그보다 더 장엄한 광경을 상상했다. 흥미진진한 장면을 구경하러 가는 여행자들이 느끼기 마련인 가벼운 흥분에 사로잡힌 채 우리는 마침내 숲이 끝나는 지점에 있는 개간지에 이르렀다. 그리고 거기서 그 비가를 부르고 있는 여인들을 발견했다. 갑자기 맥이 탁 풀리는 느낌이었다. 실망스럽게도, 염소 가죽으로 만든 옷에 검은 털모자를 쓴 그 여성들이 하고 있는 일은 전혀 극적인 일이 아니었기 때문이다. 그들은 단지 부족의 남자들이 베어 넘어뜨린 뒤 톱으로 켜놓은 나무들을 산 밑으로 운반하고 있을 뿐이었다. 가슴을 저미는 듯한 그 애절한 비가는 단지 발을 맞추기 위해 부르는 노동요에 불과했던 것이다.

그 희한한 노래의 기원은 무엇이었을까? 이 지역말고는 어느 지방에서도 우리는 그와 같은 노래를 들을 수 없었다.

포 지방의 숲과 콩부 로 람을 빠져나오자 몇 개의 골짜기로 이어지는 광대한 벌판이 펼쳐졌다. 그 광대한 벌판에는 드문드문 마을이 들어서 있었고, 그 너머로는 너른 목초지도 보였다. 알프스의 풍경이 연상되었지만, 그보다는 훨씬 광대한 그 지역의 경치는 이루 말할 수 없이 아름다웠다.

이 지방의 서부와 북서부에 펼쳐져 있는 지역은 서구인들이 아직 발을 들여놓은 적이 없는 곳이다. 나는 퉁궁 강과 기암다 강 사이에 당당히 버티고 선 산맥들을 짧은 기간이나마 탐험해 보고 싶었다.

그러나 유감스럽게도 시간이 너무 빠듯했다. 신년 축제가 벌어지는 기간에 맞춰 라싸에 도착하려면 서둘러야 했다. 게다가 경솔한 행동으로 사람들의 눈에 띄거나 외국인으로 의심받지는 않을까 두려웠다. 순례로를 벗어나 이곳 저곳 배회하는 동안 누군가 목적지를 물어오기라도 한다면 뭐라고 대답할 것인가. 이곳은 인가가 있는 지역이라 깊은 숲 속에서도 나무꾼이나 사냥꾼들과 마주치기 쉬웠다.

티베트인들은 절대 관광 삼아 여행을 하지 않는다. 그들은 단지 볼일을 보기 위해 정해진 장소에 가거나 순례지를 돌 뿐, 이유 없는 여행은 바보 같은 짓이라 여긴다. 혹시 가고자 하는 산 속의 정해진 장소, 고개 너머에 있는 절이나 성곽들의 이름을 알고 있다면 필요한 순간에 그 이름을 대어 우리가 여행 중이라는 사실을 납득시킬 수 있다. 하지만 우리는 길이 어디에 나 있는지조차 제대로 알지 못했다.

그럼에도 우리는 출발했다. 행군은 주로 밤에 하고, 농민들이 밭으로 나오기 시작하는 아침에는 들킬 염려가 없는 곳에서 쉬었다.

나무들이 무성한 산등성이에 올라 반대편 비탈을 내려갔다가 다시 다른 정상에 오르자 멀리서 머리에 눈을 이고 있는 봉우리들이 어렴풋하게 보였다. 벌써 이틀째 걷고 있다. 지금쯤이면 기암다 강에 도착했어야 하지만 어디를 봐도 그런 확신을 주는 것은 없었다. 아니, 거기까지 며칠이나 걸릴지 짐작조차 할 수 없었다.

나는 테모 근방에서 브라마푸트라 강 연안까지 간 다음 그 방면에 있다고 들은 적이 있는 뵌교의 대성지와 몇몇 장소를 꼭 방문해 보고 싶었다. 그런 가 하면, 이미 말한 것처럼, 축제 기간에 맞춰 라싸에도 도착하고 싶었다. 그 러나 일단 남쪽으로 내려가 기암다 강 연안으로 가면, 몇 년 전부터 이번 여 행 기간에 꼭 방문하리라 마음먹었던 콩부의 수도 기암다로 되돌아올 시간 이 부족할 것 같았다.

저녁에 차가 끓고 있는 불 가에 앉아 어느 쪽으로 가는 게 좋을지 고민하 고 있을 때였다. 불꽃 저편에서 나를 지켜보고 서 있는 키가 장대만한 라마 승의 모습이 홀연 시야에 들어왔다. 우리는 둘 다 그가 다가오는 발소리를 듣지 못했다. 그는 마치 옛날 이야기 속에서나 등장하는 요정처럼 땅에서 불쑥 솟아나온 것 같았다.

티베트인들은 바닥이 부드럽고 야들야들한 독파들의 장화를 신기 때문에 걸을 때 발소리를 내지 않는다. 그러나 그 라마승이 너무나도 갑자기 모습 을 드러냈기 때문에 우리는 예기치 않은 그의 등장에 놀란 나머지 빤히 쳐 다보기만 했다.

그는 사원의 승려들이 입는 것과는 다소 모양이 다른 곰첸(은자)들의 소 박한 복장에, 목에는 텐 트렝(제각각 다른 인간의 두개골에서 잘라낸 108개의 구슬로 만든 염주—지은이)을 걸고 손에는 삼지창 모양의 긴 철봉을 들고 있 었다.

그가 묵묵히 불 옆으로 와서 앉았다. 우리는 "칼레 슈 덴 작(편히 앉으십시 오)"이라고 예의바르게 인사했지만 그에 대한 답은 없었다. 용덴이 그와 이 야기를 해보려고 했지만 헛수고였다. 그래서 우리는 그가 옛 고행자들의 수 행 방식을 좇아 침묵서원을 하고 있나 보다고 생각했다.

물끄러미 바라보고 앉은 이 말없는 라마승의 시선에 나는 매우 난처했다. 나는 그가 어서 일어서서 가버리든지, 아니면 여행자들이 으레 그렇듯 무얼 먹거나 마시기라도 하기를 바랐다. 그러나 그는 짐은커녕 하다못해 짬파 주머니 하나 들고 있지 않았다. 여관 같은 곳이 전혀 없는 이 지방에서 그것은 무모한 행동이었다. 끼니는 도대체 어떻게 해결할까? 바닥에 꽂아놓은 삼지창 모양의 철봉 옆에 양반다리를 하고 꼿꼿하게 앉은 그의 모습이 마치 눈빛만 살아 있는 조각상처럼 보였다. 이미 밤이었다. 여기서 자고 가려는 것일까?

차가 준비되자, 그 수수께끼의 인물은 옷 속에서 바리 모양으로 깎은 두개골을 꺼내 용덴에게 내밀었다. 일반적으로 해골로 만든 바리는 밀교 수행자들만 갖고 다니는 것으로, 술을 마실 때만 사용했다. 그것을 본 용덴이 말했다.

"곰첸, 우리에겐 창(술)이 없습니다. 저희는 술을 마시지 않습니다."

그러자 그는 처음으로 입을 열어 용덴에게 말했다.

"있는 것을 따르시오. 내겐 모든 게 같은 것이오."

그는 차와 함께 소량의 짬파를 먹고 나서 다시금 침묵에 잠겼다. 그의 태도로 볼 때 쉽게 떠날 것 같지는 않았다. 그렇다고 해서 불 옆에서 잠을 자려고 하는 것 같지도 않았다.

그는 부동 자세로 앉은 채 불쑥 이야기를 꺼냈다.

"제츤마, 도대체 텐 트렝과 승복과 수련자들이 끼는 반지는 어떻게 하신 거요?"

그 순간 심장의 박동이 멎는 듯했다. 이 남자는 나를 알고 있다! 어디서 만났을까? 전혀 기억이 나지 않았다. 그는 내가 곰첸마(여성 은자) 차림으로 지내던 캄이나 북부 초원 지대, 암도, 혹은 창 지방 중 어딘가에서 나를 본 적이 있는 것이 분명했다.

용덴이 서둘러 꾸며대기 시작했다.

"도대체 무슨 말씀을 하시는 겁니까? 어머님과 저는……."

그러나 정체를 알 수 없는 그 여행자는 용덴이 계속 거짓말을 늘어놓도록 내버려두지 않았다.

"저쪽으로 가 있게."

그가 명령하듯 말했다.

나는 냉정함을 되찾았다. 그를 속이려 해봤자 소용없는 일이었다. 아무리 얼굴을 들여다봐도 기억이 나지 않았지만, 그가 나를 알고 있는 것은 분명했다. 이런 때는 과감히 상황에 맞부딪치는 게 더 낫다. 나를 밀고한다고 해서 그에게 무슨 이득이 있겠는가!

"좀 떨어진 데로 가서 불을 새로 피우는 게 좋겠다."

내가 용덴에게 말했다.

그러자 용덴은 한 아름의 땔감과 불씨가 붙어 있는 잔가지를 들고 다른 곳으로 갔다.

"제춘마, 애써 기억하려고 하지 마시오. 나는 원하는 어떤 모습도 될 수 있소. 그러니 당신은 내 얼굴을 한 번도 본 적이 없을 거요."

둘만 남자 그가 내게 말했다.

우리는 오랜 시간 마주 앉아 티베트의 철학과 신비주의에 대해 서로의 의견을 교환했다. 한참 만에 그가 일어서서 철봉을 손에 들고는 오던 때와 마찬가지로 유령처럼 사라졌다. 그는 자갈길 위를 발소리 하나 내지 않고 수풀 속으로 걸어들어갔다. 내가 보기엔 마치 그 안으로 녹아들어간 것 같았다.

나는 용덴을 불렀다. 그리고 그의 질문들을 차단하기 위해 다음과 같이 간단히 이야기했다.

"그 곰첸은 우리를 알고 있더군. 어디서 만났는지는 기억이 나지 않지만 우릴 밀고할 것 같지는 않아."

그렇게 말한 뒤 방해를 받지 않으려고 드러누워 자는 척하며 그 라마승과 나눈 대화의 내용을 되새겨보았다. 얼마 안 가 장밋빛 햇살이 하늘을 물들이기 시작했다. 어느새 날이 새어버린 걸 보니 시간 가는 줄도 모르고 밤새도록 그 신비스런 여행자와 이야기를 나누었던 것이다.

불꽃을 되살리고 간편한 아침 식사를 준비했다.

그 라마승과 심오한 주제들에 대해 이야기하는 동안 그의 인격에 신뢰를 느끼게 된 나는 그가 나를 밀고할 염려는 하지 않아도 되겠다고 생각했다. 그러나 몇 개월에 걸친 극도의 긴장과 끝없는 경계심으로 인해 신경이 곤두서 있었기 때문에 새롭게 생겨나는 불안감을 떨치기 힘들었다. 기암다 계곡 쪽으로 나아가 그쪽을 탐색해 봐야겠다는 생각은 더 이상 들지 않았다. 그 곰첸은 깊은 산 속에 있는 은자들의 암자로 가거나 기암다 강이 흐르는 골짜기 쪽으로 내려갈 게 분명했다. 그에게서 존경심이 느껴지는 것은 사실이었지만 나에 대해 속속들이 알고 있는 사람은 역시 피하고 보는 게 상책이었다.

나는 용덴에게 말했다.

"여기서 되돌아가야겠어. 테모 고개를 넘어 그 너머에 있는 테모 사원으로 가자구. 거기에 가면 스님이 입을 만한 따뜻한 옷을 살 수 있을 거야."

우리는 인가가 있는 넓은 골짜기로 무사히 되돌아왔으며, 몇몇 마을을 지나 밤늦게 테모 고개 기슭에 당도했다.

강가에 있는 목초지 안에서 크고 튼튼하게 지어진 회색 석조 건물 한 채를 발견했다. 외관은 이 지방에서는 보기 드물 정도로 안락하게 보였지만, 왠지 좀 음산한 기운이 감도는 집이었다. 사진을 찍어 그 밑에 '유령의 집'이나 '사자(死者)들의 여관'이라는 이름을 붙여놓으면 신문에 연재되는 괴기 소설의 삽화로 적당할 것 같았다.

집주인은 우리를 흔쾌히 안으로 맞아들였다. 우리에게 배당된 곳은 깔끔하지만 좀 어두워 보이는 커다란 2층방이었다. 우리가 죽을 끓여 막 먹으려는 순간, 라마승 한 명이 안주인을 따라 들어왔다. 그 라마승과 방을 함께 써야 한다는 사실이 그리 달갑지는 않았지만 어쩔 도리가 없었다. 이 집의 주인 내외는 승려들에 대한 대접에 무척 신경을 쓰고 있는 듯, 자기네가 쓰는 방 다음으로 제일 좋은 방을 우리에게 내주었으며, 라싸에서 돌아온 상인들이 차지하고 있는 다른 방에도 두 명의 라마승이 함께 쓰도록 했다.

우리와 한 방을 쓰게 된 라마승은 점잖고 조용해 보였다. 그는 우리 반대편으로 가서 자신이 들고 다니는 깔개를 깔아놓은 다음 차를 끓이기 위해 불 옆으로 다가왔다.

용덴은 차를 끓이지 않아도 된다고 예의바르게 말하고 나서, 아까참에 끓여놓은 죽을 권했다. 우리는 죽을 먼저 먹고 나서 차를 마실 생각이었다. 우리의 권유를 받아들인 라마승은 빵과 몇 가지 먹을 것을 꺼내놓으며 우리에게 권했다. 이렇게 해서 우리는 둘러앉아 먹기 시작했다.

티베트의 관습에 따르면 여자들은 남자들보다 조금 뒤로 물러나 앉아야 하는데, 그 덕분에 나는 어두운 구석 자리에서 불 옆에 앉은 그 라마승의 모습을 찬찬히 뜯어볼 수 있었다.

중국풍의 여행복에 곰탁(가사)을 어깨에서 겨드랑이 쪽으로 비스듬히 두르고 있는 것이나 옷차림에서 나타나는 몇 가지 특징, 그리고 방 입구에 꽂아놓은 등 카탕(끝에 삼지창이 달려 있는 지팡이—지은이) 등으로 미루어볼 때 그는 홍모파의 일파인 족첸파에 속하는 승려인 듯싶었다.

흔들리는 불빛을 받은 등 카탕은 평범한 이 시골집에 은자들의 움막에서나 풍길 법한 매력적인 신비감을 자아내고 있었다. 나는 일찍이 함께 지낸 적이 있거나, 가끔씩 만나 짤막한 이야기나마 주고받곤 하던 은자들의 모습을 떠올렸다. 그 중에서도 어제 만났던 은자는 아직까지도 기억이 생생해 굳이 머릿속에 떠올릴 필요도 없었다.

그러나 밀교의 가르침을 따르는 승려라면 누구나 몸에 지니게 되어 있는 등 카탕을 제외하면, 새로운 길동무인 이 라마승은 숲 속에서 갑자기 나타났던 그 불가사의한 인물과는 전혀 닮은 데가 없었다.

그는 용덴과 정중하게 인사를 나눈 뒤 서로의 고향과 그 동안 거쳐온 장소들에 대해 의례적인 질문을 주고받았다. 캄 지방 출신의 그 라마승은 호감이 갈 정도로 매우 박식했다. 나는 걸식을 하며 떠도는 가난한 노파 행세를 하고 있던 터라 그에 걸맞게 뒤로 물러나 앉아 그들의 이야기를 듣고 있었다. 티베트에서는 여자들은 남자들과 같은 자리에 앉지 못하기 때문이다. 그러나 평소 관심을 갖고 있던 문제에 대해 언급하고 있는 그 박식한 동료의 탁월한 견해를 용덴이 이해하지 못하자 이야기가 중단될까 봐 조바심난 나머지 경솔하게도 그들의 대화에 끼어들었다.

이 나라의 여성들이나 일반 대중들에게는 대체로 그러한 학식이 없었음에도 불구하고, 그 여행자는 자기 앞에 앉아 있는 초라한 노파의 학식에 그다지 놀라지 않는 눈치였다. 논제에 지나치게 몰두하고 있던 탓에 이야기 상대가 누구인지에 대해서는 신경 쓰지 않았기 때문일까?

우리는 고서의 내용을 인용하면서 서로의 견해를 피력했고, 이름이 널리 알려진 저자의 주석을 예로 들어가면서 밤이 깊도록 이야기를 계속했다. 그야말로 유쾌한 시간이었다.

그러나 다음날 새벽 동 트기 전에 눈을 떴을 때 내 머릿속에는 이 여행의 처음부터 나를 괴롭히던 불안감이 다시 비집고 들어오기 시작했다. 정체를 알 수 없는 곰첸(은자)에게 신분을 들킨 것만으로도 몸을 사려야 마땅한 마당에 그렇게 경솔한 행동을 해버렸다니! 학승이 아니고선 알 수 없는 심오한 지식의 소유자임을 과시하고 말았으니, 이제 그는 날 수상한 눈으로 바라볼 것이다. 지난 8년간 티베트 곳곳을 여행했기 때문에 적어도 내 이름만큼은 이 나라의 구석구석까지 알려져 있었다. 그러하건대 도대체 내가 무슨 어리석은 짓을 저질렀단 말인가! 만일 이 라마승이 악의는 아니더라도, 나와 만났다는 사실을 자랑하고 다닌다면 어쩔 것인가! 그로 인해 이번 여행이 실패로 돌아가지는 않을는지. 나는 과연 라싸에 도착할 수 있을까?

음산한 기운이 감도는 집에, 아직 자고 있는 라마승을 남겨둔 채 나는 이처럼 우울한 생각에 잠긴 채 테모 고개를 향해 올라갔다.

고갯마루 부근은 눈이 깊게 쌓여 있었지만, 별다른 어려움 없이 무사히 고개를 넘었다. 브라마푸트라 강을 향해 끝없이 이어진 삼림 지대를 나아가는 여정은 정말로 길었다. 그 사이 딱 한 번 짧은 휴식을 취한 것말고는 쉬지 않고 강행군을 했지만 날이 저물어서야 테모 마을에 도착해 처음으로 농가를 발견했다.

지금쯤이면 마을 사람들이 모두 잠들었으리라 생각될 즈음 길에서 벗어난 곳에 텐트를 쳤다. 근처에서 주워 모은 땔감을 가지고 모닥불을 지폈지만, 날씨는 매우 추웠다. 우리는 텐트 앞쪽에 아직 빨갛게 타고 있는 잉걸불을 가져다놓고 언 발을 녹였다.

평온한 하룻밤이 지나고, 날이 밝을 무렵 눈을 떴다. 아니, 어쩌면 눈을 뜬 채로 꿈을 꾼 것인지도 모르겠다. 동이 터오는 하늘을 배경으로 라마승 하나가 서 있었다. 며칠 전에 만났던 신비스런 곰첸도, 산 너머에서 헤어진 박식한 라마승도 아니었다. 그는 길게 땋은 머리를 복사뼈까지 내려뜨리고 치마 같은 흰 천을 두른 레캉 차림의 승려였다. 그는 내게 이렇게 말했다.

"제쮠마, 가난한 아낙네의 옷을 입고 당신이 아들로 삼은 저 라마승의 어머니 역이나 하는 건 당신에게 어울리지 않소. 당신은 지금 뼛속까지 당신이 분장한 여인이 되어 있소. 젠(장삼)을 입고 텐 트렝을 목에 걸고 있을 때가 훨씬 기백이 넘쳤지. 라싸에 도착하면 그것들을 다시 착용하는 게 좋을 거요. 라싸에는 반드시 갈 수 있을 테니 걱정하지 마시오."

그렇게 말한 뒤, 그는 마치 놀리기라도 하듯 장난기 섞인 웃음을 지어 보이며 내가 즐겨 암송하는 시 한 구절을 큰 소리로 읊었다.

"직 메 날졸마 가(나는 두려움을 모르는 여성 요가행자)."

무슨 말이든 해야겠다고 생각했다. 그러나 그 순간 정신이 번쩍 들었다. 눈앞에선 한줄기 서광이 내 이마를 향해 쏟아지고 있을 뿐 아무도 없었던 것이다. 텐트 틈새로는 번쩍거리는 황금 지붕을 머리에 쓴 테모 사원의 전경만이 멀리서 보였다.

이번 여행에는 우리가 곤경에 빠질 때마다 도움을 주기 위해 따라다니는 정령이 있는 것 같았다. 그 정령이 이번엔 용덴을 한 집으로 인도해, 필요한 식량과 옷을 쉽게 구할 수 있도록 가호를 베풀어주었다. 용덴이 입고 있는 옷은 새로 마련해야 할 만큼 해져 있었다. 그의 승복은 이미 누더기와 다를 바 없어, 숲 속을 벗어난 뒤부터는 밤의 한기를 전혀 막아주지 못했다.

그가 구입한 옷은 원래는 라마승들이 입는 질 좋은 여행복이었지만 군데군데 해지고 해서 속인들이 입는 옷이나 다름없었다. 그 옷으로 갈아입자 용덴은 유복한 순례자처럼 보였다. 어떤 친절한 사람은 깔개로 쓰라며 양가죽을 주기도 했다. 그때까지 맨바닥에서 잠을 자던 용덴에게는 더없는 사치품이었다.

나는 테모에서 놀랍고도 슬픈 소식을 한 가지 들었다. 타시룬포사의 판첸 라마가 자신의 궁전을 버리고 도주했으며, 그를 체포하기 위해 병사들이 파견되었다는 것이다. 그 결과에 대해서는 우리에게 소식을 전해준 사람도 모르고 있었다.

이 책의 서두에서도 밝힌 것처럼, 판첸 라마는 나를 자신의 궁전으로 초대해 지극한 환대를 베풀어준 사람이며, 그의 어머니와는 몇 년 동안이나 서신 왕래가 끊이지 않았다. 그 부인은 해마다 겨울로 접어들 무렵이면 자신이 손수 수놓은 면 모자와 펠트 신발을 잊지 않고 보내주었다.

시가체의 권력자이자 승려들의 우두머리인 그가 망명을 도모했다니 어찌된 일일까? 그가 라싸 정부와 그다지 우호적인 관계에 있지 않다는 건 모르는 바가 아니었다. 중국에 대한 그의 호의적인 태도나 반군국주의적인 태도를 티베트의 군주가 아주 못마땅하게 여기고 있다는 것은 공공연한 사실이었기 때문이다. 그에게는 과중한 세금의 형태로 벌금이 부과된 적도 한두 번이 아니었다. 그러나 우 팍 메(아미타불)라 불리는 부처의 화신으로서 숭배를 받고 있는 그가 티베트 땅을 떠나다니, 그건 상상도 못한 일이었다.

얼마 뒤 나는 지극히 동양적인 이 정치 사건에 대한 상세한 정보를 얻을 수 있었다.

타시 라마(판첸 라마의 별칭—옮긴이)에 대한 달라이 라마와 그 측근들의 증오는 영국의 지지로 인해 몇 년 사이 더욱 심화된다. 그들은 이미 많은 세금을 지불한 타시 라마에게, 그의 통치 지역인 창 지방에서 새로운 헌납금을 징수하라고 명령한다. 그러나 세금을 징수하기 위해 파견된 관리는 필요한 액수를 끌어모으는 데 실패하고, 이에 타시 라마는 달라이 라마에게 "이미 피폐해질 대로 피폐해진 창 지방에서 관리들이 거둬들이지 못한 세금의 부족분은 내가 몽골에 가면 나의 명성을 이용해 채워넣을 수 있을 것"이라고 제안한다. 그러나 그는 허가를 받는 대신 라싸로 오라는 전갈을 받는다.

라싸에서는 달라이 라마가 평소 거주하는 노불링카 궁전의 한쪽 옆에 타시 라마를 위한 별채가 세워지고 있었다. 나중에 나는 궁전 뒤뜰에서 한참 떨어진 그 별채를 볼 기회가 있었는데, 그것은 미완성인 채로 남아 있었다. 그 건물에는 감옥이 설치되어 있어서 그 사실을 안 타시 라마가 도망간 것이라는 소문도 있었다.

정말 라싸 당국은 타시룬포사의 대라마를 투옥할 작정이었던 것일까? 그들만이 알 수 있는 것일 테지만, 전혀 있을 수 없는 일만은 아니라는 생각이 들었다. 중국이 패배한 이후, 중국 편에 섰던 티베트인들에 대한 라마교 궁정의 복수가 한편으로는 너무나도 가혹했기 때문이다.

당시 튤쿠(외국인들이 흔히 '살아 있는 부처' 또는 '부처의 화신인 라마'라 부르는 라마승—지은이)였던 까닭에 공개적으로는 처형할 수 없는 터라 대라마를 감옥에 가두고 굶어죽게 했다는 사실은 나도 들은 적이 있었다. 그리고 그를 보좌하던 승려들과 타시룬포사의 고승들 역시 날마다 몸에 못이 박히는 고문 끝에 죽었다고 한다.

같은 시기, 정부의 대신이면서 중국과의 전쟁 중에 중국측에 협력한 티베트의 한 귀족은 포탈라 궁에서 잔인하게 살해당했다. 소문에 의하면, 그는 라싸로 귀환하자마자 군주의 부름을 받았고, 그를 배알하러 간 자리에서 순식간에 비단옷이 벗겨진 채 빈사 직전까지 몽둥이찜질을 당했다. 그런 다음 밧줄로 결박당한 채 라마 궁전의 문에서 산기슭까지 이어지는 긴 계단의 꼭대기까지 끌려갔고, 거기서 떠밀려 떨어졌다. 그때까지만 해도 아직 숨이 붙어 있던 그는 결국은 최후의 일격을 받고 숨을 거두었다.

한편, 그 사실을 알게 된 그 귀족의 아들은 자신의 운명을 예감하고 도망을 쳤지만, 감시자의 추적을 받던 중 병사들이 쏜 총탄에 맞아 죽었다고 한다.

이 이야기는 지나치게 과장된 것일까? 그럴지도 모르지만, 사실 여부는 확인할 수 없었다.

다만, 내가 라싸에 도착한 것은 중국에 대한 봉기에서 승리한 지 12년이나 지났을 때였는데도 갸롱파(중국 사천성 서쪽 지역에 살던 티베트족)인 고위직 라마승 세 명이 중국에 충성했다는 이유로 체포된 이래 그때까지도 목에 칼을 찬 채 갇혀 있다고 했다.

이러한 선례들이 있었으니 달라이 라마가 라싸로 들어오라고 했을 때 타시 라마가 의혹을 품게 된 것은 당연하다. 그런데다가 창 지방의 귀족 세 명이 포탈라 궁전 안의 귀족 전용 감옥에 갇혀 있다는 소문이 라싸에 떠돌고 있었다.

그 밖에도 몇 가지 소문이 떠돌았는데, 그 진위 여부야 알 수 없지만, 타시 라마와 그의 측근들이 경계심을 가질 수밖에 없었던 정황은 충분히 이해가 된다.

타시 라마의 도피 행각에 대해서는 충분히 소설의 소재가 되고도 남을 만한 이야기가 있다.

거의 2년 전부터, 타시 라마의 헌신적인 친구이자 나와도 개인적으로 잘 알고 지내던 롭짱이란 라마승이 순례를 한다는 구실로 국내를 돌아다니며 가장 안전하고도 빠른 도주로를 찾고 있었다. 타시 라마가 위험을 예감하고 시가체를 급히 떠났을 때 그는 아직 돌아오기 전이었다. 타시 라마가 출발한 다음날에야 시가체에 도착한 롭짱은 서둘러 그의 뒤를 쫓아갔다. 먼저 떠난 타시 라마 일행은 도중에 눈이 깊게 쌓인 고개를 넘느라 애를 먹었다. 그들이 간신히 고개를 넘어간 뒤 새롭게 쌓인 눈이 고개를 완전히 막아버렸을 때 롭짱이 달려왔다. 결국, 고개를 넘지 못한 롭짱은 발길을 돌려야만 했다.

그러나 롭짱도 티베트에서는 더 이상 안전하지 못했다. 해서 인도 국경을 넘었지만 곧 그를 체포하라는 명령이 각지에 내려졌다. 그러나 다행히 그는 중국으로 가는 상선을 탈 수 있었다. 항구에 그를 체포하라는 명령이 내려졌을 때 이미 그는 배 위에 있었다.

한편, 작은 마을을 다스리고 있던 한 폼포가 근처를 지나던 여행자들 속에서 타시 라마를 발견했다. 그가 타시 라마임을 확신한 폼포는 급히 라싸로 사자를 보내 달라이 라마에게 그 사실을 알렸다.

그때까지 라싸에서는 물론 시가체에서조차 타시 라마가 도피했다는 사실을 눈치챈 사람은 아무도 없었다. 상황을 알아보기 위해 관리가 급파되었고, 타시 라마가 타시룬포사는 물론 다른 어느 궁전에도 없다는 사실을 확인했다.

데퐁(대령 혹은 장군에 해당─지은이)이 인솔하는 3백 명의 병사들이 타시 라마를 추적하기 위해 파견되었다. 그러나 시간이 너무 지체되어 있었다. 병사들이 더 이상은 추적할 수 없는 중국 국경에 도착했을 때 타시 라마와 그의 측근들은 이미 국경을 넘은 뒤였다.

나는 이 사건에 대해 간결하게 기술했지만, 내가 라싸에 도착했을 당시만 해도 최근 사건이었던 타시 라마의 탈출은 이미 전설로서의 모든 요소를 갖추고 있었다.

어떤 사람은, 판첸 라마가 시가체를 떠날 때 자기 역할을 맡아서 해줄 화신을 세워놓아 사람들이 의심을 하지 않게 해놓고 비밀리에 탈출했으며, 신변의 안전이 확보되자마자 그 화신은 사라졌다고 했다.

다른 기적을 말하는 사람들도 있었다. 중국으로 도망간 것은 그의 화신일 뿐이고, 진짜 판첸 라마는 언제나 시가체에 살고 있으며, 적에게는 보이지 않지만 충실한 신하들이나 예배를 하기 위해 찾아오는 순례자들에게는 그 모습이 보인다는 것인데, 그렇게 말하는 사람들은 의외로 많았다.

테모에 머물고 있을 때 내 귀에 들려온 건 판첸 라마가 시가체에서 탈출하여 추적을 받고 있다는 막연한 소문뿐이었기 때문에 나중에 자세한 전말을 알게 되기 전까지 나는 그의 안전을 매우 염려했다. 게다가 아들이 불행한 일을 당하기 전에 이미 그의 어머니가 돌아가셨다는 사실을 미처 몰랐기 때문에 그 여인에 대해서도 무척 걱정했다.

브라마푸트라 강을 향해 여행을 계속하는 동안 나는 이 기묘한 사건을 오래도록 생각하다가 문득 한 가지 사실을 기억해 냈다.

2년 전 제쿤도에 머물 때 캄 지방의 음유 시인 중 한 사람이 링 게잘 왕의 유명한 서사시를 6주 정도에 걸쳐 들려주었는데, 그때 티베트에서 전승되는 몇 가지 예언을 들을 기회가 있었다. 그것은 티베트인들이 고대하고 있는 '북쪽 나라'에 나타날 구세주의 출현에 관한 것이었는데, 예언 중 한 가지는 이 구세주가 나타나기 전에 타시 라마가 티베트를 떠나 북쪽으로 향하게 된다는 것이었다.

그 이야기를 들을 때만 해도 도저히 믿을 수가 없던 터라, 나는 그 일이 몇 백 년 뒤에 일어나겠느냐고 농담 삼아 물었다. 그러자 그 음유 시인은 확신에 찬 어조로, 예언은 앞으로 2년 반 이내에 실현될 것이며 내 눈으로 직접 그것을 확인하게 될 거라고 단언했었다.

나는 그 당시 이 마지막 예언은 첫번째 예언보다도 더 가망성이 없는, 그야말로 황당무계한 것이라고 생각했었다. 그런데 나는 지금 티베트 중심지인 테모에서 타시룬포사의 군주가 황량한 북방 나라로 망명을 기도했다는 소식을 듣고 있는 중이었다. 판첸 라마가 출발한 것은 음유 시인이 나에게 예언한 날로부터 정확히 2년 1개월 뒤였다.

우연이라고 하기엔 너무나도 기묘한 일치였다. 이 일을 어떻게 이해해야 좋을까? 그렇다면 그가 예언한 다른 일들도 실현되는 것일까? 신화의 나라, 샴발라에 영웅이 탄생해 예언대로 '천하무적의' 병사들만 결집한 거대한 군대를 이끌고 아시아 전역을 유일한 법칙하에 통일할 날도 오게 되는 것일까? 그것은 아마도 꿈에 지나지 않을 것이다. 그러나 동양에는 그렇게 꿈꾸는 수천, 수백만 명의 사람들이 있다.

우리는 테모를 떠나 브라마푸트라 강에 도착했다. 유장한 강의 흐름과 강을 에워싼 높은 봉우리들은 변함없이 지속되어 온 세월의 유구함을 느끼게 했으며, 깊은 적막감과 안정감을 주는 주변의 경치는 내 마음을 차분히 가라앉혀 미래에 대한 두려움과 걱정, 의심 따위를 떨쳐주었다. 내 마음속엔 무한한 평화만이 감돌았다.

우리는 다시 여행길에 나섰다. 이 지방에는 볼 만한 곳, 얘기할 거리가 너무 많았다. 주변의 명승고적 중에는 뵌교도들의 성지 중 하나인 콩부 뵌 리라 불리는 산이 있었다. 그래서 그런지 무리를 지어 여행하는 뵌교 신자들을 여기저기서 볼 수 있었다.

뵌교도는 티베트에 불교가 들어오기 전에 번성했던 토속 종교를 믿는 사람들이다. 그들의 신앙은 원래 시베리아의 샤머니즘과 밀접한 관련을 맺고 있는 듯하나, 뵌교의 교의가 불교의 영향을 받기 전에는 아마도 티베트에 문자가 없었던 듯 문헌 자료를 통해 이 사실을 확인할 방법은 없다. 즉, 뵌교의 초기 경전을 찾아낼 가능성은 전혀 없다. 그러나 뵌교도들은 자신들도 불교가 티베트에 유입되기 이전부터 문헌을 가지고 있었다고 주장한다. 물론 그들의 이야기는 사실일지도 모른다. 하지만 지금까지 그들의 주장을 뒷받침할 만한 증거가 발견된 적은 없다. 오늘날의 뵌교도들은, 제물로 바치기 위해 짐승을 도살하는 것말고는 종교적인 습관에 관한 한 '닝마 닝마(오래 된 것 중에서도 가장 오래 된 것)'로 불리는 초기 홍모파와 흡사하다. 사원의 모양도 라마교 사원을 그대로 모방하며, 입는 옷도 라마승의 승복과 동일하다. 또한 스스로를 라마승이라 자칭한다.

간단히 말해, 백뵌교는 옛날 초창기 불교의 종교적 실천을 지키는 라마교의 일부로 보면 된다.

이에 반해 흑뵌교는 백뵌교보다 더 원시 뵌교에 가까워 샤머니즘적인 요소가 농후하다. 그들 중 대부분은 단지 무지하고 저속한 마법사에 불과하다. 그러나 극소수이긴 하지만 뛰어난 인물 중에는 독창적인 철학적 견해를 지닌 박식한 사람도 있으며, 그들 중 일부는 능력 있는 마법사로 여겨지기도 한다.

라마교도와 뵌교도를 구분짓는 가장 일반적인 차이는 성소를 순회할 때의 방향에 있다. 즉, 라마교도들은 성소 주위를 돌 때 오른쪽으로 돌지만 뵌교도들은 왼쪽으로 돈다. 또한 라마교도들의 일반적인 진언인 "옴 마니 팟메 훔" 대신 뵌교도들은 일부 사람들이 "마트리 마트리스 다 쥼"으로 알고 있는 "옴 마트리예 살렌두"를 암송한다.

많은 순례자들이 성산(聖山)을 향해 오체투지를 하며 나아가고 있었다. 양팔을 앞으로 뻗은 뒤 땅바닥에 엎드려 손끝이 닿은 곳에 한 줄의 선을 그어 표시를 남기고, 그런 다음 몸을 일으켜 그 선까지 나아가 다시 몸을 던지고 또다시 표시를 하고, 그 선 위에 서서 다시 몸을 던지고……. 그들은 수킬로미터나 그런 방법으로 조금씩 나아갔다.

라마교도들은 총카파의 무덤과 같이 특별히 성스러운 장소를 포함한 사원 주위를 참배할 때 오체투지를 한다. 라싸에 체류 중일 때 나는 사람들이 그 성스러운 도시를 그런 방법으로 순회하는 걸 본 적이 있다. 심지어 어떤 사람은 이 오체투지로 몽골에서 라싸까지 오기도 한다. 몇 년을 걸려서 말이다.

뵌교도 순례자들은 대부분 키가 크고 건장하며 얼굴이 우락부락한 편이다. 그들이 머리를 아래쪽으로 두고 바위투성이의 가파른 경사길을 내려오는 모습은 매우 인상적이다.

우리는 브라마푸트라 강을 떠나 기암다 강을 거슬러 올라갔다. 도중에 황금빛 둥근 지붕이 돋보이는 푸 충 셀 키 라캉 사원을 방문했다. 그 사원 안에는 황금 제단이 놓여 있었다.

골짜기를 따라 나아가는 동안 주변 풍경은 매우 황폐했다. 사람들이 떠나 버린 마을은 폐허로 남아 있었으며, 옛날에는 경작지였을 대지에는 잡초만 무성히 자라 있었다. 왼쪽 강둑을 따라 이어지는 길가에는 중국인들의 초소가 보였다. 그리고 곳곳에 반쯤 파괴된 망루 주변에는 몇몇 가족이 살고 있었는데, 대부분의 가정이 아버지는 중국인이고 어머니는 티베트인이라는 사실이 이색적이었다. 가끔씩 대담무쌍한 강도 떼가 산에서 내려온다고 했다. 신비스러운 곰첸(은자)을 만나기 전까지만 해도 우리가 넘으려고 했던 바로 그 산에서 말이다. 인근 마을 사람들은 강을 건너 오른쪽 강둑을 따라 올라가는 편이 좋을 거라고 조언했다. 그쪽이 거리는 좀 멀더라도 드문드문 인가가 있어 안전하다는 것이었다. 그러나 막상 걷다 보니 인가는 별로 눈에 띄지 않았으며, 체마종을 지나친 뒤로는 사람이 거의 살지 않는 숲만 이어졌다.

도중에 일행들에게 버려진 두 명의 여인을 만났다. 그들을 보자 여행 초기에 카 칼포 산에서 만난 빈사 상태의 노인이 머릿속에 떠올랐다. 우리는 첫번째로 만난 여인에게, 인근 마을에 가면 재워줄 만한 곳이 있을 테니 같이 가보자고 권하며 약간의 돈도 주었다. 그러나 그녀는 그냥 그곳에 남겠다고 했다. 그리고 길가에 있는 나무 아래서 불을 피우기 시작했다. 용덴이 작은 나뭇가지를 한 아름 주워와 그녀의 옆에 쌓아주었다. 그런 다음 우리는 그곳을 떠났다. 나는 그녀가 우리를 불러세울 것이라는 확신에 몇 번이나 뒤를 돌아다보았지만, 아무런 반응도 없었다. 내가 마지막으로 뒤를 돌아다보았을 때 그 여인은 깊어져 가는 저녁 어스름 속에서 막 타오르기 시작하는 장작불 옆에 미동도 하지 않고 앉아 있었다. 푸른 기운이 감도는 연기가 여인의 앞쪽에서 작은 기둥을 그리며 공중으로 올라가더니 이내 흩어져버렸다. 그 연기는 마치 그녀의 생명이 꺼져가고 있음을 상징적으로 암시하는 듯했다.

두번째로 만난 여인은 그녀를 불쌍히 여긴 농민들이 만들어주었음직한, 나뭇가지로 만든 차양 아래서 자고 있었다. 농민들은 차양을 만들어주는 아량은 베풀었지만 자기 집에 병자를 재워줄 만큼의 인정은 없었던가 보다. 아니면 그녀 역시 좀 전에 만났던 여인처럼 혼자서 들판의 정적을 즐기고 싶었던 것일까? 그녀는 가까운 마을에서 매일 식사를 날라다 준다고 말했다. 여인의 곁에는 개가 한 마리 있었는데, 기특하게도 녀석은 여인을 지켜주고 있었다. 몸집은 아주 자그마했지만, 사람의 모습이 보이기만 하면 맹렬히 짖어대며 자기 주인에게 다가가지 못하도록 위협했다. 주인에 대한 그 조그만 개의 충성심에 가슴이 뭉클했다.

여기서도 내가 할 수 있는 일이란 약간의 돈을 쥐어주고 갈 길을 재촉하는 것뿐이었다. 길 위에 누워 있는 불행한 사람들에게 아무런 힘도 되어주지 못하고 비통한 심정으로 가던 길이나 갈 수밖에 없는 상황에서 오는 무력감, 이보다 더 괴로운 일이 있을까?

기얌다는 티베트에서 주요 도시 중 하나지만, 막상 가보니 도시랄 것도 없는 소박한 마을이었다. 다만 두 개의 주요 도로, 즉 라싸에서 참도로 연결되는 큰길과 브라마푸트라 강으로 내려가는 길이 합류하는 지점에 위치하고 있어서 상업적으로나 군사적으로 매우 중요했다. 표고가 약 3천3백 미터였음에도 불구하고 기얌다 골짜기의 기후는 매우 온화했다. 1월이었음에도 내가 가지고 다니던 온도계의 바늘은 18도를 가리켰다.

라싸로 가는 여행자는 기얌다에서 강을 건너야 하는데 다리에서는 통행세를 징수했다. 그 사실을 미리 알고 있었던 우리는, 이 다리 역시 쇼와의 다리처럼 검문소가 있고 그 안에는 통행인들을 검문하기 위한 파수꾼이 있을 거라 생각하고 지레 겁을 집어먹었다. 그리고 이 난관을 뚫기 위해 이번엔 어떤 방법을 써야 할지 오랜 시간 궁리를 해왔다.

그런데 실상은 우리가 상상했던 것과는 전혀 달랐다. 다리 앞에는 건물도 없고, 노상에 있는 작은 초소에서는 한 여인이 통행세를 받고 있을 뿐이었다. 초소 옆 물가에서는 아이들 두 명이 놀고 있었는데, 용덴이 통행세를 내자 그 중 한 아이가 폼포에게 통행 허가를 받아야 한다며 우리를 관사로 안내했다.

용덴은 관사로 들어갔고, 나는 먼지가 풀풀 날리는 문 앞에서 돌 위에 앉아 그가 나오기를 기다렸다. 좁은 길에는 사람들이 수시로 오갔지만 나를 눈여겨보는 사람은 아무도 없었다.

관사 안에서는 용덴이 한 남자와 이야기를 나누고 있었다. 그가 폼포였는지, 폼포의 비서였는지는 알 수 없었다. 몇 분 뒤에 용덴이 나왔다. 우리는 짐을 짊어지고 우리가 잔뜩 겁을 집어먹고 있던 이 마을을 떠났다.

우리는 지금 라싸로 곧장 이어지는 길 위에 서 있다. 이 길은 티베트에서는 단 하나뿐인 우편 도로로, 중국과의 국경 지대인 참도를 기점으로 라싸를 경유해 히말라야까지 길게 이어져 있다.

아시아의 이 유서 깊은 중앙도로를 따라 몇 킬로미터의 간격을 두고 설치되어 있는 작은 건물들은 문명의 발달을 말해 주는 듯했다. 이정표 역할을 하는 불당처럼 생긴 그 건물들을 처음 보았을 때 나는 엉뚱하게도 그것들이 티베트에서는 흔하게 볼 수 있는 시골 제단이나 차 보관실이라고 생각했다. 더구나 그 길가의 작은 집에 '옴 마니 팟메 훔'과 같은 문구가 새겨진 돌이 올려져 있는 것을 보고는 내 짐작이 맞나 보다고 확신하기조차 했다. 건물 주변의 땅바닥에는 신자들이 성스러운 건물 주변을 순례할 때 남긴 발자국도 남아 있었다. 그러나 그것이 오해였음을 알게 되었다. 나는 불당 주위를 열심히 돌고 있는 한 노인을 발견하고, 문득 그 안에 들어 있을 불상과 그림들이 궁금해졌다. 그러나 가까이 가서 발견한 것은 135라는 숫자가 새겨진 불그스름한 돌멩이 하나뿐이었다. 이게 뭐지? 무엇이든 라마교와 연관지어 생각하는 습성에 젖어 있던 나는 그 돌이 상징하는 단순한 의미를 쉽게 파악하지 못했다. 아무리 놀랄 일이 많은 동양이라지만 설마 표석에까지 참배하는 장면을 보게 되리라곤 꿈에도 생각지 못했기 때문이다.

라싸로 가는 길목의 가장 마지막에 있는 이 지역에서 나는 많은 것을 보고 듣고 관찰했다. 그러나 최종 목적지인 라싸에 머물면서 겪었던 일에 대해 이야기하려면 지면을 남겨두어야 하기 때문에 여기서 그 내용을 언급하는 건 생략해야 할 것 같다.

콩부의 바 고개를 넘는 동안 우리는 처참한 광경을 목격하고는 마음이 매우 착잡해졌다. 함께 순례 여행을 하던 일행에게 강도를 당해 곤경에 빠져 있는 사람들을 만난 것이다. 대부분이 여성들인 그 순례단은 티베트 동부 지방에서 왔다고 했다. 티베트에서는 흔한 일이긴 하지만 갖고 있던 옷가지와 몇 푼 안 되는 비상금까지 전부 털린 그 불행한 여성들은 대부분 여행을 계속하지 못하고 산 속에 있는 동굴에서 몸을 추스르고 있었다. 그들 중엔 가슴에 심한 상처를 입은 사람도 있었고, 한쪽 팔이 부러진 사람도 있었으며, 머리가 깨진 사람도 있었다. 나머지 사람들도 거의가 크든 작든 부상을 입고 있었는데, 같은 지역 같은 마을에서부터 함께 여행을 하던 사람들이 휘두르는 창에 맞아 부상을 당했다고 했다. 동굴에서 얼마 떨어지지 않은 곳에는 두 구의 남자 시체가 나뒹굴고 있었다.

이것은 라싸에서 그리 멀지 않은 우편 도로에서 일어난 일이었다. 기마병이라면 며칠도 걸리지 않아 그 강도들을 쉽게 체포할 수 있겠지만, 이 나라에서는 아무도 그런 사건에 관심을 가지지 않는다.

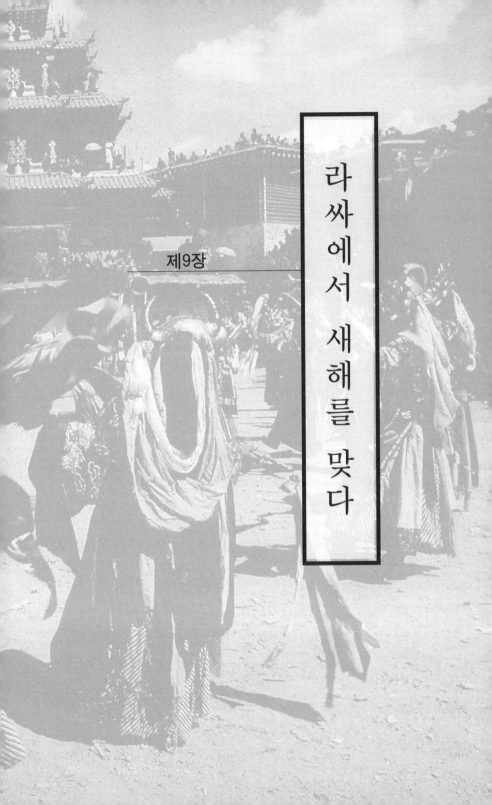

제9장

라싸에서 새해를 맞다

4개월에 걸친 오랜 행군을 끝내고 마침내 우리는 데첸을 떠나 라싸로 향하는 마지막 여정에 접어들었다.

내가 라싸를 처음으로 본 날은 춥고 건조했지만 아주 맑았으며 하늘도 청명했다. 그런 날씨 덕분에 장밋빛 햇살을 받으며 우뚝 솟아 있는 달라이 라마의 궁전은 아득히 먼 곳에서부터 우리의 시야에 들어왔다.

"이번에야말로 우리가 이겼어!"

내가 용덴에게 말했다.

"아직 기뻐하긴 이릅니다. 아직 키 츄(라싸 강)를 건너는 일이 남아 있지 않습니까? 거기서 무슨 일이 기다리고 있을지 누가 알겠습니까?"

용덴은 그렇게 말하며 내 기를 죽여놓았다. 목적지가 바로 눈앞에 보이는 데 여기서 실패할 리가 있겠냐는 생각이 들었지만, 그의 말에 반박할 마음은 없었다.

우리는 발걸음을 서둘렀다. 이제 포탈라 궁은 볼 때마다 조금씩 커져갔다. 그 기품 있는 궁전을 뒤덮고 있는 수많은 황금빛 지붕들의 윤곽이 점점 뚜렷해지고 있었다.

우리의 눈은 이제 그 궁전에 고정되었다. 성공이 가까워지고 있다는 사실에 날개라도 달린 듯, 우리의 발걸음은 사뭇 빨라졌다.

수도에 가까워질수록 마을들이 많아졌다. 그런데 라싸 계곡에 있는 광활한 토지가 경작되지 않은 채 방치되어 있는 게 좀 놀라웠다. 라싸는 물가가 비싸다. 그러니 근교에서 작물을 재배해 내다 팔면 많은 이문을 남길 수 있을 텐데 농민들은 왜 그렇게 하지 않는 걸까? 이 지방의 토질은 그다지 척박해 보이지 않았다. 하긴, 양 떼의 배설물은 전부 연료로 사용되거나 비싼 가격에 팔려나가 비료가 부족하기는 했다. 그러나 대안이 전혀 없는 것만은 아닐 것이다. 다른 지역에서는 그 문제를 지혜롭게 대처해 나가고 있지 않은가! 농업의 발달을 가로막는 다른 이유가 있음이 분명했다. 그 이유와 관련해 예전에 시가체 부근에서 들은 이야기가 떠올랐다. 농사를 지어봤자 무거운 세금을 내고 나면 남는 게 거의 없기 때문에 자급자족과 물물교환에 필요한 식량 외에는 아예 농사를 짓지 않는다는 것이었다.

키 츄에 도착해 뱃전을 동물의 머리 모양으로 장식해 놓은 나룻배에 올랐다. 아마도 이 지방의 조각가가 말의 머리를 새기려다 만 것인 듯했다. 배에는 사람들과 가축들이 가득 들어차 발 디딜 틈조차 없을 정도로 혼잡했다. 건너편까지는 몇 분도 채 걸리지 않았다. 해마다 우리처럼 가난한 사람들이 수도 없이 이 강을 건너기 때문인지 특별히 우리를 주의 깊게 보는 사람은 아무도 없었다.

이렇게 해서 우리는 라싸 역내로 들어왔지만, 시가지까지는 아직도 멀었다. 나는 아무에게도 들리지 않을 정도의 작은 소리로 환호성을 지르다가 다시금 용덴의 제지를 받았다. 여기까지 온 마당에 그는 더 이상 뭘 두려워하고 있는 걸까? 우리는 마침내 라싸 땅에 발을 들여놓은 것이다. 더구나 자연은 자애로운 아버지처럼 우리에게 암묵적인 허가를 내려주었다. 카 칼포숲을 떠나오던 날 밤 신들이 '사람들을 잠들게 하고, 개들을 침묵케 하여' 우리의 출발을 도와주었던 것처럼 여기서도 그와 같은 기적이 일어나 우리를 지켜준 것이다.

우리가 배에서 내리자마자 그때까지만 해도 맑기만 하던 날씨가 갑자기 흐려지는가 싶더니 곧 이어 바람이 거세게 몰아닥치고 흙먼지가 공중으로 솟구쳐올랐다. 일찍이 나는 사하라 사막에서 모래 폭풍을 경험한 적이 있는데, 라싸에서 다시 지독한 모래 바람을 만나게 되자 마치 그 거대한 사막 지방에 다시 와 있는 것 같았다. 앞을 분간할 수 없는 어둠 속에서 사람들은 여기저기로 흩어졌다. 그들은 모두 허리를 구부린 채 옷소매나 옷자락으로 얼굴을 가리고 있었다. 그런 상황이니 누가 우리를 주시하고 있겠는가?

공중에 드리워진 누런색의 거대한 모래 장막은 포탈라 궁전 앞까지 퍼져나가, 라싸는 물론 라싸로 통하는 모든 길목들을 뒤덮어버려 한치 앞도 분간할 수 없게 만들었다. 나는 이 자연 현상을, 내 신변의 안전이 완전히 보장되었음을 알려주는 징조로 해석했다. 내 판단이 옳다는 사실은 며칠 뒤에 증명되었다. 나는 2개월 동안 티베트의 로마라 할 수 있는 성지 라싸를 여행하며 사원들을 돌아보고 포탈라 궁의 꼭대기층에 있는 옥상 위를 거닐었다. 그때, 이방인에게는 출입 금지 지역인 그 도시를 인류 역사상 처음으로 서양 여성이 둘러보고 있을 거라고는 어느 누구도 상상하지 못했을 것이다.

신년 행사를 구경하기 위해 티베트 전역에서 많은 사람들이 무리를 지어 라싸로 몰려들고 있어서 여관은 어느 곳이나 만원이었다. 집에 빈방이 있거나, 아무 곳이든 사람이 잘 만한 공간을 가지고 있는 주민들은 그곳을 대여했다. 따라서 여행자들은 마구간이나 마당에서도 잠을 잤다. 나 역시 몇 시간쯤 돌아다니면 어디서라도 방을 구할 수야 있겠지만, 그렇게 하자면 천성적으로 호기심이 많은 티베트인들의 탐색하는 듯한 시선을 견뎌내며 꼬치꼬치 캐묻는 말에 일일이 대답을 해야 하는데, 그렇듯 번거롭고 위험도 따르는 일이 별로 내키지 않았다.

태풍은 시작될 때와 마찬가지로 순식간에 진정되었다. 우리가 시장 한 귀퉁이에 서서 어디로 가야 할지 모른 채 막막하게 서 있을 때였다. 한 여성이 다가오더니 이렇게 말했다.

"주무실 곳을 찾고 계신가요, 마규(할머니)? 먼 길을 오시느라 피곤하실 텐데, 제가 쉴 만한 곳으로 안내해 드리죠."

나는 간단히 고맙다고만 말하고 웃어 보였다. '눈의 나라' 티베트에는 이처럼 남의 일도 자기 일처럼 생각하는 사람들이 많기 때문에, 처음 보는 이 여성의 친절이 특별하게 느껴지지는 않았다. 다만, 내가 '멀리서' 왔다는 것을 어떻게 알았을까 하는 의혹이 잠시 머리를 스치고 지나갔다. 그러나 내가 들고 있던 순례용 지팡이를 보고 그렇게 생각한 여인이 오랜 굶주림과 피로로 인해 비쩍 마른 내 행색을 동정한 것이려니 생각하고는 금세 의심을 거두었다.

티베트인들은 대체로 수다스러운 편인데, 이 여인은 전혀 그렇지 않았다. 우리는 마치 목동을 따라가는 양 떼처럼 묵묵히 여인의 뒤를 따랐다. 4개월 동안이나 인적이 드문 황야에서 지내온 탓에 많은 인파와 소음을 접하니 잠시 어리둥절했지만, 그보다는 성공에 따른 기쁨이 더 컸다. 여기까지 오는 동안 얼마나 불안과 공포에 시달렸던가! 이제 목적지에 도착했으니 더 이상은 겁낼 것이 없다. 성공을 기원하며 한껏 곤두서 있던 긴장감이 풀어지자 마음이 한없이 편안했다.

여인은 우리를 시내 밖으로 안내했다. 우리 앞에는 넋을 잃을 만큼 아름다운 전경이 펼쳐졌으며, 포탈라 궁도 보였다. 나는 그곳이 너무나 만족스러웠다. 길고 긴 여행을 거쳐 라싸에 도착한 이상 기왕이면 포탈라 궁이 바라다보이는 곳에 숙소를 마련할 수 있기를 바랐기 때문이다.

우리는 다 쓰러져가는 허름한 여관의 좁은 방을 빌렸다. 거기는 내가 외국인이라는 사실이 알려질 염려가 없을 듯싶었다. 외국인 여성이 그런 곳에서 묵을 것이라곤 아무도 생각하지 않을 테니까 말이다. 게다가 그곳에 묵고 있는 걸인들이야 내가 누구인지 알 턱이 없었다.

우리를 안내해 준 젊은 여성은 짧게 인사한 뒤 웃으며 가버렸다. 모든 일이 순식간에 일어나 마치 꿈을 꾼 것 같았다. 그 뒤, 우리는 두 번 다시 그녀를 보지 못했다.

밤에 잠자리에 누운 뒤 나는 용덴에게 물었다.

"이젠 우리가 승리했다고 말해도 되겠지?"

"물론이죠."

그렇게 말하고 나서 그는 낮지만 들뜬 목소리로 외쳤다.

"라 걀로, 데 탐체 팜(신은 승리하고, 악마는 물러갔다)! 우리는 라싸에 있다!"

마침내 라싸에 도착했다. 이제 성공을 자부해도 좋다는 사실엔 의심의 여지가 없다. 그러나 아직 싸움이 끝난 것은 아니다. 앞으로 남은 문제는 이곳에서 어떻게 성공적으로 체류하느냐는 것이었다.

내가 티베트의 수도에 도달하고자 그렇게 애를 썼던 것은 단지 라싸에 대한 막연한 동경 때문만이 아니라 여행자로서 미지의 세계에 도전해 보고 싶어서였다. 그러나 막상 도착하고 보니 여기까지 오는 동안 참아내야 했던 온갖 시련을 보상받고 싶어졌다. 이제 겨우 포탈라 궁의 건물 입구만 슬쩍 본 것뿐인데, 만약 이대로 누군가의 눈에 띄어 체포된 뒤 국경으로 송환된다면 그 굴욕감을 어찌 견딜 것인가! 절대 그럴 수는 없다! 어찌 되었든 포탈라 궁의 제일 꼭대기층까지도 올라가보고, 라싸 주변의 성지와 대사원들을 찾아가 다양한 의식도 참관하고, 더 나아가 모든 신년 행사에도 적극적으로 참가해야겠다는 생각이 들었다. 그래야만 온갖 시련과 굴욕적인 상황들을 견디며 이곳까지 온 보람이 있지 않겠는가.

라싸는 티베트에서 가장 큰 도시이자 수도이지만 대도시는 아니다. 광대한 골짜기 사이를 흐르는 키 츄의 강둑에서 조금 떨어진 곳에 위치하고 있는데, 지평선에는 황혼이 질 무렵이면 다양한 색조를 연출하는 험준한 산맥들이 위풍당당하게 버티고 서 있다. 그러나 티베트는 전국적으로 경치가 빼어난지라 라싸는 그렇게 눈에 띌 만큼 아름다운 곳은 아니다. 다만 달라이 라마의 거처인 포탈라 궁이 있어 특별한 도시일 따름이다. 이 거대한 건물은 골짜기 중앙에 기묘하게도 그곳만이 우뚝 솟은 작은 언덕 꼭대기 위에 서 있다. 열 마디 말보다는 한 장의 그림을 보는 편이 그 모습을 상상하는 데 훨씬 도움이 될 것이다. 그러나 아무리 잘 그린 그림이거나 뛰어난 사진이라 해도, 황금 지붕으로 뒤덮인 이 거대한 붉은 궁전의 모습을 제대로 그려낼 순 없을 것이다. 공중에 당당히 버티고 서서 위용을 자랑하며 사람들을 압도하고 있는 그 모습을 말이다.

포탈라 산의 경사면에는 많은 건물들이 계단식으로 어수선하고 빽빽하게 세워져 있다. 그 건물들에 쏟아부은 재력 정도라면 충분히 요정들이 살고 있을 법한 환상적인 모습의 궁전도 세울 수 있었을 것 같은데, 그곳을 설계한 건축가들은 예술가는 아니었던가 보다. 그들은 값비싼 자재를 사용해 부와 권력만을 표현했을 뿐 아름다움에 대해서는 전혀 고려하지 않은 듯했다. 그럼에도 불구하고, 어찌 보면 조잡스럽기까지 한 금은보석의 사용 방식은 티베트의 궁전이나 사원들에 독특한 특징을 부여하고 있었으며, 그 건물들을 둘러싼 거친 배경들과도 멋진 조화를 이루고 있었다. 그래서 그런지 자연과 건물의 조화에서는 힘이 느껴졌다.

조캉 사원과 마찬가지로, 포탈라 궁 벽면을 장식한 그림은 대부분 중국인 화가와 그 제자들이 그린 것이었다. 이 거대한 궁전의 수많은 회랑과 복도의 벽면에는 신들에 관한 전설이나 성인들의 일대기를 다룬 그림들이 마치 살아 있는 것처럼 생동감 있게 그려져 있었는데, 그것들을 전부 구경하려면 최소한 몇 달은 걸릴 것 같았다.

방과 방 사이에는 수많은 라캉(불당)이 있었다. 안에는 대승불교의 상징적이고 신비적인 신들을 형상화한 여러 모양의 불상들이 안치되어 있었는데, 대부분은 터키석이나 산호, 값비싼 돌들로 무늬를 새겨넣은 황금 장식들로 화려하게 꾸며져 있었다. 또한 불당 중 한 곳에는 역대 달라이 라마에서부터 현 달라이 라마의 불상을 모셔놓았는데, 현 달라이 라마의 불상만이 유난히 작은 게 특이했다.

좀더 안쪽으로 들어가니 티베트인들이 불교를 받아들이던 당시에 버리지 못한 토착신이나 악마들에게 바친 어둠침침한 방이 있었다.

그 밖에도 섬뜩한 괴물을 주문이나 신비적인 힘으로 가둬두고서 그 옆에 파수를 세워두어 도망가지 못하도록 감시하고 있는 곳도 있었는데, 티베트인들은 날마다 정해진 시간에 주문을 외우면 그 괴물이 도망가는 것을 막을 수 있다고 생각했다.

그와는 반대로 공포심 때문이 아니라 동정심에서 공물을 바치는 예로서, 오래 전부터 전해져 내려오는 전통이 있다. 배가 올챙이처럼 볼록 튀어나온 거인 이다(아귀)는 입이 바늘귀만큼이나 작아 항상 굶주림에 시달린다. 또, 물을 마시려고 가까이 다가가기만 하면 물이 갑자기 불로 변해버린다. 이 가련한 거인의 갈증을 해소시켜 주기 위해 사람들은 물을 바친다. 그리고 물을 바치는 동안 주문을 외워 물이 불로 바뀌지 않게 한다.

황당무계하기도 하고 시적이기도 한 이 신화나 그에 따른 관습은 일체의 종교 의식을 거부하는 합리적인 교의를 지닌 불교 전통과는 거리감이 있다. 그러나 티베트의 지식인들 중 누구보다도 미신을 믿지 않는 사람들조차 이러한 관습을 따른다. 그런 걸 보면 오늘날 라마교는 티베트란 나라와 그 민중들의 지적 수준을 있는 그대로 반영하고 있는 게 아닌가 싶다.

포탈라 궁 안에는 호화로운 개인 주거지가 몇 군데 있다. 또, 옥상에는 중국풍의 누각이 지어져 있어, 그곳에다 세계의 어디에서도 찾아볼 수 없는 이상적인 공중 정원을 만들어도 될 듯싶었다. 그러나 역대 달라이 라마 중 어느 누구의 머릿속에도 그런 생각이 떠오른 적은 없는 듯했다.

포탈라 궁 위에 서면, 앞쪽으로는 라싸를 포함한 광대한 평야로 이루어진 골짜기 전체가 내려다보인다. 그리고 뒤쪽으로는 아득히 먼 곳에서 거대한 벽처럼 높이 솟아 있는 험준한 산맥들에 가로막힐 때까지 끝없이 펼쳐져 나간 황야가 한눈에 들어온다. 한편, 이 거대한 궁전이 서 있는 언덕의 기슭엔 포탈라 궁과 마찬가지로 붉은 궁전과 황금빛 지붕을 가진 세라('싸락눈'이란 의미) 대사원이 웅크리듯 자리잡고 있는데, 그곳에 사는 승려들의 세력은 달라이 라마조차도 무시할 수 없을 정도라 한다.

이번 여행을 하는 동안 비극적이라고 할 수 있을 정도로 곤란한 일이 생길 때마다 동시에 희극적인 상황이 연출되곤 했는데, 그것은 라싸에서도 마찬가지였다. 티베트의 바티칸이라 할 수 있는 포탈라 궁을 방문할 때의 일이다. 포탈라 궁으로 가려고 숙소를 나온 날, 나는 그곳을 단체로 참배하는 순례단 틈에 끼여 방문하는 편이 안전할 거라고 생각했다. 누가 봐도 한눈에 티베트인임을 알 수 있는 전형적인 티베트인들 속에 섞여 있으면 아무도 나를 외국인이라 의심하지 않을 것이기 때문이다. 그러나 유감스럽게도 포탈라 궁으로 가는 도중 독파나 국경 근처에서 온 사람들을 아무도 만나지 못한 우리는 할 수 없이 둘이서만 그곳을 돌아보기로 했다. 그런데 우리가 궁전의 첫번째 문에서 조금 떨어진 곳을 지나고 있을 때였다. 거친 능직 천으로 만든 흰 옷을 수수하게 차려입은 농부 두 사람이 길에서 어슬렁거리고 있었다.

"저 사람들과 함께 가는 게 좋겠다."

내가 용덴에게 말했다.

"그런데 뭐라고 얘기하면 좋을까요? 저 사람들은 포탈라 궁으로 갈 생각이 아닌 것 같은데요."

"그래도 일단 한번 말해 보지. 내가 보기에는 순진하고 착한 사람들 같은데."

나는 용덴에게 어떻게 하면 좋을지 간단히 설명했다.

마침 그때 한 30명쯤 돼 보이는 사람들이 커다란 통나무를 짊어지고 오고 있었다. 용덴은 그 절호의 기회를 놓치지 않고 자기 쪽으로 다가오는 거대한 물체를 피하는 척하며 그 두 명의 농부에게로 가서 세게 부딪쳐버렸다.

"앗! 미안합니다. 미처 보지 못했군요."

"괜찮습니다, 스님."

용덴이 사과하자 순박한 농부들은 공손히 대했다.

"어디서 오시는 길입니까?"

용덴은 마치 라싸 토박이가 지방에서 온 사람에게 친절을 베푸는 듯한 어투로 물었다.

농부 중 한 명이 마을의 이름을 대며, 라싸에는 보리를 팔러 왔다고 했다. 이제 볼일도 끝마쳐 내일이면 고향으로 돌아가는데 그전에 즐거운 시간을 보내려 한다고 했다.

"포탈라 궁을 참배하러 가시는 길이군요."

용덴은 물어보지도 않고 단언하듯 말했다.

그러자 그들은 '숭고한 수호자(달라이 라마)' 의 궁전은 이미 몇 번이나 구경을 했기 때문에 그곳으로 갈 생각은 조금도 없다고 솔직히 대답했다. 그러나 용덴은 그들의 이야기에는 아랑곳도 하지 않고 포탈라 궁의 승려 중 한 사람으로서의 권위를 가지고 이 종교적인 참배로 얻을 수 있는 이익을 그들에게 짐짓 위엄 있는 태도로 열거하기 시작했다. 할 일 없이 거리를 어슬렁거리거나 술집에서 술을 마셔보았자 무슨 이득이 생기겠느냐, 포탈라 궁을 방문해 라캉 안에 모셔진 여러 신들에게 경의를 표하는 게 현명하지 않겠느냐고 하면서. 그러더니 말투를 바꿔 이번에는 친절하고도 더없이 부드럽게, 마치 선심이라도 쓰는 듯한 어조로 말했다.

"이렇게 만난 것도 인연이니 소승이 기쁜 마음으로 절 안 구석구석을 안내하며 불상의 이름과 그 유래에 대해 설명해 드리지요."

그러자 뜻밖의 행운에 눈이 휘둥그레진 순박한 농부들은 고맙고 기쁜 마음으로 용덴의 뒤를 따르기 시작했다.

나는 마음 푹 놓고 그들을 따라 길게 이어진 계단을 올랐으며, 궁전으로 들어가는 두번째 문 앞까지는 별일 없이 지나왔다. 그런데 남성 우위 사회의 특권을 누리며 세 남자가 앞장서서 그 문을 통과한 뒤 내가 막 그곳을 빠져나가려고 할 때였다. 열 살 남짓 되었을까? 작고 통통한 소년이 나를 불러 세웠다. 납작한 코와 커다란 귀, 빨간 얼굴, 제 키의 두 배쯤 돼 보이는 승복을 입은 모습이 마치 땅의 정령을 연상시키는 동자승이었다. 그 꼬마는 내게 모자를 벗으라고 퉁명스럽게 명령했다. 사실 모자를 쓰고 포탈라 궁으로 들어가는 것은 금지되어 있었다. 딴 생각을 하느라 정신이 팔린 나머지 깜빡했던 것이다. 이제 나는 머리에 아무것도 쓰지 않은 채 궁전을 돌아다녀야 했다. 보이지 않는 세상의 어떤 존재가 나를 위해 이 모자를 보내준 이래 나는 줄곧 머리에 쓰고 다녔다. 그것은 이마에 그늘을 만들어내 모습을 가려주었기 때문에 모자를 머리에 쓰고 있으면 아무도 나를 외국인이라고 의심하지 않을 거라는 안도감이 느껴졌다.

그러나 그런 심리적인 것말고도 모자를 벗으면 안 되는 이유는 또 있었다. 그 동안 머리에 발라오던 중국제 먹물이 라싸에 도착하기 한참 전에 바닥이 나버린 탓에 머리에 먹물을 바르지 않았던 것이다. 라싸에 도착한 직후 새것을 구입할 기회도 있었지만 지금 머물고 있는 집의 구조상 마음대로 머리를 매만질 수 없을 것 같아 미루어두었었다. 입구에 달린 나무문은 항상 열려 있고 벽에는 구멍이 나 있어 마음만 먹으면 누구라도 우리의 일거수일투족을 관찰하기 쉬운 환경에서 지내고 있었기 때문에 머리를 특별히 치장할 수가 없었던 것이다. 그로 인해 원래대로 갈색이 된 내 머리카락은 그 밑에 붙인 검은색의 야크 털과 색깔이 달랐다. 게다가 카 칼포 숲에서 야크 털을 붙이기 시작한 뒤로 오랜 시간이 흐른지라 그 동안 양도 많이 줄어 이제는 들쥐의 꼬리털보다도 가늘어졌다. 그런데 지금 두꺼비같이 생긴 어린 승려가 모자를 벗으라고 쌀쌀맞게 명령하고 있는 것이다. 나는 모자를 벗으면 내 모습이 어떻게 되리라는 걸, 이를테면 서커스단의 광대들보다도 더 우스꽝스럽게 변하리라는 걸 잘 알고 있었다.

그러나 이 난관을 피해갈 방법은 없었다. 나는 동자승의 요구대로 모자를 벗어 주머니에 집어넣고 용덴을 뒤쫓아갔다. 나를 기다리며 시간을 보내고 있던 용덴은 가까이 다가간 내 모습을 보자 경악을 하며 벌어진 입을 다물 줄 몰랐다.

"어떻게 된 겁니까? 누가 모자를 빼앗기라도 한 건가요?"

용덴은 당혹감을 감추지 못하고 물었다.

"모자를 쓴 채로는 이곳에 들어올 수 없다는군."

나는 얼른 대답했다.

"악마가 따로 없군요. 지금까지 그처럼 끔찍한 머리 모양은 본 적이 없는 것 같습니다. 아마도 사람들의 시선을 끌 겁니다."

그는 떨리는 목소리로 절망적으로 말했다.

나 자신도 수치심에 눈물이 나올 지경이었다. 다행히도 두 농부가 아무런 반응을 보이지 않았기에 그나마 위안이 되었다. 그들은 나를 특별히 이상한 눈으로 보지는 않았다. 다만 용덴의 안내를 받으며 그가 설명해 주는 신들과 라마교의 성자들, 역대 달라이 라마에 관한 일화를 놓치지 않기 위해 열심히 귀를 기울이고 있을 뿐이었다. 이윽고 다른 사람들도 용덴의 유창한 설명을 듣기 위해 몰려들기 시작했다. 그리고 좀더 지나자 이번엔 그를 따르는 줄까지 생겨났다. 그들은 친절한 라마승의 박식함에 넋을 놓고 있었다. 나는 사람들 틈에 끼여 밀고 밀리면서 복도와 사다리 모양의 가파른 계단과 불당의 좁은 문 따위를 통과했다. 그러나 내 머리 모양을 눈여겨보는 사람은 아무도 없었다. 괜스레 혼자서만 과민 반응을 하고 있었던 모양이다. 나는 점차 평정을 되찾기 시작했다. 용덴 역시 마음을 가라앉히긴 했지만 나를 보면 웃음이 터져나올까 봐 조마조마한 나머지 내가 있는 쪽으로는 눈길도 주지 않았다.

우리는 모두 중국풍의 누각이 세워져 있는 포탈라 궁의 맨 꼭대기층으로 올라갔다. 라싸로 들어오기 직전, 멀리서 보이는 이 휘황찬란하고 기품 있는 지붕을 바라보며 나는 이번 여행의 최종 목적지가 멀지 않았구나 하는 생각을 했다.

계속해서 회랑을 몇 군데 더 돌아보고 나서 우리는 내려왔다. 그때서야 비로소 한 순례자가 내 심상치 않은 머리 모양을 발견한 듯, 옆에 있는 친구에게 속삭이는 말소리가 내 귀에 들려왔다.

"저 아주머니는 어느 지방 사람일까?"

잠시 후 그는 스스로 대답을 찾은 모양이었다.

"아, 라다키(라다크 사람)구나."

그는 아주 단정짓듯 말했다.

문 밖에 있는 높은 계단 꼭대기에서 우리는 라싸의 아름다운 경치를 내려다보며 오랜 시간에 걸쳐 감상했다. 높은 곳에서 내려다보니 발 밑에 있는 수많은 절들이 마치 흰색, 붉은색, 황금색으로 장식된 목세공품처럼 보였고, 드넓게 펼쳐진 모래 벌판과 가느다란 푸른색 띠처럼 보이는 키 츄는 그것들을 가장자리에서 감싸고 있는 것처럼 보였다.

서양인들이라면 이런 지형 위에다 멋진 도시를 건설했을 것이다. 나는 눈앞의 허허벌판에 넓은 도로, 건물, 공원 등이 들어서 있는 광경을 떠올려보았다. 그러나 티베트의 신들은 이곳에 마천루나 정밀하게 설계된 정원이 들어서는 것을 허락하지 않았다. 벌거숭이산으로 둘러싸인 모래땅 위, 돌들이 심심치 않게 굴러 떨어지는 곳에 자리잡은 라마교의 성지는 눈부신 푸른 하늘 아래 독특한 아름다움을 뽐내며 위풍당당하게 서 있었다.

포탈라 궁을 떠나온 뒤, 두 농부는 용덴에게 진심으로 감사하며 동전 몇 닢을 보시했다.

"서로 잘된 일입니다. 저 두 사람은 술에 취해 흥청거리지 않을 수 있었고, 우리 역시 저들의 도움을 받았으니 말이에요."

용덴이 내게 말했다.

그렇게 말하며 그는 손을 내밀고 있는 앞 못 보는 거지에게 그 동전을 적선했다. 그로써 우리의 모험 덕을 본 사람이 한 명 더 늘어난 셈이었다.

포탈라 궁의 비길 데 없는 호화로움에도 불구하고 정작 그 궁의 주인인 달라이 라마는 그곳을 별로 좋아하지 않는 듯 단지 행사가 있을 때만 들른다고 했다. 평상시에는 교외의 노블링카 궁에 살았는데, 여러 갈래의 숲길과 산책로로 분리된 넓은 정원 안에 있는 다양한 동물원이 특히 볼 만했으며, 그 중엔 수탉만 30여 마리쯤 모아놓은 희한한 사육장도 있었다.

정원 안에는 달라이 라마를 위해 몇 채의 궁이 따로 지어져 있다. 그 중 한 채는 방마다 각기 다른 양식으로 꾸며져 있는데, 영국식 방, 중국식 방, 인도식 방이라는 명칭이 붙어 있다. 그리고 지붕은 티베트의 관습에 따라 평평하게 하고 그 위에 금박 장식을 했는데, 걀슨이라 불리는 이 양식을 들먹이며 달라이 라마의 신하들은 아부의 말을 올리곤 했다.

"이 궁의 모든 방, 즉 영국이나 중국, 인도 방은 티베트식 지붕 밑에 있기 때문에 가히 티베트는 전 세계의 모든 나라들 중에 으뜸이라 할 수 있습니다. 말인즉슨 폐하께서 가장 위대한 군주라는 것입죠."

통설에는 달라이 라마가 이런 아부에 기뻐하며 웃음을 터뜨렸다고 한다. 그러나 그가 신하들의 말을 곧이곧대로 받아들였을 거라는 생각은 들지 않는다. 그는 두 번이나 망명을 한 적이 있는 사람이다. 처음엔 중국으로, 두번째는 인도로. 그곳에서 티베트 바깥의 세상에 대해 많은 것을 보고 들으면서 자신의 처지를 깨달았을 것이다. 그러나 티베트 국민들 사이에서는 달라이 라마와 궁정의 권위를 세우기 위한 황당무계한 이야기들이 적잖이 떠돌고 있었다.

달라이 라마가 인도에 체류하던 시절의 이야기이다. 그가 총독의 초대를 받고 여러 고위급 인사들과 자리를 함께 한 적이 있는데 이때 그가 아무렇지도 않게 양손을 내밀자 놀라운 기적이 일어나 그 자리에 있던 모든 사람들이 그의 양 손바닥 위에서 라싸의 두 산을 보았다고 한다. 한쪽 손에서는 포탈라 산과 그 궁전을, 다른 한쪽 손에서는 착포리 산과 그 위에 있는 의과 대학을. 이처럼 경이로운 일이 일어나자 총독을 비롯한 영국인들은 달라이 라마의 발 밑에 엎드리며 가호를 베풀어달라고 애원했다. 이 일은 곧바로 영국 국왕에게 보고되었고, 신하들과 마찬가지로 달라이 라마에게 경외심을 품게 된 국왕은 달라이 라마에게 왕국의 수호자가 되어 전시에는 원조를 해달라고 부탁했다. 그러자 한없이 인자한 티베트의 군주는 자비심을 베풀어 영국이 위험에 처하면 언제든지 원군을 보내주겠다고 흔쾌히 약속했다한다.

지금도 많은 티베트인들은 이처럼 꾸며낸 이야기를 근거로 자기들의 나라가 영국의 종주국임을 믿어 의심치 않는다. 언젠가는 영국의 정치가 한 명이 라싸에 잠깐 머문 적이 있는데, 티베트 국민들은 그를 달라이 라마의 명령을 영국에 전달하기 위해 온 사신이라고 굳게 믿었다.

이러한 이야기는 허무맹랑한 것이라 여기고 그냥 웃어넘길 수도 있다. 그러나 우스갯소리라 하더라도 그 속에는 아시아의 벽지에서 오랫동안 살아온 사람이 아니라면 진의를 쉽게 파악하기 힘든 요소를 내포하고 있다.

과거에는 물론 현재까지 정치적 음모가 끊이지 않는 티베트의 역사에 정통한 사람들, 더욱이 라마교를 제대로 이해하고 있는 사람들에게는 라싸에서 머무는 것이 흥미진진한 일이 될 것이다. 그러나 그렇지 못한 사람들은 필시 라싸에 대해 실망할지도 모르겠다.

중국에는 골동품 애호가들이 즐겨 찾는 거리가 있다. 그러나 라싸에서는 그런 곳을 찾아볼 수 없었다. 라싸의 시장에서 가장 흔히 볼 수 있는 품목은 알루미늄으로 만든 주방용품이고 그 다음으로는 인도나 영국, 일본, 유럽 등지에서 수입해 온 잡동사니 싸구려 용품들이다. 라싸의 상인들이 진열대에 올려놓고 팔고 있는 것과 같은 조악한 면직물이나 형편없는 도기류를 나는 이제껏 다른 어떤 나라에서도 본 적이 없다. 이전에 중국과의 무역이 활발할 때는 시장에 중국산 물건들이 그득했으나, 이제는 인도에서 들어오는 상품들에 밀려 중국산 제품이라곤 차와 비단 종류만이 눈에 띌 뿐이다. 그러나 그나마도 얼마 안 있으면 사라질 운명인 듯했다.

은화나 은괴가 대량으로 유통되던 중국에서 라싸로 들어왔을 때 중앙 티베트에는 은이 동이 난 상태였다. 티베트에서 값어치가 매우 낮은 은화인 트랑카는 거의 찾아보기가 힘들어 어쩌다 시중에라도 나오게 되면 아주 비싼 가격에 거래되었다. 중국이 이 지방을 점령하던 시기에는 예사로 사용되던 타미그마라 불리는 50냥짜리 은화도 이젠 구시대의 유물이 되고 말았다.

라싸 정부가 발행하는 동화는 조악하기 그지없는데다가 라싸와 일부 지역에서만 유통되었을 뿐 그 이외의 지역에서는 유통되지 않았다. 또, 지폐도 발행되고 있었지만 골동품이나 다를 바 없어 라싸에서는 상인들조차 그 돈을 받지 않았다. 또한 노블링카 궁전 근처에 있는 건물에서 주조되던 금화 역시 유통이 되지 않았다.

은화가 중국령 티베트에서는 널리 유통되고 있음에 반해 티베트 중심지에서는 거의 찾아볼 수 없게 된 이유를 나는 여러 사람에게 물어보았다. 그들의 의견은 대답하는 사람의 성격이나 사회적 신분에 따라 분분했다. 화폐가 다 어디로 사라져버린 것 같으냐는 나의 질문에 빙긋이 웃기만 하는 사람도 있었고, "정부가 움켜쥐고 내놓지 않는 거겠죠"라고 대답하는 사람도 있었다. "정부가 인도를 지배하고 있는 외국인들한테서 구입한 구식 무기의 대금으로 지불해 버린 겁니다. 그런데 그 총들은 중국인들과 싸울 때나 도움이 되지 유럽의 군대와 싸울 때는 있으나마나 할걸요" 하고 거리낌없이 말하는 대담한 사람도 있었다. 이러한 생각이 때로는 티베트인들 특유의 미신에 근거한 발상일 때도 있다. 순진한 사람들은, 티베트 정부가 구입한 총은 라싸로 들어오기 전에 외국인 사제들이 행한 마법에 걸려 있어서 그 총으로는 어떠한 외국인이나 외국인 병사도 해칠 수 없다고 생각했다.

은화를 외국인들에게 줘버렸다고 생각하는 것은 비단 라싸에 사는 사람들뿐만이 아니었다. 적어도 라싸인들은 외국인들에게 은화를 넘긴 대가로 받은 물건이 무엇인지를 대충 짐작하고 있었다. 그러나 다른 지방의 사정은 달랐다. 달라이 라마의 지배하에 들어간 캄 지방의 일부에서 주민들이 계속해서 늘어나는 조세에 대해 푸념을 하자, 관리들은 "그것은 달라이 라마와는 상관이 없고 외국인이 달라이 라마에게 은을 징수하도록 요구하고 있기 때문"이라고 대답했다. 그러나 달라이 라마가 무엇 때문에 외국인들의 말을 따라야 하며, 그 대가로 무엇을 받았는지에 대해 그 순박한 마을 사람들에게 설명해 주는 사람은 아무도 없었다. 그래서 그들은 단지 그 악당 같은 '흰 눈의 외국인'들이 자신들을 파멸시키는 원흉이라는 사실만 머릿속에 기억해 두었다. 이것은 한 가지 예에 불과하지만, 그 밖에도 다양한 이유들로 인해 이 아시아의 벽지에서 백인에 대한 증오는 싹이 트고 열매를 맺고 있었다. 그러한 증오가 깊어져 다른 지역에도 퍼져간다면 그들을 지지하는 사람들 가운데 지도자가 나와, 티베트인들이 그토록 애타게 기다리고 있는 '정의의 구세주' 역할을 맡을지도 모르겠다.

라싸에서는 매년 정월 대보름날 밤 어디에서도 볼 수 없는 진기한 축제를 연다. 이를 위해 사람들은 다양한 색깔의 버터로 장식한 4~5미터 크기의 가벼운 나무판 위에 역시 버터로 만든 불상과 사람 인형과 동물 인형들을 달아서 만든 요란한 색깔의 구조물(톨마)을 백 개쯤 준비한다. 그런 다음 이것들을 조캉 사원을 중심으로 작은 원을 이루고 있는 바코르 광장에 세워놓고, 각각의 톨마 앞에 버터 램프가 몇 줄로 놓여진 작은 제단을 마련해 놓는다. 신들에게 바치는 이 밤의 축제가 열리는 동안에는 신들을 기쁘게 하기 위한 음악이 연주되기도 한다.

라싸에서 열리는 버터 톨마 축제는 티베트 전역은 물론이고 몽골이나 중국 같은 이웃 나라에도 잘 알려져 있다. 이 축제가 아주 요란스럽고 화려한 것은 사실이지만 나로서는 쿰붐 사원에 체류하던 시절에 몇 번인가 구경한 적이 있는, 쿰붐 사원 경내에서 벌어지는 축제가 더 마음에 든다. 어쨌든 새로운 한 해를 기념하는 행사 중의 하나인 이 축제는 내게 더없는 즐거움을 안겨주었다.

어둠이 내려 버터 램프에 불이 밝혀지자 용덴과 나는 바코르 광장으로 나갔다. 그곳엔 군중들이 빽빽이 둘러서서 톨마를 구경하기 위해 오는 달라이 라마의 행렬을 기다리고 있었다. 전에도 이처럼 많은 사람들이 모여 있는 걸 본 적이 없는 것은 아니었지만, 그때는 나를 위해 길을 터주고 경호를 해주는 사람들과 함께였으므로 혼자서 이렇게 티베트 군중들 속으로 들어온 것은 처음이었다.

거리에는 양가죽으로 만든 옷을 입은 건장한 체격의 독파들이 몇 명씩 떼를 지어 몰려나와서는 손에 손을 맞잡고 군중들 속으로 뛰어들어가 즐겁게 놀고 있었다. 그 바람에 주변 사람들이 그들이 내지르는 주먹에 옆구리를 얻어맞곤 했다. 한편, 가죽 채찍과 기다란 곤봉을 든 경찰들은 달라이 라마의 행렬이 올 시간이 가까워지자 긴장한 나머지 아무 이유도 없이 눈에 보이는 족족 아무에게나 채찍과 곤봉을 휘둘러댔다. 우리는 서로 밀치고 밀리는 번잡한 틈 속에서 요령 있게 몸을 피해가며 잠시 동안이나마 유쾌한 시간을 보냈다.

마침내 달라이 라마가 도착한다는 소식이 전해지자 혼란은 더욱 가중되었다. 경관들은 더욱 난폭해졌고, 매질에 견디다 못한 사람들은 도망치기 시작했다. 남은 사람들은 톨마 반대편에 있는 집들의 벽 쪽에 바짝 붙어선 채 몇 줄로 늘어섰다. 나 역시 그들 틈에 끼었는데 고개도 움직일 수 없을 만큼 비좁은 그 속에 서 있자니 마치 통조림 깡통 속의 정어리라도 된 기분이었다. 뒤에서는 한 남자가 등을 꾹꾹 찔러댔다. 뒤에 앉은 그의 시야를 내가 가렸기 때문이다. 하지만 내가 움직이고 싶어도 꼼짝할 수 없다는 사실을 알았는지, 아니면 내가 아무런 반응도 보이지 않자 포기했는지 이내 그 무의미한 행동을 거두었다.

무장한 수비대가 톨마 앞을 행진했다. 달라이 라마는 경비 총책임자와 정부 고관들의 호위를 받으며 금박으로 장식된 중국풍 의자에 앉은 채 지나갔다. 그 뒤를 병사들이 따랐고, 군악대가 영국풍의 음악을 연주하는 가운데, 여기저기서 중국식 폭죽이 터졌다. 그리고 벵골의 불꽃놀이가 시작되었는데, 시시하게도 잠깐 행렬을 밝혀주었다가는 순식간에 사그라들었다.

그 뒤로도 행렬은 끊이지 않았다. 중국풍의 초롱불을 손에 들고 앞장선 하인들의 뒤를 따르는 귀족들, 시녀들의 시중을 받으며 따라가는 귀부인들, 시중꾼을 동반한 고승들, 네팔이나 그 밖의 다른 나라의 왕들을 대신하여 참석한 사신들, 성직자, 유복한 상인들이 지나갔다. 휘황찬란한 옷으로 한껏 차려입은 그들은 모두 만족스럽고 들뜬 표정이었으며, 약간은 술도 마신 듯했다. 용덴과 나는 군중과 함께 톨마 주위를 한 바퀴 돌아보며 구경을 했다. 천진난만한 군중은 마치 어린아이들처럼 서로 밀치며 이리 뛰고 저리 뛰고 하면서 먹고 마시고 했다. 우리 역시 그 분위기에 젖어 마음껏 즐겼다.

우리가 초라한 숙소로 돌아가야 할 시각이 되자, 이제까지는 보름달이 떠서 환하던 거리가 어찌 된 일인지 서서히 어두워지기 시작했다. 무슨 일이지? 우리는 포도주 한 잔 입에 대지 않았기 때문에 광장에 모인 대다수의 라싸인들처럼 시야가 어두워질 이유가 없었다. 광장에 이르러 하늘을 올려다보니 달이 그림자에 가려져 있었다. 월식이었다. 그러나 월식에 대한 지식이 없는 군중은 달을 집어삼키려 하고 있는 용을 저지해 보겠다는 일념으로 냄비를 비롯한 주방 용구들을 마구 두들기며 소리를 질러댔다.

그 모습을 보고 용덴이 내게 웃으며 말했다.

"이건 라싸에 도착하던 날, 포탈라 궁 앞에서 모래 장막이 드리워졌던 것보다 더 기가 막힌 우연입니다. 아마도 스님의 '수호신들'이 우리의 정체를 감춰주려고 달빛을 가려버린 것 같습니다. 신들께 이쯤에서 그만두시라고 말씀해 주십시오. 이러다간 태양도 가려버릴까 겁나는데요."

그러나 매번 나를 보호해 주는 일이 생기는 것은 아니어서 때로는 내 분장이 탄로날 뻔한 상황에 처한 적도 있었다. 그럴 때는 기지를 발휘해 나 자신을 보호했다.

한번은 시장 주변을 이리저리 배회하고 있을 때였다. 노점의 진열대 앞에 멈추어 선 나를 유심히 지켜보고 있는 한 경찰의 시선이 느껴졌다. 내가 어느 지방에서 왔는지 궁금해서 쳐다보는 것인지, 아니면 내가 외국인일지 모른다는 의혹에서 쳐다보는 것인지는 알 수 없었다. 어쨌거나 일단은 최악의 사태를 막고 보는 게 상책이었다. 나는 국경 근처에 사는 세상 물정 모르는 시골 사람티를 내며 보고 있던 냄비 가격으로 터무니없는 금액을 제시했다. 그러자 가게 주변에 모여 있던 사람들이 폭소를 터뜨리며 한마디씩 했다. 라싸인들은 이전부터 내가 지금 흉내내고 있는 초원 지대의 목동들을 놀림감으로 삼아왔던 것이다.

"이 아주머닌 진짜 시골 사람인가 보네."

주인 여자는 기가 막힌 듯 조롱하듯이 말했다. 구경꾼들은 나를 기껏해야 초원의 풀과 가축들밖에 모르는 고집 센 독파로 생각했는지 재미있다는 표정으로 바라보았다. 경찰 역시 구경꾼들과 마찬가지로 웃고는 사라져버렸다.

나는 냄비를 산 뒤에도 그가 다시 뒤를 밟을지도 모른다는 생각에 한동안 시장 안을 어슬렁거렸다. 그리고 서양에서 수입된 조악한 물건들 앞에 서서, 아주 신기한 것을 쳐다보며 감탄하는 노인네 행세를 하며 그것들을 구경했다. 그러다가 진짜 독파들 일행과 마주치게 되었다. 나는 독파들이 사용하는 방언을 섞어가며 그들과 이야기를 나누었다. 그들은 내가 몇 년 전에 산 적이 있는 마을에 대해 얘기했다. 순진한 독파들에게 내가 그들의 고향에서 얼마 멀지 않은 곳에 살았다는 사실을 믿게 하는 것은 그다지 어려운 일이 아니었다. 누구보다도 상상력이 풍부한 그들은 내일쯤이면 나와 옛날부터 잘 아는 사이였다고 생각하게 될 것이다.

그리고 경찰이 내 뒤를 따라오리라고 염려했던 것은 기우에 불과했다. 그는 애초부터 내 뒤를 따라올 생각조차 하지 않았던 것 같다.

라싸는 몇 개의 구역, 즉 루부, 라모체, 유 톡, 라싸휠, 텐걀링, 체몰링, 체촐링, 팔콜, 노불링카 등으로 나누어져 있으며, 키 츄의 지류 위에 걸린 다리와 방첨탑이 명물로 손꼽힌다. 붉게 칠해진 중국식의 이 다리에는 녹색의 기와 지붕이 덮여 있어서, '터키석 지붕이 달린 다리'라는 이름과 아주 잘 어울렸다. 원래 이 다리의 이름은 거기서 아주 가까운 곳에 사는 귀족 집안의 이름에서 유래된 것이다. 그 집안의 조상 중 한 명이 중국 황제로부터 '터키석' 훈장(유 톡)을 받은 이래로 사람들이 그 후손들을 '유 톡 집안 어른들'이라는 이름으로 불렀는데, 다리 근방의 지역에도 그 이름이 붙여지게 된 것이다. 방첨탑은 파리 콩코드 광장에 있는 것보다도 훨씬 작고 상형 문자도 씌어져 있지 않았지만 주변과 조화를 잘 이루고 있어 상당히 멋있어 보였다. 방첨탑 정면, 포탈라 언덕 기슭으로 통하는 큰길 가에는 티베트어와 중국어가 새겨진 석비가 세워져 있었다.

별다른 특색 없이 어디에서나 흔히 볼 수 있는 그 길이 사실은 인도를 기점으로 중앙 아시아 전역을 가로지른 뒤 몽골을 거쳐 시베리아까지 이어지는 길이었다. 면면히 이어진 그 길에는 여러 개의 높은 산맥들이 교차하고 있지만 승마에 자신 있는 사람이라면 그 길을 따라 여행하는 게 그다지 어렵지는 않다. 겨울에는 얼음을 들고 다니며 식수로 사용할 수 있기 때문에 그 길을 곧장 따라 물이 없는 지방을 거쳐 몽골 국경까지 갈 수도 있다. 그러나 물을 확보하기 힘든 여름에는 코코 놀, 즉 푸른 호수의 동쪽으로 우회해서 가야 한다. 미래에 아시아를 종횡으로 달리는 급행 열차가 생긴다면 호화로운 객차에 탄 여행자들이 이 지역을 편안하게 통과할 수 있게 될지도 모르겠다. 그러나 그때는 지금의 여행이 주는 매력을 맛보기 힘들 것이다. 그런 날이 오기 전에 미리 세일롱 섬에서 몽골까지 여행을 할 수 있었던 것을 나는 매우 기쁘게 생각한다.

티베트의 수도는 늘 활기에 가득 차 있다. 언제 봐도 명랑한 라싸 주민들은 돌아다니며 얘기하는 것을 즐거움으로 삼는다. 인구가 그리 많은 편이 아닌데도 새벽부터 저녁까지 거리는 항상 사람들로 북적댄다. 그러나 어둠이 내린 뒤 밖으로 나가는 것은 금물이다. 그곳 사람들에 의하면, 국가 경찰이 생긴 이후 가뜩이나 어지럽던 치안이 더욱더 심각해졌다고 한다. 소문으로 듣자니 경찰들이 어둠을 틈타 강도로 돌변하는 일이 적지 않은 듯했다.

시내의 도로들은 대부분 폭이 매우 넓다. 거리의 교차점에는 거대한 광장들이 자리잡고 있었는데 비교적 깨끗한 편이었다. 그러나 유감스럽게도 화장실은 어디에서도 찾아볼 수 없었다. 대신 그러한 용도로 이용되는 장소가 빈터 곳곳에 마련되어 있어, 남녀를 가리지 않고 긴 옷을 요령껏 접고 앉아

볼일들을 보았다.

라싸 시내에는 몇 개의 절과, 탄트라 의식과 주술을 가르치는 유명한 학원이 두 군데 있다. 티베트의 3대 사원은 하루에도 수천 명이나 되는 순례자들이 찾아올 정도로 명성이 높고, 몽골이나 만주, 시베리아 같은 벽지에서도 젊은 승려들이 유학을 오는 곳이지만 라싸 시내에 위치하고 있지는 않다. 세라 사원은 포탈라 궁 뒤쪽으로 4킬로미터쯤 되는 지점에, 데풍 사원은 6킬로미터쯤 떨어져 인도로 가는 길목에 자리잡고 있으며, 간덴 사원은 30킬로미터나 떨어진 골짜기 위에 숨은 듯이 서 있다. 그곳들은 실로 '승려들의 마을'이라 할 수 있어, 데풍 사원의 경우 경내에 만여 명의 승려들이 살고 있었다.

규모가 크고, 무엇보다도 권위가 있는 라마교 사원인 이 3대 사원 이외에도 티베트인들이 자랑으로 여기는 사원은 적지 않다. 그 중에서도 판첸 라마의 본거지인 시가체의 타시룬포 사원은 티베트에 관한 모든 것, 특히 티베트의 고등 철학에 대해 배울 수 있는 최고의 사원이라 여겨진다. 시가체에서 걸어서 며칠 걸리는 곳에 있는 유서 깊은 사캬 사원에는 사캬파의 수장이 살고 있는데, 특히 이 절의 대형 도서관에는 오래 된 산스크리트 필사본이 대량으로 보관되어 있다고 전해진다. 그리고 암도에는 라브랑 타시퀼 사원과 쿰붐 사원이 있으며, 티베트 북동쪽의 사막에 있는 쪽첸 사원은 신비적인 수행과 주술을 습득할 수 있는 곳으로 유명하다. 그 밖에 다른 곳에도 많은 사원이 있다.

티베트는 기본적으로 사원의 나라이다. 서양에서는 대개 학교나 병원, 공장과 같이 속세에서의 삶과 관련된 건물을 중요하게 여긴다. 그러나 티베트에서는 여행자들의 관심을 끄는 유일한 건축물이 바로 곰파(사원)이다. 온 나라 곳곳에, 푸른 하늘을 배경으로 뚜렷한 윤곽을 그리며 산꼭대기 위에 서 있거나 깊은 산 속 후미진 곳에 숨은 듯이 서 있는 사원들은 라마교의 숭고한 이념을 상징한다. 비록 요즘은 대부분의 사람들이—심지어는 그 안에 사는 사람들조차—그 의미를 이해하지 못하고 있긴 하지만.

티베트에서 라마교의 각 종파는 그들만의 작은 나라를 이루고서 중앙 정부로부터 독립되어 있다고 보면 된다. 일반적으로 그들은 토지와 가축을 소유하고 여러 형태의 장사도 한다. 대형 사원들은 광대한 영토를 가지고 있으며, 중세 유럽의 농노와 신분이 비슷한 소작인도 두고 있다. 곰파의 승려들은 공동 생활을 하지는 않지만 자산에 대해서만큼은 공동체를 형성하여 사원의 수입을 공유한다. 그들에게는 곡물, 버터, 차와 같은 현물이 주어진다. 수입은 각 사원의 자산 규모에 따라 차이가 나는 것은 물론이고, 승려의 계급에 따라서도 큰 차이가 있다. 또 신도들이 바친 공물을 분배하기 전 제식을 집행하고 받은 보시, 젊은이들을 가르치고서 부모들로부터 받은 사례 등 별도의 수입도 있다.

티베트의 사원은 내부적으로는 물론 비난을 받아 마땅한 폐단도 적지 않지만, 학생들이나 사색가 혹은 지적·정신적 생활을 추구하는 사람이라면 누구나 그곳에서 멋진 삶을 영위할 수가 있다. 라마승은 물질적인 궁핍에 고통받는 일이 없으며, 무엇보다도 신분이 낮은 사람들까지도 자신에게 주어진 작은 방 안에서 티베트 문학이나 철학에 관한 문헌을 자유롭게 탐구할 수 있다.

티베트의 대사원은 그 자체 내에 광장이나 정원을 가지고 있으며, 크고 작은 길들이 그물처럼 얽혀 있어 하나의 마을을 방불케 한다. 대개의 사원에서 각급 학원이나 강당, 고승들의 처소는 황금 지붕과 다양한 장식이 그려진 깃발을 옆으로 길게 늘어뜨려놓은 난간을 통해 알 수 있는데, 보통 일반 승려들의 주거지보다 위쪽에 높이 솟아 있다. 곰파 안에서 라마승들은 각자 자신이 소유한 주거지에 사는데, 그 중엔 자비로 세운 것도 있고 구입한 것도 있으며 유산으로 물려받은 것도 있다. 라마승은 자신의 주거지를 제자나 친척에게 양도할 수 있지만, 물려받는 사람은 반드시 승려여야 한다. 속인이 사원 안에 주거지를 갖는 것이 허용되지 않기 때문이다.

주거지가 없는 가난한 라마승은 집을 빌려서 살거나 유복한 동료의 주거지에 얹혀살기도 하는데, 동료의 비서 노릇을 하거나 집안일을 돌봐주는 등자신의 능력에 맞는 봉사로써 방값을 대신한다.

티베트에서 가장 성스러운 사원은 조캉(주인의 집)사이다. 이 사원에는 백단향에 금박을 입힌 불상이 모셔져 있는데, 아직 부처가 되기 전인 젊은 시절의 고타마 싯다르타를 형상화한 것이라고 한다. 이 불상은 인도에서 제작된 이래 기원전 1세기에 중국으로 전해졌는데, 그 후 당 태종이 자신의 딸을 티베트의 송첸 캄포 왕에게 시집보내면서 지참금으로 보냈다고 한다. 티베트의 맹신자들은 이 불상의 제조 과정에 대해 다양한 설명을 하고 있는데, 불사가 끝을 대지도 않았는데 저절로 만들어졌다고 말하는 사람이 있는가 하면 이 불상이 몇 번이나 말을 했다고 믿고 있는 사람들도 많다.

이 사원에는 그 밖에도 여신상이나 고인이 된 라마승의 상들이 안치된 방들이 많았으며, 창문이 달리지 않은 실내에는 수천 개의 램프가 놓여 있어 상들을 밝혀주고 있었다. 대부분이 등신불인 그 불상들의 주위를 여러 명의 순례자들이 돌고 있는 모습은 매우 이색적이었다. 멀리서 보면 살아 있는 사람과 승복을 두른 나무나 금속 재질의 불상이 구분이 잘 되지 않았기 때문이다. 티베트 이외의 장소에서 불상을 대할 때 느끼던 예술적 감흥이 이 사원의 불상들에서는 느껴지지 않았다. 그러나 모든 불상들은 한결같이 외계의 사물이 아닌 내면을 응시하고 있어, 그 표정이 주는 변치 않는 정적이 사뭇 감동적이었다.

사원 안에는 그곳에 상주하는 라마승들이 암홍색 장삼 차림을 한 채 여기저기 진을 치고 있었다. 자신들이 속해 있는 종파의 역대 승려들이 생전의 모습으로 자기들의 주위를 둘러싸고 무언의 설교를 하고 있는 와중에도 그들은 그 가르침에는 전혀 관심을 보이지 않았으며, 누구 하나 제단에서 염불을 외는 사람도 없었다. 그들은 오로지 순례자들의 행렬 속에서 가장 돈이 많아 보이는 사람, 가장 신앙심이 투철할 것 같은 사람, 가장 어수룩해 보이는 사람은 누구며, 그 중에 헌납금을 두둑하게 바칠 사람은 누구인지를 열심히 관찰하고 있었다. 신심 깊은 신자가 이렇게 걸려들면 약삭빠른 라마승들은 구경거리를 보여주겠다며 그들을 데리고 다니면서 꼭 놓쳐서는 안 되는 얘기들을 들려주었다. 그러면 신자들은 꼼짝없이 몇 푼이나마 동전을 바쳐야 했으며, 마지막에는 별도의 성의 표시까지 해야 했다.

나의 옹색한 차림에도 불구하고 그 약삭빠른 승려들이 나에게 관심을 가진 것을 보면 내 행색이 속여먹기 좋을 정도로 어수룩하게 보였던가 보다. 나는 그들 몇 명에게 붙들린 채 건물에서 가장 인적이 드문 구석으로 안내되어 희귀한 물건을 실컷 구경하고, 말도 안 되는 기적 이야기를 들었다. 마치 가톨릭 성지인 로마에서 탐욕스런 교회지기와 함께 있는 기분이었다.

나는 여기에서도 라다키라는 소리를 들었다. 사람들이 성수를 마시고 있는 예배당 주변을 돌 때였다. 성수라면 전에 마신 것만으로도 충분하다는 생각에 그곳을 그냥 지나치려고 하는데 뒤에서 누군가의 인정어린 목소리가 들려왔다.

"라다크에서 온 저 가난한 분한테 성수를 대접하지요. 멀리서 여기까지 오신 걸 보니 신앙심이 매우 깊으신 분 같은데……."

그 라마승이 내게서 뭔가를 바라고 그런 얘기를 한 것 같지는 않았다. 나를 둘러싼 라마승들의 웃는 얼굴로 보아 그가 진심에서 우러난 친절한 마음으로 그렇게 얘기하고 있다는 걸 알 수 있었다. 한 승려가 내 팔을 잡고 물을 먹을 수 있는 장소로 안내했고, 다른 승려들은 무리지어 있는 신자들을 밀치고 내 자리를 확보해 주었다. 덕분에 가까이서 보석이며 귀중한 장식들을 감상할 수 있었다. 내가 가장 전통적인 자세로 몇 방울의 성수를 받기 위해 두 손을 내밀자 그 위에 금과 터키석으로 가장자리를 장식한 단지가 기울어졌다. 그 순간 나는 마음속으로 생각했다. '저들과 함께 물을 마시고 머리를 적시기로 하자. 이것은 내가 라다키로서 받는 세례니까' 라고.

라싸에서 신년을 맞기로 한 것은 참 잘한 일이었다. 만일 시기가 달랐다면 그 진기한 축제와 흥미진진한 의식들을 그렇게 많이 보지 못했을 것이다. 나는 한껏 멋을 부린 군중 틈에 섞여 몽골풍의 호화로운 장신구를 단 귀족들의 기마 행렬과, 옛 티베트 왕국을 연상시키는 쇠미늘 달린 창과 방패를 든 기병대와 보병대의 행진을 지켜보았다. 옛날에 이 나라에서는 종교적 혹은 세속적 행사로서 날마다 경마 경기가 열렸다. 그것은 초원에 사는 목동들의 경마만큼은 아니더라도 역시 일상을 벗어난 유쾌하고 즐거움에 넘치는 경기였을 것이다.

라싸에 체류하는 동안 나는 총카파(겔룩파의 시조─지은이)의 옥좌에 앉아 이 나라에서 최고의 현자로 추앙받고 있는 사람을 몇 번이나 볼 수 있는 행운을 가졌다. 그는 새해의 첫 한 달 동안 조캉사 옆의 넓은 광장에 그를 위해 마련된 차양 아래에서 설교를 했다. 그가 사원 밖에서 말씀을 펼치는 것에서도 알 수 있듯이, 그의 이야기를 듣는 사람들은 자발적으로 온 것이 아니었다. 그의 발치에 있는 돌 바닥에 앉아 책상다리를 하고서 그의 설교를 들을 수 있는 건 오직 승려들뿐으로서, 그들은 상좌승의 지목하에 그 자리에 나와 있었다. 거기 모인 청중 가운데 옆사람과 잡담을 하거나 자세가 흐트러지는 사람, 현자 중의 현자인 스승의 말씀을 듣겠다는 일념하에 와서는 안 될 곳으로 찾아온 경솔한 속인들은 호된 처벌을 받았다. 회장 안에는 그런 사람들을 감시할 임무를 부여받은 트라파들이 거친 오랏줄을 들고 돌아다니고 있었던 것이다.

티베트를 대표하는 그 위대한 철학자는 뼈만 앙상한 마른 체구였지만 우아함이 풍기는 노인이었다. 그는 어서 빨리 이 따분한 대중 집회를 끝마쳐야겠다는 표정으로 한 명의 트라파가 자신의 머리 위로 받쳐들고 있는 노란색 면 양산 아래서 그리 크지 않은 보폭으로 바쁘게 발걸음을 옮겼다.

그는 옥좌에 앉아서 중간에 목소리를 높이거나 몸짓을 하거나 하는 일이 전혀 없이 담담한 목소리로 설교를 했다. 유럽의 설교자들과는 전혀 다른 방식이었다. 그의 태도는 전형적인 학자다웠다. 불교의 설교자들은 누구나 그처럼 설교를 한다. 그리고 그러한 모습은 그들이 펼치는 이론과도 잘 어울렸다. 티베트의 대학자가 세련된 태도로 설파하는 불교의 교의가 그를 둘러싼 무지한 군중이나 난폭한 승려 경찰들과 이루는 극명한 대조는 서양인인 나를 무척 놀라게 했다.

그러나 이곳에서 태어나 이곳에서 일생을 보낸 셀 티 린포체('존귀한 황금 옥좌'라는 의미. 그의 권위에 대한 비유로서 라싸에서는 이런 이름으로 불림—지은이)에게 그런 점이 눈에 띌 리는 없을 것이다.

라싸에서 서양 문명의 수용은 군대의 퍼레이드에 반영된다. 영국 민요를 연주하는 군악대를 선두로 카키색 제복을 입은 병사들이 잔뜩 뽐내며 뻐기 듯이 행진하는 모습을 보는 것은 정말로 재미있다. 당시 병사들에게는 중앙 아시아에서 사용하던 영국제 중고 총이 최신식 무기였다. 몇 대의 산포(山砲)도 노새에게 끌려 운반돼 왔다. 짜리몽땅한 두꺼비 모양의 그 볼품 없는 무기는 병사들에게는 보물 단지였다. 병사들은 그것들을 조심스럽게 땅바닥에 올려놓고, 신기한 듯이 구경하고 있는 군중이 보는 앞에서 연병장 이리저리로 끌고 다니며 자랑했다. 언젠가 이런 훈련이 한창일 때 한 대의 대포가 폭발해 남자 몇 명이 사망한 적이 있다. 그러나 그 사건 이후로도 라싸의 보병들은 자기들에게 남겨진 무기에 대한 애착을 버리기는커녕 오히려 감탄하곤 했다. 이 축복받은 나라에서 그 정도의 사건은 별로 슬픈 일이 아니기 때문이다. 슬픈 일이기는커녕 오히려 뭔가 대단한 징조라고 여겨지기까지 한다. 이와 관련해 내가 라싸에 체류하고 있을 때 일어났던 사건이 하나 있다.

해마다 1월이 되면 티베트 정부는 국가와 국가의 원수인 달라이 라마의 그해 운수를 여러 가지로 점쳐 보는 관습이 있다. 그런데 그중 한 가지는 다음과 같은 특이한 방식으로 행해진다. 세 개의 텐트를 치고 각각의 텐트 안에 양, 수탉, 산토끼를 한 마리씩 집어넣는데, 이때 동물들의 머리에 달라이 라마가 축복을 내린 부적을 붙여놓는다. 그런 다음 남자들이 텐트를 향해 발포해서 동물이 한 마리라도 상처를 입거나 죽거나 하면 그것은 나라에 재앙이 내리거나 군주의 건강 혹은 생명이 위태롭게 됨을 의미한다. 이런 경우엔 세라사, 간덴사, 데풍사의 모든 승려들을 수도로 집합시켜 그 불길한 기운을 제거하기 위해 20일 동안 경전을 독송하며 다양한 의식을 치른다.

보통은 15발을 쏘는데, 내가 라싸에 머물고 있을 때에는 25발이나 되는 총알이 텐트를 향해 날아갔다. 이 일에는 영국제, 중국제, 티베트제 총이 사용되었다. 동물들은 총알에 스치지조차 않았으며 모두 무사했다. 이것은 최고의 길조였다. 그러나 동물들이 무사한 대신 사람이 변을 당했다. 티베트제 총 한 자루가 폭발해 그것을 들고 있던 사람이 중상을 입고, 다음날 바로 죽어버린 것이다. 그러자 사람들은 달라이 라마에게 닥쳤을 위험이 그것으로써 액땜을 한 것이라고 생각했다. 잔인한 악마는 달라이 라마의 신하를 제물로 받은 것에 만족해서 달라이 라마에게는 해코지를 하지 않을 것이며, 그러니 더 이상 겁낼 필요는 없다고 말이다.

티베트인들과 함께 생활한 여러 해 동안 나는 다양한 계층의 삶을 직접 보고 느낄 수 있었다. 유럽인으로서는 드문 기회였다. 특히 라싸에 머물 때보다 서민의 생활을 깊게 체험한 적은 없었다. 내가 숨어지내던 다 쓰러져가는 여관에는 별난 사람들만 모여 살았다. 어느 정도 여유가 있는 사람들은 지붕이 있는 곳에서 생활을 했지만 그렇지 못한 사람들은 몸이 꽁꽁 얼어붙는 듯한 추위에도 아랑곳하지 않고 마당에서 잠을 잤다. 모든 행동과 모든 사고는 공개적으로 이루어졌다. 나로서는 하층민의 삶을 그리는 소설 속에서 살고 있는 것만 같은 느낌이 들었다. 그러나 그 이국의 하층민들은 그지없이 명랑하고 쾌활했다. 그들에게는 서양의 하층민들에게서 찾아볼 수 있는 비참함이 전혀 느껴지지 않았다. 때에 찌든 누더기 옷을 걸치고, 내용물도 변변치 않은 불규칙한 식사로 연명하고 있었지만 그들은 푸른 하늘 아래서 생동감 넘치는 햇빛을 마음껏 누리며 살았다. 그런 자연 환경은 가진 거라곤 아무것도 없는 이 극빈자들의 마음속에 환희의 물결을 일으켰다.

직업을 가진 사람도 없고 일거리를 찾으려고 하는 사람도 없었다. 그들은 먹이를 찾아 헤매는 새처럼 날마다 먹을 것을 찾아 거리로 나섰다.

편리함과는 동떨어진 생활이라 불편한 것말고는, 별난 이웃들과 함께 사는 데 특별한 애로 사항은 없었다. 외국인으로 의심받을 염려는 전혀 없었다. 그들은 방을 따로 얻어 생활하고 있는, 학식 있는 라마승의 어머니인 나에게 존경을 표하며 친절하게 대해주었다.

이 이웃들 중에는 화려한 과거를 지닌 사람도 몇 명 있었다. 그 중에 부잣집 막내아들이었으나 패가망신한 남자가 있었다. 그는 젊었을 때 자기보다 훨씬 연상의 돈 많은 과부와 결혼했다. 그러나 천성적으로 게으르고 술을 좋아하는데다 노름까지 손을 대 서서히 가산을 탕진해 갔다. 게다가 부인이 나이가 들자 정부(情婦)를 두었다. 그러자 부인은 이 철없는 남편에게 자신의 재산을 계속 쏟아붓다간 초라한 말년을 보내게 되리라는 걸 깨달았다. 그래서 남편을 내쫓을 계책을 생각해 냈다. 그녀는 자신과 남편의 가까운 친척들을 불러 모아놓고 자신은 출가를 해서 말년을 종교적 삶에 헌신하겠노라고 선언했다. 그리고 남편이 정부와 결혼하는 걸 반대하지는 않겠지만―티베트에서는 일부다처는 물론 일처다부도 법적으로 허용된다―이제부터 자신은 은둔 생활을 할 작정이므로 두 사람은 집을 나가야 할 것이라고 말했다. 또한 남편이 개인적으로 빌려쓴 부채는 두 사람이 알아서 해결해야 할 문제이며, 자신은 이제 남편과 아무런 이해 관계도 없다고 말했다. 그건 사실상의 이혼을 의미하는 것이었다. 남편은 그 말에 동의를 하고 부인과 헤어져 정부와 새로운 가정을 꾸렸다.

내가 그들과 알게 되었을 때 그 두 사람은 이미 신혼의 단꿈에서 벗어난지 오래였다. 남편은 착했지만 성격이 나약한데다 완전 알코올 중독자였다.

그는 늘 점심때만 조금 지나면 술에 취해 의식을 잃고 쓰러진 채 다음날 아침까지 곯아떨어졌다. 가끔은 그의 부인도 한쪽 구석에서 남편과 함께 잠을 자기도 했다. 그녀는 술에 취하지 않았을 때는 남편보다 부지런하고 똑똑했는데 그것이 부부간에 말싸움을 일으키는 원인이 될 때가 많았다. 남편은 자기가 자고 있는 동안 아내가 자신의 물건들을 훔친다고 말한다. 그러면 아내 쪽에선 남편이 자신의 보석을 팔아먹은 얘기며 도박으로 재산을 날려버린 얘기를 푸념하듯 늘어놓는다. 어떤 날은 얘기 도중 흥분한 남편이 항상 손이 닿는 곳에 놓아두는 지팡이를 집어들고서 통풍을 앓아 부자연스런 다리로 간신히 걸어가서는 부인을 마구 때리곤 했다. 그러면 부인은 바닥에 쓰러진 채 이웃에서 누군가가 말리러 와줄 때까지 울면서 얻어맞고 있고, 남편은 비좁은 침실의 단 하나밖에 없는 문을 자신의 비대한 몸으로 가로막고 서서 마땅히 숨을 곳을 찾지 못해 피해 다니는 부인을 사정없이 두들겨 팬다.

다 쓰러져가는 이 집은 세 부분으로 나뉘어 있었다. 문간방에는 앞서 말한 부부가 살고 있었고, 우리가 쓰는 방은 그 옆에 붙은 작은 방이었다. 그리고 어둠침침한 세번째 방에는 역시 좀 특이한 부부가 살고 있었다.

그들 역시 한때는 잘 나가던 사람이었다. 부인은 교양 있는 집에서 제대로 된 교육을 받고 자란 품위 있는 여성이었고, 그녀의 남편은 결혼할 당시에는 상당한 자산가로서 중국과 전쟁을 벌일 때에는 티베트군의 장교로 임명된 적도 있다고 한다. 그런데 그렇게 몰락하게 된 사연은 이웃 남자와 별반 다를 게 없었다. 그 역시 술과 도박에 빠졌던 것이다.

그러나 알거지가 된 뒤에도 그는 전혀 주눅들지 않았다. 훤칠한 키와 미남형의 얼굴에 귀족적인 풍모를 지닌 그는 일 자체를 경멸했으며, 마치 자신이 부당한 대우를 받고 있는 귀족이기라도 한 양 행세했다. 그와 이야기를 할 때 사람들은 서양식으로 말하면 '대위'에 해당하는 말로 그를 지칭했다. 자신이 귀족이라는 허위의식에 사로잡혀 있던 '대위'에게는 비천한 일을 하는 건 생각 자체만으로도 혐오스러운 일이었다. 정부가 자신에게 요직을 주지 않았기 때문에 자랑스럽게도 걸식이라는 독립된 일을 하고 있다고 생각하는 이 이웃은 매일 아침 차를 마시고 나면 가죽 가방을 어깨에 비스듬히 메고 걸식 주머니를 대충 둘러맨 채 밖으로 나갔다. 그는 항상 한 손에 지팡이를 들고, 고개를 꼿꼿이 세운 채 활달하게 걸었으며, 자신의 권위에 대해서는 믿는 바가 있었기 때문에 거들먹거리지는 않았다.

'대위'가 해 지기 전에 돌아오는 일은 결코 없었다. 어디서든 저녁 식사를 해결하고 돌아왔으며, 자신이 받은 초대에 대해서는 일언반구도 없었다. 천성적으로 사람들을 즐겁게 만드는 재주가 있는 그는 라싸에서는 꽤나 유명 인사였다. 그의 세련된 태도와 화술에 유쾌해진 사람들은 단지 귀족으로서 같은 귀족 친구들을 찾아왔을 뿐인 그에게 원하는 것을 제공했다. 이런 방법으로 그는 매일 저녁마다 두 개의 주머니를 가득 채워서 돌아왔기 때문에 그의 부인과 두 명의 아이들이 배를 곯는 일은 없었다.

한편, 문간방에 살고 있는 부부의 사이는 부인이 가지고 있던 터키석이 없어진 사건으로 해서 더욱 험악해졌다. 부인은 대뜸 남편을 의심했다. 그러나 그 부부의 하녀가 범인으로 밝혀지면서 남편의 무고함은 곧 증명되었다. 그 부인은 좁은 문간방에 살면서도 일하는 아이를 부리고 있었던 것이다. 그런데 일이 엉뚱한 방향으로 꼬이고 말았다. 범인으로 지목된 하녀가 손해배상을 요구하고 나선 것이다. 자기는 보석을 훔친 것이 아니라 단지 방바닥에 떨어져 있는 걸 주워서 가지고 있었던 것뿐인데 도리어 도둑 누명을 씌우다니 그런 모욕은 참을 수 없다는 것이었다. 그러자 사람들이 몰려들어 저마다 중재인, 변호인, 재판관, 증인 등의 역할을 한답시고 야단법석을 떨었다. 그들 중 대부분은 터키석은 물론이고 그 하녀도 본 적이 없으며 무슨 일 때문에 언쟁이 벌어지고 있는지에 대해서도 전혀 알지 못하는 사람들이었다. 그런데도 하나같이 이른 아침부터 몰려와 거기서 먹고 마시며 밤늦게까지 진을 쳤다. 나는 방 안에서 문구멍을 통해 그 우스꽝스런 소송이 진행되는 상황을 구경했다. 특히 저녁 무렵, 이미 거나하게 취해버린 사람들이 황당무계한 말들을 지껄이며 논쟁을 벌이는 모습은 그야말로 가관이었다.

어느 날 오후, 불꽃 튀는 언쟁이 벌어졌고, 마침내 하녀와 이전의 주인 아주머니는 심한 욕설을 퍼부으며 서로에게 달려들었다. 성질이 괄괄한 두 여자는 사람들의 시선을 전혀 의식하지 않은 채 서로를 물고 뜯고 했기 때문에 옆에 있던 남자들조차 두 사람을 떼어놓는 게 쉽지 않았다. 얼마 뒤 간신히 두 사람을 떼어놓은 남자들은 소녀를 방에서 끌어낸 뒤 다시는 들어오지 못하도록 아예 문 밖으로 쫓아버렸다.

주정뱅이 남편은 아내가 천박한 행동으로 자신의 얼굴에 먹칠을 했다며 이 사건의 책임을 전적으로 아내에게 돌렸다. 알코올 중독자 주제에 그런 트집을 잡는다는 게 실로 어처구니없었지만, 그는 자신의 생각이 옳다는 것을 추호도 의심하지 않는 듯 고래고래 소리를 지르며 그 비대한 몸으로 문 앞을 가로막고 서서 늘 그래왔던 것처럼 아내를 두들겨 패기 시작했다. 하지만 이번엔 그녀도 가만히 맞고만 있지는 않았다. 좀 전에 벌어졌던 싸움으로 인한 분을 미처 삭이지 못한 그녀는 남편에게 달려들어 그의 귀에 걸린 커다란 저고리를 낚아채 귓불을 피투성이로 만들었다. 그러자 남편은 아내의 따귀를 후려쳤고, 그녀는 비명을 지르며 나가동그라졌다. 그 소리를 듣고 '대위'의 부인이 두 사람을 말리기 위해 달려왔다. 그러나 그녀는 방 안에 두 발짝도 채 들여놓기 전에 주정뱅이가 아내에게 날린 지팡이에 뺨을 심하게 얻어맞고 방 안에 있던 긴 의자 위로 쓰러지고 말았다. 도와달라는 비명을 지르며. 용덴은 마침 외출 중이었다. 나는 광분한 남편이 부인을 더 이상 때리지 못하도록 막는 것이 나의 의무이며, 방 안으로 들어가 완전히 겁에 질린 채 훌쩍거리고 있는 그녀를 내 방으로 데려와야겠다고 생각했다. 그러나 이미 다른 여관에서 남자들이 몰려와 방문을 막고 있는 남편을 밀쳐 내 주었기 때문에 그녀는 방에서 빠져나올 수 있었다. 나는 그녀가 도망갈 수 있게 길을 터주었다. 그 이후 나는 그녀를 다시는 보지 못했다.

저녁때 집에 돌아온 '대위'는 아내의 뺨이 퉁퉁 부어오른 채 시퍼렇게 멍들어 있는 걸 발견했다. 그 순간, '대위'가 보여준 행동은 가히 배우의 연기에 버금가는 것이었다. 각광(脚光) 대신 숯불이 희미하게 빛을 발하고 있는 자신의 방을 무대 삼아 펼치는 연기라니! 그 장면을 제대로 묘사하기에는 내 글솜씨가 너무나 짧다. 그는 타고난 비극 배우였다. 분노에 가득 찬 그는 복수를 맹세하면서 발광한 사람처럼 쉬지 않고 떠들어댔다. 그러다가는 감정에 복받친 나머지 자신의 부인이 당한 고통에 대해 절절한 대사를 읊어댔다. 그런가 하면 갑자기 벌떡 일어나 머리가 부딪힐 정도로 낮은 그 허름한 방 안에 떡 버티고 서서 자신의 명예를 손상시킨 이 굴욕에 대해 끊임없이 지껄였다. 그는 이 모든 과정을 밤새도록 반복적으로 연출했다.

그런데 정작 가해자인 주정뱅이는 태평스럽게도 소파에 누워 자고 있었다. 언제나 침착하고 점잖은 모습을 보여주던 그 사람이 맞나라는 생각이 들 정도로 흥분해 있던 '대위'는 이웃의 고약한 술버릇을 비난하는 것으로써 그날의 일인극을 마쳤다.

다음날 '대위'는 용덴을 살짝 불러냈다. 그리고는 아내의 뺨이 새파랗게 부어오른 것에 대한 금전적인 보상을 받기 위해 소송을 할 생각인데 나를 증인으로 부르고 싶다고 말했다. 용덴은 그의 생각을 단념시키고자 설득하는 한편 약간의 돈을 쥐어주었다. '대위'는 용덴의 설득을 공손하게 귀담아듣고 돈도 받아 챙겼지만 이미 결심을 굳힌 상태였다. 그는 자신이 받은 굴욕에 대해 반드시 복수를 할 것이며, 자신을 돕는 것이 나의 의무라고 말했다.

용덴이 그 이야기를 들려주었을 때 나는 상당히 곤혹스러웠다. 이 우스꽝스런 사건의 증인이 된다는 건 많은 사람들 앞에 불려나가야 한다는 것을 의미했다. 내가 멀리서 온 순례자라는 걸 알면 사람들은 자연히 나에게서 성지 순례담을 듣고 싶어할 것이다. 그렇게 되면 이야기가 길어질 것이고, 나와 용덴은 우리의 출신지에 대해 퍼부어지는 질문을 피할 수가 없을 것이다. 얘기가 길어진다는 건 그만큼 우리의 신분이 탄로날 위험도 커진다는 말이 된다.

우리가 이 곤경에서 벗어날 수 있는 방법을 생각하면서 묵묵히 차를 마시고 있을 때 갑자기 문이 활짝 열리며 한 남자가 들어왔다. 티베트에서는, 특히 서민들 사이에서는, 방 안이나 집 안으로 들어갈 때 노크를 하거나 미리 인기척을 내는 법이 없다. 그 남자는 예를 갖춰 간단히 인사를 한 뒤 자신이 온 용건을 이야기했다. 어제 내가 도망가도록 도와준 옆방의 부인이 이혼소송을 준비하면서 나에게 증언을 부탁했다는 것이었다. 나는 용덴이 '대위'에게 했던 것처럼, 그 부부 두 사람에게 똑같이 호의를 품고 있기 때문에 어느 한쪽에 서서 증언을 하기는 곤란하다고 설득을 해보았다. 그러나 그역시 '대위'처럼 한 걸음도 뒤로 물러서지 않고, 이 사건을 맡게 될 판사는 반드시 나의 증언을 증거로 채택할 거라고 말하고 돌아갔다.

그런 이유로 우리는 일주일 동안 그곳을 떠나 있기로 했다. 그 정도의 기간이면 소란도 웬만큼 가라앉을 거라고 생각했기 때문이다. 이 짧은 여행의 목적지를 정하는 것은 그리 어렵지 않았다. 우리는 라싸로 오는 도중 간덴 사원 근처를 지나왔지만 그곳을 구경하지는 못했다. 마침 3대 사원에 소속된 승려들이 정례 집회가 열리고 있는 라싸로 모두 떠나버린 뒤라 문이 잠겨 있었던 것이다. 우리는 그곳에서 '겔룩파'의 시조이자 개혁자인 총카파의 금은으로 장식된 무덤을 참배할 생각이었다.

하지만 이 여행도 아무 일 없이 평온하게 지나가지는 않았다. 어느 날 사원 경내를 걷고 있던 용덴은 뜻밖에도 우리와 이전부터 알고 지내던 티베트인을 만나게 되었다. 그는 당연히 내 안부를 물었고, 용덴은 내가 중국에 머물고 있으며 순례 여행이 끝나면 나를 만나러 곧바로 중국으로 갈 생각이라고 대답했다. 그러자 그는 용덴을 자기 집으로 초대했고, 용덴은 몸이 불편해서 숙소로 돌아가 쉬어야겠다며 다음날을 기약하고 내가 있는 곳으로 급히 돌아왔다. 다행히도 간덴 사원과 그 주변을 모두 구경하고 난 뒤였기 때문에 우리는 서둘러 그곳을 떠날 수 있었다.

우리가 없는 동안에도 라싸의 여관에서는 여전히 사람들이 모여 차와 술을 마셔대며 흥청거리고 있었지만 두 건의 소송은 아직 허공에 뜬 상태였다. 다만 곧 있으면 새로운 축제가 시작되므로 소송 중재인들은 축제가 끝날 때까지 그 소송을 미뤄두기로 했다. 그렇게 결정된 이상 이제 걱정할 필요가 없어졌다. 나는 이 축제의 마지막 행사인 '셀 팡' 행렬이 끝나는 다음날 라싸를 떠날 계획이었기 때문이다.

역사는 되풀이된다. 인간의 창조적인 정신 작용은 일정한 테두리 밖을 벗어나지 않는다. 수세기 동안 멀리 떨어져 있어 서로에 대해 소문도 들어본 적이 없는 나라의 국민들이 유사한 습관이나 종교 의식을 만들어내는 것을 보면 그 사실은 쉽게 증명된다. 결코 모방이라고만 생각할 수 없는 이러한 사실을 증명할 만한 한 가지 새로운 예를 나는 라싸에서도 접할 수 있었다.

히브리인들과 마찬가지로 티베트인들도 해마다 속죄 의식을 치른 뒤 속죄양을 마을 밖으로 추방한다. 다만 성경의 내용과 다른 점이 있다면 티베트인들은 산양이라는 동물 대신 인간을 속죄양으로 삼는다는 점이다.

티베트인들은 주술에 정통한 라마승에게는 영적인 능력이 있어 가난이나 질병, 죽음, 그리고 모든 형태의 불행을 초래하는 악령의 기운을 이 희생양의 머리 위로 옮겨 부을 수가 있다고 믿는다. 그래서 매년 류콩 키 걀포(속죄의 왕)라 불리는 한 사내가 자진해서 군주와 그 신하들의 모든 죄를 뒤집어쓰고 사메 사원이 있는 황야로 쫓겨난다. 그가 이 일을 자진해서 떠맡는 이유는 그 대가로 상당한 물질적 보상이 따르기 때문이다. 스스로 희생양이 되고자 하는 사람들 중엔 설마 자신이 악마가 되거나 혹은 악마의 먹이가 될 리야 있겠느냐며 미심쩍어하는 사람도 있다. 그러나 일반 서민들 중에는, 설령 그가 아무리 회의적인 사고에 젖어 있거나 신앙심이 그다지 깊지 않다 할지라도 그 사실을 믿지 않는 사람은 거의 없다. 다만 학식이 높은 라마승들, 특히 곰첸이라 불리는 은자들 중에는 이것을 미신으로 치부해 버리는 사람도 있지만 가까운 제자나 동료가 아니라면 그러한 생각을 털어놓는 경우는 거의 없다. 한편, 속죄양들은 자신들에게 무거운 죄를 떠안긴 라마승들보다 도력이 높은 다른 라마승에게 고액의 사례금을 내고 그 짐에서 벗어나거나 악령의 공격을 피할 수 있기를 기대한다.

대체로 '속죄양'들은 자신들에게 씌워진 악한 기운을 떨쳐버릴 수 있다는 자신감을 갖기엔 선천적으로 너무 심약했던지 아니면 다른 이유 때문인지, 돌발 상황이나 원인을 알 수 없는 병에 의해 제명을 다하지 못하고 죽어버리는 일이 많았다. 내가 라싸에 머물 때에는 전직 속죄양 중 한 사람이 그의 후임자가 마을에서 쫓겨나기 불과 하루 전날 죽어버렸다.

속죄의 의식이 거행되기에 앞서 2주 동안 류콩 키 걀포는 자신이 맡게 될 일을 상징하는 검은 야크 꼬리를 들고 라싸 거리를 돌아다니며 사람들에게 적선을 요구할 수 있다. 그것은 보시가 아니라 정부가 정식으로 인정한 세금으로서, 사람들은 그에게 돈이나 물건을 의무적으로 내주어야 한다. 액수는 내는 사람의 재산이나 가게의 규모, 신분에 따라 결정된다. 만약 누군가가 액수를 깎거나 거부하기라도 하면 류콩 키 걀포는 손에 들고 있던 야크 꼬리를 이 구두쇠의 머리 위나 집 문턱에 흔들어대며 저주의 말을 퍼붓는다. 그렇기 때문에 류콩 키 걀포의 저주가 끔찍한 재앙을 불러온다고 굳게 믿고 있는 티베트인들은 대체로 싫은 내색을 하지 않고 후하게 돈을 내놓는다.

이 기간 동안 나는 돈을 걷으러 다니는 류콩 키 걀포의 뒤를 따라다니며 관찰하는 일을 게을리 하지 않았다. 그는 티베트의 전통 의상을 멋지게 차려입고 자신이 류콩 키 걀포임을 상징하는 야크 꼬리를 손에 들고서 시장 바닥을 돌아다녔다. 그 커다란 야크 꼬리가 한 번도 흔들리지 않는 걸 보면 사람들은 모두 기쁜 마음으로 돈을 내고 있는 것 같았다. 딱 한 번 말싸움이 일어난 적은 있다. 거리가 멀어서 잘 들리지는 않았지만, 액수 때문에 다투는 것이 분명했다. 이윽고 분을 참지 못한 내일의 희생양이 그 기묘한 상징물을 거의 절반이나 들어올릴 즈음 주변에 있던 사람들이 부랴부랴 중재에 나섰다. 얼마 뒤 웃음소리가 들려온 것을 보니 모든 일이 원만하게 해결된 듯했다.

이렇게 돈 많은 사람들에게서 상당한 이득을 챙기는 한편, 류콩 키 갈포는 가난한 사람들에게서도 솔찮은 수입을 거둬들였다. 거리에서 류콩 키 갈포와 마주친 가난한 사람들도 어김없이 다양한 물품이나 푼돈을 희사했다. 나는 그가 우리가 묵고 있는 여관에도 찾아올 거라고 생각했다. 그러나 동전 몇 닢밖에 얻지 못할 게 뻔한 걸인들의 숙소를 찾아가 봤자 시간 낭비라고 생각한 듯 우리 쪽은 아예 거들떠보지도 않았다. 그럼에도 불구하고 나는 운 좋게도 그와 거리에서 마주치게 되었다. 역시나 그는 내게 손을 내밀었다. 순간 장난기가 발동한 나는 그 검은 꼬리가 사용되는 걸 구경하고 싶은 마음에 이렇게 말했다.

"나는 순례자라 돈이 없다오."

그는 잠시 나를 빤히 쳐다보았다. 그런 다음 단호하게 말했다.

"어서 내놓으시오."

"한푼도 없다니까요."

그러자 시장에서 본 것처럼 그가 한쪽 팔을 천천히 들어올렸다. 나는 마침내 내 머리 위에서 야크 꼬리가 흔들리는 기묘한 광경을 구경할 수 있게 되었다고 생각했다. 그런데 마침 옆을 지나가던 화려한 차림의 두 여자가 다급하게 소리를 지르며 그의 행동을 중단시켰다.

"그 아주머니 대신 우리가 내겠어요."

동전 몇 닢이 손바닥에 놓이자 그는 제 갈 길로 가버렸다.

"세상에, 아주머니 머리 위에서 꼬리가 흔들렸더라면 두 번 다시 고향 땅을 밟지 못하셨을 거예요."

두 여자가 다행이라는 듯 입을 모아 말했다.

마침내 속죄의 양을 쫓아내는 날이 왔다. 조캉 사원 앞에는 작년의 경험을 통해 속죄의 양이 출발하는 장소를 미리 알고 있는 사람들이 빽빽하게 모여들었다.

거기에는 티베트 각 부족의 여인들이 한자리에 모여 있어 부족마다 특이한 여성 의상을 감상할 수 있는 좋은 기회가 되었다. 남자들 역시 여자들 못지 않게 옷차림에 신경을 쓴 듯했는데, 그 중엔 팔찌만큼이나 커다란 귀고리를 어깨에 닿을 정도로 길게 늘어뜨린 사람도 보였다.

한껏 들뜬 군중들의 웃음소리와 고함 소리로 거리는 떠들썩했다. 어디선가 생나무로 만든 기다란 곤봉을 든 대여섯 명의 남자가 나타나자 사람들은 정신 없이 도망가기 시작했다. 미처 도망가지 못하고 미적거리던 사람들은 가차없이 곤봉 찜질을 당했다. 우아한 옷차림의 귀부인, 누더기를 걸친 가난한 여인, 다리가 불편한 노파, 거만한 상인, 지위가 높아 보이는 승려 등 지위 고하를 불문하고 그 자리에 남아 있던 사람들은 너나 할 것 없이 곤봉 세례를 받고 쫓겨났다. 단 외국인만은 예외였다. 네팔이나 인도에서 온 상인들은 품위를 지키며 당당하게 그 자리를 물러났다. 톨마 축제 때 본 것과 똑같은 광경이 여기서도 연출되었다.

쫓겨난 사람들은 거기서 조금 떨어진 곳에 다시 모였다. 그리고 이번에도 똑같은 방식으로 쫓겨났다. 이런 상황이 몇 차례나 되풀이되었다. 그러나 이 단조로운 상황은 경비대가 나타나면서 다른 양상을 띠기 시작했다. 먼저 하급 경비대가 모습을 나타냈다. 그들은 채찍으로 무장한 승려들로서, 며칠을 씻지 않은 듯 시커먼 피부에 상상을 초월할 정도로 더러운 옷을 걸치고 있었다. 조금이라도 더 끔찍하게 보이기 위해 일부러 그렇게 꾸민 듯했다. 그 뒤를 이어 이번엔 목까지 오는 암홍색 법의에 은실로 짠 윗옷을 걸친 고승이 나타났다. 그는 무겁고 기다란 생나무 가지를 한 손으로 잡고 균형을 맞춰가며 최대한 빨리 걸으려고 애를 썼으며, 때때로 그것을 양손으로 잡고 땅바닥에 수직으로 세워놓기도 했다. 그러면 이것을 신호로 그의 부하들은 전보다 더 포악하게 채찍을 휘둘러댔다.

좀 전에 길 옆으로 쫓겨난 군중은 몇 시간 동안 기다려야 했다. 그들은 서로 밀고 밀리며 몇 미터쯤 앞으로 나왔다가 라마승의 채찍과, 길 중앙을 비워놓는 임무를 맡은 경관들이 휘두르는 곤봉을 피해 다시 뒤로 물러나곤 했다.

마침내 '위대한 생나무 줄기를 가진 자' 가 움직였다. 그 동작은 달라이 라마가 가까이 오고 있음을 의미하는 것이었다. 사람들은 모자를 벗었다. 머리 위에서는 태양이 이글거리고 있었다. 그러나 달라이 라마의 행렬은 나타나지 않았다. 사람들은 모자를 썼다. 다시 한번 달라이 라마의 행렬이 가까워지고 있다는 신호가 보였다. 사람들은 다시 모자를 벗었다.

드디어 티베트의 군주가 행차했다. 행렬의 선두에서는 진한 카키색 제복 차림의 병사 몇 명이 단총을 어깨에서부터 비스듬히 메고서 아주 예의바른 자세로 앞장서고 있었다. 이어서 군대의 지휘관인 장군이 병사들과 같은 색의 제복을 입고 말을 타고서 다가왔다. 그는 달라이 라마가 말을 타고 외출할 때마다 항상 같은 임무를 맡는 사람이었다.

장군 뒤에는 궁정의 고관인 두 명의 고승이 따랐다. 그들은 암홍색 능직 천과 노란색 면사로 짠 수자직 천에다 금실로 짠 호화로운 승복을 걸치고, 몽골풍으로 가장자리에 모피 장식을 두른 둥근 모양의 노란색 비단 모자를 쓰고 있었다. 이어서 라마교의 법왕인 달라이 라마가 화려하게 차려입고 아름다운 마구로 장식된 검은 노새를 타고 나타났으며, 라마승 한 명이 그 뒤를 따랐다. 그리고 마지막으로 대여섯 명의 병사들이 뒤에서 따라오는 것으로 행렬은 끝이 났다.

행렬이 사라지자 거리는 자유로워진 군중으로 인산인해를 이루었다.

조캉사에서는 바야흐로 속죄양을 추방하는 의식이 시작되려는 중이었다. 그 자리에는 돈을 걷기 위해 돌아다닐 때 입던 화려한 정장 대신 흰 산양 가죽으로 만든 해괴망측한 옷을 걸친 류콩 키 걀포가 대령하고 있었다. 그 기묘한 모습을 보며 나는 성서에 그려진 속죄양을 떠올렸다. 그는 흑백으로 이등분된 흉측한 모양의 가면으로 얼굴을 감추고, 부스스하게 올려 세운 머리 위에는 야크 꼬리로 만든 검은 머리 장식을 쓰고 있었다. 그리고 손에는 전처럼 야크 꼬리가 들려 있었다.

이제 그는 한 명의 라마승과 한 차례씩 주사위를 던져 승부를 해야 한다. 이 라마승은 선, 종교, 수호신의 상징으로서 선량한 티베트인들이 자신들의 행복을 위해 생각할 수 있는 모든 미덕을 대변한다. 주사위 승부에서 류콩 키 걀포가 지면 라마승이 그를 쫓아낼 힘을 얻지만, 라마승이 지면 그를 쫓아내는 건 불가능하다. 물론 라마승이 주사위 승부에서 지는 일은 없다. 주사위에 그런 장치를 해놓았거나, 아니면 절대로 지지 않는 방법을 라마승이 터득해 놓았기 때문이다. 주사위 승부가 끝나면 의식을 집행하는 라마승들은 모든 국민의 죄와 과실과 질병 등을 '저주의 말과 함께 속죄양의 머리 위에' 옮겨 붓고 그를 사몌의 황야로 내쫓는다.

소문에 의하면, 저주를 받은 속죄양은 술에 취한 사람처럼 반착란 상태에 빠진 채 의식을 잃고 도망간다고 한다. 그것은 이 일을 처음 맡은 사람이나 몇 차례의 경험이 있는 사람이나 마찬가지라고 하는데, 티베트에서 오래 살아본 내 생각으로는, 이 의식에 대한 두려움을 떨쳐버리기 위해 미리 취할 정도로 술을 마시기 때문이 아닌가 싶다.

어쨌든 류콩 키 걀포는 빠른 걸음으로 사라져 갔다. 앞뒤에선 그의 짐을 잔뜩 짊어진 사람들이 기우뚱거리며 서둘러 그를 쫓고, 군중들은 떼를 지어 그 뒤를 따라갔다. 그들은 악마를 겁주어 완전히 몰아내고자 고함을 지르며 휘파람을 불어댔다. 그러나 표정은 전혀 심각하지 않았다. 그들은 정화 의식을 수행하는 게 아니라 마치 축제라도 즐기는 듯 모두 명랑하고 밝게 웃고 있었다.

류콩 키 걀포가 사라져 버리자 사람들은 땅바닥에 주저앉거나 천천히 걸어다니며 서로 이야기를 나누기 시작했다. 과자나 말린 과일, 기름에 튀긴 빵을 파는 사람들이 그들에게 맛있는 과자를 나눠주었고, 이것으로써 축제의 제1막은 막을 내렸다.

류콩 키 걀포는 이제 멀리 가버렸다. 그는 뭐라고 분명하게 설명할 수 없는, 그래서 더 인간들을 두렵게 만드는 신비적인 존재나 악마를 모두 짊어지고 사라졌다. 그런데 그가 인간에게 유익을 주고 인간을 행복하게 하는 선한 기운들까지 가져가 버린 건 아닐까? 그렇게 되면 큰일이었다. 그래서 이번에는 그렇게 되는 것을 막기 위한 행진이 시작되었다. 먼저 라싸의 2대 탄트라(신비적인 교의와 의식에 관한 산스크리트 문헌. 티베트어로는 규라 불림 – 지은이)파에 속한 라마승들, 즉 규 튜파와 규 메파의 행렬이 지나갔다. 그 뒤를 이어 복잡하게 만든 대형 톨마가 몇 개 운반되어 왔다. 작은 방망이, 가느다란 끈, 종이, 다양한 과자 모양의 밀가루 반죽, 그리고 색색으로 물들인 삼각형 모양의 버터로 장식된 톨마들이었다.

규 튜파의 행렬에 이어 두번째로 쇠미늘이 달린 갑옷과 투구로 몸을 감싸고 방패나 창, 혹은 다양한 형태의 옛날 화기(火器)를 손에 든 옛 전사들의 행렬이 지나갔다. 그 뒤에는 악마를 연상시키는 가면을 쓰고서 신비로운 춤을 추는 사람들이 따랐다. 그러나 그들은 악마는 아니었다. 오히려 무서운 모습을 한 자비로운 신들로서, 인간에게 해를 끼치려 하는 악령과 싸워 그들을 물리치는 존재들이었다. 뒤이어 모든 신들이 등장했는데, 신들의 모습은 보이지 않고 그 주변에 크고 작은 깃발, 화살이 가득 든 화살통, 검 등이 놓여져 신들을 대신했다. 한 그루의 나무에 신들의 의장을 입히고 그 주변에 신의 힘을 나타내는 물건들을 올려놓아 눈으로는 보이지 않지만 신이 실제로 그곳에 있음을 암시하는 경우도 있었다.

마지막으로 파오(남자 영매)와 파모(여자 영매)인 한 쌍의 소년 소녀가 지나갔다. 그리고 한동안 아무도 지나가지 않다가 이윽고 지금까지의 행렬보다 숫자가 적기는 했지만, 지위가 높아 보이는 사람들의 행렬이 다가왔다. 나는 그 행렬의 중앙에서 라싸 사람들이 셀 티 린포체로 여기는 현자 간덴 티파의 모습을 발견할 수 있었다.

한편, 행렬이 지나가는 장소에서 그리 멀지 않은 곳에서는 여러 계층의 주술사들이 한데 모여 살풀이 의식을 행하고 있었다. 무시무시한 신들이 한 손에는 긴 칼을 들고 한 손에는 피가 가득 든 두개골(그림이 그려진 천으로 싼 점토로 만든 소품—지은이)을 들고 위협적이기보다는 오히려 우아한 동작으로 춤을 추며 그리고 있는 원 안에서 주술사들은 톨마를 불태웠다.

양(번영 혹은 재산)이 속죄양을 쫓아 떠나가 버렸다고 생각될 때에는 이와 같은 방법으로 그것들을 라싸로 되찾아왔다.

모든 의식이 끝나자 라마승 및 병사들과 신들은 행렬에서 벗어나 제멋대로 걷기 시작했다. 현자인 간덴 티파만은 위엄을 잃지 않은 채 점잖게 걷고 있었지만, 그 역시 한시라도 빨리 돌아가고 싶은지 바삐 걷고 있었다.

사람들의 영혼이 완전히 정화되어 앞으로 무한한 번영만 있을 것이라고 기대되자 사람들의 표정은 기쁨으로 넘쳐났다. 사람들은 모두 거리로 나와 웃고 떠들고 마셔댔다. 돈 많은 사람이나 가난한 사람, 병든 사람이나 건강한 사람, 귀한 사람이나 천한 사람 구분할 것 없이 모든 사람들이 얼굴 가득 웃음을 띤 채 이날을 축하하고 즐겼다.

거리에서 나는 아는 사람 몇을 만났다. 그들은 내 출신지에 대해서 의혹을 품지 않았다. 그들은 다짜고짜 나를 식당으로 끌고 갔다. 덕분에 나는 다양한 종류의 맛있는 음식을 마음껏 즐길 수 있었다.

시민들이 이렇게 즐겁게 먹고 마시는 동안 류콩 키 걀포는 키 츄 연안에 도착해 있었다. 강 건너편에 도착하면 그의 첫번째 역할은 끝이 난다. 거기서 그는 산양 가죽으로 만든 괴상망측한 옷을 벗어던지고 평상복으로 갈아입은 뒤 사메 사원을 향해 떠난다. 예전에는 그가 사메 사원에 도착하면 우 캉이라는 방에 갇혀 7일간 지내야 한다는 규정이 있었다. 그러나 오늘날에는 몸에 걸치고 있던 산양 가죽옷과 가면, 야크 꼬리를 우 캉의 문 앞에 있는 기둥에 걸어놓은 뒤 승려들과 식사를 함께 하는 것으로써 모든 의무에서 벗어난다고 한다. 그 후 인근 마을에서, 무료로 제공된 짐꾼들의 호위를 받으며 한가하게 이런저런 물건을 구입하며 시간을 보내다가 의식이 있던 날로부터 7일째 되는 날 라싸로 돌아온다. 그리고 자기가 사온 물건을 라싸인들에게 팔아 막대한 이득을 남긴다.

내가 라싸에 체류하던 때는 점성학적으로 달라이 라마에게 액이 낀 해였다고 한다. 그 때문에 그해에는 공식적인 류콩 키 걀포 외에 달라이 라마의 액막이만을 위한 속죄양이 한 명 더 확보되었는데, 공식적인 류콩 키 걀포가 원래대로 사메 사원으로 쫓겨난 반면 그 별도의 속죄양은 북쪽의 몽골 지방으로 가는 길목에 있는 첫번째 고개까지 쫓겨갔다. 그러나 사람들은 그에게는 전혀 관심을 보이지 않았다.

다음날 나는 구경꾼들과 함께 포탈라 궁이 세워져 있는 바위 언덕에 서서 셀 팡이라 불리는 대행렬이 지나가는 것을 지켜보았다. 그것은 길고 긴 이번 여행을 통틀어 가장 아름다운 광경이었다. 그 장대한 행렬은 호화로운 승복이나 중국, 몽골, 티베트의 전통 의상으로 성장한 수천 명의 사람들로 구성되어 있었는데, 그들은 형형색색의 대형 비단 깃발 수백 개와 문자나 모양을 수놓은 양산을 들고 있었다. 향을 피워 들고 있는 승려나 부채를 펼쳐든 승려들을 따라 차양 아래서 천천히 걷고 있는 고승들의 모습도 보였다. 때때로 번쩍거리며 색이 변하는 뱀 모양의 이 행렬이 멈추면 소년들이 춤을 추었다. 그러면 큰북을 짊어진 남자들이 북을 두들겨댔고, 그 뒤를 따라온 군악대가 악기를 두드려 장단을 맞추었다. 코끼리들은, 중국의 상상 속의 동물들을 표현한 그림들의 호위를 받으며 느릿느릿 앞으로 나아갔다. 그 뒤를 따라 갑옷으로 무장한 병사들이 행진했다. 그리고 마지막으로 어젯밤에 보았던 토착 신들이 승려들의 호위를 받으며 지나갔다.

행렬이 이어지는 동안 내내 악단이 다양한 음악을 연주했다. 그 곡은 때로는 엄숙하기도 했고, 때로는 장엄하기도 했다. 티베트의 커다란 트럼펫이 연주될 때에는 골짜기 전체에 낮은 소리가 웅장하게 울려퍼졌다. 몽골의 연주가들은 밝고 경쾌한 음악을 연주해 우리의 귀를 즐겁게 해주었다.

거대한 포탈라 궁의 사면은 행렬을 구경하려는 라마승들로 발 디딜 틈이 없었다. 포탈라 궁과 꼭대기가 뾰족이 솟아오른 착포리 산은 몽환적 광경이 벌어지는 양쪽 측면에 버티고 서서 이 행렬을 더욱 빛내주고 있었다.

맑고 푸른 하늘과 눈이 시릴 정도로 눈부신 중앙 아시아의 태양아래서 노랗고 빨간 색으로 구성된 셀 팡 행렬의 강렬한 색채, 한껏 멋을 낸 군중의 화려한 옷에서 발산되는 다양한 색깔, 멀리서 흰빛을 내뿜는 산맥들, 번쩍거리는 황금색 지붕을 머리에 인 포탈라 산 기슭의 평야 위에 펼쳐져 있는 라싸의 전경, 이 모든 것들이 빛으로 가득 차 불꽃을 일으키기 일보 직전인 듯했다. 그 광경은 그 동안 건뎌왔던 모든 고난과 역경을 내 머릿속에서 밀어내고 잊혀지지 않는 아름다운 추억으로서 자리잡았다.

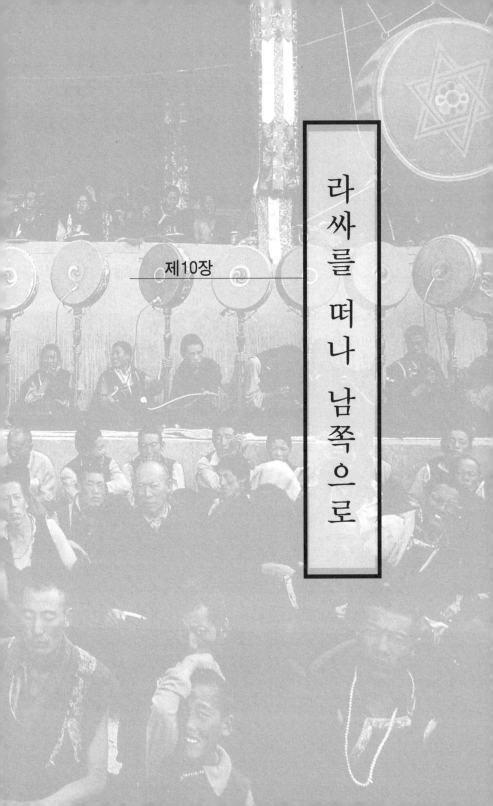

제10장

라싸를 떠나 남쪽으로

도착할 때와 마찬가지로 나는 조용히 라싸를 떠났다. 외국인 여성이 2개월 동안이나 그곳에 머물고 있었다는 사실을 눈치챈 사람은 아무도 없었을 것이다. 처음 이 금단의 땅에 들어올 때 내 차림새는 걸인과 거의 다를 바가 없었다. 그러나 지금은 어느 정도 신분이 상승하여, 두 마리 말과 용덴이 고용한 시중꾼까지 거느린 중류층의 여인이 되었다. 라싸의 출입을 통제하는 관리는 라싸 밖으로 나가는 통행인에 대해서는 그다지 까다롭지 않았기 때문에 우리는 별다른 어려움 없이 라싸를 빠져나왔다. 나는 지금까지 여러 차례에 걸쳐 티베트를 여행하는 동안 많은 고서를 구입해 그것들을 중국에 보관 중이었는데, 라싸에서도 여러 권의 책을 구입했다. 그리고 이제부터 계획된 남쪽 지방으로의 여행 목적도 역시 오래 된 필사본을 찾아보는 것이었기 때문에 그것들을 운반하려면 말이 필요했다.

그렇지만 나 자신은 앞으로도 계속 걷기로 했다. 이제 짐을 짊어지고 다녀야 하는 고역에서 해방된 이상 홀가분한 마음으로 여행을 즐길 수 있을 터였다.

어느 화창한 봄날 아침, 나는 싱싱하게 돋아나는 새 잎으로 옷을 갈아입은 나무들이 곳곳에 서 있는 공원을 가로질러 다시 한번 포탈라로 이어지는 넓은 거리를 따라 나아갔다.

노불링카 궁전의 문 앞을 지나칠 때에는 그 안에 살고 있을 달라이 라마의 모습을 머릿속에 떠올리며 슬며시 미소짓기도 했다. 그는 내가 그렇게나 오랫동안 자기 곁에 머물렀을 줄은 상상도 못할 것이다. 히말라야 부근에서 몇 번인가 만난 이후로 그는 나를 개인적으로 잘 알았다. 또한 그는 이번 여행을 포함하여 이제까지 수차례의 티베트 여행을 하도록 동기를 부여한 장본인이기도 했다. 티베트어와 티베트 문학을 연구해 보라는 그의 권유는 티베트에 대한 관심을 불러일으킨 촉발제가 되었고, 그러한 관심이 몇 년 뒤엔 나를 달라이 라마의 수도로 이끌고 온 것이다. 그가 내 이름을 들었다면, 또 그가 자유로운 신분이었다면 그는 틀림없이 나를 만나려 했을 것이다. 그러나 중국이 티베트를 지배하던 때와는 달리 식민 종주국은 달라이 라마에게 자유를 허용하지 않고 있다. 자신의 의향과는 상관없이 그는 영국 당국이 파견했거나 만나보라고 권유한 사람들을 거부할 수 없을 뿐 아니라, 미리 허가를 받지 않고서는 어떤 외국인도 마음대로 맞이할 수 없다. 그래서 나는 그를 만나는 건 애초부터 포기하고 내 길을 갔다.

우리는 키 강을 건너 작은 고개로 올라갔다. 그리고 그 위에서 라싸의 전경을 마지막으로 내려다보았다. 멀리서 보니 포탈라 궁의 모습만 눈에 띄었다. 공중에 떠 있는 그 작은 성채는 마치 신기루 같았다. 그 환상적인 전경을 한동안 바라보며 서 있자니 라싸에 체류하는 동안에 견뎌야 했던 수많은 고통과 역경들이 주마등처럼 머릿속을 스치고 지나갔다. 그에 대한 대가는 충분했다. 나는 나를 환대해 준 이 금단의 도시에서 사는 모든 존재들, 보이는 존재는 물론이거니와 보이지 않는 존재들에게까지 정신적인 깨달음과 물질적인 번영이 함께 하기를 충심으로 기원했다. 그런 다음 방향을 돌려 남쪽으로 내려가기 시작했다. 비록 눈앞에서는 영원히 사라지고 있지만 라싸의 모습은 언제까지나 내 기억 속에 살아남아 있을 것이다.

라싸에서 아주 가까운 브라마푸트라 강의 왼쪽 연안에는 마치 사하라 사막을 연상케 하는 광대한 흰 모래 언덕이 주변 지역을 서서히 잠식해 들어가는 곳이 있다. 물론 훨씬 작은 규모이기는 하지만, 거기에서는 중국 감숙성의 북쪽과 투르키스탄에서 본 것과 같은 광경, 즉 몇 세기 전까지만 해도 번창했던 그 지역을 고비 사막이 광범위하게 삼켜버린 것과 같은 광경이 연출되고 있다.

산등성이로 가로막혀 있음에도 불구하고 사막은 키 계곡 안에 확실한 터전을 구축한 듯 보였다. 아직은 두께가 별로 두껍지 않았지만 미세한 먼지는 달라이 라마의 멋진 동산인 노블링카 궁 주변에 쳐놓은 울타리를 따라 쌓이기 시작하고 있었다. 앞으로 몇 세대만 지나면 사람들은 라싸를 마음대로 드나들 수 있을 것이다. 그보다 훨씬 먼 미래엔 매몰된 도시를 발굴하는 학자들조차도 포탈라궁과 조캉 사원을 찾아내지 못하는 상황이 벌어질지도 모르겠다. 이미 오래 전 수많은 궁전과 사원들이 광대한 고비 사막 속에 완전히 파묻혀버린 것처럼 말이다.

도중에 우리는 마치 한 폭의 그림인 듯 강가의 바위 절벽에 기댄 듯이 서 있는 도르제 탁 사원 앞을 지났다. 강기슭에는 작은 마을이 있었다. 거기서 멀리 떨어진 곳에도 몇 개의 마을이 더 있었지만, 그곳의 들판은 점점 두껍게 쌓이는 모래밭 속으로 자취를 감추고 있었다.

거대한 하늘색 뱀처럼 구불구불 고요하게 흐르는 브라마푸트라 강에 길을 내주고 있는, 눈처럼 새하얀 사막 지대는 사몌 사원에 이상한 신비감을 부여했다. 초자연적인 사건의 흔적은 전국적으로 발견된다. 강둑에 기묘한 모습으로 고고하게 서 있는 바위는 전형적인 불가사의 중의 하나다. 이 거대한 바위는 오랜 옛날에 인도에서 티베트의 고지대로 옮겨졌다고 한다. 그 이유는 무엇일까? 그것은 아무도 모른다. 아마도 광활한 브라마푸트라 계곡의 수려함과 고요함, 터키석처럼 맑은 푸른 하늘과 푸른 강물에 반한 그 바위가 경탄을 금할 길 없어 거대한 몸을 이끌고 모래 위에 쉬러 온 게 아니었을까? 그 이후 바위는 사막에 홀로 서서 발을 시냇물에 담근 채 끝 모를 무아지경에 빠져들고 있었다. 그곳을 지나는데 그 바위가 부러웠다. 왜 나는 그 바위처럼 푸른 강가에 자리잡고 앉아 끝없는 고독을 맛보며 변치 않는 황홀경에 잠길 수 없는 것인가?

사몌는 8세기경 티베트 최초의 불교 사원이 건립된 역사적인 곳이다. 전설에 의하면, 악귀들이 사원이 세워지는 걸 방해하고자 석공들이 하루 동안 해놓은 일을 밤만 되면 허물어뜨렸다는데, 그때 위대한 마법사 파드마 삼바바가 악귀들을 제압하여 자신의 충복으로 삼고 그들의 도움을 받아 단 하루 만에 사원을 완성시켜 버렸다고 전해진다.

사몌 사원은 오랫동안 세력이 탄탄한 라마승들의 본거지였다. 그러나 '황모파'가 창시되고 그들이 그 지역의 공적인 지위를 차지하여 '홍모파'의 세력을 능가한 이래 권위를 상실했으며, 지금은 고작해야 20여 명 정도의 트라파밖에는 볼 수 없는 버려진 장소가 되고 말았다.

경내의 건물 중에는 이미 소규모 농장이 돼버린 곳도 많았고, 곰파의 소작인인 속인들이 살고 있는 곳도 있었다. 그나마 다행스럽게도 사원 안의 몇몇 신전은 상당히 좋은 상태로 보존되어 있었다. 잇따른 화재로 인해 원래의 건물뿐 아니라 복원한 건물들마저 파괴돼 버린 뒤라 볼 만한 건 별로 없었다. 다만 한 곳에 대해서는 특별히 언급할 가치가 있을 것 같다. 왜냐하면 그곳에는 아주 섬뜩한 불당이 있고, 티베트에서 공식적으로 가장 위대한 예언자(최콩) 중 한 사람이 머무는 곳이기 때문이다.

불당의 명칭은 우 캉(마지막 날숨의 집)이라 하는데, 티베트인들은 지상에서 죽은 모든 존재들의 마지막 숨은 그 안으로 옮겨져 온다고 여긴다. 달라이 라마의 인장으로 봉인된 방 안에는 도마와 의식에 사용되는 칼이 놓여져 있다. 이 도구들을 이용해 악마들이 밤마다 보이지 않는 시체들을 두들겨댄다고 티베트인들은 얘기한다. 방 밖에 서면 울음소리와 웃음소리에 뒤섞인 도마질 소리를 들을 수 있다고도 한다. 오직 사메의 예언자만이 일 년에 한 번씩 도마와 칼을 교체하기 위해 안으로 들어갈 수 있는데, 이때 밖으로 가지고 나온 도마를 보면 닳을 대로 닳아 있어 그것이 얼마나 줄기차게 사용되었는지를 알 수 있다.

'숨'이 도마질에 의해 잘릴 수 있다는 이야기는 다소 과장된 것이라 생각된다. 이것은 밀교적인 신념이나 낙파들의 의식에 대한 보편화된 어설픈 해석이다. 우 캉에 대해선 머리털이 곤두설 정도로 무시무시한 이야기들이 전해진다. 고문당하는 '숨'이 탐욕스런 이 세상 밖의 존재와 벌이는 고투, 생전의 몸뚱이를 찾아가기 위한 영혼들의 힘겨운 도망, 도망가는 혼들을 정신

없이 뒤쫓는 격노한 여자 악마 등등 우 캉과 관련된 이야기들은 저마다 괴담이라 하기에 충분한 요소를 갖추고 있다.

몇 년 전만 해도 라마 최콩이 불당 안으로 들어갈 때 라마승의 수행을 받을 수 있었다. 그러나 괴이한 사건이 발생하는 바람에 그러한 특권을 더 이상 누릴 수 없게 되었다. 어느 날 다른 라마승과 함께 불당 안으로 들어갔던 최콩이 그곳을 떠나려 할 때였다. 최콩을 따르고 있던 창죗(방장 스님)은 누군가가 뒤에서 자신의 젠(가사)을 잡아당기는 걸 느꼈다.

"쿠쇼(대사님), 쿠쇼!'

그는 최콩을 부르며 소리쳤다.

"누군가가 제 승복을 잡아당기고 있습니다!'

두 사람은 뒤를 돌아다보았다. 물론 방 안엔 아무도 없었다. 그들은 다시 뒤돌아서 문으로 향했고, 최콩의 뒤를 이어 문턱을 넘으려던 순간 갑자기 쓰러진 창죗은 즉사했다.

그 이후 라마 최콩은 '숨'의 포식자인 보이지 않는 존재의 거처에 혼자서만 들어갔다. 오직 그만이 비밀 주문을 암송함으로써 자기 자신을 지킬 수 있다고 여겨졌기 때문이다.

불당의 입구 앞에는 여러 개의 가죽 주머니가 걸려 있는 걸 볼 수 있는데, '숨'이 불당으로 운반될 때 그 숨을 담아오는 보이지 않는 싸개의 상징이라고 한다. 불당과 관련하여 전해지는 이야기에 따르면, 접신(接神) 상태나 자신이 무엇을 하고 있는지 모르는 무의식 상태에서 막 육체를 떠난 '숨'을 붙잡아 사메로 운반해 오는 특이한 의식을 수행하는 마법사가 있다고 한다.

불당과 관련된 이야기는 이쯤에서 그쳐야 할 것 같다. 티베트에서 신비주의의 영역은 한이 없다. 신비주의와 관련된 민간 전승은 아주 황당무계하여 거부감을 일으키는 천박한 차원에서부터 그것이 발표되면 기존의 모든 사상 체계를 허물어 재검토하게 만들어버릴 정도로 고차원적인 영역에 이르기까지 다각적이고 종합적으로 검토되어야 할 것이다.

뜻도 모르는 말과 그럴듯한 동작으로 순진한 마을 사람들을 치료하는 사이비 치료사를 비롯하여 마술이나 마법의 대가라고 이름난 사람들을 찾아가기 전에 우리는 세상을 떠돌거나 은둔처에 몸을 숨기고 있어 쉽게 만나기 힘든 은자들을 만나볼 필요가 있다.

앞에서 나는 모파에 관해 언급했다. 모파는 모(점)로써 미래를 예언하기도 하고 숨겨진 사실들을 밝혀내기도 한다. 모파와는 다른 형태지만, 접신 상태에서 신탁을 전하는 사람들(영매)도 있다. 이들을 가리켜 남자는 파오, 여자는 파모라 지칭한다.

그런가 하면 떠돌이 날졸파들은 진짜 수행자를 흉내내어 자신이 신과 악마를 조종할 수 있는 척한다. 그들 중 별 볼일 없는 사람은 이 마을 저 마을 떠돌아다니면서 자신의 능력을 파는 대가로 음식을 구걸하며 끼니를 연명하지만, 능력이 뛰어난 사람은 공식적으로 높은 지위인 최콩이라는 칭호로 불리면서 사람들의 존경을 받으며 화려한 거처에서 당당하게 산다.

티베트에는 여성 남성을 불문하고 희한한 계층이 하나 있는데, 이 계층의 사람들, 그 중에서도 특히 여성은 유전적으로 '독'을 지니고 있다고 여겨진다. 그것이 무슨 독인지는 아무도 모른다. 물론 그것을 추적해 본 사람도 없다. 비밀에 싸여 있다는 바로 그 사실이 신비감을 더욱 자아낸다. 운명의 시간이 다가왔을 때, 그것을 집행해야 하는 사람은 절대 그 의무에서 벗어날 수 없다. 그 의무를 실행할 대상이 없으면 '독'을 지닌 사람은 그것을 자신의 일가친척이나 친구에게라도 쏟아부어야 한다. 하나뿐인 아들을 독살해야 했던 어머니들, 신혼 첫날에 사랑스런 신부에게 독이 담긴 컵을 건네주어야만 했던 신랑들에 관한 소문은 드물지 않다. 만약 대상자가 아무도 없다면 독을 지닌 '소유자'들은 죽음에 이르는 그 약을 자신이 직접 마셔야 한다.

나는 독과 관련된 이상한 이야기에서 주인공으로 등장하는 한 남자를 만난 적이 있었다. 어느 날 그는 여행 중에 휴식을 취하고자 한 농가를 찾아갔다. 그 집의 안주인은 히말라야 주변의 티베트인들이 사용하는 나무 용기 속에 든 발효된 낟알에 뜨거운 물을 부어 맥주를 만들어주었다. 그리고 자신은 위층으로 올라가버렸다. 혼자 남은 여행자는 자기 앞에 놓인 나무 용기 속에 든 맥주에서 거품이 비정상적으로 부글부글 이는 것을 발견하고 이상한 생각이 들었다. 옆에 있는 가마솥 안에서도 물이 끓고 있었지만 그건 자연스러워 보였다. 그는 가마솥에서 끓고 있는 물을 한 국자 가득히 떠서 뭔가 좀 수상쩍어 보이는 맥주 위에 들이부었다. 바로 그 순간, 위층에서 무언가가 바닥으로 쿵 하고 떨어지는 소리가 들렸다. 그에게 맥주를 만들어준 주인 여자가 쓰러져 죽은 것이었다.

티베트에서 이 '독'은 여행자들에게 공포의 대상이다. 그래서 티베트에는 어떤 음료를 부었을 때 독이 들었는지 아닌지에 따라 민감하게 반응하는 (그래서 아주 비싼 가격에 거래된다고 한다) 독특한 나무 주발이 있다.

좀 황당한 얘기지만, 어머니가 '독'을 지니고 있다고 굳게 믿는 가족도 있다. 그러나 그녀가 독을 어디에 숨겼는지는 아무도 모른다. 감히 그걸 찾아내야겠다고 생각하는 사람도 없다. 왜냐하면 재앙에서 벗어날 방법은 없다고 생각하기 때문이다. 다만 곁눈질로 살피면서 '독'을 지니고 있다고 여겨지는 그 불행한 여인의 말과 행동을 은밀히 관찰한다. 심지어 고통받던 사람이 죽어도 그 위험은 끝나지 않는다. '독'은 지칠 줄도 모르나 보다. 그것이 누군가에게 보내졌을 때 그 대상이 된 사람은 절대로 거부할 수 없다. 싫든 좋든 '독살자'의 역할을 받아들일 수밖에 없다. 그러나 그것을 상속인에게 물려줄 때뿐만 아니라 복용시키려 할 때도 이 '소유자들'은 마치 다른 존재의 의지를 수동적으로 대행하는 매개체처럼 무의식적으로 행동한다. 그들 중 누구도 나중에 자신의 행동을 기억하는 사람은 없다.

티베트에는 시체의 살점을 뜯어먹거나 이보다 훨씬 기이한 밀교적 의식, 예를 들면 젊은이의 정기를 빼앗아 생명을 연장시키는 기술이라든가 공중부양 따위의 비전(秘傳)을 연습하는 사람들이 있다고 한다. 그 중에 낙파라 불리는 사람들은 마법에 정통해 있어, 멀리서도 사람을 서서히 혹은 일순간에 죽일 수 있다고 여겨진다. 그들은 또 악령을 쫓아보낼 수도 있고, 특정한 개인을 공격하기 위해 악령을 보낼 수도 있다고 여겨지기도 한다.

이것은 코미디를 연상시킨다. 어떤 사람에게 반감을 품은 사람이 낙파를 찾아가 악령을 보내 그 사람을 괴롭혀달라고 부탁한다. 주술사는 그의 부탁대로 주문을 외지만, 농부일 수도, 상인일 수도, 귀족일 수도 있는 그 표적은 자기를 대상으로 어떤 일이 진행되고 있는지를 알아차린다. 그리고 그 역시 다른 낙파를 찾아가 그에 대한 대비를 한다. 그리하여 표적에게 도착했지만 그를 정복하지 못한 악령은 화를 내며 자신을 불러낸 주술사에게 되돌아온다. 악령이 분노하면 위험한 존재가 되기 때문에 그의 사악한 본능은 반드시 충족되어야 한다는 사실을 잘 아는 낙파는 그를 다시 표적에게 보내지만 이번에도 악령은 상대를 제압할 수 없다는 걸 깨닫는다. 불쌍한 악령만 희생시키는 이와 같은 행위는 계속 지속되고, 마침내 악령의 분노는 극에 달한다. 그렇게 되면 악령을 사주한 낙파는 자신의 안전에 슬슬 위협을 느끼기 시작한다. 악령이 보이지 않는 영을 지배하는 데 실패하면 이번엔 자신들이 그들에게 희생되기 때문이다. 그러나 잘못하면 행위자를 미치게도 하고 죽음으로 몰고 가기도 하는 다른 비술들과는 달리 이러한 행위가 비극적인 방향으로 나아가는 일은 별로 없다.

대체로 악령의 존재는 마법사와 그의 조수들이 맹신자의 집에서 숙식을 제공받을 수 있도록 하는 좋은 핑곗거리를 제공한다.

일반적으로 마법 의식에 사용된 특정한 물건들은 그와 관련이 없는 속인이나 계를 받지 않은 승려들의 집안에서는 보관할 수 없다. 만일 그 물건을 소유하게 된 사람에게 그것을 제어할 능력이 없다면, 악령에게 정복당했던 사람들이 복수를 해올지도 모르기 때문이다. 그런 이유로 마법의 도구를 물려받게 된 사람들 중엔 내게 그 위험한 물건을 맡아달라고 간청하는 사람이 종종 있었다.

언젠가 나는 기묘한 방식으로 한 가지 선물을 얻게 되었는데, 그 이야기를 소개하는 것도 재미있을 것 같다. 여행길에서 순례 중인 라마승 일행과 마주치게 되었다. 인적이 드문 곳에서 여행자들을 만나게 되면 으레 그렇듯 나는 그들과 금방 친해졌으며, 이야기를 나누는 과정에서 그들이 불행을 초래하는 풀바(마법의 단도)를 운반 중이라는 사실을 알게 되었다.

이 신비한 물건은 최근에 입적한 그들의 큰스님이 소유하던 것이었는데, 그것으로 말미암아 절 안에 불행한 일이 생기기 시작했다. 그 칼에 손을 댄 세 명의 승려 중 두 명이 죽고, 나머지 한 명은 말에서 떨어져 다리가 부러지는 일이 생긴 것이다. 게다가 복을 기원하며 걸어놓은 커다란 깃발 중 하나의 깃대가 갑자기 부러져버렸다. 이것은 불길한 징조였다. 더 큰 재앙을 가져올지도 모른다는 두려움 때문에 감히 그 풀바를 없애지는 못하고 상자

안에 집어넣어 버렸다. 그런데 그 뒤부터 상자 안에서 애잔하면서도 소름끼치는 소리가 들려오기 시작했다.

결국 그들은 그 요사스런 물건을 신들에게 바친 한적한 동굴 속에 집어넣기로 결정했다. 그러자 그 지역에 사는 독파들이 반대하고 나섰다. 언제 어디서 일어난 일인지는 아무도 모르지만, 그와 비슷한 상황에 놓여 있던 풀바가 불가사의한 방식으로 많은 사람들과 가축들을 다치게도 하고 죽게도 했다는 이야기가 떠올랐던 것이다.

상황이 그렇게 돌아가자, 그것을 부적으로 싸서 상자 속에 넣고 봉인한 채로 보관하고 있던 라마승들은 매우 난감해했다. 낙담한 표정들을 보니 그들의 맹목적인 믿음을 조롱할 마음도 들지 않았다. 나는 그 요물을 꼭 보고 싶었다.

"나한테 그 풀바를 보여주면 내가 스님들을 도울 수 있는 방법을 찾아낼 수 있을지도 모르겠는데요."

내가 말했다.

그러나 그것이 사라져버리지는 않을까 하는 걱정에 그들은 봉인을 뜯고 꺼낼 생각은 하지도 못했다. 결국은 오랜 입씨름 끝에 내가 그것을 직접 꺼낼 수 있도록 허락해 주었다.

그것은 흥미를 자아내기에 충분한 아주 오래 된 물건으로, 대사원들만이 소유할 수 있는 종류의 풀바였다. 그 칼을 소유한 그들이 부러워지면서, 그것을 갖고 싶다는 생각이 들었다. 그러나 어떠한 말로도 그들을 설득시킬 수 없다는 것을 잘 알았다. 나는 방법을 짜내기 위해 잠시 생각에 잠겼다.

"오늘 밤에 우리와 함께 야영을 하면서 그 풀바를 내게 맡겨주세요. 내가 그걸 잘 지키고 있을게요."

내 말에 어떠한 약속도 보장된 것은 아니었지만, 즐거운 저녁 식사를 하며 우리와 잡담을 나눌 생각에 걱정거리를 잠시 잊은 그들은 내 제안을 허락했다.

밤이 되자 나는 상자에서 꺼낸 풀바 때문에 두려움에 떨고 있는 그 맹신자들이 보는 앞에서 공공연히 그것을 들고 야영지를 떠났다. 그들에게서 충분히 멀어졌다고 생각했을 때 나는 그 불행의 씨앗을 땅바닥에 똑바로 꽂아놓고 담요 위에 앉아 어떻게 하면 그것을 내게 주도록 설득할 수 있을까 궁리하기 시작했다.

그 마법의 칼이 꽂혀 있는 곳 가까이에서 승려라 여겨지는 한 사람의 모습이 나타난 것은 그로부터 몇 시간이 흐른 뒤였다. 그는 상체를 구부려 몸을 낮추고 살금살금 앞으로 나아가고 있었다. 이어 가사 속에서 손 하나가 천천히 빠져나오는가 싶더니 희미한 불빛 아래서 풀바를 더듬어 찾기 시작했다. 나는 몸을 돌려 그보다 빨리 그곳으로 달려가서 풀바를 땅에서 잡아뺐다. 화를 미치는 그 칼을 원하는 건 나뿐만이 아니었던 모양이다. 일행 중에서 그래도 좀 다른 동료들보다는 덜 무지한 라마승 하나가 그 칼의 진가를 알아보고 몰래 팔아넘기려 하는 게 분명했다. 내가 잠들었을 거라고 믿은 그는 내가 아무것도 눈치채지 못할 거라고 생각했을 것이다. 그렇게 되면 다음날 아침 사람들은 알 수 없는 힘이 작용해 그 칼이 사라졌을 거라고 믿게 될 것이고, 결국에 새로운 이야기가 또 하나 생겨나는 것으로 마무리될 것이다. 그런데 내가 그 마술에 걸린 물건을 안전하게 지켜낸 탓에 그처럼 훌륭한 계획이 성공하지 못했다니 참으로 안된 일이다. 흥분한 채 무의식중에 칼을 너무 세게 움켜쥐고 있었더니 구리 손잡이의 거친 표면이 살갗을 짓눌러 마치 손 안에서 천천히 움직이는 것 같았다. 그건 그렇고, 도둑은 어디로 간 거지?

주위의 광막한 고원은 텅 비어 있었다. 아마도 도둑은 내가 칼을 잡아빼려고 몸을 숙이고 있는 틈을 타 도망가 버린 게 분명했다.

나는 야영지로 달려갔다. 범인을 찾는 건 간단했다. 그곳에 없었던 사람이나 내 뒤를 따라온 사람이 범인일 것이다. 내가 도착해서 보니 그들은 모두 일어나 앉아 사악한 힘으로부터 자신들을 지킬 수 있는 종교적 의식에 대해 의견을 나누고 있었다. 나는 용덴을 내 텐트로 불러 그 자리를 떠났던 사람이 누구냐고 물었다. 용덴은 한 사람도 없었다며, 다음과 같이 말했다.

"그들은 겁에 질려 한 발짝도 움직이려 하지 않았습니다. 텐트에서 멀어지는 걸 겁내며 필요한 일도 하지 않길래 제가 화를 냈을 정도죠."

이상하지 않은가! 내가 본 희미한 그림자는 환영이었단 말인가! 환영이라니! 내게는 흔치 않은 일이었다. 어쨌든 그 일은 내 목적을 이루는 데 도움이 되었다.

나는 그들에게 말했다.

"들어보세요. 방금 전에 내가 보았던……."

나는 내가 겪었던 일을 그대로 설명하고 나서 그들 중 한 사람에게 의심을 품고 있다는 사실을 솔직히 말했다.

"그분은 바로 저희의 큰스님이십니다. 틀림없습니다!"

그들은 흥분해서 소리쳤다.

"그분은 단도를 가져가려고 오신 겁니다. 아마도 그분께서 그것을 손에 넣으셨다면 당신은 죽었을 겁니다. 오, 제춘마, 비록 외국인이긴 해도 당신은 진정한 곰첸마(은자)이십니다. 저희의 차와이 라마(영적인 스승)께선 훌륭한 마법사이셨는데도 당신에게서 풀바를 빼앗지 못하셨습니다. 자, 이것을 받아주십시오. 이것은 더 이상 아무도 해치지 않을 겁니다."

다른 세계에 속하게 된 이후로 그 어느 때보다도 두려운 존재가 된 자신들의 영적인 스승이 여태껏 그렇게 가까이 있었다는 사실에 겁을 집어먹은 그들은 흥분해서 한결같이 입을 모아 말했다. 한편으론 그 요사스런 단도를 드디어 없앨 수 있게 되었다는 사실에 뛸 듯이 기뻐하면서.

나는 그들과 기쁨을 함께 나누었다. 물론 이유는 달랐다. 그 풀바는 이제 나의 것이 되었다. 하지만 내 양심은 그들의 두려움을 이용해 그것을 착복하는 것을 허락하지 않았다. 그래서 나는 그들에게 말했다.

"다시 한번 생각해 보세요. 그 그림자는 단지 환영이었을지도 모릅니다. 내가 깜빡 졸다가 꿈을 꾼 것인지도 모르고요."

그러나 그들은 내 말은 아예 귀담아들으려 하지 않았다. 그 큰스님은 나타났고, 나는 그를 분명히 본 것이며, 내 힘이 더 세기 때문에 그는 자신의 풀바를 찾아가지 못한 것이다. 그러니 그것은 합법적으로 내 소유가 되어야 마땅하다. 그들은 그렇게 생각했다.

사메를 떠난 뒤 나는 얄룽 계곡이 넓게 펼쳐져 있는 체탕 근처에서 브라마푸트라 강을 건넜다. 이 지역은 많은 순례지로 유명했다. 그곳은 포 지방의 거대한 삼림 지대나 초원 지대, 혹은 히말라야 주변의 황량한 고원 지대와는 달리 기후도 쾌적하고 토질도 비옥해 보였다. 그곳에 사는 사람들은 다른 지역의 사람들보다 훨씬 더 열심히 농사에 전념하고 있었다. 또한 곳곳에는 견고하게 지어진 집들이 우뚝우뚝 늘어서 있었고, 사람들은 매우 유복해 보였다.

얄룽 계곡 주변의 온화한 날씨와 비옥한 땅은 예로부터 유명하다. 불교가 전국적으로 퍼져나가기 훨씬 전, 티베트 초기 시대의 왕들은 라마교도로 변장하고 그곳을 주거지로 삼았다고 전해진다.

　나는 경건한 마음으로 여섯 군데의 종교적 유적지와 네 숨, 텐 숨 등을 둘러보았다. 그 중에서 레충파라는 동굴은 지금은 사원 안에 속해 있지만 옛날에는 고행 시인인 밀라레파의 최초의 두 제자 중 한 사람이 명상을 하던 곳이라 한다. 거기서 나는 작은 쵸르텐을 덮어씌운 큰 쵸르텐이 세워진 탁첸 붐바로 갔다. 안쪽의 작은 쵸르텐과 바깥쪽의 큰 쵸르텐의 구멍이 정확히 일치되는 중심을 통해 안을 들여다보면 작은 쵸르텐 안까지 볼 수 있는데, 사람들 말로는 마음이 티없이 맑은 사람은 그 안에서 타오르고 있는 수많은 램프를 볼 수 있지만 평범한 사람은 단지 어둠만을 볼 뿐이라고 한다.

　나는 좁은 계단을 타고 구멍이 있는 곳으로 올라가 그 안을 들여다보면서 빛을 보여주기도 하다가 감춰버리기도 하는 안쪽의 쵸르텐이 상징하는 것은 무엇일까 곰곰이 생각해 보았다. 내가 지금 어디에 있는지조차 잊어버릴 정도로 깊은 생각에 잠긴 채 나는 다른 평범한 여행자들보다 오랫동안 거기에 남아 돌 위에 이마를 맞대고 쵸르텐 안을 응시했다. 이런 내 모습을 보았던 모양인지 그날 저녁 한 트라파가 내게 램프들을 보았느냐고 수줍게 물었다.

　탁 첸 붐바를 떠나면서 나는 책을 수집하기 위해 그 지역을 몇 군데 돌아다녔다. 그리고 거기서 얼마 멀지 않은 곳에서 상당한 장서를 유산으로 물려받은 라마승을 만났다. 전혀 예상치 못한 일이었다. 그런데 그는 문학이나 철학에는 별로 관심이 없었다. 덕분에 나는 보관 상태가 좋은 값진 필사본을 무더기로 구입할 수 있었다.

　이제 티베트를 떠날 때가 되었다. 나는 라싸로 들어올 때 거쳐온 중국 쪽을 바라보았다. 이번에는 동쪽으로 방향을 잡고 새로운 길로 운남을 향해 나아가고 싶었다. 만약 내가 그 길을 택한다면 힘겨웠던 나의 라싸 여행은 어느 누구의 주목도 끌지 못하게 될 것이다. 그러나 이번 여행은 사람들에게 알려져야 할 것 같기에 나는 영국의 전초 기지인 티베트 남부 도시 간체로 가는 길을 택했다.

도중에 격리된 작은 호수가 딸린 반도에 있는 이상한 모양의 얌독 호수를 보았다. 거기서 위대한 여승인 도르제 팍모가 사는 유명한 '모래 사원'을 찾아볼 수 있었는데, 보존 상태가 좋지 않아 허물어져 가고 있었다.

도르제 팍모(다이아몬드 또는 가장 뛰어난 주형)는 불교가 완전히 타락하고 초기 경전이 거의 사라져 가던 당시의 인도에서 차용한 탄트라 불교의 신들 중 한 명이 인간의 모습으로 현현한 것이라 여겨진다. 그 모래 사원의 여승들이 위급한 시기나 그 밖에 특별한 상황에 부딪혔을 때 자신들의 모습을 주형(鑄型)의 형상으로 보여주었다는 전설은 수없이 많다.

그 거룩한 여성은 자신의 주거지에 있지 않았다. 라싸에서 그녀를 본 적이 있는데, 아직 그곳에서 돌아오지 않은 듯했다.

황혼녘에 간체에 도착해 곧장 방갈로로 갔다. 거기서 맨 처음에 만난 남자는 티베트 여인의 복장을 한 내가 영어를 유창하게 하는 것을 보고는 넋이 나간 듯 한동안 벌어진 입을 다물지 못했다. 얼마 뒤 정신을 차린 그는 방갈로에는 비어 있는 방이 없으니 정부 관리들과 인도군 수비대의 숙박 장소인 성으로 가보라고 조언했다. 거기에 도착했을 때에도 사람들의 반응은 마찬가지였다. 내가 중국 땅을 거쳐 티베트에 발을 들여놓은 후 오지를 탐험하고 금단의 도시 라싸에서 두 달 동안이나 체류하며 신년 행사를 즐겼다는 이야기를 하자 사람들은 놀라서 할말을 잃었다. 어쨌든 그 '신사들'은 나를 성안으로 기쁘게 맞아들여 결코 잊지 못할 환대를 베풀어주었다.

내 앞에는 아직 긴 여정이 남아 있다. 앞으로 이곳 갼체에서 티베트와 인도의 국경 지대로 가려면 살을 에는 듯한 강추위 속에 고원 지대를 통과해야 하며, 눈보라가 휘몰아치는 높은 고개도 몇 개인가 넘어야 한다. 그러나 모험은 끝났고, 나는 이제 내 방에 혼자 있다. 나는 자려고 눈을 감기 전에 나 자신에게 속삭였다.

'라 걀로(신은 이겼다)!'

나는 백인 여성으로는 처음으로 금단의 도시 라싸에 들어갔으며, 그 길을 보여주었다. 다른 사람들도 나처럼 그 환상적인 세계로 들어가는 문을 사랑의 마음으로 열 수 있기를, 그리하여 불교 경전의 말씀처럼 "모든 중생들에게 행복과 이익이 깃들일 수 있기를"!

옮긴이의 말

몇 년 전 인도의 시킴 주에 있는 다르질링이란 곳에서였다. 생전 처음 가본 그곳이 무척 낯이 익었다. 어렸을 때 여러 번이나 꿈속에서 보았던 풍경……. 기시감이란 단어를 그런 곳에서 그렇게 강렬히 실감할 줄이야!

무심코 들어넘기던 이야기들, 누구나 다 아는 뻔한 경구 중 한 대목이 어느 한순간 절실하게 마음에 와 닿는 때가 있는 것 같다. 그 중 하나, '책 한 권이 한 사람의 운명을 바꿔놓을 수도 있다'는 진부한 이야기. 이 책을 대한 뒤, 지극히 당연한 이야기라서 대수롭지 않게 생각하고 있던 그 말의 의미를 처음으로 곰곰이 되새겨본 것 같다.

그래서였다. 이 책의 감동을 절대 나 혼자서만 느끼고 끝나는 일이 없도록, 이 책을 집어든 모든 사람들이 내가 느낀 흥분과 감동을 느낄 수 있도록 제대로 전달해야겠다는 강박관념에서 벗어나지 못했던 건. 그러한 강박관념의 위력은 참으로 커서 결국 나는 4개월 가까이 이 책에서 손을 떼지 못한 채 나의 무능함에 괴로워해야 했다. 그러면서도 작가가 더듬어나가고 있는 티베트의 오지를 상상 속에서 혹은 꿈속에서 함께 다니며 즐거움을 만끽하기도 했다. 그래서 지난 한 해는 즐거움과 괴로움이 절묘하게 교차하는 시간의 연속이었다.

티베트는 뚜렷한 이유 없이 막연히 끌리면서도 정확하게 아는 것은 거의 없던 나라였다. 이대로 모르고 살았다면 언젠가는 반드시 후회했을 거라 싶을 정도로 매력적인 나라를 발견한 것 같다. 하지만 처음으로 접한 티베트 여행기가 이 책이 아니었더라면 내가 티베트란 나라의 매력에 이렇게까지 푹 빠질 수 있었을까 하는 생각이 든다. 더구나 그런 책을 번역까지 할 수 있게 되었다는 건 정말로 큰 행운이었다.

이 책을 통해 인도의 시킴 주가 전에는 티베트의 영토였다는 사실을 알았다. 내가 기시감을 느꼈던 장소 다르질링이 있는 곳이다. 이 책이 내 인생을 바꿔놓을 것 같다는 예감, 내가 티베트에 끌리게 된 이유가 그와 무관하지 않을 것 같다는 생각이 든다.

정말이지 굉장한 작가의 굉장한 책이었다. 어떤 식으로든 티베트와 연결 고리를 가졌기 때문에 이 책을 집어들었을 모든 사람들에게도 내가 느낀 감동이 함께 할 수 있기를 빌어본다.

이 책의 원저는 Alexandra David-Néel, 『Voyage d'une Parisienne à Lhassa,
pied et en mendiant de la Chine à l'Inde à travers le Tibet』, Paris, Plon, 1927이며,
영어판 『My Journey to Lhasa』와
일어판 『パリジェンヌのラサ旅行』 1, 2를 참조하여 번역했습니다.

알렉산드라 다비드 넬 ─────────

아나키스트, 문화인류학자, 언어학자, 불교학자, 여행가. 1868년 10월 파리에서 태어나 1969년 세상을 뜨기까지 그 누구도 몰랐던 미지의 정신세계를 탐험하고 연구하는 데 전생애를 바쳤다. 이방인의 방문을 허용하지 않던 금단의 땅 티베트를 여행하기로 결심하고 힘든 여정 끝에 마침내 영혼의 도시 라싸에 도달함으로써 티베트를 방문한 최초의 서양 여인이 되었다. 이때의 경험을 바탕으로 쓴 『영혼의 도시 라싸로 가는 길』과 『티베트 마법의 서』는 유럽인들에게 처음으로 티베트를 알린 책이자, 티베트에 관한 영원한 스테디셀러로 자리잡았다.

김은주 ─────────

1967년 서울 출생. 이화여자대학교 철학과를 졸업했다. 정신세계에 대한 깊은 관심을 가지고 연구하고 있으며, 전문 번역가로 활동 중이다. 역서로 『마녀의 문화사』 『동양의 광기』 『물건의 세계사』 등이 있다.

영혼의 도시 라싸로 가는 길

지은이 | 알렉산드라 다비드 넬
옮긴이 | 김은주
펴낸이 | 박종암
펴낸곳 | 도서출판 르네상스

초판 1쇄 발행 2008년 10월 20일
초판 2쇄 발행 2014년 5월 15일

주소 121-842 서울시 마포구 동교로17안길 11 2층
전화 02-334-2751
팩스 02-338-2672
전자우편 rene411@naver.com
출판등록 제313-2010-270호

ISBN 978-89-90828-49-1 03910